[k] KAMPNAGEL 40 JAHRE WIDERSPRUCH - WORKBOOKS ZUM JUBILÄUM

[k] KAMPNAGEL

Theater der Zeit

INHALT

13/ EDITORIAL
16 Amelie Deuflhard

19 VORWORT
21 FOREWORD
Senator Dr. Carsten Brosda

Seite 2/53: Soziale Gartenskulptur, 2023, Foto: Maximilian Probst
Seite 6/7: Ophelia's Got Talent, Florentina Holzinger, 2023, Foto: Gordon Welters
Seite 8/9: Applaus auf Kampnagel, Foto: Anja Beutler

1 WORKBOOK

26 EINE ART OF LOOKING BACK
26 THE ART OF LOOKING BACK
Amelie Deuflhard und András Siebold

42 DIE AUTOBAHNEN DER KULTUR UND DER ERLKÖNIG – THEATER FÜR ALLE UND KEINEN
45 AUTOBAHNS OF CULTURE AND THE ERLKÖNIG – THEATRE FOR EVERYONE AND NO ONE
Nikolaus Müller-Schöll

48 KAMPF, KUNST UND POLITIK
54 STRUGGLE, ART AND POLITICS
Ein Gespräch über die Geschichte von Kampnagel mit den ehemaligen Intendant*innen Hannah Hurtzig, Mücke Quinckhardt, Dieter Jaenicke, Hans Man in't Veld und Res Bosshart.
A discussion about the history of Kampnagel with the former Artistic Directors Hannah Hurtzig, Mücke Quinckhardt, Dieter Jaenicke, Hans Man in't Veld and Res Bosshart

59 SECHS JAHRE ANDERS
60 SIX YEARS DIFFERENT
Gordana Vnuk

62 DIE WILDEN FRÜHEN JAHRE
63 THE WILD EARLY YEARS
Ulrich Waller

64 ERSETZBAR BLEIBEN
67 STAY REPLACEABLE
She She Pop

69 LIEBES KAMPNAGEL,
71 DEAR KAMPNAGEL,
Gabriele Klein

73/ YOU KNOW, YOU KNOW,
76 I'M A RUNWAY BITCH
Trajal Harrell im Gespräch mit den Kampnagel-Dramaturginnen Nadine Jessen und Melanie Zimmermann – über Geschichte, Tanz und Special Bookings
Trajal Harrell in conversation with Nadine Jessen and Melanie Zimmermann about history, dance and special bookings

78 K3 | TANZPLAN HAMBURG – ÜBER FÜNFZEHN JAHRE TANZHAUS UND CHOREOGRAFISCHE PRAXIS
81 K3 | TANZPLAN HAMBURG – ON FIFTEEN YEARS OF A DANCE HOUSE AND CHOREOGRAPHIC PRACTICE
Kerstin Evert

83 WEITERMACHEN, ABER WIE?
83 KEEP GOING, BUT HOW?
Anas Aboura

84 SELBST-INSTITUTIONALISIERUNG DE LUXE!
86 SELF-INSTITUTIONALISATION DE LUXE!
Mable Preach

2 WORKBOOK

92 RÄUME UND HETEROTOPIEN
92 SPACES AND HETEROTOPIAS
Lucien Lambertz und Anna Teuwen

116 (TEMPORÄRE) HETEROTOPIEN
117 (TEMPORARY) HETEROTOPIAS
Nadine Jessen und Gregor Zoch

118 NUR DIE HARTEN KOMMEN IN DEN GARTEN. KURZER RÜCKBLICK EINER HARTNÄCKIGEN ZUSCHAUERIN
119 UP THE GARDEN PATH. A BRIEF RETROSPECTIVE FROM A STUBBORN VISITOR
Kerstin Hagemann

120 FREESPACE
Anne Lacaton und Jean-Philippe Vassal

122 BLÄTTER – FEDERN – FUSSEL. ODER DIE GEWOHNHEIT, SICH IN WARMEN RÄUMEN AUFZUHALTEN, UND DIE ZUKUNFT DER ARCHITEKTUR VON KAMPNAGEL
125 LEAVES – FEATHERS – FLUFF. OR: THE HABIT OF DWELLING IN WARM ROOMS AND THE FUTURE OF ARCHITECTURE AT KAMPNAGEL
Benjamin Foerster-Baldenius

127 »WIR BRAUCHEN ORTE DER VERBUNDENHEIT« – FÜR EINE SELBSTBESTIMMTE UND SOLIDARISCHE ERINNERUNGSKULTUR
128 »WE NEED PLACES OF COMMUNION« – TOWARD A SELF-DETERMINED CULTURE OF SOLIDARITY AND REMEMBRANCE
İbrahim Arslan

130/ NO TEARS FOR THE CREATURES OF THE NIGHT
133 Saeleen Bouvar

135 EIN GUTER LADEN
136 A GOOD JOINT
Daniel Chelminiak

137 THE CASE OF DIGITAL ARTS EIN BLICK AUF DIE EXPERIMENTELLEN DIGITALEN KÜNSTE AUF KAMPNAGEL
139 THE CASE OF DIGITAL ARTS A SURVEY OF EXPERIMENTAL DIGITAL ARTS AT KAMPNAGEL
Sirwan Ali

140 DA GING WAS IN RESONANZ EINE RETROSPEKTIVE
143 SOMETHING RESONATED A RETROSPECTIVE
von SKART & Masters of the Universe

3
WORKBOOK

150 KUNST ALS TARNUNG UND MAINSTREAMVERBESSERUNG
150 ART AS CAMOUFLAGE AND MAINSTREAM IMPROVEMENT
Corinna Humuza, Nadine Jessen

162 FEIERLICHE INAUGURATION DES ZENTRALRATS DER ASOZIALEN IN DEUTSCHLAND (ZAID)
163 CEREMONIAL INAUGURATION OF THE CENTRAL COUNCIL OF THE ASOCIAL IN GERMANY (ZAID)

165 DER ANFANG IST NAH. ÜBER PLURALITÄT IN DER KUNST.
167 THE START IS NIGH. ON PLURALITY IN ART.
Max Czollek

168 VON DREHERN, NIETERN UND PROLETARISCHER KULTUR
171 TURNERS, RIVETERS AND PROLETARIAN CULTURE
Carina Book und Sophia Hussain

173 KUNST ALS CAMOUFLAGE UND SOFT POWER
177 ART AS CAMOUFLAGE AND SOFT POWER
Pedzisai Maedza

180 IN UNEINIGKEIT GEEINT! KÜNSTLERISCHER VERSUCH DER MIGRANTISIERUNG DES MAINSTREAMS
181 UNITED IN DISUNITY! ARTISTIC ATTEMPT TO MIGRANT-ISE THE MAINSTREAM
Dan Thy Nguyen

182 »AH! I BEG LET US GET DOWN INTO ANOTHER UNDERGROUND SPIRITUAL GAME«
Larry Moore Macaulay

184 WIE STELLEN WIR UNS EIN GERECHTES THEATER IN DER ZUKUNFT VOR? DAS IST EIN MANIFEST, KEINE ÜBERSCHRIFT!
186 HOW DO WE IMAGINE A JUST THEATRE OF THE FUTURE? THIS IS A MANIFESTO, NOT A HEADLINE!

187 MIGRANTPOLITAN SCHLUPFLÖCHER PRODUZIEREN
188 MIGRANTPOLITAN PRODUCING BOLT HOLES
Nadine Jessen

4
WORKBOOK

194 KOMPLIZ*INNENSCHAFT UND GASTGEBEREI
194 COMPLICITY AND HOSPITALITY
Laro Bogan und Alina Buchberger

208 DIE SCHÖNHEIT DER KOMPLIZ*INNENSCHAFT
210 THE BEAUTY OF COMPLICITY
Sibylle Peters

211 MANIFEST FÜR EINE STRATEGISCHE AUTONOMIE
212 MANIFESTO FOR STRATEGISING AUTONOMY
Mohammad Abbasi

214 BECAUSE THE NIGHT ODER CONFESSIONS OF A FAN(-GIRL)
216 BECAUSE THE NIGHT, OR CONFESSIONS OF A FAN (GIRL)
Ewe Benbenek

218 UNHEIMLICH GUT – ZUR KOMPLIZ*INNENSCHAFT VON FÖRDERUNG IN UND MIT TRANSFORMATIONSPROZESSEN @KAMPNAGEL&CO.
220 UNCANNILY GOOD – ON THE COMPLICITY OF FUNDING IN AND WITH TRANSFORMATION PROCESSES @KAMPNAGEL&CO.
Holger Bergmann

222 »DIE REALITÄT SIEHT ANDERS AUS« WIE DIE EU-GRENZPOLITIK UNSER KÜNSTLERISCHES ARBEITEN BEEINFLUSST
225 »THAT'S NOT HOW IT WORKS« HOW EU BORDER POLICY INFLUENCES OUR ARTISTIC WORK
Monika Gintersdorfer

227 »SOLIDARISCHE INSTITUTION« ZWISCHEN ADMINISTRATIVER UTOPIE UND KÜNSTLERISCHEM POWERPLAY
228 »INSTITUTION OF SOLIDARITY« FROM ADMINISTRATIVE UTOPIA TO ARTISTIC POWER PLAY
Nadine Jessen und Alina Buchberger

229 WARUM KOMPLIZ*INNEN UNABDINGBAR SIND
231 WHY ACCOMPLICES ARE ESSENTIAL
Antje Pfundtner in Gesellschaft

233 DIE ERFOLGLOSE SUCHE NACH DEM RICHTIGEN LEBEN IM FALSCHEN
235 THE FAILED QUEST FOR THE RIGHT LIFE IN THE WRONG ONE
Mine Pleasure Bouvar

5
WORKBOOK

240 THE FANTASTIC INSTITUTION
Melanie Zimmermann und Luise März

254/ »WE SHOULD LIVE AN ARTFUL LIFE«
257 Lucien Lambertz und Laro Bogan im Gespräch mit Alok

259/ THIS CAKE DIDN'T RISE.
263 I'LL MAKE ANOTHER CAKE
Melanie Zimmermann und Alina Buchberger im Gespräch mit Dan Daw

265 »ERLEBEN SIE DIE ZUKUNFT, BEVOR SIE IN DER VERGANGENHEIT LANDET« EIN DIALOG MIT EINER KÜNSTLICHEN INTELLIGENZ ÜBER DAS INTERNATIONALE SOMMERFESTIVAL KAMPNAGEL
268 »EXPERIENCE THE FUTURE BEFORE IT ENDS UP IN THE PAST« A DIALOGUE WITH AN ARTIFICIAL INTELLIGENCE ABOUT THE KAMPNAGEL INTERNATIONAL SUMMER FESTIVAL
András Siebold

271 WE NEED MANY FANTASTIC INSTITUTIONS FÜR EIN DEKOLONIALES ZUKUNFTSGEDÄCHTNIS
273 WE NEED MANY FANTASTIC INSTITUTIONS TOWARD A DECOLONIAL FUTURE MEMORY
Suy Lan Hopmann

275 (K)OMPROMISSLOS?
276 (K)MODERNISM
God's Entertainment

279 »FAIR-E DEMAIN« – IN AUTODIDAKTISCHER PRAXIS DIE KRITISCHEN INSTITUTIONEN VON MORGEN ERSCHAFFEN
281 »FAIR-E DEMAIN« – CREATING THE CRITICAL INSTITUTIONS OF TOMORROW IN AUTODIDACTIC PRACTICE
Collectif Faire

282/ TO THE READER FROM THE FUTURE
283 Hyphen-Labs (Ece Tankal & Carmen Aguilar y Wedge)

285 ÜBER KAMPNAGEL 2062 (NOCHMAL VIERZIG JAHRE!) LASS DEN APFEL LIEGEN. DENN DAS THEATER DER ZUKUNFT IST EIN GEMEINSAMES GUT
287 ON KAMPNAGEL 2062 (ANOTHER FORTY YEARS!) LEAVE THE APPLE ON THE GROUND – THE THEATRE OF THE FUTURE IS A COMMON GOOD
Jonas Zipf

EDITORIAL
von Amelie Deuflhard

»Never demolish. Always transform, with and for the inhabitants«

Dieses Credo beschreibt die Herangehensweise des Architekturduos Lacaton & Vassal an den größten Transformationsprozess des Kampnagel-Geländes, seitdem die ehemalige Kranfabrik 1982 zum Kunstgelände wurde. Genau an dieser Schnittstelle zwischen den letzten 40 Jahren, dem aktuellen »State of the Art« und den kommenden 40 Jahren ist das vorliegende Buch entstanden. Es beschreibt die Geschichte eines Fabrikgeländes, das in den 1980er Jahren durch das Schauspielhaus und Teile der Freien Szene Hamburgs umgenutzt wurde. Heute ist Kampnagel eines der wichtigsten Produktionszentren für internationalen Tanz und Performing Arts in Europa und hat sich auf den Weg gemacht, auch baulich eines der modernsten zu werden. Seit 2020 ist Kampnagel eines der vier Staatstheater Hamburgs und das mit zumindest dem impliziten Auftrag, ein neues Modell von Staatstheater zu entwerfen. Kampnagel ist traditionell ein Haus mit international-avantgardistischem Programm, agilen Produktionsstrukturen und flachen Hierarchien, lokal wie international hochgradig vernetzt. Aktuell wird hier eine Institution erprobt, die auf Basis des Freiheitsstrebens der Anfänge eine Vision für die Zukunft entwickelt.

Nicht umsonst trägt dieses Buch den Titel »Vierzig Jahre Widerspruch«: Kampnagel hat sich in seiner Geschichte niemals im Affirmativen angesiedelt, sondern immer versucht, Gegenwart zu hinterfragen – künstlerisch, gesellschaftlich und politisch. Kampnagel ist damit zu einem Ort geworden, von dem Haltung und Stellungnahme erwartet wird – auch zu Krisen der Gegenwart. Unsere Künstler*innen sind Spezialist*innen für die Welten und für die Gesellschaften, in denen sie leben. Durch die internationalen Künstler*innen, Denker*innen, Handelnden und Communities, die auf Kampnagel zu Hause sind, werden ganz selbstverständlich unterschiedliche Positionen und Perspektiven auf die Bühnen gebracht. Künstler*innen sollten und dürfen frei denken und spekulativ Zukunft entwerfen. In einer Zeit, in der sich offene Diskurse immer weiter verengen, ist dies wichtiger denn je. Kampnagel hat sich künstlerisch stets in der Zukunft positioniert, musste aber seine eigene Zukunft über viele Jahre erkämpfen – diese Kämpfe sind in Geschichte und Selbstverständnis Kampnagels eingeschrieben. Heute beherbergt Kampnagel in seinen sechs Hallen vierzig Jahre Performance- und Tanzgeschichte. Sie hat sich verewigt in den Mauern, im Stahl, auf dem Gelände und selbstverständlich auch in den Menschen, die auf dem Gelände arbeiten. Längst prägt die Theater- und Kunstgeschichte den Ort mindestens so sehr wie die vorherige Fabrikgeschichte.

Der Gründungsmythos von den Besetzungsproben und dem Anspruch auf eine freundliche Übernahme des Geländes ist außerordentlich wichtig für Geschichte und Gegenwart des Geländes, auch wenn er in mancher Hinsicht zu kurz greift: Kampnagel verdankt seine Existenz nicht nur den freischaffenden Künstler*innen, die damals einen Anspruch auf das Gelände formulierten. Mindestens ebenso wichtig waren die kraftvollen Unterstützer*innen, die sich zusammensetzten aus Festivalmacher*innen, Kurator*innen, Hippies, Veranstalter*innen, Galerist*innen und vielen mehr. Dazu kam eine große Unterstützung durch ein aufgeschlossenes Bürgertum, dem das Gelände durch die unterschiedlichen Nutzungen von Schauspielhaus und der freien Kunst- und Theaterszene ans Herz gewachsen war. Das Selbstverständnis, ein offener Ort für Viele zu sein, spiegelt sich bis heute in einem breiten und durchmischten Publikum. Seit vielen Jahren arbeiten wir künstlerisch-strategisch daran, das Publikum zu diversifizieren. Dahinter steht die Vision, Kunst nicht nur für die Eliten, sondern für möglichst viele zu produzieren, und damit ein Publikum zu produzieren, das im besten Fall die gesamte Stadtgesellschaft abbildet.

Das vorliegende Buch soll keine Enzyklopädie sein. Es dokumentiert einen Zwischenstand, der sich stetig weiterschreiben wird. Der Sammelband soll in das Denken, in die DNA von Kampnagel einführen: Lautes Denken. Spekulatives Denken. Multiperspektivisches Denken. Das Buch gräbt sich rhizomatisch tief in den Kosmos von Kampnagel und versucht, hierarchisches Denken zu vermeiden. Wie Geschichte erforscht wird, wie Geschichten erzählt werden, ist eine Frage der Perspektive. Unter diesen Vorzeichen haben wir verschiedenste Verbündete gebeten, an diesem Buch mitzuwirken, und hoffen, den Leser*innen damit einen vielgestaltigen Einblick in die Arbeit Kampnagels zu gewähren.

Das Buch gliedert sich in fünf »Workbooks«, die eher unabgeschlossene Arbeitsstände präsentieren als hermetische Prinzipien. Jedes Workbook befasst sich mit einem thematischen Feld als zentrale und dennoch fluide Koordinate unserer kuratorischen Arbeit. Die Bücher geben Inputs zur ART OF LOOKING BACK, zu RÄUMEN UND HETEROTOPIEN, zu

KUNST ALS TARNUNG UND MAINSTREAMVERBESSERUNG, zu KOMPLIZ*INNENSCHAFT UND GASTGEBEREI sowie zur FANTASTIC INSTITUTION. Zwei Dramaturg*innen des Programmteams führen in die Felder ein, die anschließend von wichtigen Verbündeten aufgefächert werden.

Das erste Workbook mit dem Titel THE ART OF LOOKING BACK schaut zurück auf die Transformation der Kranfabrik zum Kunstort und macht sichtbar, wie konstituierend die Vergangenheit und Entwicklung des Ortes über unterschiedliche Stationen für die Gegenwart von Kampnagel ist. Dabei sind Forderungen der Anfangszeit nach politischem und kollektivem Arbeiten, besserer Zugänglichkeit des Theaters und Internationalisierung des Theaters heute relevanter denn je. Langjährige Wegbegleiter*innen wie Nikolaus Müller-Schöll, ehemalige Intendant*innen, She She Pop oder Trajal Harrell vermessen rückblickend Kampnagels Magnetismus, berichten von zarten und gewichtigen Anfängen, von künstlerischen Strategien, von Widerspruch und Regelbruch und von solidarischen künstlerischen Praxen.

Kaum ein Ort ist so geübt im Spagat zwischen notwendiger Institutionalisierung und der Freiraum-Mentalität des Anfangs wie Kampnagel. Zu Beginn war Kampnagel ein riesiger Möglichkeitsraum, offen für unterschiedlichste Bespielungskonzepte einer gerade erst entstehenden Szene. Bis heute werden nicht nur die Hallen, sondern das gesamte Gelände bespielt: Dafür stehen Formate wie das Migrantpolitan, der Avantgarden, der Onsen, ein künstlerisch bespielter Hamam oder unterschiedliche temporäre Schlafinstallationen. Dabei gehören Interventionen im öffentlichen Raum, in denen die Stadt zur Bühne wird, ganz selbstverständlich zum Kampnagel-Programm. RÄUMEN UND HETEROTOPIEN widmet sich daher das zweite Workbook. Künstler*innengruppen wie Raumlabor Berlin, Mobile Albania, Hannah Hurtzig, Jose Vidal oder der Geheimagentur kommen zu Wort. Sie haben in den letzten Jahren immer wieder temporäre Räume und kollektive Formate entwickelt, haben alternative Formen der Kollaboration und Wissensproduktion, des Lernens und Verlernens, des Zusammenlebens und des Feierns, des Erinnerns und des Rituals erprobt.

Das dritte Workbook beschäftigt sich mit KUNST ALS TARNUNG UND MAINSTREAMVERBESSERUNG. Es handelt von Strategien und Werkzeugen, Tricks und Kniffen, mit denen künstlerische Freiräume politisch genutzt werden können.

Denn die Kunst ist frei und darf sich somit auch zum Ziel setzen, in die real-gesellschaftlichen Verhältnisse einzugreifen, oder schlicht reale Akteure zum Handeln zu bewegen. Das kann unter Umständen wirksamer sein, als bürokratische Pfade zu begehen, wie etwa das globale Aktionsbündnis »The Yes Men« anschaulich macht. Das Besondere an diesem Workbook ist, dass Sie als Lesende einerseits etwas über Kampnagels Performance-Geschichte erfahren, und gleichzeitig erfolgreiche Beispiele der Zweckentfremdung, strategischer Eskalation, des humorvollen Fakes und anderer solidarischer Instrumente lernen können. Dafür stehen Gruppen wie Gintersdorfer/Klaßen, Geheimagentur, God's Entertainment, Baltic Raw, LaFleur und new media socialism.

Im vierten Workbooks fragen wir uns: Was ist gelungene Gastgeberei? Wie kann man unterschiedliche Menschen beherbergen und willkommen heißen? Wie können wir unseren Raum vertrauensvoll für unterschiedliche Künstler*innen, Aktivist*innen und Communities, Geldgeber*innen, Medien und Politik zur Verfügung stellen? Im besten Fall sollen die Gäste auf Kampnagel früh kommen und lange bleiben: um Vorstellungen oder Weltlage zu diskutieren, um Freunde zu treffen, um zu feiern, zu essen und zu trinken, immer mal wieder auch an den langen Tafeln im Foyer. Die Verbundenheit mit unseren Gästen und Kollaborant*innen kann sich für bestimmte Vorhaben zur Kompliz*innenschaft ausdehnen – denn auf Kampnagel, man ahnt es, haben sich schon immer Banden gebildet. Mehr über die verbrecherischen Anteile unserer Arbeit, sowie die Anstrengung, die es bedeutet, Gastgeber*in zu sein, erfahren Sie im Workbook 4 mit Beiträgen unter anderem von Sibylle Peters, Ewe Benbenek, Holger Bergmann, Mohammad Abbasi und Monika Gintersdorfer.

Das fünfte und letzte Workbook wendet sich explizit der Zukunft der *Institution* Kampnagel und der Zukunft von Kunstinstitutionen überhaupt zu. Was könnte eine FANTASTIC INSTITUTION sein? Künstler*innen und Autor*innen wie Dan Daw (im Interview), Suy Lan Hopmann, Jonas Zipf oder das Collectif FAIR-E verhandeln in spekulativer Manier und aus unterschiedlichen Perspektiven Praxen, Impulse und Visionen möglicher Zukünfte Kampnagels. Wie würde Kampnagel als Institution agieren, die komplett barrierefrei ist, als Institution, in der marginalisierte Tanzstile ebenbürtig neben den Etablierten stehen? Auf welche Art und Weise würde sich die Fantastic Institution uneingeschränkt und verantwortungsbewusst der Aufarbeitung ihrer Geschichte stellen? Wie würde ein Produktionshaus aussehen, das Gemeingut/Allmende ist und allen Nutzer*innen gehört?

Ein spannendes dickes Buch ist bedingt durch einen spannenden langen Prozess. An dieser Stelle möchte ich meinen Dank aussprechen an alle, die daran mitgewirkt haben: Im Zentrum stehen die Autor*innen, die zu diesem Buch beigetragen haben und inspirierende, teils beschreibende, teils analytische, teils sehr persönliche Beiträge zu Kampnagels 40-jährigem Bestehen verfasst haben. An den Beiträgen ist ablesbar, wie viele Bezüge und Verflechtungen auf dem Gelände entstanden sind und ganz sicher auch weiterhin entstehen werden. Ihr seid es, die Künstler*innen, Kollaborand*innen und Kompliz*innen, die Kampnagel prägen. Wir lernen von euch und tragen gemeinsam dazu bei, Perspektiven und Sichtweisen auf unsere Welt zu erweitern und damit die Welt zu verändern. Ohne euch wäre Kampnagel eine leere Hülle – ihr produziert Kunst, Gemeinschaft und Leben.

Ebenso danke ich allen weiteren Beteiligten an diesem Projekt: Kampnagels kuratorischem Team (Luise März, Alina Buchberger, Nadine Jessen, Lucien Lambertz, Anna Teuwen, Laro Bogan, András Siebold, Corinna Humuza, Kerstin Evert), dem Team der Öffentlichkeitsarbeit (Juliya Avetisyan, Daniel Kalinke, Siri Keil, Aileen Pinkert, Moaeed Shekhane, Emma Stenger, Hannah Trampe, Mariia Vorotilina). Ein großer Dank geht an den Verlag Theater der Zeit für die tatkräftige Unterstützung und die Geduld, allen voran an Harald Müller, Nicole Gronemeyer und Kerstin Bigalke. Ganz persönlich möchte ich mich bedanken bei der Kulturbehörde, besonders bei Carsten Brosda, für die Finanzierung des Buches, vor allem aber für die Anerkennung der besonderen Qualitäten von Kampnagel, für die Wertschätzung und die verlässliche Unterstützung gerade auch in Bezug auf die anstehenden Transformationsprozesse.

Amelie Deufhard,
Foto: Peter Hönnemann

EDITORIAL
Amelie Deuflhard

»Never demolish. Always transform, with and for the inhabitants«

This credo of Lacaton & Vassal summarises the architect duo's approach to the largest transformation of the Kampnagel site since the one-time crane factory became a site of art in 1982. It is at this overlap of the last 40 years, the current »state of the art« and the next 40 years that this book emerged. It sets out the history of a factory site that was repurposed by the Schauspielhaus and elements of Hamburg's independent scene in the 1980s. Today's Kampnagel is one of the most important production centres for international dance and performing arts in Europe, and it is on the way to becoming one of the most structurally advanced, too. In 2020, Kampnagel became the fourth state theatre in Hamburg and it has at least an implicit mission to offer a new version of the state theatre model. By tradition, Kampnagel is a house with an international, avant-garde programme, agile production structures and flat hierarchies, with outstanding local and international networks. Currently it is an institution trying out a form, a vision for the future based on a quest for freedom instilled in its origins.

There is a reason this book is called »Forty Years of Contradiction«. Throughout its history Kampnagel has never merely affirmed, instead it has always sought to interrogate the present – artistically, socially and politically. As such, Kampnagel became a place that is expected to have a stance, a position on things – including contemporary crises. Our artists are specialists in the worlds and the societies in which they live. The international artists, thinkers, makers and communities who call Kampnagel home naturally bring different positions and perspectives to the stage. Artists should and can think freely and sketch out speculative futures. In an age when open discourse is narrowing, this is more important than ever. Artistically, Kampnagel has always positioned itself in the future, but it has had to struggle for its own future over many years, and these struggles are inscribed in Kampnagel's history and in its conception of itself. Today the six halls of Kampnagel accommodate forty years of performance and dance history. This history is immortalised in the walls, in the steel, on the site and of course in the people who work on that site. Theatre and performance history have long defined this place at least as much as its industrial heritage.

The foundational myth of the occupation rehearsals and the claim to a friendly takeover of the site is extremely important for the history and the present of the site, even if it is not the whole story. Kampnagel owes its existence not just to the independent artists who formulated a claim to the site back then; at least as important were the vigorous supporters – a conglomerate of festival organisers, curators, hippies, organisers, gallery owners and many more. It also enjoyed great support from an open-minded citizenry who had experienced the different uses of the theatre, and the independent art and theatre scene, and grown fond of the site. This self-image of an open location for the many is still reflected in today's broad, diverse audience. For many years now, we have been working artistically and strategically to diversify this audience. This work is driven by a vision of art produced not just for the elite, but for as many people as possible, resulting in an audience that, ideally, is representative of civic society as a whole.

This book isn't intended as an encyclopaedia, instead it documents an interim state of affairs that will be continuously rewritten. It is an anthology conceived as an introduction to Kampnagel's thinking and its DNA: thinking out loud. Thinking speculatively. Thinking from multiple perspectives. This book is a rhizomatic deep dive into the Kampnagel cosmos which seeks to avoid hierarchical thinking. The way history is researched, they way stories are told – this is all a question of perspective. Knowing this, we invited a wide selection of allies to contribute to this book and we hope that it gives readers a diverse insight into Kampnagel's work.

The book is divided into five »workbooks« which present open-ended updates rather than closed-off principles. Each workbook engages with a thematic field as the central yet fluid coordinates of our curatorial work. These workbooks provide input on the ART OF LOOKING BACK, on SPACES AND HETEROTOPIAS, on ART AS CAMOUFLAGE AND MAINSTREAM IMPROVEMENT, on COMPLICITY AND HOSPITALITY, and on the FANTASTIC INSTITUTION. Each field is introduced by two dramaturges from the programme team, and then expanded upon by significant allies.

The first workbook, THE ART OF LOOKING BACK, examines the transformation of the crane factory into a site of art and shows how constitutive the past, and the development of the site through its different stages, is for the present of Kampnagel. And the calls for political and collective work, for greater accessibility in theatre and for internationalisation of the theatre that characterised the early years are more relevant than ever. Long-time companions such as Nikolaus Müller-Schöll, former artistic directors, She She Pop and Trajal Harrell offer a retrospective account of Kampnagel's magnetism, reporting on its fragile yet weighty beginnings, on artistic strategies of contradiction and transgression, and on artistic practices rooted in solidarity.

Few places are as adept at this balancing act between inevitable institutionalisation and that independent spirit of the early years as Kampnagel. In the beginning, Kampnagel was one enormous realm of possibilities which welcomed a wide variety of performance concepts from a scene still in its infancy. To this day, it is not just the halls that are used as performance spaces, but the entire site – that includes formats such as Migrantpolitan, the Avant-Garten, the Onsen, a hammam that also hosted performances, and various temporary sleep installations. And interventions in public space that transform the city into a stage naturally find their place in the Kampnagel programme. This is reflected in the second workbook, which is dedicated to SPACES AND HETEROTOPIAS. It features perspectives from Raumlabor Berlin, Mobile Albania, Hannah Hurtzig, Jose Vidal and geheimagentur, among others. Over recent years, these groups and individuals have repeatedly developed temporary spaces and collective formats, trying out alternative forms of collaboration and knowledge production, of learning and unlearning, of cohabitation and celebration, of remembrance and ritual.

The theme of the third workbook is ART AS CAMOUFLAGE AND MAINSTREAM IMPROVEMENT. It examines the strategies and tools, the tips and tricks with which we can exploit artistic freedom for political ends. Because if art is free, it can also aim to intervene in real social conditions, or at least persuade real actors to act. In some cases this is a more fruitful approach than the bureaucratic path, as the global action alliance »The Yes Men« demonstrates. What makes this workbook special is that as a reader you can discover something of Kampnagel's performance history and also come away with successful examples of misappropriation, strategic escalation, humorous fakes and other tools of solidarity. This is what groups like Gintersdorfer/Klaßen, geheimagentur, God's Entertainment, Baltic Raw, LaFleur and new media socialism represent.

In the fourth workbook we ask ourselves: what does it take to be a successful host? How do you accommodate and welcome different types of people? How can we make our spaces available to a wide range of artists, activists and communities, to funding bodies, to representatives of the media and politics, in a spirit of trust? In the best case scenario, guests at Kampnagel come early and stay late – to discuss performances or the state of the world, to meet friends, to party, to eat and drink, sometimes at the long tables set up in the foyer. In certain projects, the bond with our guests and collaborators shades into complicity – because at Kampnagel, yes, we have always formed gangs. In workbook 4 you can find out more about the criminal elements of our work and what it takes to be a host, in contributions from Sibylle Peters, Ewe Benbenek, Holger Bergmann, Mohammad Abbasi and Monika Gintersdorfer, among others.

The fifth and final workbook explicitly addresses the future of Kampnagel as an *institution*, and the future of artistic institutions in general. What might a FANTASTIC INSTITUTION look like? From their differing perspectives, artists and writers such as Dan Daw (in an interview), Suy Lan Hopmann, Jonas Zipf and Collectif FAIR-E speculatively negotiate the practices, impetus and visions that might define possible futures for Kampnagel. How would Kampnagel function if it were a completely barrier-free institution, or an institution where marginalised styles of dance were on an equal footing with established forms? In what way would this fantastic institution address its history, responsibly, unreservedly? How should we envisage a production house as a common good that belongs to all its users?

A compelling, thick book takes a compelling, long process. I would like to take this opportunity to thank everyone who contributed, above all the authors who enriched this book with their inspiring insights into Kampnagel's 40th anniversary – sometimes descriptive, sometimes analytical, and sometimes highly personal. These contributions are testament to the wealth of linkages and connections this site has forged, as it is sure to do in the future as well. It is you – the artists, collaborators and accomplices – who define Kampnagel. We learn from you and together we help expand perspectives and ways of seeing the world – and in the process we change the world. Without you, Kampnagel would be an empty shell; it is you who produce the art, the community, the life.

I would also like to thank everyone else involved in this project: Kampnagel's curatorial team (Luise März, Alina Buchberger, Nadine Jessen, Lucien Lambertz, Anna Teuwen, Laro Bogan, András Siebold, Corinna Humuza, Kerstin Evert), the public relations team (Juliya Avetisyan, Daniel Kalinke, Siri Keil, Aileen Pinkert, Moaeed Shekane, Emma Stenger, Hannah Trampe, Mariia Vorotilina). A big thank you to the publisher Theater der Zeit for their active support and patience, especially to Harald Müller, Nicole Gronemeyer and Kerstin Bigalke. I would personally like to thank the Cultural Ministry, in particular Carsten Brosda, for funding the book, but above all for recognising Kampnagel's special qualities, for their appreciation and stalwart support – not least for the imminent process of transformation.

VORWORT
Senator Dr. Carsten Brosda

»Jeder Mensch hat das Recht auf Leben, Freiheit und Sicherheit der Person.« So lautet Artikel 3 der Allgemeinen Erklärung der Menschenrechte, die 1948 von den Vereinten Nationen verabschiedet wurde. Das darin postulierte Recht ist nach wie vor gültig. Doch gesellschaftlich stellt sich, gerade in Zeiten vielfältiger globaler Krisen, die Frage nach dem Verhältnis von Freiheit und Sicherheit für jeden Einzelnen, aber auch für unsere Gesellschaft. Deshalb darf das eine eben nicht für das andere geopfert werden, auch nicht in Teilen. Schon Benjamin Franklin konstatierte: »Diejenigen, die grundlegende Freiheitsrechte aufgeben, um ein wenig temporäre Sicherheit zu erlangen, verdienen weder Freiheit noch Sicherheit.« Erst wenn soziale Sicherheit gegeben ist, ist die Entfaltung eigener Ideen und Lebensentwürfe möglich. Entfaltung als ein – mitunter auch industrieller – Prozess, bei dem auf etwas Druck ausgeübt wurde, das jetzt (wieder) raumgreifender und sichtbarer wird, ist meines Erachtens eine passende Metapher für den Modus Operandi der »Kulturfabrik« Kampnagel.

Das selbst ernannte »Internationale Zentrum für schönere Künste« gibt dem selbst gesetzten Anspruch aber auch eine konkrete Form. Und das seit nunmehr vierzig Jahren! Hier kommt die Stadtgesellschaft zusammen. Hier trifft man sich, hier respektiert man sich – von Kopf bis Fuß, von bunt bis grau, von früh bis spät. Spätestens, wenn alljährlich das Sommerfestival im Hamburger Semi-Sommer stattfindet, trifft sich hier ganz Hamburg im Avantgarten.

»Wird's besser? Wird's schlimmer?, fragt man alljährlich. Aber seien wir ehrlich, Leben ist immer lebensgefährlich«, dichtete Erich Kästner. Die Leerstellen der Zukunft lassen sich variabel füllen. Dass dieser Umstand nicht unbedingt nur erduldet werden muss, sondern auch kreative Kräfte freisetzen kann, zeigt uns Kampnagel. Seit seiner Gründung zeichnet es sich durch einen visionären Optimismus aus. Eine Haltung, die die Vergangenheit (und ihre Schrecken) nicht vergisst, aber dennoch hoffnungsfroh in die Zukunft blickt. Das Motto des Jubiläums »The future is unwritten« ist in diesem Sinne ein Grund zum Feiern. Die Krisen, die uns allen in den Knochen und Köpfen stecken, werden bleiben. Der Wandel ist zu tiefgreifend, als dass er einfach vorbeiwehen würde. Aber so ist das in der Moderne. Die gute Gesellschaft, die Leben, Freiheit und Sicherheit garantiert, muss immer wieder neu erkämpft und aufgebaut werden. Es kommt auf unsere alltäglichen Entscheidungen an. Wir haben es in der Hand. Und gerade die Kunst kann uns inspirieren, Wege in eine bessere Zukunft zu finden.

Kampnagel sagt dazu selbstbewusst: »Wird schon klappen, hat es bisher ja auch. Nur wer wagt, kann gewinnen. »Oder um eine grüne galaktische Koryphäe, Yoda aus *Star Wars*, in Sachen Selbstwirksamkeit zu zitieren: »Do or do not. There is no try.« Nicht nur versuchen, sondern tun. Der Versuch selbst ist die Tat, der Widerstand, das Programm und die Probe bereits die erste Aufführung. Denn gerade auch vom Ausprobieren lebt dieser Kulturort. Entstanden aus Besetzungsproben, begegnet uns der Begriff »Probe« auf Kampnagel bis heute immer wieder: Probenpläne, Probebühnen, Haupt-, General- und Fotoproben … auch die finale Theateraufführung ist letztlich eine Probe. Der Zustand der unveränderbaren, abgeschlossenen Aufführung wird nie erreicht. Was auf der Bühne geschieht, kann als Probe für die Wirklichkeit verstanden werden. Auf der Bühne sehen wir, was in der Realität machbar wäre.

Michel Foucault hat hierfür den Begriff »Heterotopie« geprägt, also »tatsächlich realisierte Utopien, in denen die wirklichen Plätze innerhalb der Kultur gleichzeitig repräsentiert, bestritten und gewendet sind, gewissermaßen Orte außerhalb aller Orte, wiewohl sie tatsächlich geortet werden können.«

Kampnagel wäre nicht Kampnagel, wenn es nicht den Geist des Widerspruchs in sich trüge – als Namensgeber für dieses Jubiläumsbuch. Klar ist: Kampnagel ist ein Ort, an dem sich Menschen sicher und frei fühlen. Klar ist aber auch: Kampnagel ist keineswegs ein Ort, der künstlerisch von flauschiger Geborgenheit durchdrungen ist. Das quietschgelbe [k], das von der weißen Hauswand in Richtung Plaza schaut, steht beileibe nicht für Kontemplation, sondern vielmehr für Konfrontation. Für die Aufforderung, die Kunst radikal divers und inklusiv, avantgardistisch und anti-elitär zu denken. Hier wird nicht nur genauer hingeschaut und appelliert, hier zeigt Kampnagel auch regelmäßig, wie es gelingen kann, wie unsere Gesellschaft aussehen könnte: fairer, gerechter, toleranter. Nicht schwammig, sondern immer direkt, aber ohne Beißreflexe kommt hier aufs Tableau und zur Sprache, was sich ändern kann und muss. Max Frisch hat gesagt: »Spiel ist eine Antwort auf die Unabbildbarkeit der Welt […] und was sich darstellen lässt, ist immer schon Utopie. Wir erstellen auf der Bühne nicht eine bessere Welt, aber eine spielbare, eine durchschaubare Welt, die Varianten zulässt, insofern eine veränderbare, veränderbar wenigstens im Kunst-Raum.«

Das ist es, was Kampnagel Tag für Tag antreibt: sich nicht zufrieden zu geben mit den Prägungen, die hier und heute auf der Welt lasten. Sich neuen Perspektiven zuwenden! Und gleichzeitig nicht zuzulassen, dass sich Hass, Intoleranz und Diskriminierung ihren Weg durch die Gesellschaft bahnen.

Klarheit und das Bemühen, klarzukommen, mit der eigenen Kunst, aber auch miteinander, haben es in sich. Im Spiegel der Kunst erleben wir immer wieder: Freiheit ohne die Bereitschaft zum Risiko ist eine faule Freiheit, erst recht in einer offenen Gesellschaft, der der Wandel eingeschrieben ist. Und umso gravierender, dass das Risiko häufig als Gefahr verstanden wird – weil es sich mit der Unsicherheit verbrüdert. Dabei ist die eigentliche Gefahr in unserer offenen Gesellschaft vielmehr diese: dem Risiko den Rücken zuzukehren. Dynamik gelingt ohne Risiko nur im Schritttempo, Wandel ist ohne das Eingehen von Risiken undenkbar. Kampnagel fordert das Risiko auf seinen Bühnen heraus, öffnet und schärft all unsere Sinne. Und das ist gut so. Denn nur so gewinnen wir Erkenntnis und damit letztlich beides: Sicherheit und Freiheit.

»Entspannt riskant« wäre daher wohl auch eine gute Beschreibung für das Wesen dieses Ortes. Hier wird entspannt gequatscht, gelacht und nachgedacht, doch auf den Bühnen wird so einiges riskiert. Provokation und Rebellion sind die Herzkammern der Kampnagel-Kunst, in ihnen pocht die Aversion gegen die Konvention. Seit den ersten »Besetzungsproben« ist Kampnagel ein Refugium für die freien darstellenden Künste, die hier eine Bühne finden und die Möglichkeiten der Kunst immer wieder neu ausloten. Künstlerisch gilt hier allemal: Freiheit geht vor Sicherheit. Lieber Freie Szene als Sicherheitszone.

Dabei schwingt immer mit, dass Kampnagel ein Ort des Lernens ist. Ein Ort, an dem die Dinge noch unfertig sein dürfen, fließend, noch im Prozess. Hier ist der Geist der ehemaligen Fabrik präsent – nicht in der Standardisierung, sondern in der Konzentration auf das Produzieren, das Machen. Hier entsteht etwas. Im Fall von Kampnagel vor allem: Perspektiven. Hier darf gemeinsam gefragt, experimentiert und geforscht werden. Hier wird dem Publikum nichts fertig vorgesetzt.

Lokal verankert und international vernetzt, schafft es dieser widersprüchliche Ort, der mittlerweile sowohl Staatstheater als auch Zentrum der Freien Szene ist, seit nunmehr vier Jahrzehnten, Ausgangspunkt einer pulsierenden und schöpferischen Auseinandersetzung mit Kunst und Kultur zu sein. Und genau dafür wird er geschätzt – als Theater und Forum der Vielen. Nicht mit uns für euch, sondern mit euch für euch und für uns.

Alles Gute zum Vierzigsten! Danke an all die vielen Wegbereitenden, Organisierenden, Künstlerinnen und Künstler! Kampnagel: Bitte bleib weiterhin aufrüttelnd!

Dr. Carsten Brosda
Senator für Kultur und Medien

Dr. Carsten Brosda,
Foto: Hernandez

FOREWORD
Senator Dr Carsten Brosda

»Everyone has the right to life, liberty and security of person.« This is the wording of Article 3 of the Universal Declaration of Human Rights, which was adopted by the United Nations in 1948. The right that this article posits remains valid. But in social terms, we are faced with questions about the relationship between freedom and security for each individual, and also for our society as a whole – especially in times of manifold global crises. Which weighs heavier? This dispute is perhaps best answered with the title of a speech by the critic Walter Boehlich: »The answer is the question's misfortune«. That's because the answer is deeply, inherently dialectic, it cannot be forced into the logic of either/or. On the one hand, freedom and security appear to be opposites, on the other they are mutually dependent. Freedom is the prerequisite for security. Yet security is also the prerequisite for freedom.

This is precisely why one must never be sacrificed for the other, not even in part. As Benjamin Franklin said: »Those who would give up essential Liberty, to purchase a little temporary Safety, deserve neither Liberty nor Safety.« Only when we have social security can we develop our own ideas and models for living. As I see it, development as a process – sometimes an industrial process – in which pressure is exerted on something that then becomes more expansive and visible (once more) is an apt metaphor for the way in which Kampnagel the »culture factory« operates.

Yet the self-styled »International Centre for Fine Arts« also gives concrete form to this self-devised claim. And it has done so for forty years now! This is a place where the urban community comes together. This is a place where people meet up, this is a place where people have respect for each other – from head to toe, from bright to drab, from morning to night. Certainly all of Hamburg meets here in the city's sort-of-summer when the Avant-Garten hosts the annual Summer Festival.

»Will things improve? Will things get worse?, one asks every year. But let's be honest, life is always life-threatening,« wrote Erich Kästner. There are different ways to fill in the gaps of the future. Kampnagel shows us that this state of affairs isn't just something to be endured, but that it can also unleash creative energies. Since its inception, it has been distinguished by a visionary optimism. It is an attitude that doesn't ignore the past (or its horrors) yet still looks to the future with hope. The motto of the anniversary – »The future is unwritten« – offers reason to celebrate. The crises that have worked their way into our bones and our minds will remain. The shift is simply too profound to just brush off. But that's modern life. The good society – one that guarantees life, freedom and security – is something we need to fight for and establish, over and over again. It comes down to the choices we make every day. It comes down to us. And it is art in particular that can show us pathways to a better future.

As Kampnagel confidently states: »It will work out, after all it always has. Who dares wins.« Or as that green galactic luminary, Yoda from »Star Wars«, commented on the capacity of self: »Do or do not. There is no try.« The attempt itself is the act, resistance is the programme and the rehearsal is the premiere. Because it is precisely this »trying out« that defines this site of culture. Starting with the »occupation« rehearsals, the term »rehearsal« is one we frequently confront at Kampnagel to this day – rehearsal schedules, rehearsal stages, main, dress and photo rehearsals … even the final theatrical performance is ultimately a rehearsal. The condition of definitive, immutable staging never comes. What transpires on stage can be seen as a rehearsal for real life. On stage we witness a potential outcome for reality.

For this phenomenon Michel Foucault coined the term »heterotopia«, or »effectively realised utopias in which the real emplacements, all the other emplacements that can be found within culture, are simultaneously represented, contested and inverted; a kind of places that are outside of all places, even though they are actually localisable.«

Kampnagel wouldn't be Kampnagel without an inherent spirit of contradiction – as the title of this anniversary volume reflects. Clearly, Kampnagel is a place where people feel secure and free. But just as clear is that in artistic terms, Kampnagel is by no means imbued with a fluffy kind of comfort. The bright yellow [k] that peers down from the white exterior wall facing the plaza certainly doesn't stand for *Kontemplation*, but rather *Konfrontation*. It represents a challenging conception of *Kunst* as radically diverse and inclusive, avant-garde and anti-elitist. Kampnagel doesn't just examine, or beseech us, it also regularly shows us what could be, how our society could be: fairer, more just, more tolerant.

Not wishy-washy, always direct, yet never snappy, it puts that which can and must change up on stage and up for discussion. Max Frisch said: »Performance is the response to the non-representability of the world […] and that which can be represented is always utopia. It isn't a better world that we create on stage, but a performable, transparent world which allows for variants, and thus a mutable world, mutable at least in the artistic space.«

That is what drives Kampnagel day in, day out: a refusal to be satisfied with the influences that weigh heavily on the world here and now. Turning to new perspectives! And at the same time not allowing hatred, intolerance or discrimination to cleave their way through society.

Clarity, a desire to get along, with your own art but also with each other – that is the way. In the mirror of art we see over and over again that freedom without the willingness to take risks is an idle freedom, especially in an open society dedicated to change. Graver still, this risk is often interpreted as danger – because it fraternises with uncertainty. But the true danger in our open society is turning our backs on risk. Without risk, dynamism is reduced to a walking pace, without entering into risk, change is unthinkable. Kampnagel flirts with risk on its stages, it opens up and heightens all of our senses. And that's a good thing. Because that's how we gain knowledge and, ultimately, both security and freedom.

»Risk without stress« would probably be another good way to describe the essence of this place. There is no stress in the way people chat, laugh and think here, but on stage there is plenty at risk. Provocation and rebellion are the ventricles of Kampnagel's artistic heart, which beats with an aversion to convention. Since the first »occupation« rehearsals, Kampnagel has been a refuge for the independent performing arts, which find a stage here and constantly plumb the potential of art anew. From an artistic perspective, freedom always precedes security. It's better to have the freedom of the independent scene than a security zone.

And there is always a sense that Kampnagel is a place of learning. A place that allows for the unfinished and the fluid, for things still in progress. You can feel the spirit of the one-time factory here – not in the sense of standardisation, but in the focus on producing, on making. Things develop here. And what Kampnagel develops more than anything else is: perspectives. Here people can come together to query, experiment and research. Here nothing is presented to the audience ready-made.

Locally anchored and internationally connected, this place of contradictions which is now both a state theatre and a centre for the independent scene has managed to be the point of departure for a vibrant and creative exploration of art and culture for four decades now. And that is exactly why we value it – as a theatre and as a forum for the many. Not with us for you, but with you, for you, and for us.

Happy fortieth! Thank you to the many pioneers, organisers and artists!
Kampnagel: please keep shaking things up!

Dr Carsten Brosda
Hamburg Senator for Culture and Media

EINE ART OF LOOKING BACK
THE ART OF LOOKING BACK

WORKBOOK 1

EINE ART OF LOOKING BACK
Amelie Deuflhard und András Siebold

Vierzig Jahre Kampnagel, das sind vierzig Jahre Aufbruch, Experiment und Innovation, und das sind vierzig Jahre Widerspruch, Existenzkampf und Selbstfindung. Vierzig Jahre vom verlassenen, feuchten Fabrikgelände zu einem der modernsten Theater-Produktionszentren Europas, von der improvisierten Besetzung durch freie Gruppen zu einem neuen Modell von Staatstheater, in das der Freiheitsdrang der Anfänge eingewoben ist. All dies an einem Ort, der sich künstlerisch in der Zukunft positioniert, seine eigene Zukunft aber erst selbst erkämpfen musste, auch indem er aus seiner Vergangenheit gelernt hat. Deshalb soll dieser Blick zurück nicht nostalgisch sein, sondern uns Instrumente an die Hand geben, um weiterhin bessere Zukünfte zu entwerfen.

Die ersten 158 Jahre sahen etwa so aus: 1865 als »Nagel & Kaemp« gegründet, produzierte die Fabrik jahrzehntelang Kräne für die Häfen dieser Welt. Während des Nationalsozialismus wurde der Betrieb 1939 auf Rüstungsproduktion umgestellt, seit den 1940er Jahren mit sowjetischen und osteuropäischen Zwangsarbeiter*innen. In der Nachkriegszeit wurde die Herstellung von Kränen wieder aufgenommen, doch Ende der 1960er Jahre setzte sich der Container in der Schifffahrt durch und Hafenkräne verloren an Bedeutung; 1981 wurde die Produktion eingestellt. Kampnagel-Kräne stehen bis heute nicht nur auf dem Gelände, sondern auch an verschiedenen Orten im Hamburger Hafen und weltweit. So ist Kampnagel nicht nur ein zentraler Ort der Hamburger Industrie-, Hafen- und Handelsgeschichte, sondern knüpft durch seine internationalen Programme und den globalen künstlerischen Austausch auch an diese an.

Seine Geburtsstunde als Theater hatte Kampnagel zu Beginn der 1980er Jahre, zunächst als Ausweichspielstätte während der Sanierung des Hamburger Schauspielhauses. Damals wurden an unterschiedlichen Orten in Europa Fabrikhallen für zeitgenössisches politisches Theater genutzt. Innovative Regisseur*innen und Schauspieler*innen zogen aus den bürgerlichen Theaterbauten aus, um andere Formen zu erproben. Eine gesellschaftskritische Freie Szene trieb diese Entwicklung voran und machte die Fabriktheater zu Laboratorien einer jungen Generation im Aufbruch: so die Theatermanufaktur in Berlin, die Rote Fabrik in Zürich, Peter Brooks Bouffes du Nord oder die Cartoucherie in Paris, eine ehemalige Munitionsfabrik, die 1964 von Ariane Mnouchkine gegründet wurde (und die seither in DIY-Praxis auch selbst Karten abreißt). Heutiges Theater, so Peter Brook, brauche Orte, die noch nicht durch eine bestimmte überkommene Vorstellung von Theater definiert seien. Im Kontext solcher wegweisenden Häuser ist Kampnagel ein »doppeltes Denkmal«: Denkmal der Industriegeschichte, aber auch Denkmal eines europäischen Theaters im Aufbruch.

THE ART OF LOOKING BACK
Amelie Deuflhard and András Siebold

Forty years of Kampnagel means forty years of upheaval, experimentation and innovation, and forty years of contradiction, struggle and self-discovery. Forty years from the damp, abandoned factory complex to one of Europe's most modern theatre production centres, from improvised occupation by independent groups to a new model of state theatre, with that initial urge for freedom as the common denominator. All this in a site that positions itself in the artistic future, but first had to fight for its own future, which also meant learning from its past. So this shouldn't be a nostalgic look back, it should give us the tools to continue devising better futures.

The first 158 years went something like this: founded in 1865 as »Nagel & Kaemp«, for decades the site was a factory that produced cranes for the world's ports. In the Nazi era, operations were switched to armaments production in 1939, and in the early 1940s the factory used Soviet and Eastern European forced labourers. The production of cranes resumed in the post-war period, but in the late 1960s they became less significant for ports with shipping increasingly turning to containers, and production was finally discontinued in 1981. To this day, you can see Kampnagel cranes on the site as well as various locations in the port of Hamburg and throughout

Kampnagel-Kran Anfang des 20. Jahrhunderts, Foto: Archiv

> **IM KONTEXT SOLCHER WEGWEISENDEN HÄUSER IST KAMPNAGEL EIN ›DOPPELTES DENKMAL‹: DENKMAL DER INDUSTRIEGESCHICHTE, ABER AUCH DENKMAL EINES EUROPÄISCHEN THEATERS IM AUFBRUCH.**
>
> **IN THE CONTEXT OF THESE PIONEERING HOUSES, KAMPNAGEL IS A ›DUAL MONUMENT‹: A MONUMENT TO INDUSTRIAL HISTORY, BUT ALSO A MONUMENT TO EUROPEAN THEATRE IN A MOMENT OF TRANSFORMATION.**

the world. So not only is the Kampnagel site central to the history of Hamburg's industrial, maritime and trading endeavours, its present occupiers also continue this tradition with global artistic exchange and international programmes.

In the early 1980s came Kampnagel's rebirth as a theatre, initially as a temporary, alternative venue while the city's Schauspielhaus was being renovated. This was a time when factory premises were being used for contemporary political theatre in various European locations. Innovative directors and performers moved away from the bourgeois theatre edifice to try out different forms. It was the socially critical independent scene that drove this development, turning factory theatres into laboratories for a young generation looking for change. They included Berlin's Theatermanufaktur and Zurich's Rote Fabrik, while Paris was home to Peter Brook's Bouffes du Nord and the Cartoucherie, a one-time munitions factory repurposed in 1964 by Ariane Mnouchkine (always hands-on, she has been checking tickets at the entrance ever since). The theatre of today, according to Peter Brook, requires sites that haven't been defined by a certain inherited conception of theatre. In the context of these pioneering houses, Kampnagel is a »dual monument«: a monument to industrial history, but also a monument to European theatre in a moment of transformation.

1981: THE SCHAUSPIELHAUS PERFORMS AT KAMPNAGEL

It was from precisely these developments that the Schauspielhaus aimed to benefit. Kampnagel was to become their alternative quarters for storage, workshops and the more experimental Malersaal stage. Walls were erected, the enormous halls were subdivided, and the performance spaces were given sequential numbers – K1, K2 and so on. The Schauspielhaus opened with »Weihnachten an der Front« (Christmas at the Front), staged by theatre legend Jérôme Savary. Audiences came in

1981 ERÖFFNUNG SCHAUSPIELHAUS AUF KAMPNAGEL

Genau von diesen Entwicklungen wollte das Schauspielhaus profitieren. Kampnagel sollte zum Ausweichquartier für Fundus, Werkstätten und die eher experimentelle Malersaal-Bühne werden. Wände wurden eingezogen, die riesigen Hallen parzelliert und die Spielstätten mit fortlaufenden Nummern wie K1 und K2 versehen.

Das Schauspielhaus eröffnete mit »Weihnachten an der Front«, inszeniert von der Theaterlegende Jérôme Savary. Das Publikum strömte in Scharen und ließ sich von der Aufbruchsstimmung auf dem Gelände anstecken. 1982 realisierte Joseph Beuys sein Projekt »7000 Eichen« für die documenta 7 in Kassel, und pflanzte auch eine einzelne Eiche in der Nähe des Kanals auf dem Kampnagel Gelände (sein anschließend geplantes Projekt »Gesamtkunstwerk Freie und Hansestadt Hamburg«, das die durch Hafenschlick vergifteten Rieselfelder in Altenwerder rekultivieren und aus der »Todeszone« eine ökologische Kunstzone machen wollte, wurde von der Stadt leider nicht genehmigt). 1983 brachte dann Peter Brook seine legendäre »Carmen«-Inszenierung nach Hamburg. Dafür wurde auf seinen Wunsch eine größere Halle, die heutige K6, ausgebaut. Die provisorische Tribüne der Produktion mit 840 Plätzen steht noch heute.

BESETZUNGSPROBEN

Im Oktober 1982 fanden die ersten »Besetzungsproben« statt, eine elegante Form des »friendly takeover«: Organisiert von Corny Littmann und großen Teilen der Freien Szene mit freundlicher Duldung des Schauspielhauses, waren dies festivalartige Bespielungen durch politische Theater- und Kabarett-Gruppen aus ganz Deutschland. Mit dabei waren u. a. das Fronttheater aus Frankfurt, das Theater Rote Grütze aus Berlin und aus Hamburg das Pan-Theater, die Familie Schmidt und Die fliegenden Bauten. 1983 verfolgte eine zweite Besetzungsprobe das Ziel, das Gelände dauerhaft zu bespielen, denn Kampnagel war von Anfang an in seiner Existenz bedroht: Bereits 1981 hatte die Bürgerschaft beschlossen, das Gelände nach der Zwischennutzung abzureißen. Doch es formierte sich Widerstand, dem sich auch Teile des Hamburger Bürgertums anschlossen. Schließlich wurde 1982 ein Wettbewerb zur Neugestaltung des Geländes ausgeschrieben. 1984 wurde jedoch vom Senat beschlossen, an der Bau- und Abrissplanung festzuhalten – allerdings mit der Klausel, »dass mit der Realisierung der Wohnbebauung erst dann begonnen werden soll, wenn das kulturelle Angebot seine Attraktion verloren hat«. Es folgten erbitterte politische Kämpfe – sie seien im »Dauerzustand eines aggressiven Angriffsmodus« gewesen, berichten die Gründer*innen (S. 51).

Abfall Symphonie Ohr Chester, Abbildung: TAZ vom 6.8.1984
Links: Historisches Kampnagel-Kranwerk, Foto: Archiv

droves and were soon infected by the spirit of transformation on the site. In 1982, Joseph Beuys staged his project »7000 Eichen« (7000 Oaks) for documenta 7 in Kassel, and also planted a single oak near the canal on the Kampnagel site (plans for a further project – »Gesamtkunstwerk Freie und Hansestadt Hamburg«, or Gesamtkunstwerk Free and Hanseatic City of Hamburg – which aimed to recultivate the dredge pools in Altenwerder which had been poisoned by harbour silt and turn this »death zone« into an ecological art zone – were unfortunately turned down by the city). In 1983 Peter Brook brought his legendary production of »Carmen« to Hamburg. A larger hall, what is now K6, was expanded for this project at his request. The provisional auditorium stand for this production, with 840 seats, is still there today.

OCCUPATION REHEARSALS

October 1982 saw the staging of the first »occupation rehearsals«, an elegant form of »friendly takeover«. Organised by Corny Littmann and a large swathe of the independent scene with the amiable acquiescence of the Schauspielhaus, this quasi-festival hosted performances by political theatre and cabaret groups from all over Germany. They included Frankfurt's Fronttheater and Theater Rote Grütze from Berlin, with Hamburg represented by the Pan-Theater, Die Familie Schmidt and Die Fliegenden Bauten. A second occupation rehearsal followed in 1983, with the aim of using the site permanently. For the very existence of Kampnagel was under threat from the beginning; as early as 1981, the Hamburg Parliament had planned to demolish the site following this interim usage. But resistance formed, and it even included elements of Hamburg's bourgeoisie. Finally a competition to redesign the site was announced in 1982. In 1984, however, Hamburg's Senate resolved to reactivate the construction and demolition plans – but with a clause that said »that the execution of the residential development would only begin when the cultural offerings lose their

M.T.M. Magnum Teatro Mundi, La Fura dels Baus 1992–1997, Foto: La Fura dels Baus

MYTHOS DER ANFANGSZEIT

Die Anfangszeit mit undichten Dächern, ABM-Kräften als Techniker*innen und DIY-Strukturen wurde zum Mythos: Durch die kühnen Jahre des Aufbruchs wohnt Kampnagel bis heute ein Zauber inne. Gerade die ersten Intendant*innen verweigern sich aber einer Romantisierung dieser Zeit und eröffnen eine differenziertere Perspektive auf die Vergangenheit. Zum einen führten die improvisierten Arbeitsverhältnisse, die künstlerische Freiheit in Pfützen und die von politischer Opposition geprägte Atmosphäre zu einer mutigen Let's-just-do-it-Haltung. »Dazu gehörte das Selbstverständnis, mit großer Freude und Begeisterung immer wieder über die Grenzen der Legalität hinauszugehen. Denn anders wären so riesige Veranstaltungen wie die von La Fura dels Baus, Brith Gof und Test Dept. oder Royal de Luxe gar nicht möglich gewesen«, erzählt Dieter Jaenicke, 1985 bis 2000 Leiter des Sommertheater-Festivals auf Kampnagel. Zum anderen aber war die finanziell unsichere Situation zermürbend, was die Arbeitssituation der ersten Kampnagel-Leiterinnen Hannah Hurtzig und Mücke Quinckhardt prägte (S. 48 ff). Vor diesem unsicheren Hintergrund waren der Motor und die alle Zweifel überwindende Motivation dieser Pionierinnen die neuen Formen von Bühnenkunst, die damals an verschiedensten Ecken auf der ganzen Welt entstanden. Kampnagel war, so der Theaterwissenschaftler Nikolaus Müller-Schöll, »eine kleine Insel, auf der die großen Tendenzen […] erkennbar, aber noch lange nicht auf die späteren Begriffe gebracht waren – postdramatisches Theater (Lehmann) […], performative Wende (Fischer-Lichte) […]. Es war inmitten einer ebenso beeindruckenden wie das Neue erdrückenden Theaterlandschaft einer der wenigen Orte, an denen man in Deutschland das verfolgen konnte, was sich in großen Teilen der Welt […] im Theater der sechziger bis achtziger Jahre neu entwickelt hatte«. (S. 42)

attraction«. Bitter political struggles ensued; as the founders report, they were in »permanent aggressive attack mode« (p. 54).

FOUNDATIONAL MYTH

The early days – complete with leaky roofs, DIY structures and job-creation workers acting as technicians – became a myth; these intrepid years of transformation lent Kampnagel a charm it retains to this day. However, it is worth nothing that the first artistic directors refuse to romanticise this time, instead offering a more nuanced perspective of the past. On the one hand, the improvised working conditions, artistic freedom staked out amid puddles, and an atmosphere dominated by political opposition led to a bold let's-just-do-it attitude. »This included the conception we had of ourselves, of repeatedly breaching the boundaries of legality, with joy and enthusiasm. Because without that, huge events like La Fura dels Baus, Brith Gof and Test Dept., and Royal de Luxe would never have been possible at all,« says Dieter Jaenicke, head of the Kampnagel Summer Festival between 1985 and 2000. On the other hand, the precarious financial situation was gruelling, and for the first Kampnagel artistic directors Hannah Hurtzig and Mücke Quinckhardt (p. 54), this overshadowed the working situation. Amid these uncertain conditions, the thing that conquered these pioneers' doubts, the motor and the motivation, was the new forms of stage art that were emerging in different parts of the world at the time. According to the theatre scholar Nikolaus Müller-Schöll, Kampnagel was »a small island where we first got to witness the major currents of the time […] recognisable as what would much later be termed post-dramatic theatre (Lehmann), visual dramaturgy (Arntzen), the performative turn (Fischer-Lichte). Amidst a theatrical landscape that was as impressive as it was resistant to the new, it was one of the few places in Germany where you could witness what had been developing in large parts of the world […] in theatre from the 1960s to 1980s.«

1985 BIS 1990

1985 installierte Kultursenatorin Helga Schuchardt mit Hannah Hurtzig und Mücke Quinckhardt zwei junge künstlerische Leiterinnen auf Kampnagel. Die beiden prägten den Ort und öffneten ihn für unterschiedlichste Akteur*innen, statt selbst das gesamte Programm zu kuratieren. Erfolgreich waren etwa das Frauenfestival »Harmoniale« von Irmgard Schleier, das Kabarettfestival von Ulrich Waller oder das Sommertheater-Festival unter Dieter Jaenicke, das sich rasch zu einem prägenden internationalen Festival entwickelte.

1986 produzierte Kampnagel eines der ersten eigenen Stücke – wiederum mit Bezug zur Geschichte des Schauspielhauses: Die Schauspielerin Barbara Nüsse verließ das Schauspielhaus, um mit dem ehemaligen Schauspielhaus-Regisseur Ulrich Waller den James-Joyce-Monolog »Penelope« aufzuführen. Das Stück wurde zum ersten (und einzigen) Kampnagel-Repertoirestück, das durch ganz Europa tourte und jahrzehntelang gespielt wurde, zuletzt 2023 zu Nüsses 80. Geburtstag im St. Pauli Theater.

Legendär sind auch die mehrtägigen Dauerlesungen, das Amazonas-Projekt auf dem Kanal von Hannah Hurtzig oder die großen Stadtbespielungen etwa durch Royal de Luxe. Interdisziplinarität, ortsspezifische Hallenbespielung und Projekte im öffentlichen Raum prägten das Programm der Anfangsjahre; unzählige Freie Gruppen wurden angedockt, und regelmäßig fanden Ausstellungen in der Halle k3 statt.

[ZUM EINEN FÜHRTEN DIE IMPROVISIERTEN ARBEITSVERHÄLTNISSE, DIE KÜNSTLERISCHE FREIHEIT IN PFÜTZEN UND DIE VON POLITISCHER OPPOSITION GEPRÄGTE ATMOSPHÄRE ZU EINER MUTIGEN LET'S-JUST-DO-IT-HALTUNG. ON THE ONE HAND, THE IMPROVISED WORKING CONDITIONS, ARTISTIC FREEDOM STAKED OUT AMID PUDDLES, AND AN ATMOSPHERE DOMINATED BY POLITICAL OPPOSITION LED TO A BOLD LET'S-JUST-DO-IT ATTITUDE.]

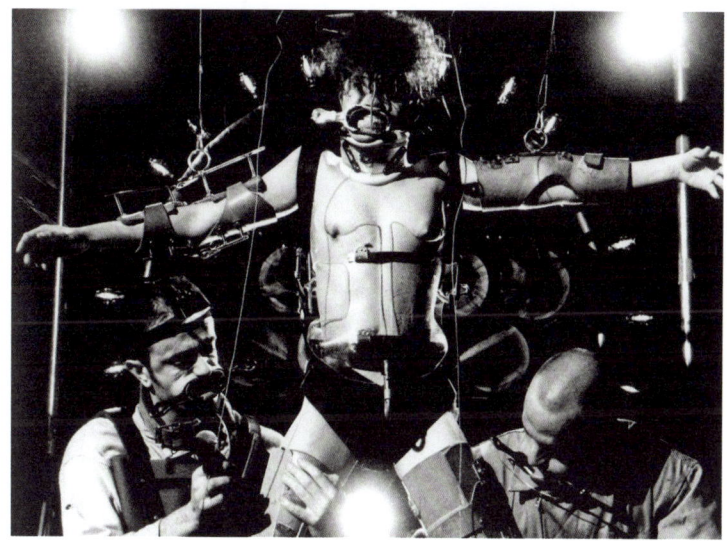

M.T.M. Magnum Teatro Mundi, La Fura dels Baus 1992–1997, Foto: La Fura dels Baus
Nächste Seite: Othello, C'est Qui, Gintersdorfer/Klaßen, 2008, Foto: Gintersdorfer/Klaßen

1985 TO 1990

In 1985, Culture Senator Helga Schuchardt installed two young artistic heads at Kampnagel, Hannah Hurtzig and Mücke Quinckhardt. The two left their mark on the site and opened it up to a wide range of voices rather than curating the entire programme themselves. The triumphs of this time included the women's festival »Harmoniale« led by Irmgard Schleier, Ulrich Waller's cabaret festival, and the Summer Festival under Dieter Jaenicke which soon became an influential international festival.

In 1986 Kampnagel produced one of the first of its own pieces – once again referencing the history of the Schauspielhaus: actress Barbara Nüsse left that theatre to perform the James Joyce monologue »Penelope« with former Schauspielhaus director Ulrich Waller. This became the first (and only) Kampnagel repertory piece to tour throughout Europe, and it has been performed over decades, most recently in 2023 at the Sankt Pauli Theater to mark Nüsse's 80th birthday.

Just as legendary are the non-stop readings lasting several days, Hannah Hurtzig's Amazonas project on the canal, and the large-scale events that reached out to the city, by Royal de Luxe, for instance. In the early years, the programme was dominated by interdisciplinarity, site-specific use of the halls, and projects in public spaces; countless independent companies were involved, and there were regular exhibitions in hall k3.

THE 1990S

Following the turbulent early years, things calmed down again in 1990 with the arrival of Hans Man in't Veld, director and co-founder of the Werkteater Amsterdam. Man in't Veld made some initial progress in the direction of consolidation and professionalisation before leaving in 1994. Out of the hundred or so independent Hamburg groups he chose 16 with whom he collaborated continuously. He also attracted European blockbusters by Peter Brook, Anne Teresa De Keersmaeker and

Two Cigarettes in the Dark, Pina Bausch 1992, Foto: Kampnagel
Vorherige Seite: Antigonegone, Nicolas Stemann, 1997, Foto: Kampnagel

DIE 1990ER JAHRE

Nach den aufwühlenden Anfangsjahren kehrte im Jahr 1990 mit dem Regisseur und Mitbegründer des Werkteater Amsterdam Hans Man in't Veld wieder etwas Ruhe ein. Der Niederländer ging einige Schritte in Richtung Konsolidierung und Professionalisierung, bevor er 1994 weiterzog. Man in't Veld wählte aus rund hundert freien Hamburger Gruppen 16 aus, mit denen er kontinuierlich zusammenarbeitete, realisierte europäische Blockbuster von Peter Brook, Anne Teresa de Keersmaeker oder Pina Bausch und gründete Plattform-Formate wie 1991 die Internationale Tanztheaterwoche und 1993 das Festival Junge Hunde. Mit dem Schweizer Res Bosshart folgte dann von 1994 bis 2001 erneut ein Regisseur als Leiter: Kampnagel wurde zur Nachwuchsschmiede für das Stadttheater und bot Sandra Strunz, Falk Richter oder Nicolas Stemann Räume, sich zu erproben. Zudem formierte sich in der zweiten Hälfte der neunziger Jahre eine deutsche Performance-Szene mit Gruppen wie Rimini Protokoll und Gob Squad, die das europäische Theater in den nächsten 25 Jahren prägen sollten und von denen einige (She She Pop, Showcase Beat le Mot) in Hamburg und auf Kampnagel ihre Heimat hatten. Bosshart und sein Geschäftsführer Jack Kurfess schmiedeten außerdem einen für die Zukunft Kampnagels entscheidenden, aber nicht unumstrittenen Pakt: Mehrere Hallen wurden abgerissen und das Gelände rund um Kampnagel an Investoren verkauft, die dort mit gesichtslosen Bürogebäuden den Blick verstellten und Kampnagel zu einem riesigen Hinterhof machten. Mit dem Erlös von mehreren Millionen D-Mark wurden die Hallen in groben Zügen saniert, u. a. entstanden das Zentralfoyer und das heutige Restaurant. »Kurfess und ich haben das Gelände aus der Alternativecke befreit, ohne damit das unabhängige künstlerische Schaffen zu torpedieren«, sagte Bosshart Jahre später dem *Hamburger Abendblatt*, das wiederum resümierte: »Indem sie die Hallen von ›erbrechtlichen Szeneansprüchen‹ entrümpelten, machten sie sich nicht nur Freunde, bauten zugleich aber eine Organisationsstruktur auf, die noch heute positiv nachwirkt.«

Pina Bausch, and founded platform formats such as the Internationale Tanztheaterwoche (International Dance Theatre Week) in 1991 and the Junge Hunde (Young Dogs) Festival in 1993. Between 1994 and 2001, Kampnagel was headed up by another stage director – Res Bosshart, from Switzerland. For city theatres, Kampnagel became a training ground for the next generation of talent and offered Sandra Strunz, Falk Richter and Nicolas Stemann space to prove themselves. The second half of the 1990s also saw a German performance scene forming, with groups such as Rimini Protokoll and Gob Squad, who would shape European theatre for the ensuing 25 years; some of them (She

Terrorspiel, Nicolas Stemann, 1997, Foto: Kampnagel

Ryusei, Ishina, 2001, Foto: Kampnagel

> **KAMPNAGEL SOLLTE EIN DIALOGISCHER PRODUKTIONSORT WERDEN, DER INTERDISZIPLINÄR BESPIELT UND TRANSFORMIERT WIRD, DER KONZERTE EBENSO BEHERBERGT WIE THEATERSTÜCKE ODER KONGRESSE.**
>
> **KAMPNAGEL WAS TO BECOME A DIALOGIC PRODUCTION SITE, INTERDISCIPLINARY AND ADAPTABLE, WHICH COULD ACCOMMODATE CONCERTS AS WELL AS PLAYS AND CONGRESSES.**

She Pop, Showcase Beat Le Mot) were based in Hamburg and at Kampnagel. Bosshart and his Managing Director Jack Kurfess also forged a pact that would prove decisive for Kampnagel's future, yet not without controversy. A number of halls were demolished and the grounds around Kampnagel were sold to investors who blocked the view with faceless office buildings and turned Kampnagel into a huge courtyard. This raised several million deutschmarks which went on broad-strokes renovations in the halls, and the construction of the central foyer and what is now the restaurant. »Kurfess and I got the site out of the alternative dead-end without torpedoing independent artistic creativity,« Bosshart said years later to the *Hamburger Abendblatt*, which offered its own summation: »By clearing the halls of 'inherited scene standards', they didn't win everyone over, but they also established an organisational structure that has a positive impact to this day.«

NEW MILLENNIUM

From 2001 to 2007 Kampnagel was led by Croatian curator Gordana Vnuk. She addressed the Eurocentric view of art and sought to overcome it – with a concept of the »post-mainstream and vertical multiculturalism« (p. 60). Vnuk was aiming to shift the programmatic focus from Western Europe to the periphery and showcase underrepresented artists, for example with the Polyzentral Festival which she (and Honne Dohrmann) developed, which included artists from the Middle East, Central Asia and Africa; she also renamed the legendary summer theatre festival »Laokoon« and appointed international curators to lead it: the Japanese theatre critic Hidenaga Otori and Colombian choreographer Alvaro Restrepo. At the end of her directorship, the exhibition hall k3 was rebuilt to become K3 – Centre for Choreography I Tanzplan Hamburg (conceived and led, to this day, by Vnuk's former dramaturge Kerstin Evert). In the end, Vnuk could boast of 120,000 visitors per year. However, more than half of them were not coming for the

NEW MILLENIUM

Von 2001 bis 2007 wurde Kampnagel von der kroatischen Kuratorin Gordana Vnuk geleitet. Sie thematisierte den eurozentrischen Blick auf die Kunst und versuchte ihn zu überwinden – mit einem Konzept des »Post-Mainstreams und des vertikalen Multikulturalismus« (S. 59). Vnuk wollte den Programmfokus von Westeuropa an die Peripherie verlagern und unterrepräsentierte Künstler*innen zeigen, etwa mit dem von ihr (und Honne Dormann) entwickelten Polyzentral-Festival, das Künstler*innen aus Vorder- und Zentralasien sowie Afrika einbezog; außerdem benannte sie das legendäre Sommertheater-Festival in Laokoon um und berief dafür internationale Kuratoren: den japanischen Theaterkritiker Hidenaga Otori und den kolumbianischen Choreografen Alvaro Restrepo. Am Ende ihrer Intendanz wurde die Ausstellungshalle k3 zum K3 | Zentrum für Choreographie | Tanzplan Hamburg umgebaut (konzipiert und bis heute geleitet von Vnuks ehemaliger Dramaturgin Kerstin Evert). Vnuk konnte zum Schluss 120 000 jährliche Besucher*innen verkünden. Mehr als die Hälfte davon kamen allerdings nicht zu ihrem avancierten Programm, sondern zu externen Veranstaltungen wie den wöchentlichen Tanznagel-Discos des Party-Unternehmers Dieter Holhorst.

Das wollten wir ändern, als wir 2007 von Berlin nach Hamburg kamen und Zeug*innen davon wurden, wie das riesige Gebäude an Abenden mit wenig Publikum in eine atmosphärische Depression versinken konnte. Wir begriffen dabei die Größe des Geländes als Chance und entwickelten das Konzept einer radikalen Öffnung, die Kampnagel von der Peripherie ins Zentrum der breiten Stadtgesellschaft wuchtete. Kampnagel sollte zu einem dialogischen Produktionsort werden, der konsequent interdisziplinär bespielt und stetig transformiert wird, der Konzerte ebenso beherbergen kann wie Theaterstücke oder Kongresse und der durch lokale Communities und vielfältige Netzwerke mit Hamburg und der Welt verbunden ist. Beibehalten wollten wir allerdings den anarchischen Geist der Anfangszeit und betitelten die großflächige Bespielung des Geländes zur Spielzeiteröffnung 2007 als »Besetzungsorgie«.

Fünfzehn Jahre später ist Kampnagel ein Staatstheater mit jährlich 180 000 Besucher*innen ohne Fremddisco, das Sommerfestival platzt aus allen Nähten (S. 265), das choreographische Zentrum K3 bildet eine eigene Säule im Kampnagel-Universum (S. 78) und das Haus steht vor einem großen Schritt in die Zukunft: der Sanierung und Erweiterung durch die Pritzker-Preisträger*innen Lacaton & Vassal. Das französische Architektenduo verkörpert eine Zeitenwende in der Architekturgeschichte, indem es auf Sanierung statt Abriss setzt und den sozialen Aspekt von Architektur in den Vordergrund rückt.

Lacaton & Vassal legen mit ihrer Arbeit auch den Grundstein für die nächste Ära von Kampnagel, dessen Geschichte mit dem Kampf um Räume begann und dessen Zukunft nun mit neuen Räumen gesichert wird. Räume, die im Nachdenken über die Zukunft der performativen Künste entworfen werden. Räume für hoffnungsvolle Newcomer ebenso wie für internationale Stars. Ein Produktionsort, der Wohn- und Arbeitsmöglichkeiten bietet, um international tourende Stücke zu produzieren. Ein Ort für das Nebeneinander von internationalem Musikprogramm und umfassenden Diskursprogrammen, von Hoch-, Pop- und Subkulturprojekten, ein Ort, an dem verschiedene Medien von Tanz über Performance bis hin zu Bildender Kunst im Austausch stehen oder fusioniert werden. Im Zentrum stehen Räume der Begegnung, Räume, in denen die großen Themen der Transformation, Nachhaltigkeit, Inklusion und Diversität, Postkolonialismus und Flucht, Genderfragen und Digitalisierung an der Schnittstelle von Kunst, Wissenschaft und Aktivismus systematisch verhandelt werden. Wir gestalten eine Zukunft aus der Geschichte, als (ver-)lernende Organisation, die ihr Verständnis von Kunst und Gesellschaft ständig hinterfragt und an der Dekolonisierung von Wissen, Ästhetik und Strukturen arbeitet.

Barmbek TV, 2007,
Foto: Kampnagel

advanced programme, but rather to external events such as the weekly Tanznagel discos staged by nightlife entrepreneur Dieter Holhorst.

This is something we wished to change when we left Berlin for Hamburg in 2007 and saw for ourselves how the huge building tended to sink into an atmospheric depression on evenings that attracted minimal audiences. But we saw the size of the site as an opportunity and developed the concept of a radical opening that would drag Kampnagel from the periphery to the centre of broad civic society. Kampnagel was to become a dialogic production site with a consistent interdisciplinary focus and constant transformation, which could

Besetzungsproben, 2007, Foto: Kampnagel
Nächste Seite: Besetzungsproben, 2007, Foto: Kampnagel

> **LACATON & VASSAL LEGEN MIT IHRER ARBEIT AUCH DEN GRUNDSTEIN FÜR DIE NÄCHSTE ÄRA VON KAMPNAGEL, DESSEN GESCHICHTE MIT DEM KAMPF UM RÄUME BEGANN UND DESSEN ZUKUNFT NUN MIT NEUEN RÄUMEN GESICHERT WIRD.**
>
> **LACATON & VASSAL ARE ALSO LAYING THE FOUNDATION FOR THE NEXT ERA OF KAMPNAGEL, WHOSE HISTORY BEGAN WITH THE BATTLE FOR SPACES AND WHOSE FUTURE WILL NOW BE SECURED WITH NEW SPACES.**

accommodate concerts as well as plays and conferences, and which would be connected to Hamburg and the world through local communities and diverse networks. Yet we also wanted to retain the anarchic spirit of the early days, and at the launch of the 2007 season we referred to the large-scale use of the site as an »occupation orgy«.

Fifteen years later, Kampnagel is a state-funded theatre with 200,000 visitors a year (with no external disco), the Summer Festival is bursting at the seams (p. 268), K3 – Centre for Choreography forms its own planet in the Kampnagel cosmos (p. 81) and the house is about to take a big step into the future: a renovation and expansion by the Pritzker Prize winners Lacaton & Vassal. The French architect duo embodies a turning point in the history of architecture by focusing on renovation rather than demolition, and bringing the social aspect of architecture to the fore. Lacaton & Vassal are also laying the foundation for the next era of Kampnagel, whose history began with the battle for spaces and whose future will now be secured with new spaces. Spaces that are designed with the future of the performing arts in mind. Spaces for hopeful newcomers as well as international stars. A production site that offers living and working opportunities for creating pieces that can tour the world. A place that can bring together an international music programme and comprehensive discourse programmes, as well as projects that embrace high culture, pop culture and subculture; a place where various media – dance, performance, fine arts – come to interact or merge. The focus is on spaces for encounter, spaces in which the major issues of transformation, sustainability, inclusion and diversity, postcolonialism and refugees, gender issues and digitalisation are systematically negotiated at the interface of art, scholarship and activism. We are shaping a future out of history, an (un)learning organisation which constantly questions its conception of art and society, and works to decolonise knowledge, aesthetics and structures.

DIE AUTOBAHNEN DER KULTUR UND DER ERLKÖNIG – THEATER FÜR ALLE UND KEINEN

Nikolaus Müller-Schöll

Viel verknüpft mich über alles Professionelle hinaus mit Kampnagel. Ich werde, auch deshalb, diesen Text mit einigen persönlichen Erinnerungen beginnen, die zur Anfangszeit von Kampnagel in den 1980ern und zur Anfangszeit meiner Professur in Hamburg 2009 führen, um dann über das Haus in seiner heutigen Erscheinung nachzudenken – über das Glokaltheater, die Autobahnen der Kultur und den Erlkönig. Aber der Reihe nach.

1. IM SCHATTEN DER ABRISSBIRNE

Es war vermutlich im Jahr 1985, dass ich das erste Mal die Kampnagelfabrik betrat. Es war eine kleine Insel, auf der die großen Tendenzen, die damals, Ende der achtziger, Anfang der neunziger Jahre, erkennbar, aber noch lange nicht auf die späteren Begriffe gebracht waren – postdramatisches Theater (Lehmann), Visual Dramaturgy (Arntzen), performative Wende (Fischer-Lichte) –, zu sehen waren, zum ersten Mal. Es war einer der wenigen Orte inmitten einer ebenso beeindruckenden wie das Neue erdrückenden Theaterlandschaft, an dem man in Deutschland das verfolgen konnte, was sich in weiten Teilen der Welt – nämlich, wie man von heute aus sieht: in den privilegierten, in Europa, Japan und den USA – im Theater der sechziger bis achtziger Jahre neu entwickelt hatte. Doch im gleichen Maß, wie dieser Ort anders und ungewohnt war, war er auch bedroht: Ein solches Fabrikzentrum, einigermaßen stadtnah, mit Theater zu besetzen, das war, kein Zweifel, in einer ökonomisch denkenden Stadt wie Hamburg, anökonomisch. Und so zitierte ich in Rundfunkbeiträgen zur Rettung dieses Ortes ein ums andere Mal Peter Brook: Heutiges Theater, so der Prophet des armen wie des heiligen Theaters, brauche solche Orte, die noch nicht durch eine bestimmte, überkommene Theatervorstellung definiert seien.

Die Kulturfabrik hat überlebt und stand noch, als ich 2009 erneut nach Hamburg zog, stark verändert. Eingefriedet durch die Bebauung eines großen Teils des Areals, saniert durch Anbauten und Renovierungen, machte sie einen konsolidierten Eindruck. In unserer Potentialanalyse der Freien Szene Hamburgs, dieser »Entwicklungsabteilung« (Lisa Lucassen) des Theaters, stach Kampnagel als ihr wichtigster Ort hervor, als ihr Showcase und als ihre Fortbildungsstätte. »Performing Politics«, die gemeinsam mit Matthias von Hartz, André Schallenberg und Amelie Deuflhard auf die Beine gestellte Sommerakademie, der gemeinsame Workshop mit Philippe Quesne, die Gespräche mit Pavol Liska und Kelly Copper, ja selbst der Streit zwischen Sergej Romashko und John Jorden, der Zusammenstoß zweier Welten, geografisch wie politisch – all das gab mir viel zu denken und war das Schönste, was mir in meiner kurzen Zeit als Professor hier in Hamburg widerfahren ist. Soweit zu den persönlichen Erinnerungen. Wenn Donna Haraway und andere von »situiertem Wissen« sprechen, so meint dies ja nicht zuletzt dieses: Die Wissenschaft nicht vom eigenen Standpunkt abzukoppeln, sondern ihn– mit seinen Privilegien wie seiner Blindheit – auszustellen. Ich werde nun versuchen, aus der Sicht des am Gegenwartstheater stark interessierten Theaterwissenschaftlers zu beschreiben, worin die exemplarische Bedeutung dieses Theaters heute liegt.

2. GLOKALTHEATER

Kampnagel, das war und ist natürlich zunächst einmal ein Theater, das dezidiert lokal und dezidiert global ist. Lokal in seinem Bezugsrahmen, seiner Adressierung, global in seiner Ästhetik und seinen Produktionsweisen wie im Bewusstsein seiner Zeit: Global sind die Katastrophen und Probleme, mit denen wir alle nicht mehr fertigwerden: die Klimakrise, der Aufstieg neuer Autokratien, die Implosion und Beschädigung westlicher Demokratien, die stetig wachsende Zahl von Geflohenen, die Krieg, Hunger und Aussichtslosigkeit ihre Zuflucht in Europa suchen lassen, die Pandemie, der Krieg, die absehbare Hungersnot. Dass diese und viele weitere Probleme nicht alle gleichermaßen betreffen, verdeckt die Rede von der Globalisierung allerdings seit Langem. Produktionen wie »Via Intolleranza II«, Christoph Schlingensiefs selbstreferentielle Abrechnung mit dem White Saviour Complex, oder die transnationalen Arbeiten mit afrikanischen Performer*innen, in denen Gintersdorfer/Klaßen die westliche Einsprachigkeit auflösten, führten dies auf Kampnagel vor Augen. EcoFavela Lampedusa Nord, der 2014 eingerichtete Aktions- und Lebensraum für Geflüchtete, eine Intervention in der Tradition von Brechts Gedicht »Die Nachtlager«, aber mehr noch von Joseph Beuys und Thomas Hirschhorn, die in dem zu Recht vielfach mit Preisen bedachten Begegnungsort »Migrantpolitan« aufging, ging darüber hinaus: eine dezidiert lokale Initiative, die in dem Maße, wie sie erfolgreich war und ist, auf die hier nicht lösbare globale Katastrophe verwies und verweist. Als Glokaltheater, wie ich es nennen würde, ist Kampnagel als Ganzes heute eine Antwort auf den Plattformkapitalismus, der die kommerzielle Besetzung der Räume klassischer Öffentlichkeit fortsetzt, die mit der Umwandlung unserer Innenstädte in Einkaufsparadiese und der weltweiten Ausbreitung von Shopping Malls und Erlebniswelten begonnen hat. Als Ausweichspielstätte des Schauspielhauses gegründet, doch erst durch die »Besetzungsprobe« der Freien Szene für die Kunst gerettet, von Hannah Hurtzig und Mücke Quinckhardt verteidigt, jahrzehntelang von der Abrissbirne bedroht, hat sich das Kulturzentrum in der Zeit von Amelie Deuflhards Intendanz mit immer neuen Besucherrekorden zu einem Ort entwickelt, der unverwechselbar ist und dies in jeder einzelnen seiner Veranstaltungen, und doch in seiner Vielfältigkeit kaum zu übersehen und nur schwer zu beschreiben: 900 Veranstaltungen mit 180000 Zuschauer*innen im Jahr vor der Pandemie, das umfasste die Aktivitäten des unabhängigen Zentrums für Choreographie von Kerstin Evert ebenso wie die erst von Matthias von Hartz, dann von András Siebold kuratierten Sommerfestivals, das Live-Art-Festival und das Dangerous-Minds-Festival, Großveranstaltungen wie den Tanzkongress, die Tanzplattform, das gemeinsam mit dem Thalia Theater veran-

Deuflhard und Schlingensief, 2010, Foto: Kampnagel

staltete »Theater der Welt« oder der PSI-Kongress, aber auch die kontinuierliche Arbeit im Bereich von Tanz und Performance, die Newcomer*innen ebenso einschloss wie Choreograf*innen und Tänzer*innen, die hier seit vielen Jahren ihre Handschrift entwickeln, eine auf Emanzipation hin angelegte Arbeit mit Kindern und Jugendlichen, Politik, namentlich etwa die Co-Autorschaft bei »Die Vielen«, die »Initiative GG 5.3. Weltoffenheit«, »Kein Schlussstrich!«, aber auch das Konzertprogramm, Konferenzen, Vorträge, Akademien und Reihen zu Themenschwerpunkten, daneben Aktivitäten im Bereich der Bildenden Kunst, aktivistische Kunst und politische Aktionen, nicht zuletzt als lokales Korrektiv globaler wie lokaler Politik, etwa beim alternativen Gipfel zum G20 mit Globalisierungskritikern. Dass das, was hier, im größten europäischen Produktionszentrum für Theater und die Performing Arts, als Gastspiel oder Eigenproduktion produziert und aufgeführt wurde, nicht nur viel, sondern auch gut war, bezeugen nicht zuletzt die zahlreichen Einladungen zu wettbewerbsorientierten Festivals wie der Tanzplattform oder dem Berliner Theatertreffen, zu dem von Kampnagel (co-)produzierte Arbeiten von Schlingensief, She She Pop, Thorsten Lensing, Anta Helena Recke und Thom Luz eingeladen wurden. So weit, so gut – und so bekannt.

3. DIE AUTOBAHNEN DER KULTUR

Im Jahr 2020 wird Kampnagel zum Staatstheater erhoben. Dies ist ein Verwaltungsakt. Es ist eine große Leistung von Amelie Deuflhard. Und zugleich eine mutige und weitreichende, ja visionäre Entscheidung des Kultursenators der Freien und Hansestadt Hamburg, Carsten Brosda, der als Präsident des Deutschen Bühnenvereins gewusst haben dürfte, was er tut. Denn sie ist – das vor allem – wichtig und zukunftsweisend für die gesamte deutsche Theater- und Orchesterlandschaft, die 2014 in die nationale Unesco-Liste des immateriellen Kulturerbes aufgenommen wurde. Diese verdankt sich bekanntlich mindestens sechs Ursprüngen:

1. ideell dem 18. Jahrhundert mit seiner Erhebung des Theaters in den Rang eines Organons der Aufklärung, zum Teil jener bürgerlichen Öffentlichkeit, der es fortan obliegen sollte, aus dem »Zeitalter der Aufklärung«, so Kant, ein wahrhaft aufgeklärtes Zeitalter zu machen. Das ist bekannt, heute dringlicher denn je, und zwar weit über den Humanismus des weißen, männlichen Europäers hinaus;
2. empirisch gesehen der Gründerzeit des ausgehenden 19. Jahrhunderts, aus der bis heute eine Vielzahl von Theatergebäuden stammt, in deren gebauter Ideologie sich die von Adel und Bürgertum geteilte Theatervorstellung des Barock, wie sie das 19. Jahrhundert konserviert, über die Köpfe derer hinweg erhalten hat, die sie heute noch vielerorts nutzen;
3. wirtschaftsgeschichtlich betrachtet zumindest auch der Einführung der Gewerbefreiheit 1871, die mit der Etablierung großer Privattheater einherging. Zu Beginn der 1930er Jahre fielen sie zu großen Teilen der Theaterkrise zum Opfer;
4. medientheoretisch situiert der deutsch-national motivierten Stimmpolitik, dem Ziel einer Normierung der »deutschen Hochsprache«, die von einem selbsternannten »Stimmenkabinett« des Deutschen, von Sievers, Siebs und Luick im Verbund mit zwei Intendanten, dem Grafen von Hochberg und dem Freiherrn von Ledebur, konzipiert, der Bühne auf dem Weg der »Regelung der deutschen Bühnenaussprache« vorgeschrieben und von ihr unterm Vorzeichen der Ausmerzung von Dialekten praktiziert wurde;
5. infrastrukturell der NS-Zeit, in der erst jenes flächendeckende Netz von öffentlichen Theatern geschaffen wurde – nach den Bankrotten der Theaterkrisen übernommen und Teil des Plans, nach einem gewonnenen Weltkrieg einen Propagandaapparat zur Verfügung zu haben –, in dem die von den Nazis erfundenen Chefdramaturgen dem in Goebbels' Ministerium sitzenden Reichsdramaturgen dann weisungsgebunden die staatliche Kulturpolitik umsetzen sollten. Man könnte die Stadt- und Staatstheaterlandschaft, unser potentielles Unesco-Weltkulturerbe, deshalb auch als Autobahnen des Kulturlebens bezeichnen;
6. unter politisch-pädagogischen Aspekten betrachtet der Reeducation. Die Alliierten schufen, wie Dirk Baecker es formuliert hat, eine »Reeducation-Blase«, aus der bis heute diese weltweit einzigartige Landschaft resultiert, mit Folgen: museale, am veralteten Gedanken von Nation und Kanonbildung orientierte Spielpläne, hierarchische, im Kern feudalistische Strukturen, große, unflexible Apparate auf der Seite der Verwaltung und der Gewerke.

Was Kampnagel als Staatstheater in seiner Besonderheit uns zu denken aufgibt, ist nichts anderes als die Frage, wie denn in Zukunft diese Institution, das Stadt- und Staatstheater, mit seiner alles andere als glanzvollen Vergangenheit, ganz allgemein gedacht werden soll. Längst wäre das geläufige Modell des Ensemble- und Repertoiretheaters, wie es in beinahe allen deutschsprachigen Stadt- und Staatstheatern aufrechterhalten wird, grundsätzlich neu zu diskutieren. Es wären die gewachsenen Strukturen, die hinter der gesellschaftlichen wie künstlerischen

Entwicklung zurückgeblieben sind, daraufhin zu befragen, ob sie der veränderten Gesellschaftsstruktur noch entsprechen. Nicht von ungefähr steht heute im Zentrum aller kritischen, das heißt auf ihre eigene gesellschaftliche Verortung reflektierenden Theorie die Einsicht, dass wir – die in jeder Hinsicht privilegierten weißen (und ich füge, was mich betrifft, hinzu: cis-männlichen) Mitteleuropäer – als Teil eines De-Learnings vor allem beginnen müssen, unsere Privilegien in Frage zu stellen. Zu Recht wurde in den Debatten der vergangenen Jahre das eingefordert, was Kampnagel als Experimentallabor vorführt: eine weniger hierarchische Führungsstruktur, eine angemesse Beteiligung von Frauen, Queers, BIPOCs und Menschen mit Einschränkungen aller Art, eine größere Diversität und Pluralität, die Arbeit an der strukturellen Dekolonisierung, an mehr Teilhabe, Internationalisierung und Transkulturalität. Aus den »Theatern der Mehrheitsgesellschaft«, so die Forderung derer, die zu Unrecht als Minderheiten bezeichnet werden, weil sie gemeinsam längst die Mehrheit stellen, müssen Orte werden, an denen das Ensemble wie das Publikum die ganze Stadt repräsentieren. Amelie Deuflhard formulierte es auf einer Veranstaltung der Goethe-Universität kategorisch: »Das Theater als elitärer Ort, das reicht nicht mehr aus, wenn wir uns unsere Städte ansehen.«

Was Kampnagel als Stadttheater uns also zu denken aufgibt, ist, welches Theater der Vorstellung welcher zukünftigen Stadt am nächsten kommt, und vielleicht dabei das Theater als Third Space (Homi Bhaba), als Ort also, der der ganzen Stadt, aber keinem ganz gehört. Wer, wie ich, die im Ganzen üppige Subventionierung des Theaters, die einzigartige Infrastruktur erhalten will, muss über das Bestehende hinaus daran arbeiten, dass sie nicht länger ein Abbild der Gesellschaften bleibt, aus denen sie kommt, sondern der entspricht, in der wir leben und der, auf die hin wir uns entwickeln wollen. Das heißt konkret: Die Theater müssen sich als lernende Institutionen begreifen und sich weit über das hinaus öffnen, was sie bis jetzt schon leisten. Sie müssen selbst am Abbau ihrer überkommenen feudalen, deutsch-nationalen, patriarchalen und nationalsozialistischen Strukturen arbeiten, bevor es andere für sie tun. Es ist sicher kein Zufall, dass es im 20. Jahrhundert wichtige Frauen waren, die hier vorangegangen sind, Helene Weigel mit ihrem Berliner Ensemble, einem Theater der Umbildung, Ariane Mnouchkine mit ihrem Théâtre du Soleil, dem Vorbild für die Besetzungsprobe auf Kampnagel. Das von Amelie Deuflhard, aber nicht von ihr allein, sondern von ihren vielen Expert*innen für die einzelnen Bereiche gemeinsam verantwortete Haus knüpft an diese Linie an. Dafür, so glaube ich, sind wir alle Kampnagel und seiner Intendantin zu Dank verpflichtet.

4. ERLKÖNIG

Als Erlkönig bezeichnet man bekanntlich frei nach Goethe in der Automobilindustrie die Prototypen zukünftiger Modelle. Das glokale Staatstheater Kampnagel ist ein solcher Erlkönig der Theaterlandschaft, ein Ort, an dem seit Jahren jene große Transformation der Theater vorgemacht wird, derer die Theater- und Kultureinrichtungen bedürfen, wenn wir sie als das erhalten wollen, was sie ihrem Versprechen aus dem 18. Jahrhundert nach sein sollen: Es ist ein Ort, an dem – Migrantpolitan verdeutlicht es pars pro toto – mit den an anderen Theaterorten Ausgeschlossenen gesprochen wird, statt über sie oder an ihrer Stelle, in ihrer Nähe, sie einbeziehend. Theater wird hier als politische Institution begriffen, als Ort des Diskurses, der Auseinandersetzung und temporären Teilhabe (nicht Teilnahme), des Empowerments wie der Debatte, als Ort von dieser Welt, an dem auf Klimawandel, Migration, das Erbe des Kolonialismus, die Notwendigkeit seiner Aufarbeitung und seines Abbaus, auf Pandemie, den Krieg in Europa und die vielen offenen wie strukturellen, je spezifischen Diskriminierungen reagiert wird, denen die von Rassifizierung, Homophobie oder Ableismus Betroffenen auf je unterschiedliche Weise ausgesetzt sind. Doch zugleich wird es auch als Ort nicht von dieser Welt begriffen, wovon Amelie Deuflhard eine Ahnung gibt, wenn sie deutlich macht, dass es nicht darum geht, soziale Einrichtungen zu ersetzen und bestehende Bilder zu reproduzieren – etwa durch ein Flüchtlingslager in den Kampnagelhallen –, sondern darum, »andere Bilder« zu schaffen, »des Widerstands, der Hoffnung, des Aufbruchs, des Aktivismus«.

Ein Ort nicht von dieser Welt, das ist es, was Kampnagel nicht zuletzt überall dort ist, wo die Institution ohne Rücksicht auf Besucher*innenzahlen, vermeintliche Relevanz oder angeblich fehlende Verstehbarkeit immer wieder dem die Hallen öffnet und Bühnen einräumt, was unser aller Verständnis herausfordert: das, was man unzureichend als künstlerisches Experiment bezeichnet, weil es im Grunde nicht mehr und nichts anderes ist als eben die Kunst selbst: eine einsame Praktik, die sich nicht an alle wendet, sondern zunächst einmal und vielleicht für immer an Keinen. Als Hilmar Hoffmann in der großen Zeit sozialdemokratischer Kulturpolitik für Orte wie Kampnagel den bis heute gültigen politischen Begriff einer Kulturpolitik für alle prägte, unterschlug er, was damit insgeheim verbunden war, was aber, schaut man sich die zu seiner Frankfurter Zeit entstandenen Bauten, berufenen Intendanten und ermöglichten Künste an, unübersehbar bleibt: Natürlich war, um hier nur beim Theater zu bleiben, das Ballett von William Forsythe so wenig wie das TAT unter Tom Stromberg nur eine Kultur für alle. Es waren Institutionen und Kunstformen, die in der besten Tradition eines auf die ganze und wirklich ganze Gesellschaft ausgerichteten Kulturverständnisses standen. Es ist die große Leistung von Kampnagel, überall dort, wo der Kunst die Freiheit eingeräumt wird, sich in diesem Sinne unbekümmert zu entfalten, eine Kultur für alle zu ermöglichen, die eben deshalb eine solche ist, weil ihr erlaubt wird, zugleich für Keinen gemacht zu werden. Das mag ein wenig paradox klingen, ist aber nicht zuletzt die Grundlage dafür, dass in den Künsten eine blinde Praxis erlaubt wird, die nicht vorab durch alle Zensurschranken, die zu Recht oder zu Unrecht in unserer Kultur errichtet worden sind, gegangen sein muss. Was nicht heißt, dass man ihr das letzte Wort ließe, was aber heißt, dass man der Kunst das Recht einräumt, ungerecht, exzessiv, inakzeptabel zu sein.

Ein Erlkönig, das ist natürlich nicht zuletzt das anstehende Projekt, die mit 120 Millionen Euro veranschlagte Generalsanierung – Mittel, die Amelie Deuflhard bei Bund und Hansestadt aufgetrieben hat –, die ein Modell dafür ist, wie die allerorts anstehende Sanierung maroder Nachkriegstheater anders angegangen werden kann als auf dem Weg eines Kahlschlags, wie er in Frankfurt derzeit noch geplant ist, oder eines Stück für Stück in immer neue Abgründe führenden Sanierungsalptraums, zu dem sich solche Sanierungen etwa in Stuttgart oder Augsburg ausgewachsen haben: Ausgehend von einem Konzept, das die Geschichte des Hauses bedenkt und fortschreibt, aber zugleich die veränderte Gesellschaft im Blick hat. Das Bühnenkunst, immersive Diskursräume, professionelle partizipative Formate, Installationen, VR-Simulationen, Diskursformate, Clubkultur, Workshops, Akademien, Feste für Refugees, Studierende und Großbürger ermöglicht, aber auch Residenzen und neue Proberäume. Ein Konzept, das der Diversifizierung des Programms eine Diversifizierung der Orte folgen lässt, das den Zugang für Menschen aus unterschiedlichen Communitys schafft, die sich hier nicht zuletzt ganz einfach begegnen können, in Räumen jenseits des Kommerzes.

5. ANERKENNUNG

Für die anstehende Transformation der deutschen Theaterlandschaft geht es heute um die Entwicklung eines erweiterten Theater- und Kulturbegriffs, um die Auflösung der Departmentalisierung der Kulturen und vor allem um eine Vorstellung davon, welche Aufgabe sie in der Gesellschaft zu erfüllen haben. Die Diskussion darüber hat noch kaum begonnen. Wie auch immer sie enden wird, das Modell Kampnagel, der Erlkönig unter den Staatstheatern, das glokale Theater für alle und keinen, wird darin eine wichtige Rolle spielen.

Wir, das heißt: Alle, die sich für ein Theater der Zukunft interessieren, die darüber nachdenken, schreiben, diskutieren oder an ihm arbeiten, auf der Bühne oder auf dem Papier, haben Amelie Deuflhard und denen zu danken, mit denen sie all das auf die Beine gestellt hat, den Dramaturg*innen, dem Netzwerk der Produktionshäuser und den vielen Politiker*innen, die sie ebenfalls von ihrem Konzept eines Theaters der Verbindung von Lokalem und Globalem überzeugt hat, von der Notwendigkeit der Diversifizierung, von einem Theater im Zeichen der Umbildung der Autobahnen unseres Kulturbetriebs, und nicht zuletzt vom Erlkönig eines Theaters, das wir noch nicht kennen, vom Projekt eines Ortes der Begegnung, an dem sich eine Gesellschaft über die Bilder wird streiten können, die wir uns, Tag für Tag, voneinander machen.

AUTOBAHNS OF CULTURE AND THE ERLKÖNIG – THEATRE FOR EVERYONE AND NO ONE
Nikolaus Müller-Schöll

There is much that links me to Kampnagel, well beyond my professional association. For this and other reasons I will begin this text with a few personal memories that lead back to the early days of Kampnagel in the 1980s, and to the early days of my professorship in Hamburg in 2009, before I reflect on the house as it appears today – on glocal theatre, the Autobahns of culture, and the Erlkönig. But first things first.

1. IN THE SHADOW OF THE WRECKING BALL

It was most likely 1985 that I entered the Kampnagel factory site for the first time. It was a small island where we first got to witness the major currents of the time, the late 1980s, early 1990s, recognisable as what would much later be termed post-dramatic theatre (Lehmann), visual dramaturgy (Arntzen), the performative turn (Fischer-Lichte). Amidst a theatrical landscape that was as impressive as it was resistant to the new, it was one of the few places in Germany where you could witness what had been developing in large parts of the world – specifically, what we would now define as the privileged parts, in Europe, Japan and the USA – in theatre from the 1960s to 1980s. But different and unfamiliar as this place was, it was also threatened; in an economically minded city like Hamburg, installing a theatre in this kind of factory complex, reasonably close to the city was, without a doubt, a non-economical idea. And so in an effort to save the place, in radio interviews I would quote Peter Brook over and over again: the theatre of today, said the prophet of the poor and holy theatre, requires places like this that haven't been defined by a certain inherited conception of theatre.

The culture factory survived and was still standing, though much changed, when I moved back to Hamburg in 2009. Enclosed by new construction on a large part of the site, sanitised by extensions and renovations, it made a consolidated impression. In analysing the potential of Hamburg's independent scene, this »R&D department« (Lisa Lucassen) of the theatre, Kampnagel stood out as its most important site, as its showcase, and as its training facility. »Performing Politics«, the summer academy set up in cooperation with Matthias von Hartz, André Schallenberg and Amelie Deuflhard, the joint workshop with Philippe Quesne, the discussions with Pavol Liska and Kelly Copper, even the dispute between Sergei Romashko and John Jordan, the collision of two worlds, both geographically and politically – all this gave me plenty to think about and was the best thing that happened to me in my short time as a professor here in Hamburg. Those are my personal memories, anyway. When Donna Haraway and others refer to »situated knowledge«, what they ultimately mean is: not disconnecting scholarship from your own perspective, but rather putting that perspective on display – with both its privileges and its blind spots. So I will now attempt to describe the exemplary significance of this theatre today from the perspective of a theatre scholar who has a great interest in contemporary theatre.

2. GLOCAL THEATRE

First and foremost, Kampnagel has always been a theatre that is resolutely local and resolutely global. Local in its frame of reference and its audience, global in its aesthetics and its modes of production as well as its consciousness of its era. The catastrophes and problems that are no longer within our control are global: the climate crisis, the rise of new autocracies, the implosion of and damage to western democracies, the constantly increasing number of refugees coming to Europe seeking asylum from war, hunger and despair, the pandemic, the war, the foreseeable famine. Yet discussions around globalisation have long concealed the fact that these and many other problems do not affect all of us to the same extent. This was made clear by Kampnagel productions including »Via Intolleranza II«, Christoph Schlingensief's self-referential reckoning with the white saviour complex, and transnational works with African performers, in which Gintersdorfer/Klaßen broke through Western monolingualism. EcoFavela Lampedusa-Nord, the action and living space for refugees established in 2014, an intervention in the tradition of Brecht's poem »Die Nachtlager« (»A Bed for the Night«), but even more so of Joseph Beuys and Thomas Hirschhorn, which was held in the meeting place »Migrantpolitan« – itself a rightful recipient of numerous awards – went further: a resolutely local initiative which, successful as it was and is, has always pointed to the global catastrophe that it cannot solve. Kampnagel is what I would call a glocal theatre, and today the site as a whole is a response to platform capitalism, which is advancing the commercial occupation of traditionally public spaces that began with the transformation of our inner cities into consumer paradises and the worldwide spread of shopping malls and experience centres. Founded as a temporary, alternative venue for the Schauspielhaus, but only saved for art by the independent scene's »occupation rehearsal«, defended by Hannah Hurtzig and Mücke Quinckhardt, threatened by the wrecking ball for decades, this cultural centre set new visitor records under Amelie Deuflhard's directorship as it developed into a place that is unmistakable in every single event, yet with a diversity that is bewildering and difficult to summarise; 900 events with 180,000 visitors in the year before the pandemic, which encompassed the activities of Kerstin Evert's independent Centre for Choreography as well as the Summer Festival first curated by Matthias von Hartz and then by András Siebold, the Live Art festival and the Dangerous Minds festival, major events such as the Tanzkongress, the Tanzplattform, »Theater der Welt« and the PSI Congress staged in collaboration with the Thalia Theater, as well as its constant work in the field of dance and performance, which included newcomers as well as choreographers and dancers, who have been developing their signature here for many years, work with children and young people based on the principle of emancipation, and politics, specifically co-authorship of »The Declaration of the Many«, the »Initiative GG 5.3. Weltoffenheit« (Initiative

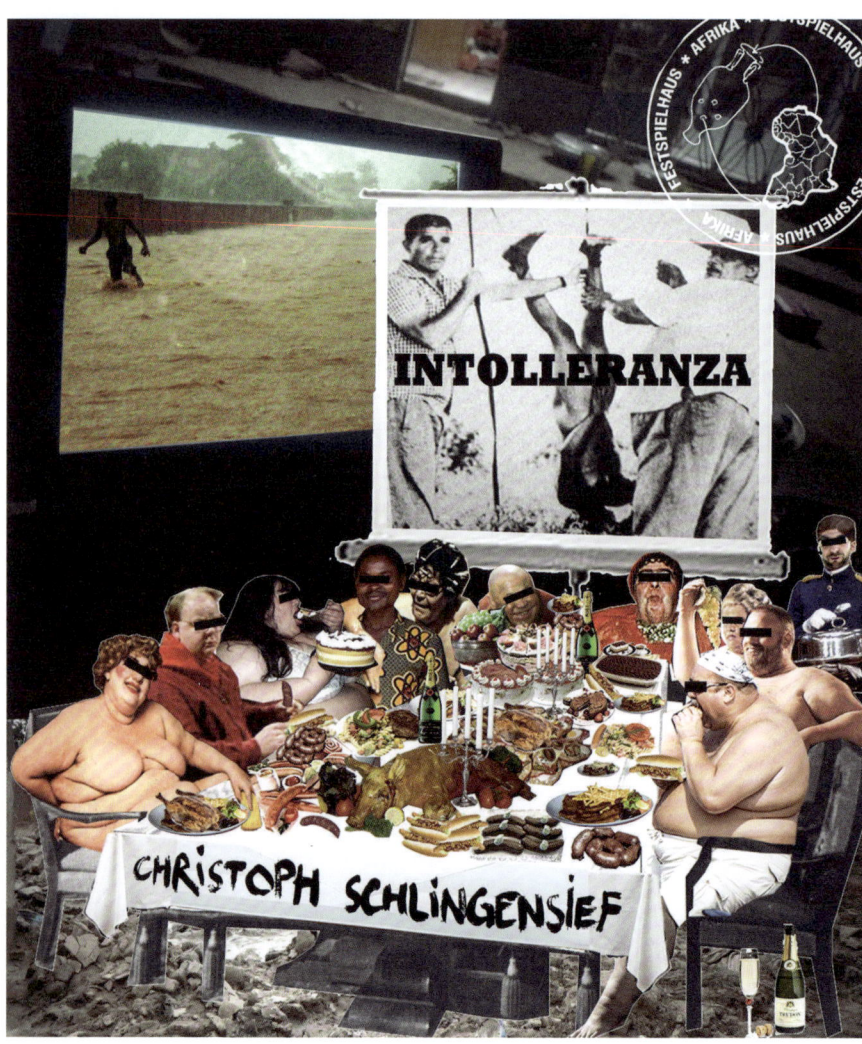

Via Intolleranza II, Christoph Schlingensief, 2010,
Foto: Thomas George

GG 5.3. Cosmopolitanism), »Kein Schlussstrich!« (No Clean Break!), as well as the concert programme, conferences, lectures, academies and series on key topics, along with activities in the field of fine arts, activist art and political actions, not least as a local corrective to global and local politics, for example the critics of globalisation at the alternative to the G20 summit. The fact that what was produced and performed here as guest performances or in-house productions in Europe's largest production centre for theatre and the performing arts was not only plentiful but also good, is shown for example in the numerous appearances at competitive festivals such as the Tanzplattform and the Berliner Theatertreffen, to which Kampnagel (co-)productions by Schlingensief, She She Pop, Thorsten Lensing, Anta Helena Recke and Thom Luz were invited. So far, so good – and so familiar.

3. THE AUTOBAHNS OF CULTURE

In 2020 Kampnagel will be promoted to the status of state theatre. This is an administrative act. It is a great achievement by Amelie Deuflhard. And at the same time it is a courageous, far-reaching, even visionary decision by the Culture Senator of the Free and Hanseatic City of Hamburg, Carsten Brosda; as President of the German Theatre Association, he probably knew what he was doing. Because it is – above all – a significant and forward-thinking move for the entire German theatre and orchestra landscape, which was included in the UNESCO Nationwide Inventory of Intangible Cultural Heritage in 2014. As we know, this landscape was drawn from at least six sources:

1. In its ideals, from the 18th century, with its elevation of the theatre to the rank of Organon of the Enlightenment, in part from the bourgeois public sphere which would from that point be responsible for turning the »Age of Enlightenment«, in the Kantian sense, into a truly enlightened age. This is well known, today more pressingly than ever, and well beyond the humanism of the white European male;

2. In empirical terms, from the »Gründerzeit« of the late 19th century, which gave rise to a large number of the theatre buildings whose constructed ideology has retained the Baroque conception of theatre, as preserved by the 19th century and shared by aristocracy and bourgeoisie alike, above the heads of those who still use them in many locations today;

3. In economic history terms, from the introduction of freedom of trade in 1871, if not earlier, which accompanied the establishment of large private theatres. In the early 1930s, most of them fell victim to the theatre crisis;

4. In media theory terms, from the nationalist vocal policy, from the goal of a standardisation of the »high German tongue« which was conceived by a self-appointed German »voice cabinet«, by Sievers, Siebs and Luick in association with two artistic directors, Count von Hochberg and Baron von Ledebur, prescribed to and practiced by theatres by means of the »regulation of German stage diction«, with the intention of rooting out dialect;

5. In infrastructure terms, from the Nazi era in which the nationwide network of public theatres first emerged – taken over following the bankruptcies of the theatre crisis and forming part of the plan to have a propaganda apparatus available after victory in a world war – in which the head dramaturges appointed by the Nazis would then enforce state cultural policy under the instructions of the Reich Dramaturge in Goebbels's ministry. So you might also describe the city and state theatre landscape, our potential UNESCO World Heritage Site, as the Autobahns of cultural life;

6. From a political education perspective, from re-education. As Dirk Baecker put it, the Allies created a »re-education bubble« which resulted in this landscape, the only one of its kind in the world to this day, which in turn led to seasonal schedules based on the outdated idea of nation and canon, hierarchical, essentially feudalistic structures, large, inflexible apparatuses on the administrative and technical side.

Kampnagel, a state theatre in all its distinctiveness, makes us reflect on nothing less than the question of how this institution, the city and state theatre, with its far from glittering past, should be broadly conceived of in the future. The current model of ensemble and repertory theatre, as it is maintained in almost all German-speaking city and state theatres, is something that we should have fundamentally re-examined long ago. We should have interrogated the established structures which have lagged behind social and artistic development to see whether they are still relevant to the changed social structure. It is no coincidence that at the centre of all current critical theory, meaning theory in which one reflects on one's own social positioning, is the insight that we – the white (and I would add, as far as I am concerned: cis-male) Central Europeans who are privileged in every respect – must begin, above all, by questioning those privileges in a process of de-learning. As a laboratory for experimentation, Kampnagel presents what debates in recent years have rightly demanded: a less hierarchical management structure, appropriate involvement of women, queer people, BIPOCs and people with disabilities of all kinds, greater diversity and plurality, and work on structural decolonisation, greater participation, internationalisation and transculturality. The »theatres of the majority society«, according to the demand of those who are termed minorities – erroneously, as together they have long been in the majority – must become places where ensemble and audience alike are representative of the whole city. As Amelie Deuflhard categorically stated at an event at the Goethe University: »When we look at our cities, we can no longer justify the theatre as a site of elitism.«

So as a city theatre, what Kampnagel makes us reflect on is which theatre comes closest to the conception of which future city, and perhaps theatre as a third space (Homi Bhabha), that is, as a place that belongs to the entire city, but not entirely to anyone. Anyone who, like me, wishes to see the lavish subsidisation of the theatre maintained along with the unique infrastructure as a whole, has to work beyond what we have now to ensure it doesn't just remain a reflection of the societies from which it emerged, but instead corresponds to the one in which we live and the one towards which we wish to develop. In concrete terms, this means that theatres must identify as learning institutions and open up far more than they have to date. They have to do their own work on dismantling their outdated feudal, nationalist, patriarchal, Nazi structures before others do it for them. It is surely no coincidence that it was important women who led the way here in the 20th century – Helene Weigel with her Berliner Ensemble, a theatre of transformation, Ariane Mnouchkine with her Théâtre du Soleil, the model for the occupation rehearsal at Kampnagel. The house run by Amelie Deuflhard – and not just her, but also numerous experts for the individual areas – extends this tradition. For this I believe we all owe a debt of gratitude to Kampnagel and its Artistic Director.

4. ERLKÖNIG

The automotive industry term for a prototype of a future model is »Erlkönig«, loosely drawn from the famous Goethe verse. The glocal state theatre Kampnagel is an Erlkönig of the theatre landscape, a place where for years now they have been demonstrating the great transformation of theatre that theatrical and cultural institutions must undergo if we wish to retain them as what they promised to be in the 18th century: a place that – Migrantpolitan illustrates this pars pro toto – talks to people who are excluded from other theatre venues, rather than about them or on their behalf, in their vicinity, including them. Here, theatre is understood as a political institution, as a place of discourse, of engagement and temporary sharing (not participation), of empowerment and debate, as a place in this world that responds to climate change, migration, the legacy of colonialism, the need for its reappraisal and its dismantling, the pandemic, the war in Europe and the many open, structural and specific forms of discrimination to which those affected by racialisation, homophobia and ableism are exposed in different ways. But at the same time it is also understood as a place apart from this world, something of which Amelie Deuflhard gives some sense when she stresses that the idea is not to replace social institutions or reproduce existing images – with a refugee camp in the Kampnagel halls, for example – but instead to create »other images«, »of resistance, of hope, of upheaval, of activism«.

A place not of this world, that is what Kampnagel ultimately is, wherever the institution – with no regard for visitor numbers, supposed relevance or apparent lack of comprehensibility – keeps opening up its halls and giving over its stages to things that challenge our shared understanding; what we incompletely refer to as an artistic experiment, because it is essentially no more and nothing other than art itself: a solitary practice that is not addressed to all, but initially and perhaps forever to no one. In the salad days of Social Democratic cultural policy when Hilmar Hoffmann coined the political concept of a cultural policy for all in reference to places like Kampnagel, a concept that remains valid today, he overlooked something with which it is secretly connected, but which, if you look at the structures created, the artistic directors appointed and the arts made possible during his time in Frankfurt, remains unmistakable; just to stick with the theatre here, of course William Forsythe's ballet was no more just a culture for all than Tom Stromberg's TAT. These were institutions and art forms that stood in the best tradition of an understanding of culture geared towards the whole, the actual whole of society. Kampnagel's great achievement is to develop heedlessly in this spirit wherever art is accorded freedom, to enable a culture for all, which is for all precisely because at the same it is allowed to be for no one. This may sound a little paradoxical, but it is ultimately the basis for facilitating a blind practice in the arts that doesn't have to first clear all the hurdles of censorship that have been erected in our culture, rightly or wrongly. That doesn't mean that art gets the last word, it just means that it is granted the right to be unjust, excessive, unacceptable.

Of course the upcoming project, the general renovation estimated at 120 million euros – funds that Amelie Deuflhard raised from the federal government and from Hamburg – is ultimately an Erlkönig as well, a model for an approach to the kind of renovation of dilapidated post-war theatres that is pending everywhere, that doesn't have to be a clear-out, such as they are currently planning in Frankfurt, or a renovation nightmare that leads to a succession of pitfalls that such renovations have turned into, for example in Stuttgart and Augsburg; proceeding from a concept that the history of the house considers and advances, but at the same time keeping the transformed society in view. One which enables stage art, immersive spaces for discourse, professional participatory formats, installations, VR simulations, discourse formats, club culture, workshops, academies, festivals for refugees, students and the haute bourgeoisie, but also residencies and new rehearsal rooms. A concept that parallels the diversification of the programme with a diversification of locations, that creates access for people from different communities who, last but not least, can readily meet here in spaces beyond the commerce sphere.

5. RECOGNITION

For the imminent transformation of the German theatre landscape, the issue now is the development of an expanded conception of theatre and culture, the dissolution of the departmentalisation of cultures and, above all, an idea of the role they should fulfil in society. The discussion around this has barely begun. Wherever it ends up, the model of Kampnagel, the Erlkönig among state theatres, the glocal theatre for everyone and no one, will play an important role in it. We, that is, everyone who is interested in a theatre of the future, who thinks about it, writes about it, discusses it or works on it, on stage or on paper, has Amelie Deuflhard to thank along with everyone with whom she created all of this, the dramaturges, the network of production houses and the many politicians who she managed to win over to her concept of a theatre that combines the local and the global, to the need for diversification, to a theatre characterised by the restructuring of the Autobahns of our culture industry, and last but not least to the Erlkönig of a theatre yet unrevealed to us, to the project of a meeting place where society will be able to contest the images that we make of each other every day.

KAMPF, KUNST UND POLITIK

Ein Gespräch über die Geschichte von Kampnagel mit den ehemaligen Intendant*innen Hannah Hurtzig, Mücke Quinckhardt, Dieter Jaenicke, Hans Man in't Veld und Res Bosshart

ANDRÁS SIEBOLD: Wir wollen mit euch über vierzig Jahre Kampnagel reden, über die Geschichte und vor allem die Geschichten, die diesen Ort geprägt haben und prägen.

HANNAH HURTZIG: Wo ist denn Gordana?

AMELIE DEUFLHARD: Hatten wir eingeladen, allerdings, wie euch auch, etwas kurzfristig. Sie konnte nicht, wird aber Fragen per Mail für das Buch beantworten.

ANDRÁS SIEBOLD: Es fehlen auch noch andere, die Runde sollte aber nicht zu groß werden. Wir wollten aus allen Kampnagel-Perioden jemanden dabeihaben und die Vielfalt der Stimmen spiegeln, die diesen Ort geprägt haben.

AMELIE DEUFLHARD: Hannah und Mücke, ihr wart die Ersten hier, fangen wir mal mit euch an.

HANNAH HURTZIG: Wenn ich schon anfange, darf ich eine andere Frage am Anfang stellen? Ich würde einfach ganz gerne wissen, wo ihr alle im Moment seid. Also nicht, welche prächtigen Projekte alle machen, sondern wo ihr wohnt und was eure Lebensumstände sind.

HANS MAN IN'T VELD: Als ich bei Kampnagel anfing, war ich 44 Jahre alt, jetzt bin ich 77 geworden. Ich wohne in Amsterdam, unterrichte an der Schauspielschule in Rotterdam und auch an der Sommerakademie in Wien. So habe ich das Glück, in Projekten mit jungen Leuten zu arbeiten. Ich habe ein ganz schönes Leben, muss ich sagen.

RES BOSSHART: Ich bin Rentner, 68, und genieße es, wieder mehr Zeit zu haben. Ich mache wieder Regiearbeiten und Musik, spiele wieder Querflöte und Saxofon. Während meiner Zeit in Staatstheatern habe ich bemerkt, wie viele Konflikte es dort gibt, und deswegen habe ich anschließend Mediation studiert, was ich heute in ganz Deutschland u. a. an Hochschulen mache. Ich betrachte gewissermaßen Kultur von einer anderen Seite.

DIETER JAENICKE: Ich lebe immer noch in Dresden, obwohl ich 2018 als Intendant im Europäischen Zentrum der Künste Hellerau in Dresden aufgehört habe. Aber für die wunderbare Wohnung dort müsste ich in Hamburg wahrscheinlich 3000 Euro zahlen. Ich habe verschiedene Berater- und Kuratorenpositionen. Davor habe ich noch bei der Tanzmesse Düsseldorf gearbeitet – was zwar viel Spaß gemacht hat, aber die internen Bedingungen fand ich unzumutbar, das wollte ich mir nicht mehr antun. Außerdem engagiere ich mich sehr in einer NGO in Tansania beim Aufbau von Schulen usw. Am Ende meiner Karriere komme so ich auf die Zeit vor meiner Karriere zurück, als ich auf den Philippinen in einem Flüchtlingslager des UNHCR als Volunteer gearbeitet habe. Ich bin jetzt 73, mir geht es gut, und ich schreibe nebenbei sehr unorganisiert an einer Autobiografie. Es ist interessant, wie dabei Erinnerungen zurückkommen und nachspürbar werden und wie sich die Erinnerungen in der Erinnerung auch verändern. Ob das Buch jemals fertig wird, weiß ich nicht.

MÜCKE QUINCKHARDT: Ich bin seit Anfang dieses Jahres in einer wirklich glücklichen Situation: Ich habe eine kleine Erbschaft gemacht und konnte damit meinen regelmäßigen Job an den Nagel hängen. Ich hatte nach dem Jazzbüro einen Ausflug in die Soziokultur gemacht und festgestellt: Wir gehören nicht zusammen. Da wurde immer nur über Strukturen und Gruppenbildung geredet, aber nicht über die Inhalte. Und einen Etat hatte ich als Leiterin einer Musikabteilung auch nicht. Jetzt mache ich nur das, was mir Spaß macht: Jazzkonzerte für den NDR betreuen, ein Projekt mit den Bratschisten vom Elbphilharmonie-Orchester, und beim Krass-Festival, das Eva Maria Stüting und Branko Šimić auf Kampnagel machen, bin ich auch wieder mit eingestiegen.

HANNAH HURTZIG: Und Amelie und András, ihr sagt nichts zu euch, weil man das weiß?

AMELIE DEUFLHARD: Es gibt noch andere Teile im Buch, wo wir selber zu Wort kommen.

HANNAH HURTZIG: Na gut. Also, für mich hat sich mit Corona mein Leben extrem verändert. Vorher habe ich hauptsächlich im Ausland gearbeitet und war kaum in Berlin. Und wenn, dann immer in großen Erschöpfungszuständen. Jetzt war ich über zwei Jahre sesshaft in Berlin, das schlägt aufs Gemüt. Ich entwickele pro Jahr ein bis zwei neue Installationen und vergebe den »Markt für nützliches Wissen und Nichtwissen« im Lizenzverfahren. Insgesamt bin ich verunsichert durch die gegenwärtigen Zeiten und es fällt mir deswegen auch schwer zu sagen, mir geht es prächtig. Darf ich an der Tür eine rauchen?

ANDRÁS SIEBOLD: Klar. Beginnen wir mal mit der sagenumwobenen Anfangszeit auf Kampnagel, wobei schon das Festlegen der Geburtsstunde Fragen nach dem Datum aufwirft: Beginnt Kampnagel 1981, als das Schauspielhaus hier für drei Jahre einzog, während das Haupthaus an der Kirchenallee saniert wurde? 1982 mit den ersten »Besetzungsproben« der freien Szene? 1984 mit dem ersten Sommertheater-Festival? 1985 mit der Aufnahme des regelmäßigen Spielbetriebs? Hannah und Mücke, was war euer erster Kontakt mit Kampnagel?

HANNAH HURTZIG: Es gab damals einen Aufbruch mit dem Schauspielhaus-Leitungsgremium um Niels-Peter Rudolph, zu dem auch Barbara Bilabel gehörte. Ihre »Medea«-Inszenierung auf

Intendanz-Generationen auf Kampnagel, 2022, v.l.n.r. Amelie Deuflhard (2007 bis heute), András Siebold (Leitung Sommerfestival 2013 bis heute), Mücke Quinckhardt (1985–1990), Res Bosshart (1994–2001), Hannah Hurtzig (1985–1990), Dieter Jaenicke (Leitung Sommerfestival 1985–1990), Hans Man in't Veld (1990–1995) – es fehlt: Gordana Vnuk (2001–2007)
Foto: Peter Hönnemann

Kampnagel war das erste Stück, das ich hier gesehen habe: ein fulminanter Abend mit der Schauspielerin Hildegard Schmahl, die ein Entsetzen im Publikum ausgelöst hat. Die Leute sind vor ihr auf den Sitzen zurückgewichen.

MÜCKE QUINCKHARDT: Ich war auch zuerst als Besucherin hier und habe dann früh bei diesen Besetzungsproben mitgemacht: Kartenverkauf, Einlass, Ausfegen. Auch alle, die spielten, mussten Dienste übernehmen. Übrigens immer in Absprache mit dem Schauspielhaus.

AMELIE DEUFLHARD: Wer hat denn alles bei den Besetzungsproben mitgemacht?

MÜCKE QUINCKHARDT: Das war ein Zusammenschluss verschiedener freier Gruppen aus ganz Deutschland, u. a. das Theater Rote Grütze aus Berlin, das Frankfurter Fronttheater, der Theaterhof Priessenthal um Martin Lüttge und die Hamburger Familie Schmidt um Corny Littmann.

HANNAH HURTZIG: Und Corny hat diesen Zusammenschluss auch organisiert. Es ging vor allem um eine Versammlung von freien Gruppen, die dezidiert politisches Theater machen. Und das war damals vor allem derb, direkt und …

DIETER JAENICKE: … volksnah *(lachen)*.

ANDRÁS SIEBOLD: Und warum hier auf Kampnagel?

MÜCKE QUINCKHARDT: Weil dieses Gelände einfach dem Freien Theater Platz bot. Und weil es um die Frage ging, was mit den Hallen und den Investitionen des Schauspielhauses passiert. Ohne die hätte es das Freie Theater hier nie gegeben.

HANNAH HURTZIG: Als Erstes gab es einen territorialen Vertrag, den das Schauspielhaus gemacht hat, und dann folgte ein Claiming des politischen Theaters.

AMELIE DEUFLHARD: Was wir dann wiederum mit dem Jubiläum aufgegriffen haben: Dieses Claiming of Spaces, das die Geschichte der Freien Szene hier begründet hat – natürlich mit dem Bewusstsein um die enge Verbindung zum Schauspielhaus. Wie lange lief denn die parallele Bespielung?

HANNAH HURTZIG: Das lief sehr lange, es gab viele Verbindungen. Unsere erste wirkliche Premiere war 1986 »Penelope« von James Joyce mit Barbara Nüsse, Regie Ulrich Waller. Sie hatten ihre Koffer gepackt, das Schauspielhaus verlassen und wollten touren, ohne Apparat.

ANDRÁS SIEBOLD: Und wann und wie seid ihr offiziell Leiterinnen geworden?

HANNAH HURTZIG: Ich habe in den vergangenen Tagen versucht, mich zu erinnern, und dann festgestellt, dass ich vieles vergessen habe. Mücke musste das alles wieder hervorholen, auch die schlimmen Sachen, bei ihr ist das sehr gut abgespeichert. Jedenfalls wurde damals der Claim »Wir können doch dauerhaft hier spielen« an die Kultursenatorin Helga Schuchardt getragen. Und zwar von einem Mann mit guten Kontakten zur Politik …

AMELIE DEUFLHARD: … Corny Littmann.

HANNAH HURTZIG: Genau. Und es war eigentlich auch klar, dass er Kampnagel hätte bekommen sollen. Aber es gab dann eben diese sehr gelassene Kultursenatorin, die entschied: »Das gebe ich mal an die beiden Frauen.«

ANDRÁS SIEBOLD: Und Corny?

HANNAH HURTZIG: Blanker Hass.

MÜCKE QUINCKHARDT: Naja, er hat uns dann später auch elegant abserviert. Aber der erste Schritt war eigentlich, dass wir Dieter reingeholt haben.

DIETER JAENICKE: Ihr seid zu mir nach Hannover gekommen und habt mich gefragt.

MÜCKE QUINCKHARDT: Schuchardt hatte nämlich vorgeschlagen, zum Start ein großes Festival zu machen. Und das war das Sommertheater-Festival 1985. Ich weiß noch, dass die Kulturbehörde uns damals das Geld nicht überwiesen hat, sondern wir mit einer Tüte zur Landesbank gegangen sind und 100.000 D-Mark in bar abgeholt haben. Und dann gaben wir Dieter einen Karton mit Belegen und Kontoauszügen und sagten: Mach mal.

ANDRÁS SIEBOLD: Und da wart ihr noch nicht als Leitung ernannt?

DIETER JAENICKE: Nein, das wurde erst während des Sommertheater-Festivals 1985 entschieden. Das Festival haben wir noch als Kollektiv veranstaltet, auch Corny hat mitgemacht, viel auch hinter den Kulissen.

MÜCKE QUINCKHARDT: Ich hatte mich noch mit einer eigenen Veranstaltung eingebracht, die ich damals mehrere Jahre mit dem Theater Zwischen Tür und Angel gemacht hatte. Das war die Straßentheater-Reihe »Schlag vier«, wir haben im Sommer über zwei Monate jeden Tag um 16 Uhr einen Act am Rathausmarkt gezeigt und hatten dafür 10.000 D-Mark oder so.

HHANNAH HURTZIG: Und 1985 haben wir Royal de Luxe eingeladen! Die haben die aggressivsten urbanen Spektakel gemacht, die ich kenne. In Hamburg schwamm ein eiserner Käfig auf einem Floß mitten in der Alster mit einer schwarzen Anarcho-Flagge. Da war jemand Unbekanntes drin eingeschlossen, der vor allen Augen hungerte und über den es verschiedene Mythen gab. Der wurde dann befreit und der Käfig auf riesigen Rollen zum Rathausmarkt geschoben, wo dann Wasserbomben und Unmengen Farbpulver verschossen wurden und wahnsinnig laute Musik lief. Die Achtziger halt.

AMELIE DEUFLHARD: Wir müssen einen kleinen Zeitsprung machen zu Hans, der auf den Zug muss. Was war dein erster Kontakt mit Kampnagel, bevor du von 1990 bis 1995 die Leitung übernommen hast?

HANS MAN IN'T VELD: Ich hatte in den Achtzigern häufig Kontakt mit Gerd Schlesselmann, dem damaligen Betriebsdirektor des Schauspielhauses, der oft nach Amsterdam kam, wo ich beim Werktheater arbeitete.

HANNAH HURTZIG: Damals eine der wichtigen freien Gruppen, an der wir uns alle orientiert haben!

HANS MAN IN'T VELD: Ja. Und wir waren mehrmals im Malersaal des Schauspielhauses zu Gast, und ich habe dann am Schauspielhaus auch selbst das Projekt »Am Strand« über Arbeitslosigkeit inszeniert.

AMELIE DEUFLHARD: Und dann hast du dich auf die Ausschreibung der Intendanz auf Kampnagel 1990 beworben?

HANS MAN IN'T VELD: Ja, ich musste da in einem Raum im Hotel Europäischer Hof vor 25 Leuten vorsprechen. Es gab einen Trägerverein von Kampnagel, wo u. a. Gerd Schlesselmann, Norbert Aust, Frauke Stroh und Corny Littmann im Vorstand waren. Dieses Gremium hat sich einstimmig für mich und Wolfram Kremer ausgesprochen.

ANDRÁS SIEBOLD: Corny! Der hatte wahrscheinlich kein Interesse, euch zwei Frauen zu verlängern.

HANS MAN IN'T VELD: Ich habe zum Glück von all den Hintergründen wenig gewusst.

ANDRÁS SIEBOLD: Damals gab es ja eine klare Aufteilung der Theaterwelt in Stadttheater und Off-Theater, wobei eure Erzählungen und deine Biografie, Hans, auch die Verflechtungen beschreiben. Mit welchem Konzept und welcher Vorstellung von Theater bist du 1990 angetreten?

HANS MAN IN'T VELD: Ich war vorher Leiter der Amsterdamer Theater Brakke Grond und Frascati und da gab es alles: Tanz, Theater, ein großes Spektrum. Am Anfang haben wir hier ein Wochenende mit allen freien Gruppen aus Hamburg gemacht. Es gab, glaube ich, 97 Gruppen, die alle auf dem Gelände gearbeitet und über drei Tage jeweils zwanzig Minuten etwas gezeigt haben. Das war sehr schön, aber es gab auch viel Mist mit Clownsnasen usw. Wir haben sechzehn Gruppen ausgesucht, mit denen wir ehrlich und vertrauensvoll weiterarbeiten wollten. Theater, Tanz, Performance. Das war ein Neuanfang.

HANNAH HURTZIG: Ich muss mal nachfragen, denn Mücke und ich haben von deiner Intendanz wenig mitbekommen, ich musste ja quasi die Stadt verlassen. Was waren denn die Hauptlinien deines Programms? Gab es viele Gastspiele? Und welche Gruppen waren prägend?

HANS MAN IN'T VELD: Wir hatten viele freie Gruppen aus Hamburg – Coax, Babylon, Gruppe Lubricat, Eva-Maria Martin, Gabriella Bußacker usw. – und viele internationale Gastspiele. Es gab zum Beispiel eine Verabredung mit Anne Teresa De Keersmaeker, dass sie einmal pro Jahr kommt. Der Vorstand wollte immer, dass

Peter Brook kommt. Ich fand es wichtiger, dass dreimal eine freie Gruppe kommt anstatt einmal Bob Wilson, der genauso viel gekostet hätte. Für manche Künstler*innen war es kein Problem, Sponsor*innen zu finden, für Pina Bausch zum Beispiel. Sponsoring in der Kunst kann aber zum Problem werden, wenn die Geldgeber*innen ein Mitspracherecht verlangen.

HANNAH HURTZIG: Bevor du gleich gehst: Ihr habt doch damals ein Millionenminus gemacht. Warum eigentlich?

HANS MAN IN'T VELD: Entschuldige, es ging um eine halbe Million!!! Das war 1994 wegen des Peter-Brook-Stücks »Der Sturm«, welches der Vorstand unbedingt wollte, weil er das für Kampnagel wichtig fand.

ANDRÁS SIEBOLD: Und das war der Grund, warum du nach viereinhalb Jahren wieder gegangen bist?

HANS MAN IN'T VELD: Nein, es war eine sehr schöne Zeit hier. Ich hatte persönliche Gründe, einen Freund in Amsterdam und das Angebot, die Staatliche Regie- und Schauspielschule in Amsterdam zu leiten. Und hier musste man von zehn Uhr morgens bis ein Uhr nachts arbeiten.

AMELIE DEUFLHARD: Das ist immer noch so …

HANS MAN IN'T VELD: Und die Struktur mit dem Trägerverein und dem Vorstand war nicht gut und führte zu immensem Kräfteverschleiß. Das wurde dann allerdings geändert, als Kampnagel zur GmbH wurde und Jack Kurfess als Geschäftsführer kam …

ANDRÁS SIEBOLD: … und hier acht Jahre bis 2000 blieb, um dann wiederum zum Schauspielhaus zu wechseln.

HANNAH HURTZIG: Ich habe noch eine Frage: Hast du dich von der Stadt eigentlich angenommen gefühlt?

HANS MAN IN'T VELD: Es hat etwas gedauert. Und wirkliche Freunde zu machen in so kurzer Zeit ist schwer. Ich hatte mit Michael Batz und Klemens Wannenmacher sehr gute Kollegen, die auch zu Freunden wurden. Und ich spielte selbst in »Gibt es Tiger im Kongo« mit einem wirklichen Freund von mir: Hans-Jörg Frey. Es ging um das Thema Aids und das Stück haben wir 120 Mal in der ganzen Stadt gespielt.

(Pause und Gruppenfoto, bevor Hans Man in't Veld mit dem Zug zurück nach Amsterdam fährt)

ANDRÁS SIEBOLD: Gehen wir nochmal in die Achtziger zurück und zu euch, Hannah, Mücke und Dieter. Was waren die prägenden Formate und Gruppen in eurer Zeit?

HANNAH HURTZIG: Wir saßen eigentlich nach jeder Vorstellung mit dem Publikum zusammen und haben diskutiert. Es gab ein gemeinsames Training, wie man über Stücke redet. International war in den Achtzigern zum Beispiel Butoh eine extrem progressive Kunstform, weit weg von esoterischer Folklore. Butoh hatte eine unglaubliche Schönheit und Wucht, bezog sich auf die Erfahrungen von Hiroshima, aber eben auch auf den deutschen expressionistischen Tanz. Für uns waren das völlig neue Entdeckungen, die auch zu so Kampnagel-Aha-Erlebnissen geführt haben.

MÜCKE QUINCKHARDT: Wir haben von Anfang an sonntags Theater für Kinder gezeigt und auch erste Produktionen und internationale Festivals in dem Genre auf die Beine gestellt – das war ein totales Novum in der Stadt. Überhaupt gab es viele ungewöhnliche Formate, z. B. die Dauerlesungen!

HANNAH HURTZIG: Oh ja. Da hat dann zum Beispiel Harry Rowohlt um acht Uhr früh angefangen mit dem ersten Kapitel des »Ulysses« von James Joyce, und das ging dann bis spät in die Nacht in allen Räumen auf dem Gelände.

MÜCKE QUINCKHARDT: Und 1989 »Bad Air« von Jim Whiting!

HANNAH HURTZIG: Oh ja, wir hatten eine große Affinität zu Maschinentheater! In dem Zusammenhang muss man noch etwas zum Geld sagen: Der damalige Kultursenator Ingo von Münch von der FDP hat mir im Vorbeigehen immer gesagt: Wenn das Geld nicht reicht, spielen Sie doch einfach weniger.

AMELIE DEUFLHARD: Das sagen die heute immer noch zu mir.

HANNAH HURTZIG: Und dann hat er uns irgendwann gesagt: Wenn es Ihnen gelingt, hunderttausend D-Mark an privatem Sponsoring einzuwerben, setzen wir nochmal hunderttausend drauf. Und dann hatten wir Herrn Wegner, der uns die für »Bad Air« gegeben hat, aber die von der FDP haben wir nie bekommen.

ANDRÁS SIEBOLD: Wo wir bei der Politik sind: Kampnagel wurde im Verbund mit der Politik und unterstützt von der Kultursenatorin Helga Schuchardt gegründet; ihr seid aber auch mitverantwortlich für den Ruf von Kampnagel als stadtpolitischer Stachel. Wie wichtig waren Opposition und Haltung in eurer Zeit?

HANNAH HURTZIG: Jeden Oktober begann immer der Kampf um das Gelände, da gab es wilde Pressekonferenzen. Mücke hat ein etwas anderes Temperament, aber ich war da im Dauerzustand eines aggressiven Angriffsmodus. Da sind Sätze in Richtung Kultursenat gefallen, die uns letztlich den Kopf gekostet haben. Es gab nicht wie jetzt eine dialogische Basis und interne Gespräche, sondern wir haben mit der Politik kaum geredet. Es ging immer gleich an die Presse.

ANDRÁS SIEBOLD: Ging es da hauptsächlich ums Geld?

DIETER JAENICKE: Es ging eigentlich immer um die Existenz, über viele Jahre immer wieder. Das betraf euch und die Spielzeit noch stärker als das Festival. Aber auch da wussten wir am Ende des Jahres nie, ob es das nächste Festival noch geben wird. Und der politische Kampf war ein ganz direkter. Anders als heute, wo die Kulturbehörde prinzipiell Kampnagel unterstützt, war sie damals prinzipiell auf allen Ebenen dagegen und von uns allen genervt. Es war außerdem eine Zeit, wo es das Selbstverständnis in der Kunst gab, völlig unabhängig zu sein und sich nicht vor irgendeinen Karren spannen zu lassen. Das hat zu sehr vielen künstlerischen Neuentwicklungen auf allen Gebieten überall auf der Welt geführt, die sich dann hier alle trafen. Wir haben kontinuierlich gezeigt, was in der Welt passiert. La La La Human Steps, Compagnia Corsetti, Falso Movimento: Alle diese Namen waren immer zuerst hier, künftige Generationen von Dramaturginnen und Dramaturgen haben das hier gesehen. Und ein Riesenpublikum, es war eigentlich immer alles knattervoll. Das war der Grund, warum Kampnagel überlebt hat, die Politik konnte nicht sagen: »Das interessiert ja keinen.«

ANDRÁS SIEBOLD: Aber euch hat eigentlich immer die politische Drohung aus der Anfangszeit begleitet: Kampnagel gibt es nur, solange es vom Publikum angenommen wird.

MÜCKE QUINCKHARDT: Immer! Und dazu kam, dass die Zuwendung für die kommende Spielzeit immer erst im März, April kam. Davor standen wir immer mit einem Bein im Knast, weil wir ja schon Verträge mit Künstlern eingehen mussten.

ANDRÁS SIEBOLD: Wie wichtig waren Stiftungen und Drittmittel in der Zeit?

MÜCKE QUINCKHARDT: Stiftungen gab es noch nicht.

DIETER JAENICKE: Beim Festival haben wir hunderttausende über Sponsoren geholt, aber wir hatten auch die ganze Schmutzkolonne: Zigarettenhersteller, Benzin, Alkohol. Am Ende auch noch die Pharmaindustrie.

ANDRÁS SIEBOLD: Ihr habt nicht so genau nachgefragt, woher das Geld kam?

DIETER JAENICKE: Es gab schon Grenzen, aber …

HANNAH HURTZIG: … damals war das Argument: Wenn du mit dem dreckigen Geld etwas Gutes machst, ist es ok.

DIETER JAENICKE: Wir hatten schon auch heftige Diskussionen, aber gleichzeitig hat der damalige Kultursenator Ingo von Münch alle angetrieben, Geld selbst einzuwerben. Bei mir kam dann irgendwann ein Brief von der Finanzbehörde mit einer Steuernachforderung von mehreren hunderttausend D-Mark, weil wir ja eine gemeinnützige GmbH seien. Ich bin dann, und das könnt ihr ruhig schreiben, zur Kulturbehörde und habe sie gefragt: Warum habt ihr mir das nicht gesagt? Die Antwort war knallhart: »Weil wir sonst in der Haftung gewesen wären. Jetzt sehen Sie mal zu, dass Sie das wegbekommen, sonst müssen Sie eben in die Insolvenz.« Wir haben dann mit unserem Steueranwalt eine symbolische Zahlung von 2500 D-Mark und strukturelle Änderungen ausgehandelt, aber das war eine brutale Lehre, so im Regen stehen gelassen zu werden von einer Behörde, die eine Fürsorge- und Aufsichtspflicht hat. Das war aber typisch für diese Zeit.

AMELIE DEUFLHARD: Eure Strukturen musstet ihr euch ja zum großen Teil selbst schaffen. Wie war das Verhältnis zwischen anarchischem Geist und Professionalisierung?

HANNAH HURTZIG: Dazu muss man sagen, dass wir am Anfang in einer sehr prekären Situation waren. In der Technik haben wir fast ausschließlich mit ABM-Kräften gearbeitet, also Personen, die Jobs machen mussten, die sie nicht kannten oder konnten. Aber dieser Wahnsinn entsprach unserer Grundhaltung: Wir sind hier, das ist großartig, lass mal machen. Auch Mücke und ich hatten ja noch nie ein Theater geleitet. Wäre heute unvorstellbar.

DIETER JAENICKE: Wir haben uns unsere Jobs selbst geschnitzt. Das entsprach auch der Kunst, die hier stattfand, und die der NDR-Journalist Manfred Eichel mal so treffend als »noch nicht durchgesetzte Kultur und Kunst« bezeichnet hat. Dazu gehörte das Selbstverständnis, mit großer Freude und Begeisterung immer wieder über die Grenzen der Legalität hinauszugehen. Denn anders wären so riesige Veranstaltungen wie die von La Fura dels Baus, Brith Gof und Test Dept. oder Royal de Luxe gar nicht möglich gewesen. Das konntest du in Deutschland nur halb legal machen.

AMELIE DEUFLHARD: Das ist eine Tradition, an die wir immer wieder gerne erinnern und anknüpfen, auch wenn sie oft zu hausinternen Konflikten mit unserer recht sortierten Verwaltung führt.

HANNAH HURTZIG: Was noch wichtig ist: Trotz der prekären Arbeitssituation mit ABM-Kräften und Abrissbirnen gab es ein ästhetisches, intellektuelles und politisches Backup. Das war ein Netzwerk aus brillanten Produzenten wie Ritsaert ten Cate, mit uns verbundenen Orten wie dem Frankfurter Theater am Turm oder dem Berliner Hebbel Theater, und vor allem Aufführungen, die zeigten, wohin die Reise gehen kann. Was in den achtziger Jahren in Italien stattfand, war unglaublich. Später kamen dann Belgien und Holland und noch später England dazu. Und du wusstest einfach: Wenn du einen Ort sicherst, an dem du Gruppen längerfristig Möglichkeiten bieten kannst, dann ist so etwas Großartiges wie die Wooster Group möglich. Die Kunst war der Drive.

ANDRÁS SIEBOLD: Eine letzte Frage zu eurer Zeit: Ihr habt Kampnagel feministisch geprägt, auch mit hinreißenden Lippenstift-Plakaten und verschiedenen Frauenfestivals. Inzwischen ist die Kritik an patriarchalen Strukturen und Gender-Fragen auch im Stadttheater angekommen. Seht ihr euch da als Vorreiterinnen?

HANNAH HURTZIG: Auf jeden Fall haben wir Frauen mit ihren Regieleistungen extrem gefördert. Es war klar, dass Kampnagel ein Women's Place sein sollte. Und ich würde sagen, dass die Art, wie man uns hier rausbefördert hat, eindeutig ein gegen Frauen gerichtetes Vorgehen war. Und mit Dieter hatten wir extreme Auseinandersetzungen, die aber vor allem ökonomische Gründe hatten. Denn er hatte für sein Sommertheater-Festival quasi genauso viel Geld wie wir fürs ganze Jahr.

DIETER JAENICKE: Dieser Konflikt hat sich auch immer fortgesetzt.

HANNAH HURTZIG: Wir waren so etwas wie Post-Trümmerfrauen, die den Schutt zur Seite räumen und es irgendwie möglich machen mussten, aber ohne das Versprechen eines Wirtschaftswunders.

ANDRÁS SIEBOLD: Und nach euch schlug erst mal die Stunde der Männer. Nach Hans kam dann 1994 Res Bossart. Hattest du dich auch einfach beworben?

RES BOSSHART: Ja. Und sie wollten damals jemanden, der nicht wie Hans hauptsächlich Regie machte – ich sollte maximal eine Arbeit pro Spielzeit machen –, sondern eben auch einen Hintergrund wie ich als Festival-Leiter in Zürich hatte. Damals war Christina Weiss neue Kultursenatorin und wollte die ganzen Strukturen, auch in der Technik, reformieren. Das hat sich dann schon sehr ausgewirkt.

ANDRÁS SIEBOLD: Was würdest du im Rückblick als prägend für deine Zeit hier beschreiben?

RES BOSSHART: Für uns war es wichtig, klare politische Haltungen auf der Bühne zu haben, mehr als im Stadttheater. Und wir haben die überregionale Zusammenarbeit ausgeweitet, die ich ja vom Theaterspektakel Zürich schon vorher mit Kampnagel quasi von der anderen Seite aus hatte.

HANNAH HURTZIG: Welche Gruppen würdest du da nennen?

RES BOSSHART: Vor allem die lokalen, She She Pop und Showcase Beat Le Mot zum Beispiel, die damals in Hamburg waren. Um lokale Künstler zu fördern, haben wir dann zum Beispiel das Festival Junge Hunde erweitert, das Hans Man in't Veld 1994 gegründet hatte.

ANDRÁS SIEBOLD: Und wie war euer Verhältnis zu den Stadttheatern? War Kampnagel als Off-Theater eher noch eine Sprungrampe für Regisseure wie Nicolas Stemann oder Falk Richter, die bei dir auch gearbeitet haben?

RES BOSSHART: Es ging denen schon ganz klar darum, dass sie auf Kampnagel viel freier arbeiten können. Da gab es auch eine offene Diskussion mit Frank Baumbauer am Schauspielhaus und Jürgen Flimm am Thalia Theater, mit beiden hatten wir gute Kontakte. Und auch als ich nach Kampnagel 2001 Intendant am Staatstheater Meiningen wurde, war der Grund explizit Kampnagel. Die waren hier und das hat ihnen gefallen.

ANDRÁS SIEBOLD: Und gab es noch andere Gründe für deinen Weggang?

RES BOSSHART: Von Christina Weiss gab es irgendwann ein Bestreben, dass zum Beispiel die Halle k4 von einer Kinder- und Jugendtheatergruppe mit einem sehr dominanten Typ übernommen wird. Oder dass ein Tanzzentrum in die schöne Ausstellungshalle k3 gebaut wird. Diese Einmischung war für mich auch ein Grund, zu gehen.

DIETER JAENICKE: Christina Weiss war in den ersten Jahren fantastisch. Aber je länger sie Senatorin war, desto merkwürdiger wurden manche ihrer Entscheidungen und Einmischungen, die so einiges kaputt gemacht haben.

ANDRÁS SIEBOLD: Res, in deine Zeit fällt auch eine Sanierung mit dem Einbau des Zentralfoyers – und der Deal mit der Stadt, dafür die hässlichen Bürohäuser rund um Kampnagel bauen zu lassen.

RES BOSSHART: Bei uns kam damals der Regen durch die Dächer und es war klar: Das Gebäude wird irgendwann nicht mehr funktionieren, wenn wir nicht sanieren. Der Geschäftsführer Jack Kurfess war da sehr geschickt und wir wussten einfach: Der Umbau war die Absicherung, dass Kampnagel bestehen bleibt.

DIETER JAENICKE: Ich höre da so einen kritischen Unterton in deiner Frage, was ich verstehe. Aber der Bau der blöden Häuser war der Deal, mit dem Kampnagel eine halbwegs in die Zukunft weisende Existenzgrundlage bekommen hat. Und klar, es gab viele, die das bedauerten und fanden, dass der ganze Charme weg und das Foyer viel zu geleckt sei. Aber die Romantik, dass früher alles besser war, die gab es hier von Anfang an.

AMELIE DEUFLHARD: Und die gibt es bis heute.

DIETER JAENICKE: Kampnagel war immer eine Art gallisches Dorf mit einer Community, die einen gewissen Besitzanspruch angemeldet hat. Was nachvollziehbar und auch berechtigt war, weil sie ja betroffen war. So eine ganz eigene, sympathische, widerständige Attitüde ist immer geblieben.

RES BOSSHART: Das hat es für mich und Jack und die meisten aus der Administration auch sehr schwierig gemacht, die Atmosphäre war vergiftet. Aber wir mussten uns da einfach durchsetzen, die Garantie, dass Kampnagel bestehen bleibt, konnten wir nicht ausschlagen.

ANDRÁS SIEBOLD: Eine letzte Frage zur Entwicklung der performativen Künste: In eure Zeit fallen ein großer interdisziplinärer Aufbruch und das Entstehen von neuen Formen, für die dann auch Begriffe wie Performance oder postdramatisches Theater definiert wurden. Wie wichtig war es für euch, neue Formen auch durch Sprache zu fassen? Wie habt ihr das vermittelt, was ihr auf den Bühnen gezeigt habt?

RES BOSSHART: Wir hatten zum Beispiel mit Eva Diegritz eine Dramaturgin, die exklusiv diesen Performance-Bereich betreut hat.

DIETER JAENICKE: Formuliert haben wir das ganz bewusst nicht, um nicht gleich wieder neue Schubladen zu schaffen. Aber es gab schon eine Zeit des Irrlichterns und des Fragens, was dies oder das auf der Bühne denn jetzt wieder sei – Tanz, Theater, Performance? Da gab es vor allem eine Unsicherheit bei Publikum und Medien. Die sind dem aber trotzdem gefolgt.

HANNAH HURTZIG: Dem würde ich widersprechen. Die theoretische Formulierung dessen, was wir da machen, war für uns extrem wichtig und auch ein Motor. Die Frage, welche Art von Theater wir eigentlich machen möchten, wurde auch in internationalen Zirkeln diskutiert wie der *Theaterschrift* von Marianne Van Kerkhoven. Oder in den frühen Phasen des IETM (International network for contemporary performing arts). Aber was ich noch mal sagen wollte: Ich finde unser Gespräch super, denn eure Geschichten kannte ich zum Teil gar nicht. Was mir durch eure Erzählungen klar wird: Es stimmt, dass wir sehr widerständige und auch aggressive Frauen waren. Und trotzdem sind wir in einer bestimmten Frauenrolle stecken geblieben, auch was die Macht und Definitionshoheit betrifft. Wir haben es nicht geschafft, den Profit aus unserer ganzen mühseligen Arbeit zu schlagen, wie Dieter das mit dem Sommertheaterfestival gemacht hat. Auch weil ich aus dem Kampfmodus und der Wut nie rausgekommen bin. Knut Nevermann, der damals Staatsrat in der Kulturbehörde war und mit dem ich wie mit den anderen Politikern nie Kontakt hatte, hat mich 1989 eingeladen zu einem Abendessen ins Restaurant Rexrodt. Er sagte: »Frau Hurtzig, sie müssen Ihren Tonfall ändern, sonst schaffen Sie sich ab.« Ich habe ihn gehört, aber ich konnte es einfach nicht tun. Und da bin ich persönlich gescheitert. Obwohl mich auch Mücke anders beraten hat.

MÜCKE QUINCKHARDT: Ich habe dich jeden Morgen ertragen. Ich bin eigentlich ein Morgenmuffel, aber du hast mich jeden Morgen angerufen und erst mal in einem Ritt durch alle Stimmungen in den Tag geredet.

(Lachen)

RES BOSSHART: Wunderbar, wie wir heute alle vergnügt zusammensitzen können. Das war mir bei anderen Theatern unmöglich.

AMELIE DEUFLHARD & ANDRÁS SIEBOLD: Danke für das Gespräch (und die Geschichte und Zukunft von Kampnagel)!

STRUGGLE, ART AND POLITICS
A discussion about the history of Kampnagel with the former artistic directors
Hannah Hurtzig, Mücke Quinckhardt, Dieter Jaenicke, Hans Man in't Veld and Res Bosshart

ANDRÁS SIEBOLD: We want to talk to you about 40 years of Kampnagel, about the history, but above all the stories that have defined this place, and continue to define it.

HANNAH HURTZIG: But where's Gordana?

AMELIE DEUFLHARD: We invited her too, but it was fairly short notice, as you know. She couldn't make it, but she will be answering questions by email for the book.

ANDRÁS SIEBOLD: There are others missing as well, but we preferred not to have too big a group. We wanted to have representatives of every Kampnagel era and to reflect the diversity of voices that have defined this place.

AMELIE DEUFLHARD: Hannah and Mücke, you were the first ones here, let's begin with you.

HANNAH HURTZIG: If I'm going first, can I start with a different question? I would just like to know where you all are at the moment. I don't mean what fantastic projects you're all working on, but where you live now and where you're at in life.

HANS MAN IN'T VELD: When I started at Kampnagel, I was 44 years old, now I'm 77. I live in Amsterdam, I teach at the acting school in Rotterdam and at the Summer Academy in Vienna. So I'm lucky enough to work on projects with young people. I have a very nice life, I have to say.

RES BOSSHART: I am retired, 68, and I enjoy having more time to myself. I have returned to directing work and music, I'm playing flute and saxophone again. During my time in state theatres I noticed how they were beset by conflict so I started studying mediation, which I now practise throughout Germany, in universities and elsewhere. I am observing culture from the other side, as it were.

DIETER JAENICKE: I still live in Dresden, although I left my position of Artistic Director of the European Centre for the Arts Hellerau in Dresden in 2018. But for the fantastic apartment I have there I would probably have to pay 3,000 euros in Hamburg. I have a number of consultant and curator positions. Before that I was still working for the Tanzmesse Düsseldorf – which was a lot of fun, but I found the internal conditions unacceptable, and I just didn't want to put myself through it any more. I am also highly involved in an NGO in Tanzania that works to set up schools and so on. So at the end of my career I'm coming back to the time before my career when I was a UNHCR volunteer in a refugee camp in the Philippines. I am now 73 years old, I'm doing well, and I'm writing an autobiography on the side, but it's highly disorganised. It's interesting how the memories come back, how you feel them again and also how memories change in your mind. I don't know if I will ever finish the book.

MÜCKE QUINCKHARDT: Since the beginning of the year I have been in a truly fortunate situation – I received a small inheritance that allowed me to give up my regular job. After the Jazzbüro I made a detour into the social culture side of things and realised – it's not a good match. They only ever want to discuss structures and groupings, and not the actual substance. And as head of a music department, I had no budget. So now I only do what I enjoy: running jazz concerts for NDR, a project with viola players from the Elbphilharmonie Orchestra, and I'm also back on board with the KRASS Festival, which Eva Maria Stüting und Branko Šimić put on at Kampnagel.

HANNAH HURTZIG: And Amelie and András, you haven't said anything about yourselves because we all know?

AMELIE DEUFLHARD: We get to have our say in other parts of the book.

HANNAH HURTZIG: OK, fine. So, for me, corona brought extreme changes to my life. Before that I was mostly working in other countries, I was hardly ever in Berlin. And when I was, I was always completely exhausted. But then I was settled in Berlin for two years; it affects your mood. Each year I develop one or two installations and run "Market for Useful Knowledge and Non-Knowledge" under a licensing arrangement. Overall I am very unsettled by current conditions which also makes it difficult for me to say that things are going great. Can I smoke at the door?

ANDRÁS SIEBOLD: Of course. Let's begin with the legendary early days at Kampnagel, although determining its date of birth already throws up questions: did Kampnagel begin in 1981, when the Schauspielhaus moved in for three years while its main building on Kirchenallee was being renovated? Is it 1982 and the first »occupation rehearsals« of the independent scene? Is it 1984 and the first Summer Theatre Festival? Or 1985 and the start of regular seasons? Hannah and Mücke, what was your first contact with Kampnagel?

HANNAH HURTZIG: There was an awakening at the time with Niels-Peter Rudolph's Schauspielhaus team, which included Barbara Bilabel. Her production of »Medea« at Kampnagel was the first play I saw here – a brilliant performance with the actress Hildegard Schmahl, who engendered horror in the audience. People backed away from her in their seats.

MÜCKE QUINCKHARDT: I started as a visitor here as well and then early on I joined the occupation rehearsals: ticket sales, admissions, sweeping up. And all the performers had to take on other duties as well. Always in consultation with the Schauspielhaus, by the way.

AMELIE DEUFLHARD: Who else was involved with the occupation rehearsals?

MQ: It was an amalgamation of various independent groups from throughout Germany, including Theater Rote Grütze from Berlin, Frankfurt's Fronttheater, Martin Lüttge's Theaterhof Priessenthal, and Corny Littmann's Die Familie Schmidt from Hamburg.

HANNAH HURTZIG: And Corny also organised this amalgamation. It was largely a collection of independent groups who were doing resolutely political theatre. And back then that mostly meant crude, direct and …

DIETER JAENICKE: ... down to earth *(laughter)*.

ANDRÁS SIEBOLD: And why here at Kampnagel?

MÜCKE QUINCKHARDT: Simply because this site offered space for independent theatre. And because the issue was – what would happen with the halls, and the investment the Schauspielhaus had made? Without that there would never have been independent theatre here.

HANNAH HURTZIG: First there was sort of a territorial agreement that the Schauspielhaus made, and then there was the claiming of political theatre.

AMELIE DEUFLHARD: Which we picked up on again with the anniversary: this claiming of spaces, established by the story of the independent scene here – naturally with the awareness of the close connection with the Schauspielhaus. How long did this parallel occupation go on?

HANNAH HURTZIG: A long time, there were lots of connections. Our first true premiere was in 1986, »Penelope« by James Joyce with Barbara Nüsse, directed by Ulrich Waller. She had packed her bags, left the Schauspielhaus behind, and wanted to go on tour without a structure around her.

ANDRÁS SIEBOLD: And when and how did you officially become managers?

HANNAH HURTZIG: I have been trying to piece it together over the last few days, and I realised that I have forgotten a lot. Mücke had to bring it all back up again, including the bad things; she remembers it all very well. In any case, the claim »we could perform here permanently« was taken to the then Culture Senator, Helga Schuchardt. By a man with good contacts in politics ...

AMELIE DEUFLHARD: ... Corny Littmann.

HANNAH HURTZIG: Exactly. And actually it was also clear that he should have taken over Kampnagel. But then there was this very composed Culture Senator who decided: »I'll give it to the two women.«

ANDRÁS SIEBOLD: And Corny?

HANNAH HURTZIG: Sheer hatred.

MÜCKE QUINCKHARDT: Well, later on he dumped us elegantly too. But the first step was actually that we brought Dieter on board.

DIETER JAENICKE: You both came to me in Hannover and asked me.

MÜCKE QUINCKHARDT: Schuchardt had suggested that we start with a big festival. And that was the Summer Theatre Festival in 1985. I remember that back then the cultural authorities wouldn't transfer the money to us, instead we went to the Landesbank with a bag and picked up 100,000 deutschmarks in cash. And then we gave Dieter a box with receipts and bank statements and said: go for it.

ANDRÁS SIEBOLD: And you still hadn't been appointed as the head at that point?

DIETER JAENICKE: No, that was only decided during the Summer Theatre Festival in 1985. We were still organising the festival as a collective, Corny was involved as well, doing a lot of stuff behind the scenes.

MÜCKE QUINCKHARDT: I was involved with my own event, which I had been doing for a number of years with Theater Zwischen Tür und Angel. That was the street theatre series »Schlag vier« – for two months in summer we would put on an act on Rathausmarkt every day at four in the afternoon, for which we got about 10,000 deutschmarks.

HANNAH HURTZIG: And in 1985 we invited Royal de Luxe! They did the most aggressive urban spectacles I've ever witnessed. In Hamburg there was an iron cage floating on a raft in the middle of the Alster with a black anarchistic flag. There was some unknown person locked up there, starving in front of everyone, and there were various myths about him. He was then freed and the cage was pushed on huge rollers to Rathausmarkt, where they threw water bombs and a tonne of coloured powder and played insanely loud music. Very eighties.

AMELIE DEUFLHARD: We have to make a small leap in time to Hans, who has a train to catch. What was your first contact with Kampnagel before you took over management between 1990 and 1995?

HANS MAN IN'T VELD: In the eighties I had a lot of contact with Gerd Schlesselmann, the then Operations Director of the Schauspielhaus, who often came to Amsterdam where I was working at the Werkteater.

HANNAH HURTZIG: At the time it was one of the most important independent groups, one we all took our cues from!

HANS MAN IN'T VELD: Yes. And we had been invited to the Malersaal of the Schauspielhaus several times, and then I staged the project »Am Strand« [On the Beach], about unemployment, at the Schauspielhaus itself.

AMELIE DEUFLHARD: And then you applied to be Artistic Director at Kampnagel in 1990?

HANS MAN IN'T VELD: Yes, I had to audition in front of 25 people in a room at the Hotel Europäischer Hof. There was a Kampnagel supporting association, with a board that included Gerd Schlesselmann, Norbert Aust, Frauke Stroh and Corny Littmann. This board voted unanimously for me and Wolfram Kremer.

ANDRÁS SIEBOLD: Corny! He probably wasn't interested in extending you two women.

HANS MAN IN'T VELD: Fortunately, I didn't know much about the background.

ANDRÁS SIEBOLD: At that time there was a clear division of the theatre world into repertory theatre and alternative theatre, although your stories and your biography, Hans, also represent an intertwining. What was your concept and idea of theatre when you began in 1990?

HANS MAN IN'T VELD: Previously I was the director of the Amsterdam theatre Brakke Grond/Frascatie Theater and they had everything: dance, theatre, a wide spectrum. In the beginning we had a weekend with all the independent groups from Hamburg. I think there were 97 of them, all of whom worked on the site and presented something for 20 minutes each over three days. That was really great, but there was also a lot of crap with clown noses and so on. We then selected 16 groups with whom we wanted to continue working in a spirit of honesty and trust. Theatre, dance, performance. That was a new beginning.

HANNAH HURTZIG: I have to ask – because Mücke and I didn't really experience much of your time as Artistic Director, I had to leave the city more or less – what were the main elements of your programme? Did you have many guest performances? And who were the dominant groups?

HANS MAN IN'T VELD: We had numerous independent groups from Hamburg – Coax, Babylon, Gruppe Lubricat, Eva-Maria Martin, Gabrielle Bußacker and so on – and many international guest performances. For example, there was an arrangement with Anne Teresa De Keersmaeker that she would perform once a year. The board always wanted to get Peter Brook. I thought it was more important that an independent group should come three times instead of Bob Wilson coming once, which would have cost the same. Some artists had no problem finding sponsors – Pina Bausch, for instance. But sponsorship of art becomes a problem when the sponsor wants to have a say in the programme.

HANNAH HURTZIG: Before you go: you guys had a deficit of millions back then. Why actually?

HANS MAN IN'T VELD: Excuse me, it was about half a million!!! That was in 1994 because of the Peter Brook play »The Tempest«, which the board really wanted, because they thought it was important for Kampnagel.

ANDRÁS SIEBOLD: And that was the reason you left after four and a half years?

HANS MAN IN'T VELD: No, I had a great time here. I had personal reasons, a boyfriend in Amsterdam, and the offer to lead the state school for directing and acting in Amsterdam. And here we had to work from ten in the morning to one in the morning.

AMELIE DEUFLHARD: That's still the case …

HANS MAN IN'T VELD: And the structure with the supporting association and the board wasn't good, and it was completely exhausting. But that all changed when Kampnagel became a GmbH [limited company] and Jack Kurfess came on board as the Managing Director …

ANDRÁS SIEBOLD: … and he was here for eight years before he moved to the Schauspielhaus in 2000.

HANNAH HURTZIG: I have one more question: did you actually feel accepted by the city?

HANS MAN IN'T VELD: It took a little while. And making real friends in such a short time is hard. I had very good colleagues in Michael Batz and Klemens Wannenmacher, who also became friends. And I was performing myself in »Gibt es Tiger im Kongo?« [Are There Tigers in the Congo?] with a true friend of mine: Hans-Jörg Frey. It was about AIDS and we performed it 120 times all over the city.

(Break and a group photo, before Hans Man in't Veld leaves to get the train back to Amsterdam)

ANDRÁS SIEBOLD: Let's go back to the eighties and to you, Hannah, Mücke and Dieter. What were the defining formats and groups during your time?

HANNAH HURTZIG: We would actually sit down with the audience after every performance and hold a discussion. There was shared training on how to talk about the works. Internationally, for example, butoh was an extremely progressive art form in the eighties, not at all esoteric folklore. Butoh had an incredible beauty and force, related to the experiences of Hiroshima, but also to German Expressionist dance. For us these were all new discoveries, which also led to breakthrough moments for Kampnagel.

MÜCKE QUINCKHARDT: From the beginning, we presented theatre for children on Sundays and also put on the first productions and international festivals in the genre – that was something completely new in the city. In general, there were lots of unusual formats, like the uninterrupted readings!

HANNAH HURTZIG: Oh yes. You would have Harry Rowohlt starting at eight in the morning with the first chapter of Joyce's »Ulysses«, for example, and it would continue late into the night in every space of the site.

MÜCKE QUINCKHARDT: And then there was Jim Whiting's »Bad Air« in 1989!

HANNAH HURTZIG: Oh yes, we had a big thing for mechanical theatre! In this context we have to say something about money. The Culture Senator at the time, Ingo Münch from the FDP, would always say to me in passing, if you run out of money, just keep performing.

AMELIE DEUFLHARD: They're still saying that to me.

HANNAH HURTZIG: And at some point he said to us, if you manage to get 100,000 deutschmarks in private sponsorship, we will match it with another 100,000. And then we got Mr Wegner to give us that for »Bad Air«, but we never got the matching funds from the FDP.

ANDRÁS SIEBOLD: Speaking of politics, Kampnagel was established in alliance with politicians and supported by the Culture Senator Helga Schuchardt, but you all share responsibility for Kampnagel's reputation as a thorn in the side of city politics. How important were opposition and attitude in your time?

HANNAH HURTZIG: Every October, the fight for the site would begin, we would hold crazy press conferences. Mücke has a somewhat different temperament, but I was in a permanent aggressive attack mode. Things reached the Culture Senator's office that ultimately cost us our heads. We didn't have a basis for dialogue and internal discussions like we do now; we hardly ever talked to politicians. It always went straight to the press.

ANDRÁS SIEBOLD: Was it mainly about money?

DIETER JAENICKE: It was actually always about existence, over and over again for years. That affected you and the seasons even more than the festivals. But at the end of the year, even we never knew if there would be another festival. And the political struggle was very direct. Unlike today, where the cultural authorities support Kampnagel in principle, back then they were against it in principle at every level and annoyed by the lot of us. It was also a time when art had this sense of itself as completely independent, that it couldn't be hitched to any kind of wagon. That led to a great many new artistic developments in every field all over the world, which all converged here. We have always shown what is happening in the world. La La La Human Steps, Compagnia Corsetti, Falso Movimento: all these names were always here first, future generations of dramaturges saw them here. And with huge audiences, it was actually always packed. That's why Kampnagel survived, the government couldn't say: »nobody cares.«

ANDRÁS SIEBOLD: But that political threat from the early days was always with you – Kampnagel can only survive as long as it is accepted by audiences.

MÜCKE QUINCKHARDT: Always! And then there was the fact that we would only get the grants for the next season in March, April. Before that we would be operating semi-legally, because we had to enter into contracts with artists.

ANDRÁS SIEBOLD: How important were foundations and third-party funds in your time?

MÜCKE QUINCKHARDT: There were no foundations then.

DIETER JAENICKE: For the festival we got hundreds of thousands in sponsorship, but it was the whole spectrum of dirty money: cigarette makers, petrol, alcohol. The pharma industry as well in the end.

ANDRÁS SIEBOLD: So you didn't really look into where the money was coming from?

DIETER JAENICKE: There were limits, but …

HANNAH HURTZIG: … that was the argument back then: if you take the dirty money and do something good with it, it's OK.

DIETER JAENICKE: We had intense discussions, too, but at the same time the then Culture Senator, Ingo von Münch, was pushing everyone to raise their own money. During my time, at some point I got a letter from the finance authorities demanding several hundred thousand deutschmarks in back taxes, because we were a non-profit GmbH. Then – and feel free to print this – I went to the cultural authorities and said, why didn't you tell me about this? To which they replied, ice cold, "Because otherwise it would have been our liability. Now make sure you clear this up, otherwise you'll have to declare bankruptcy." Then with our tax lawyer we negotiated a symbolic payment of 2,500 deutschmarks and structural changes, but that was a brutal lesson – being hung out to dry like that by a public body that has a duty of care and oversight. But that was typical for the time.

AMELIE DEUFLHARD: You had to create your own structures to a large extent. How did you balance that anarchic spirit and professionalisation?

HANNAH HURTZIG: It has to be said, we were in a highly precarious situation at the beginning. In the technical area, we worked almost exclusively with job-creation workers, in other words people who had to do jobs they weren't familiar with or couldn't do. But this madness corresponded with our basic attitude: we're here, this is great, let's do it. Mücke and I had never managed a theatre before either. That would be unimaginable today.

DIETER JAENICKE: We carved out our jobs ourselves. And that corresponded to the art that took place here, which the NDR journalist Manfred Eichel once so aptly described as »culture and art that has not yet taken hold«. This included the conception we had of ourselves, of repeatedly breaching the boundaries of legality, with great joy and enthusiasm. Otherwise you would never have seen such huge events by the likes of La Fura dels Baus, Brith Gof and Test Dept., and Royal de Luxe. In Germany you could only do that semi-legally.

AMELIE DEUFLHARD: That's a tradition we always like to remember and build on, even if it often leads to internal conflicts with our quite orderly administration.

HANNAH HURTZIG: Another important point: despite the precarious work situation with job-creation workers and wrecking balls, there was aesthetic, intellectual and political backup. There was a network of brilliant producers like Ritsaert ten Cate, places we had links with like Frankfurt's Theater am Turm and Berlin's Hebbel Theater, and above all performances that pointed to the future. The things they were doing in Italy in the '80s were incredible. Then later there was Belgium and Holland, and later still England. And you just knew that if you secured a place where you could provide longer-term opportunities for groups, you could do something as great as the Wooster Group. Art was the driver.

ANDRÁS SIEBOLD: One last question about your time: you made a feminist mark on Kampnagel, with charming lipstick posters and various women's festivals. Now critique of patriarchal structures and gender issues has arrived in state repertory theatres as well. Do you see yourselves as pioneers?

HANNAH HURTZIG: We were certainly extremely active in promoting women and their directorial achievements. It was clear that Kampnagel had to be a women's place. And I would say that the way we were kicked out of here was clearly an anti-woman action. And we were in extreme conflict with Dieter, but that was primarily for economic reasons. For his Summer Theatre Festival he got almost as much money as we got for the whole year.

DIETER JAENICKE: That conflict has repeated itself over and over again.

HANNAH HURTZIG: We were like post-war rubble women, clearing the debris aside and somehow having to make it work – but with no promise of an economic miracle.

ANDRÁS SIEBOLD: And after you, it was the men's turn. After Hans came Res Bossart in 1994. Did you also just apply?

RES BOSSHART: Yes. And at that time they wanted someone who wasn't primarily a director like Hans – I was supposed to do a maximum of one work per season – but who also had a background as a festival director, which I had from Zurich. Christina Weiss was the new Culture Senator at the time and she wanted to reform all the structures, including the technology. That alone made a great impact.

ANDRÁS SIEBOLD: Looking back, what would you say defined your time here?

RES BOSSHART: For us, it was important to have clear political stances on stage, more so than in state theatres. And we expanded the supra-regional collaboration, which I had already had with Kampnagel once before from the other side, more or less, with the Zurich Theaterspektakel.

HANNAH HURTZIG: Which groups would you mention here?

RES BOSSHART: Above all the local ones, She She Pop and Showcase Beat Le Mot, for example, who were in Hamburg at that time. Then, to promote local artists, we expanded the Junge Hunde festival, for example, which Hans Man in't Veld had founded in 1994.

ANDRÁS SIEBOLD: And what was your relationship with the state theatres? Was Kampnagel, as an alternative theatre, still more of a launching pad for directors like Nicolas Stemann and Falk Richter, who also worked with you?

RES BOSSHART: For them the appeal was definitely that they could work with much greater freedom at Kampnagel. There was also an open discussion with Frank Baumbauer at the Schauspielhaus and Jürgen Flimm at the Thalia Theater; we had good relations with both of them. And when I left Kampnagel to become Artistic Director at the Staatstheater Meiningen in 2001, the reason was explicitly Kampnagel. They had been here and they liked it.

ANDRÁS SIEBOLD: And were there other reasons for your departure?

RES BOSSHART: At some point there was an initiative by Christina Weiss that would have meant, for example, hall k4 being taken over by a children's and youth theatre group with a very dominant identity. Or a dance centre being built in the beautiful exhibition hall k3. That interference was another reason for me to leave.

DIETER JAENICKE: Christina Weiss was fantastic in the first few years. But the longer she was Senator, the stranger her decisions and interventions became, and they messed up quite a lot of things.

ANDRÁS SIEBOLD: Res, during your time there was also a renovation with the installation of the central foyer – and the deal with the city to allow those ugly office buildings to be built around Kampnagel in exchange.

RES BOSSHART: At the time, the rain was pouring in through the roofs and it was clear that at some point the building would cease functioning if we didn't renovate. The managing director, Jack Kurfess, was very clever about it and we simply knew: the rebuilding was the assurance that Kampnagel would remain.

DIETER JAENICKE: I can hear a critical undertone in your question, which I understand. But building those stupid buildings was the deal that gave Kampnagel a basis for existence that pointed at least halfway into the future. And sure, many people were sad about it and thought that all the charm had gone and that the foyer was far too slick. But that romanticism that says everything was better in the past has been here from the very beginning.

AMELIE DEUFLHARD: And it's still here today.

DIETER JAENICKE: Kampnagel was always a kind of Asterix village with a community that felt a certain sense of co-ownership. Which was understandable and justifiable, because it did affect them. There has always been a very unique, appealing, resistant attitude.

RES BOSSHART: That also made it very difficult for me and Jack and most of the administration, the atmosphere had been poisoned. But we had to carry on, we couldn't just turn down the guarantee that Kampnagel would survive.

ANDRÁS SIEBOLD: One last question on the development of performative arts: in your time there was a great interdisciplinary restart with new forms arising to which terms like performance and post-dramatic theatre were attached. How important was it for you to capture new forms in words? How did you communicate what you were presenting on the stage?

RES BOSSHART: For example, we had Eva Diegritz, a dramaturge who had sole responsibility for the whole performance area.

DIETER JAENICKE: We didn't really consciously formulate it, we didn't want to just create new pigeonholes. But there was a time of wandering about and the question of what this or that thing on the stage actually was – dance, theatre, performance? It was primarily the audiences and the media who were unsure. But they also stuck with it.

HANNAH HURTZIG: I would disagree. The theoretical formulation of what we were doing was extremely important for us, it was an engine. The question of exactly what kind of theatre we wanted to create was also discussed in international circles, in Marianne Van Kerkhoven's *Theaterschrift*, for instance. And in the early phase of the IETM [international network for contemporary performing arts]. But I also wanted to say, I've really enjoyed our discussion, because there were parts of your stories I didn't know. And what they tell me is, yes, it's true that we were highly resistant and aggressive women. And yet we remained stuck in certain roles as women, which also had to do with power and definitional authority. We didn't manage to turn a profit from all our arduous work, as Dieter did with the Summer Theatre Festival. Partly because I never got to drop the combat mode and the anger. Knut Nevermann, who at that time was a state councillor in the Cultural Ministry and with whom I had never had any contact, which was the case with all the politicians, invited me to dinner at the Rexrodt restaurant in 1989. He said, »Ms. Hurtzig, you have to change your tone or you'll find yourself kicked out.« I listened to him, but I just couldn't do it. And that's where I failed personally. Although even Mücke advised me otherwise.

MÜCKE QUINCKHARDT: I put up with you every morning. I'm not actually a morning person, but you would call me every morning and you would talk me into the day after a journey through every emotion. *(Laughter.)*

RES BOSSHART: It's wonderful how we can all happily sit down together today. That was impossible for me at other theatres.

AMELIE DEUFLHARD & ANDRÁS SIEBOLD: Thank you for the interview (and for the history and future of Kampnagel)!

Hannah Hurtzig/Ulrich Waller,
Kampnagels Jubiläumsfeier, 2022,
Foto: Maximilian Probst

SECHS JAHRE ANDERS
Gordana Vnuk im Interview mit Amelie Deuflhard

WAS TREIBT DICH AKTUELL UM?

In meinem Alter ist es an der Zeit, eine Bestandsaufnahme des Lebens zu machen. Dafür möchte ich Walter Benjamin paraphrasieren: Damit ein Teil der Vergangenheit vom gegenwärtigen Moment berührt wird, darf es keine Kontinuität zwischen ihnen geben. Der Kampf gegen kulturelle Amnesie muss im Namen der Diskontinuität geführt werden. Nicht für die Modernisierung der Vergangenheit, denn diese würde wieder nur kosmetische Kontinuität bedeuten, sondern für die Brechtsche Historisierung. Damit meine ich, dass das Kampnagel-Jubiläums-Buch, wenn es lyrisch oder episch entsprechend verpackt ist, nicht auch eine Warnung an die Gegenwart enthalten sollte, denn die Welt fängt nicht mit der Gegenwart an und sie sollte auf das verweisen, was vor ihr war. In diesem Zusammenhang beschäftige ich mich derzeit mit dem Erbe von Eurokaz, einem Festival des neuen Theaters in Zagreb, das ich 1987 gegründet und bis 2013 geleitet habe. Eurokaz hat ganze Generationen von Theatermachern in Kroatien und der Region ernsthaft berührt und war sicherlich mein Lebensprojekt. Letztes Jahr haben wir eine Monografie veröffentlicht, die auf all die Kontroversen hinweisen wollte, die den Kampf um die Zukunft der Theatersprache begleiten. Wir digitalisieren jetzt das Archiv.

WIE HAST DU KAMPNAGEL VORGEFUNDEN, ALS DU 2001 HIER ANGEFANGEN HAST?

Ich kannte die Programme und Aktivitäten von Kampnagel, ich hatte an einigen Konferenzen teilgenommen, Aufführungen gesehen und kannte Res Bosshart und Hannah Hurtzig. Kampnagel war bereits ein etablierter Ort, ein Referenzort für internationales freies Theater, da war es eine echte Herausforderung, einem solchen Ort eine persönliche und überpersönliche Prägung zu geben. Also habe ich versucht, in der Tradition von Kampnagel neue Akzente zu setzen.

WAS WOLLTEST DU ÄNDERN BZW. MIT WELCHEM KONZEPT HAST DU DEINE INTENDANZ GESTARTET?

Zuerst musste ich mit den Widersprüchen des Ortes umgehen: Wie kann man die Ansprüche verschiedenster Interessengruppen, die Größe der Hallen und die Forderung nach hohen Besucher*innenzahlen mit dem Mandat verbinden, experimentelle internationale Kunst zu fördern, der freien Szene Hamburgs ein Heim zu schaffen und Nachwuchspflege zu betreiben? Sich selbst treu zu bleiben und mit der Ambition in die Totalität der Theater- und Tanz-Welt einzugreifen, über das Lokale hinaus zu agieren und ein grenzüberschreitendes künstlerisches Statement zu formulieren. Kurz: Es ging um eine hohe künstlerische Risikobereitschaft – und zugleich darum, ein neues Publikum zu gewinnen. Radikale Ansätze sind oft mit »Nischen« verbunden, in denen man konzentriert und ohne den Druck einer hohen Auslastung arbeiten kann. Wie geht man damit um, dass es sechs bespielbare Bühnen gibt und damals die kleinste Halle 200 Plätze hatte? Wie geht man damit um, dass die Infrastruktur mehr als zwei Drittel des gesamten Budgets frisst und für die Künstler*innen nur wenig übrigbleibt? Programmkonzepte, die ich mit dem Eurokaz-Festival und dem Theaterprogramm am Chapter Arts Centre in Cardiff, wo ich zuvor gearbeitet hatte, jahrelang vorangetrieben hatte, wollte ich im neuen Umfeld weiterentwickeln. Das Konzept des Post-Mainstreams und des vertikalen Multikulturalismus, das den Fokus des theatralischen Interesses von den Zentren der wirtschaftlichen und kulturellen Macht wie Brüssel und Amsterdam an die Peripherie Europas verlagert und den weiteren Kontext von außereuropäischen Kulturen einbezieht, war besonders wichtig. Dort habe ich Impulse gefunden, die die Wahrnehmungsgewohnheiten des europäischen Publikums überraschten und sich gegen die Uniformität der europäischen Theaterlandschaft stellten.

KANNST DU ERLÄUTERN, WAS DAS BEDEUTETE UND WIE DU ES UMGESETZT HAST?

Mein erstes Jahr war geprägt von der Fusion des bis dahin unabhängigen Sommertheater-Festivals mit Kampnagel. Das neue Festival habe ich Laokoon genannt, nach Lessings Studie, die sich mit der Unterscheidung künstlerischer Ontologien befasst. Dieses Festivalkonzept habe ich den Kuratoren nähergebracht, die aus außereuropäischen Kulturen kamen. Es waren der japanische Theaterkritiker Hidenaga Otori und nach ihm der kolumbianische Choreograf Alvaro Restrepo. Auch in den Spielzeiten wollte ich durch die Auswahl der internationalen Gastspiele eine andere, nicht eurozentrische Sichtweise vermitteln. An diesem Konzept war auch der Kurator Honne Dohrmann beteiligt, der das Polyzentral-Festival mit den Schwerpunkten Vorder- und Zentralasien und Afrika entwickelte. Erstmals in Europa waren wunderbar autarke Stücke aus Indonesien, Indien, Iran, den Philippinen, Südafrika, Peru, Mexiko, Kasachstan, Mongolei ... zu sehen. Besonderes Augenmerk richtete ich auf die radikale und mutige Kunstszene Chinas, die damals noch völlig verschlossen war. Meine erste Spielzeit wurde programmatisch von der faszinierenden Gruppe Ishinha aus Japan – auch zum ersten Mal in Europa zu sehen – eröffnet. Die Darsteller*innen, vierzig Teenager, unter der Leitung von Regisseur Matsumoto, präsentierten eine besonders innovative und eigene Form, die sogenannte Jan-Jan-Oper, die ein breites Publikum erreicht und begeistert hat. Eine unserer wichtigsten dramaturgischen Strategien in der Programmgestaltung war zudem das Konzept der K-themen, mit denen wir uns mit der Identifizierung zeitgenössischer Theaterphänomene und ihrer Kontextualisierung auseinandergesetzt haben, wie z. B. ikonoklastisches Theater, neue Formen des politischen Theaters, Opernregiepraxis, Body Art, Theater und Essen, Formen der Publikumsbeteiligung, Theater und Wissenschaft, usw. Neben internationalen Gastspielen war uns besonders wichtig, Projekte zu den jeweiligen Themen in Form von Auftragsarbeiten zu initiieren, die sich an Hamburger Künstler*innen richteten.

DU WARST GRÜNDERIN ZAHLREICHER EUROPÄISCHER NETZWERKE, SOZUSAGEN THEATERNETZWERKERIN DER ERSTEN STUNDE. WARUM HAST DU DICH ENTSCHIEDEN, AUS BESTIMMTEN NETZWERKEN AUSZUTRETEN?

Bereits 1981 gehörten Branko Brezovec, mein lebenslanger Mitarbeiter und Chefdramaturg, und ich als die einzigen Protagonist*innen aus dem sogenannten Osteuropa zu den Gründer*innen des heute sehr mächtigen Netzwerks für Darstellende Künste IETM. Mitte der neunziger Jahre förderte Eurokaz die Organisation eines Netzwerks von Menschen, die außerhalb der Marktlogik agieren wollten, die damals die Darstellenden Künste in Europa beherrschte. Aus ähnlichen Gründen, um zu vermeiden, in einem geschlossenen Kreis von Produzenten immer wieder dieselben Namen zu touren, habe ich einige deutsche Netzwerke verlassen. Es schien mir, dass die dort zirkulierenden Performances etablierte ästhetische Muster wiederholten. Dagegen habe ich mich immer gewehrt.

DEINE SCHWERPUNKTE ZUM THEATER/KUNST UND ESSEN WAREN EIN GROSSER AUFREGER IN DEN MEDIEN: WARUM EIGENTLICH?

Das war einer der thematischen Blöcke, der von dem Künstler und Kurator Željko Zorica Šiš aus Kroatien entworfen wurde. Er hat sich mit sozialen Tabus wie Kannibalismus und Tod sowie mit der Toleranzfähigkeit der Gesellschaft beschäftigt. Das Programm wollte herausfinden, inwiefern ästhetische Schocks noch in der Lage sind, soziale, künstlerische und ethische Umstände zu verändern. Für die größte Aufregung sorgte der serbische Künstler Zoran Todorovich, der dem Publikum ein Gericht aus menschlichem Gewebe servierte.

WAS HABEN DIE SECHS JAHRE AUF KAMPNAGEL FÜR DICH BEDEUTET?

Sechs Jahre reichten aus, um herausragende künstlerische Ideen ohne konjunkturelles Risiko in einem seriösen institutionellen Umfeld und im Rahmen eines jährlichen Programms zu testen. Diese sechs Jahre auf Kampnagel bestärkten mich in der Idee, dass das Konzept des Andersartigen überleben und erfolgreich sein kann. Was noch wichtig zu betonen ist: Diese Programmausrichtung hat viel Publikum dazugewonnen. Ein Publikum, das offensichtlich das Bedürfnis hatte, aus den damals dominanten Trends in Deutschland (z. B. des konzeptionellen Tanzes, des Cross-over oder des Doku-Theaters) herauszukommen und sich neuen Herausforderungen zu stellen. Andererseits haben wir auch Spuren in der Freien Szene in Hamburg hinterlassen. Hier muss ich den Beitrag meiner Dramaturginnen Kathrin Tiedemann, Eva Maria Stüting und Kerstin Evert erwähnen. Während meiner Intendanz hat Kampnagel große Talente hervorgebracht und gefördert und ihnen eine künstlerische Heimat gegeben, die auch heute noch auf Kampnagel präsent sind. Unser Ansatz, Jugendliche auf die Bühne zu stellen und mit renommierten Künstler*innen und Kollektiven zusammenarbeiten zu lassen, war damals wegweisend und ist bis heute aktuell. Kerstin Evert leitet immer noch international sehr erfolgreich das während meiner Intendanz entstandene K3 – Zentrum für Choreographie | Tanzplan Hamburg. Und auch Eva Maria kooperiert seit meinem Weggang weiterhin mit Kampnagel und leitet mit Branko Šimić das KRASS Kultur Crash Festival.

SIX YEARS DIFFERENT
Gordana Vnuk

WHAT'S ON YOUR MIND RIGHT NOW?

At my age, it's time to take stock of life. To paraphrase Walter Benjamin: In order for a part of the past to be touched by the present instant, there must be no continuity between them. We have to wage the fight against cultural amnesia in the name of discontinuity. Not for the modernisation of the past, because that would mean nothing more than cosmetic continuity, but for Brechtian historicisation. What I mean by that is that the Kampnagel anniversary book, if it is packaged lyrically or epically as it should be, shouldn't contain a warning to the present, because the world does not begin with the present and it should point to what came before. In this context, I am currently preoccupied with the legacy of Eurokaz, a festival of new theatre in Zagreb which I founded in 1987 and directed until 2013. Eurokaz has genuinely touched entire generations of theatre makers in Croatia and the region, and it was certainly my life's project. Last year we published a monograph which sought to highlight all the controversies surrounding the struggle for the future of theatrical language. We are now digitising the archive.

WHAT WAS YOUR IMPRESSION OF KAMPNAGEL WHEN YOU STARTED HERE IN 2001?

I was familiar with Kampnagel's programmes and activities, I had attended some of the conferences, seen performances, and I knew Res Bosshart and Hannah Hurtzig. Kampnagel was already an established site, a point of reference for international independent theatre, so it was a real challenge to give a place like that a personal and trans-personal character. So I tried to establish new focal points in the Kampnagel tradition.

WHAT DID YOU WANT TO CHANGE, OR WHAT WAS THE CONCEPT WITH WHICH YOU BEGAN YOUR ARTISTIC DIRECTORSHIP?

First I had to address the contradictions of the place: how do you combine the demands of various interest groups, the size of the halls and the demand for high visitor numbers with the mandate to promote experimental international art, to create a home for Hamburg's independent scene, and to foster the next generation of artists? To stay true to yourself and to act beyond the local and to formulate a cross-border artistic statement with the ambition of engaging with the totality of the theatre and dance world. In short, the concept was a high degree of willingness to take artistic risks – and at the same time about gaining a new audience. Radical approaches are often associated with »niches«, where you can focus on your work without the pressure of attracting large audiences. How do you deal with the fact that there are six stages that can host performances and that the smallest hall at the time had 200 seats? How do you deal with the fact that the infrastructure eats up more than two thirds of the entire budget, with only a little left over for the artists? In this new environment I wanted to develop programme concepts that I advanced for years with the Eurokaz festival and the theatre programme at the Chapter Arts Centre in Cardiff where I previously worked. The concept of post-mainstream and vertical multiculturalism, which shifts the focus of theatrical interest from the centres of economic and cultural power such as Brussels and Amsterdam to the periphery of Europe and incorporates the wider context of non-European cultures, was particularly important. This supplied me with inspiration for upending the perceptual habits of European audiences and combating the uniformity of the European theatre landscape.

CAN YOU EXPLAIN WHAT THAT MEANT AND HOW YOU PUT IT INTO ACTION?

My first year was dominated by the merger of the previously independent summer theatre festival with Kampnagel. I named the new festival Laokoon after Lessing's study, which addresses the differentiation of artistic ontologies. I shared this festival concept with the curators who came from non-European cultures, the Japanese theatre critic Hidenaga Otori and then the Colombian choreographer Alvaro Restrepo. In the seasonal programmes, too, I wanted to convey a different, non-Eurocentric perspective by selecting international guest performances. The curator Honne Dohrmann, who developed the Polyzentral Festival with a focus on the Middle East and Central Asia and Africa, also contributed to this concept. We got to experience wonderfully self-contained pieces from Indonesia, India, Iran, the Philippines, South Africa, Peru, Mexico, Kazakhstan, Mongolia and so on, never before seen in Europe. I paid particular attention to the radical, courageous art scene in China, which was still completely closed at the time. The programmatic launch for my first season was the fascinating group Ishinha from Japan – which was also in Europe for the first time. The cast, forty teenagers guided by the director Matsumoto, presented a particularly innovative and unique form, the »Jan-Jan opera«, which reaches and inspires a broad audience. One of the most important dramaturgical strategies for our programming was the concept of the »K« themes, through which we addressed the identification of contemporary theatre phenomena and their contextualisation, such as iconoclastic theatre, new forms of political theatre, practices in opera directing, body art, theatre and food, forms of audience participation, theatre and science, and so on. As well as international guest performances, it was particularly important to us that we initiate projects on these issues in the form of commissioned works which incorporated Hamburg artists.

YOU HAVE FOUNDED NUMEROUS EUROPEAN NETWORKS – A THEATRE NETWORKER FROM THE VERY BEGINNING SO TO SPEAK. WHAT WAS IT THAT PROMPTED YOU TO WITHDRAW FROM CERTAIN NETWORKS?

Back in 1981 my life-long colleague and chief dramaturge Branko Brezovec and I were among the founders, as the only protagonists from so-called »Eastern Europe«, of the IETM, the international network for contemporary performing arts, which has since become very powerful. In the mid-1990s, Eurokaz promoted the organisation of a network of people who wished to operate outside of the market logic that dominated the performing arts in Europe at the time. For similar reasons, to avoid seeing the same names over and over again in a closed circle of producers, I left certain German networks. I felt that the performances circulating there were repeating established aesthetic templates. That is something I've always resisted.

YOUR FOCUS ON THEATRE/ART AND FOOD CAUSED A GREAT DEAL OF EXCITEMENT IN THE MEDIA: WHY IS THAT, ACTUALLY?

That was one of the thematic blocks which was designed by artist and curator Željko Zorica Šiš from Croatia. He addressed social taboos such as cannibalism and death, as well as society's capacity for tolerance. The programme aimed to discover the extent to which aesthetic shocks retain their ability to alter social, artistic and ethical circumstances. The greatest uproar was caused by Serbian artist Zoran Todorovic, who served the audience a dish made out of human tissue.

WHAT DID THE SIX YEARS AT KAMPNAGEL MEAN TO YOU?

Six years were enough to try out outstanding artistic ideas without economic risk in a serious institutional environment and within the framework of an annual programme. Those six years at Kampnagel reinforced my sense that the concept of difference can survive and succeed. It is also important to stress that this programme orientation gained a large audience. An audience that clearly felt the need to move on from the then dominant trends in Germany (such as conceptual dance, cross-over and documentary theatre) to face new challenges. On the other hand, we also left traces in the independent scene in Hamburg. Here I have to mention the contribution of my dramaturges Kathrin Tiedemann, Eva Maria Stüting and Kerstin Evert. During my artistic directorship, Kampnagel spawned and promoted great talent and gave them an artistic home which is still present at Kampnagel today. Our approach of putting young people on stage and having them work with prestigious artists and collectives was groundbreaking at the time, and it remains relevant today. Kerstin Evert is still in charge of K3 – Centre for Choreography | Tanzplan Hamburg, which was created while I was Artistic Director and is still highly successful internationally. And since my time, Eva Maria continues to cooperate with Kampnagel and heads up the KRASS Kultur Crash Festival with Branko Šimić.

DIE WILDEN FRÜHEN JAHRE
Ulrich Waller

In hundert Jahren wird man davon erzählen: Die Hamburger Kampnagelfabrik war in den 1980er Jahren so etwas wie der Melting-Pot des deutschen Theaters. Zwischen Taubenscheiße und Pfützen, in Hallen, durch die die Kälte zog, trafen ausgestiegene Staatstheaterschauspieler*innen und Regisseur*innen auf freie Theaterschaffende, die bisher entweder dezidiert schwules Theater gemacht hatten oder auf solche, die auf der heftigen, manchmal auch verzweifelten Suche nach neuen Formen für das politische Theater waren.

Doch bevor es so weit war, eroberte 1981 das Deutsche Schauspielhaus das Gelände an der Jarrestraße. Ich weiß nicht, wie viele Fabrikhallen wir bereits als Ausweichquartier für die Zeit des großen Umbaus besichtigt hatten – Margarinefabriken, Schraubenfabriken, Textilfabriken in fast allen Hamburger Stadtteilen –, bis wir endlich auf Kampnagel standen. Hier hatten wir sofort das Gefühl: Das ist der richtige Ort für ein Theater. Alles roch noch nach der legendären »Maschinenfabrik N. & K.«, die der Hamburger Dichter Willi Bredel in seinem gleichnamigen Roman eindrucksvoll beschrieben hat. Gerd Schlesselmann, der damalige Verwaltungsleiter, hatte sie gefunden. Und es war alles da: eine große, lange Halle, in die wir zwei Theater K1 und K2 und zwei Probebühnen P1 und P2 einbauen konnten. (Zwei Theater deshalb, weil wir uns im Leitungsteam des Schauspielhauses nicht einigen konnten, wie der Ersatz für den alten Malersaal aussehen sollte. Und Geld spielte damals noch keine Rolle.) Eine Fundushalle am Wasser, ein Verwaltungsgebäude, in das die Dramaturgie und die Leitung, aber auch die Schneiderei einzogen, eine Kantine und das legendäre Spritzenhaus für kleine Aufführungen mit bis zu hundert Besuchern. Ich erwähne es, weil von alldem 21 Jahre später nicht mehr viel steht. Die Pläne, das Gelände plattzumachen oder so dramatisch zu beschneiden, wie es jetzt geschehen ist, gab es schon damals. In der Anfangszeit war das Gelände wie ein großer Abenteuerspielplatz, den man nur Stück für Stück erobern konnte. Aber wie sollte man das Publikum dorthin verführen, nach Barmbek? Wir haben viel versucht, mit Umzügen durch die feindlich drohende Trutzburg der Jarrestadt, mit inszenierten Schiffsfahrten, bei denen die Alster zum Amazonas wurde. Die Eröffnung war im Herbst 1981, inszeniert von einem der Großen der Freien Szene, Jérôme Savary vom Grand Magic Circus, der auf dem Höhepunkt der Nachrüstungsdebatte seine Revue »Weihnachten an der Front« herausbrachte. Von da an stand Kampnagel für ein anderes Theatererlebnis. Später nutzen auch die Staatsoper und das Thalia Theater die Hallen – für Peter Brooks legendäre »Carmen« war noch die Halle 6 dazugekommen – für Inszenierungen, die andere Sehgewohnheiten verlangten. 1982 kam es zur ersten »Besetzungsprobe« durch die Freie Szene – übrigens vom Schauspielhaus freundschaftlich geduldet. Allerdings ging es damals weniger darum, diese neuen Sehgewohnheiten für die Freie Szene nutzbar zu machen. Kampnagel wurde zu einer Art großem runden Tisch, an dem grundsätzliche Fragen diskutiert wurden. Die Foren waren eine Art Vollversammlung der Freien Szene Deutschlands und Hamburgs, gesprochen wurde hier fast immer (auch damals schon) hauptsächlich über Geld und über Spielmöglichkeiten. 1985, nach dem Auszug des Schauspielhauses, hat dann eine noch mit Mitteln und Phantasie ausgestattete Kultursenatorin – Helga Schuchardt hieß sie – zwei Frauen als Intendantinnen auf Kampnagel installiert, die nicht nur Geschmack, sondern auch einen eigenen Kopf hatten. Das stieß der geschlossenen Männerriege der Freien Theaterszene oft übel auf. Denn Hannah Hurtzig und Mücke Quinckhardt verstanden sich nicht als die Generalsekretärinnen des Freien Theaters Deutschlands, sondern wollten selbst Programm machen und Kampnagel ein eigenes Gesicht geben. Das endete dann oft in heftigen Beschimpfungen, persönlichen Beleidigungen und Platzverweisen. Man hatte den Eindruck, dass eine gemeinsame Sprache zwischen den Geschlechtern auf der Leitungsebene noch nicht erfunden war. Aber schon damals wollte niemand alle Kraft in den verrauchten Räumen der alten Kantine für solche Auseinandersetzungen verbrauchen. Und so gab es auf Kampnagel ein meist spannendes Programm, das in der Stadt diskutiert wurde. Barbara Nüsses »Penelope« war am 12. März 1986 die erste »Kampnagel-Produktion«. Festivals für den Sommer entstanden und das Kabarett und andere aus besagtem Melting Pot zogen weiter auf den Kiez, auf die Reeperbahn, um dort ihre Form von Theater zu entwickeln, oder später an die Kammerspiele in der Hartungstraße, oder sie schlugen ihr Zelt auf Sylt auf, wie die »Fliegenden Bauten«. (Aber die Sitzungen und der Einsatz, mit dem dort im letzten Jahrhundert quasi vor den Augen der Stadt um das Theater und die Welt gerungen wurde, von Männern mit und gegen Frauen, werden auch in diesem Jahrhundert in Erinnerung bleiben.)

Heute ist das einst stolze Kampnagel zugestellt mit Bürokomplexen voller IT-Firmen. Im Casino klappern mittags leise die Laptops und gut gekleidete und frisierte junge Menschen planen in gedämpftem Tonfall ihr Leben, bedient von sonnengebräunten Servicekräften. Und – Gott sei Dank – gibt es hier keinen Schauspieler mehr, der seinen Text lernt, wie Ulrich Wildgruber das immer gemacht hat, der würde nur stören.

Der Text von Ulrich Waller wurde 2001 zum ersten Mal veröffentlicht.

Penelope, Ulrich Waller, 1986, Foto: Ralf Brinkhoff

THE WILD EARLY YEARS
Ulrich Waller

They'll be talking about it in a hundred years: in the 1980s, Hamburg's Kampnagel factory was something like the melting pot of German theatre. Amidst pigeon shit and puddles, in halls where the cold swept through, actors and directors who had escaped the state theatre system met freelance theatre professionals who had previously made resolutely gay theatre or were on the intense, sometimes desperate search for new forms for political theatre.

But before all that, the Deutsches Schauspielhaus took over the Jarrestrasse site in 1981. I couldn't say how many factory halls we visited in our search for alternative quarters during the major conversion – margarine factories, screw factories, textile factories in almost every part of Hamburg – before we finally got to Kampnagel. Here we immediately had the feeling – this is the right place for a theatre. It all still smelled of the legendary »Maschinenfabrik N. & K.«, of which Hamburg writer Willi Bredel provided an impressive description in his novel of the same name. Gerd Schlesselmann, the administrative head at the time, found it. And it had everything: a large, long hall in which we could install the two theatres K1 and K2, and the two rehearsal stages P1 and P2. (Two theatres, because those of us in the Schauspielhaus management team couldn't agree on what the replacement for the old Malersaal should look like. And money didn't matter back then). A storage facility overlooking the water, an administrative building which would house the dramaturges and management, as well as the wardrobe department, a canteen and the legendary Spritzenhaus for small performances with up to a hundred visitors. I mention this because 21 years later, not much of it is left. Even then there were plans to demolish the site or to pare it down as dramatically as it has been now. In the early days, the site was like a big adventure playground which you could only conquer bit by bit. But how were we supposed to lure audiences there, to Barmbek? We tried many things – parades through the hostile stronghold of the Jarrestadt, staged boat trips in which the Alster became the Amazon. The opening was in the autumn of 1981, staged by one of the greats of the independent scene, Jérôme Savary from Le Grand Magic Circus, who produced his revue »Weihnachten an der Front« (Christmas at the Front) at the height of the retrofitting debate. From that point, Kampnagel stood for a different theatrical experience. Later, the Staatsoper and the Thalia Theater used the halls as well – Hall 6 was added for Peter Brook's legendary »Carmen« – for productions that demanded different viewing habits. In 1982, the independent scene had its first »occupation rehearsal« – incidentally with the friendly acquiescence of the Schauspielhaus. But there was less concern at the time with making these new viewing habits usable for the independent scene. Kampnagel became a kind of big round table where fundamental questions were discussed. The forums were a kind of general meeting of the independent scene in Germany and Hamburg; discussions almost always (even then) revolved primarily around money and performance opportunities. In 1985, after the Schauspielhaus moved out, we still had a Culture Senator who was equipped with resources and imagination – Helga Schuchardt – and she installed two women as artistic directors at Kampnagel, who not only had taste, but also minds of their own. This often went down poorly with the closed men's club in the independent theatre scene. Because Hannah Hurtzig and Mücke Quinckhardt did not see themselves as the secretaries general of German independent theatre, instead they wanted to define the programme themselves and give Kampnagel its own profile. This often ended in intense abuse, personal insults and expulsions. It gave the impression that a common language between the sexes at management level was yet to be devised. But even then nobody wanted to waste all their energy on these arguments in the smoky spaces of the old canteen. And so there was a largely compelling programme at Kampnagel which prompted discussion throughout the city. On 12 March 1986, Barbara Nüsse's »Penelope« was the first »Kampnagel production«. They started doing festivals in summer, while the cabaret and others from this melting pot moved away, to the Reeperbahn, where they developed their own form of theatre, or later to the Kammerspiele on Hartungstraße, or else they pitched up on Sylt, like Die Fliegenden Bauten. (But the meetings, and the tenacity with which men fought with and against women about the theatre and the world in the last century, more or less before the eyes of the city, would also be remembered in the coming century.)

Today, the once proud Kampnagel is blocked off by office complexes full of IT companies. In the Casino, the laptops clatter quietly at midday and well-dressed young people with good hair plan their lives in muted tones, served by suntanned waiters. And – thank God – you no longer find actors learning their lines, like Ulrich Wildgruber always did; that would just be a nuisance.

This text by Ulrich Waller was first published in 2001.

ERSETZBAR BLEIBEN
She She Pop

Lisa Lucassen und Ilia Papatheodorou sprachen mit den Kampnagel-Dramaturg*innen Lucien Lambertz und Luise März über die politischen Anfänge von She She Pop, ihren künstlerischen Widerstand gegen patriarchale, ausbeuterische und diskriminierende Strukturen und darüber, was es bedeutet, dreißig Jahre später selbst zum »Establishment« zu gehören.

LUISE MÄRZ: Kampnagel ist dieses Jahr vierzig geworden. Ihr habt kürzlich euer 25-jähriges Bestehen gefeiert. In all den Jahren habt ihr zahlreiche Gastspiele, Eigen- und Koproduktionen mit und auf Kampnagel realisiert. Das erste Mal seid ihr hier mit »Trust« aufgetreten, das war 1998. Welche Erinnerungen habt ihr an eure Anfänge auf Kampnagel?

ILIA PAPATHEODOROU: Aus unserer Sicht als junge Frauen, die direkt von der Uni kamen, war Kampnagel auch damals schon eine Institution mit Größe und Macht. Wir haben angefangen, Konzepte für Nachwuchsfestivals einzureichen, von denen es zu der Zeit noch relativ viele gab. »Junge Hunde« war eines davon. Leider wurden wir nirgendwo genommen. Aber wir durften bei »Junge Hunde« im Rahmenprogramm auftreten. Wir waren acht junge Frauen und haben damals, glaube ich, insgesamt 1800 DM bekommen. Daraufhin haben wir eine Gegenoffensive gestartet und gesagt: Wir machen aus diesem kleinen Auftritt, der für das Rahmenprogramm gedacht war, eine politische Intervention und eine richtige Produktion, egal wie wenig Geld wir dafür bekommen. Und dann haben wir im Foyer eine Riesenshow gemacht, wo wir die Kampnagel-Leitung für ihren geringschätzigen Umgang mit uns als Frauen angeklagt haben. Das war damals ein ziemlicher Skandal.

LUCIEN LAMBERTZ: Ihr seid als Kollektiv aus einer Widerstandshaltung heraus entstanden. Ihr markiert 1998 als das Jahr eurer Professionalisierung. Wie würdet ihr eure damalige Agenda beschreiben? Einerseits mit Blick auf den Kollektiv-Gedanken, den ihr damals hattet und den ihr bis heute verfolgt, und andererseits mit Blick auf eure Arbeit für die Bühne.

LISA LUCASSEN: Wir haben zusammen in Gießen studiert und schon dort feststellen müssen, dass auf eine Gruppe von Frauen, die auf der Bühne steht, anders geschaut wird als auf eine Gruppe von Männern. Bei uns war es beispielsweise völlig egal, wovon unsere Stücke handeln. Diskutiert wurde stattdessen über unsere Körper, darüber, warum nur Frauen auf der Bühne stehen, was wir können (oder eben nicht), und erst ganz am Ende der Gespräche ging es darum, wovon das Stück tatsächlich handelt. Dass wir als eine Gruppe von Frauen angeschaut werden und wir damit offensiv umgehen wollen, ist bis heute Teil unserer Arbeit geblieben. Es rückt mal in den Hintergrund, mal in den Vordergrund, aber es ist immer ein Thema.

ILIA PAPATHEODOROU: »Trust!« handelte ganz explizit von Ressourcen und Repräsentation, also davon, warum wir als Frauengruppe weder die Ressourcen noch dieselbe Art von Repräsentation haben wie andere (nicht dezidiert weibliche) Gruppen. Ein weiterer wichtiger Aspekt unserer Arbeit, den wir bis heute in unserer Praxis vefolgen, ist der Kollektivgedanke: Unsere Produktionen gehörten von Anfang an allen Beteiligten. In der Gruppe, die sich um unsere erste Produktion 1993 in Gießen gebildet hat, haben wir uns dazu verpflichtet, am Ende als Kollektiv dazustehen und zu sagen: Diese Produktion gehört uns. Wir teilen uns die Produktionsmittel, wir teilen uns den Credit an dieser Produktion. Mit all den Problemen, die das mit sich bringt.

LUISE MÄRZ: Eure Arbeit hat sich im Laufe der Jahre weiterentwickelt und es fällt auf, dass ihr euch bewusst in die Strukturen des Staatstheaters begeben habt. Auf welche Weise, würdet ihr sagen, wurden eure Arbeitsweisen dort herausgefordert – und wie habt ihr die Arbeitsweisen der Stadt- und Staatstheater herausgefordert?

ILIA PAPATHEODOROU: Die erste vollgültige Produktion an einem Stadttheater (2016 in München) war eher ein Ergebnis der damals viel grundsätzlicheren Debatte um die Ressourcenverteilung zwischen Freier Szene und Staatstheater. Kurator*innen der Freien Szene wie Kathrin Tiedemann, Carena Schlewitt und Matthias Lilienthal argumentierten, dass die Freie Szene nicht als Nachwuchsgarten hingestellt werden könne, aus dem heraus es nur die schönsten Pflänzchen ins Stadttheater schaffen. Sie haben sich für einen Austausch von Ressourcen und für echte Kooperationen auf Augenhöhe eingesetzt.
Die allererste schreckliche Erfahrung, die wir im Stadttheater gemacht haben, war 2003 in Göttingen. Da hat zum ersten Mal ein Stadttheater nach uns gegriffen, konkret nach unserer Produktion »Live! – Erfolgreiche Selbstdarstellung in 45 Minuten«, das war die Produktion, die 1999 auf »Trust!« folgte. Die Inszenierung hatte so eine Art Gameshow-Charakter. Das fanden viele männliche Intendanten sehr reizvoll und haben sich wohl gedacht: »Ach, lasst uns das doch mal mit unseren Schauspielerinnen machen.« Das war dann ein richtiges Debakel! Sie haben ihre Schauspielerinnen vor dem ersten Treffen nicht darüber aufgeklärt, wie stark es in dem Stück um weibliche Konkurrenz auf der Bühne geht. Wir haben dem Intendanten vorher gesagt, »Live!« darf nicht besetzt werden. Die Leute müssen freiwillig mitmachen, denn das muss man aushalten, wollen und offensiv machen. Nur weil wir uns als Frauengruppe über das gemeinsame Studium persönlich gut kannten, im Kollektiv arbeiteten und einander vertrauten, konnten wir dieses Thema so auf die Bühne bringen. Aber die gleiche Bereitschaft kann man natürlich nicht einfach so von Schauspielerinnen verlangen, die tagtäglich einem schrecklichen Konkurrenzkampf ausgesetzt sind, beispielsweise darum, wer die Hauptrolle bekommt.

LUISE MÄRZ: Hat euch das Aufeinanderprallen dieser unterschiedlichen Strukturen und Probenprozesse auch gereizt? Immerhin habt ihr euch ja später wieder darauf eingelassen, in eurer Kollaboration mit den Kammerspielen zum Beispiel.

LISA LUCASSEN: Natürlich haben wir uns am Anfang etwas davon versprochen. Diese großen Stadt- und Staatstheater haben technisch, strukturell, personell ganz tolle Möglichkeiten. Und wir wurden von Leuten, denen wir vertrauten, sehr gebeten, uns da reinzubegeben. Es war nicht so, dass wir gedacht haben: Oh fein, jetzt probieren wir mal, mit nem Ensemble zu arbeiten.

ILIA PAPATHEODOROU: Und auf die Erfahrung in Göttingen hin haben wir 2015 zu Matthias Lilienthal gesagt: »Du weißt doch, dass wir das nicht können, wir können nicht mit Schauspieler*innen arbeiten!« Es blieb aber seine Bedingung.

LUISE MÄRZ: Wolltet ihr dem Stadttheater im Rahmen dieser Kollaborationen auch etwas entgegensetzen – beispielsweise in Bezug auf kollaboratives Arbeiten?

LISA LUCASSEN: Die Arbeiten waren sehr unterschiedlich. Bei den Münchner Kammerspielen haben wir nur eine reguläre Produktion realisiert. Am Stuttgarter Schauspiel (2015) ging es tatsächlich mehr um Strukturen. Das heißt, wir haben uns mit einem zusammengewürfelten Haufen von Angestellten ins Gedärm und Getriebe dieser Institution begeben. Diese Zusammenarbeit hatte ganz andere Voraussetzungen, sie war auf Dauer ausgelegt und nicht darauf, dass am Ende eine große Produktion entstehen muss. Das Ergebnis war aber in beiden Fällen das gleiche: Die Struktur dieser Stadt- und Staatstheater und die unsere passen nur unter Knirschen, Opfern, Heulen und Zähneklappern zusammen. Allein schon, was das Versammeln aller Beteiligten an einer

Kanon, She She Pop, 2022, Foto: Dorothea Tuch

Produktion in einem Raum angeht. Es ist nicht möglich. Irgendjemand hat immer frei, eine Schicht oder steht gerade woanders auf der Bühne und kann nicht. Das sind wir aus der Freien Szene anders gewohnt, wo wir Leute einfach versammeln können. Das klingt trivial, ist aber ein wichtiger Punkt für unsere Arbeit.

LUCIEN LAMBERTZ: Ihr habt eure Arbeit an »Kanon« als »kollektive Geschichtsschreibung jenseits des dramatischen Kanons« beschrieben. Wie ist das zu verstehen?

LISA LUCASSEN: Ein Kanon ist ein Mittel der Macht. Für einen Kanon werden Kunstwerke danach sortiert, ob sie dazugehören oder nicht, wichtig sind oder nicht. Wir sind uns der Ambivalenz bewusst, diesen Begriff oder diese Tätigkeit in »Kanon« vorzuschlagen oder gar zu verteidigen. »Kanon« spricht darüber, wie schwierig und auch problematisch es ist, Dinge ein- und auszusortieren. Deswegen thematisiert »Kanon« vor allem den flüchtigen Moment der Aufführung selbst. Der »Kanon«, der auf unserer Bühne entsteht, ist ebenso flüchtig wie die Kunst selbst. Aber wir hatten dieses Bedürfnis, der flüchtigen Kunst eine flüchtige Archivierungsmethode zu geben, oder die einfachen Sachen zu feiern und uns darüber zu freuen, dass es sie gibt. Dazu gehört auch, uns falsch zu erinnern, wie manche Dinge gewesen sind.

ILIA PAPATHEODOROU: Die Idee, »Kanon« als Performance zu schreiben, die Abend für Abend eine andere ist, ist ein inszeniertes Paradox. Unser Kanon gilt nur im Hier und Jetzt, und der Aufführungsraum wird als Gedächtnisraum in dem Moment möglichst stark aufgeladen.

LISA LUCASSEN: Aber einen Kanon zu erstellen ist eben eine Tätigkeit und kein Dokument. Ich glaube, das ist der wichtige Unterschied.

LUCIEN LAMBERTZ: Ihr habt euch in den letzten dreißig Jahre ein gewisses Standing innerhalb der deutschen Performance-Szene erarbeitet. Inwieweit habt ihr als Gruppe, die heute, wenn auch nicht zum klassischen Kanon, so doch zum »postdramatischen Kanon« zählt, auch einen Seitenwechsel vollzogen? Also vom Underdog, der sich gegen einen Kanon richtet, zu einer stilbildenden Position? Welche andere Verantwortung geht damit vielleicht auch einher – gegenüber nachwachsenden Kollektiven zum Beispiel, oder auch gegenüber jenen, die heute noch weniger repräsentiert sind als Frauen?

ILIA PAPATHEODOROU: Wir haben gerade eine Produktion gemacht, die sehr stark von dieser Frage geprägt war, wo es für She She Pop Thema war, in einer Machtposition zu sein in Bezug auf Ressourcen, Repräsentation und darauf, wer die Regeln macht. Da wurde uns als Entscheidungsträger*innen von unseren Gast-Performer*innen auf die Finger gehauen. Das war heilsam. Letztendlich haben wir zugelassen, dass uns die Produktion sehr stark aus der Hand genommen und inhaltlich von unseren Gästen geprägt wurde, die ein Riesenproblem mit der Art und Weise hatten, wie wir die Produktion gestartet hatten. Unser Scheitern wird in der Produktion thematisiert. Dass wir das getan haben, ändert natürlich nichts an unserer Position als Produzierende in der Freien Szene. Wir sind immer noch She She Pop und es sind unsere Ressourcen, unsere »Firma« *(lacht)*. Aber das Einzige, was wir machen können, ist, uns an den Grundsatz zu halten, den wir in unserem Kollektiv sowohl für unsere administrative als auch für unsere künstlerische Arbeit etabliert haben: ersetzbar zu bleiben. Und nicht wie König Lear auf der Macht sitzen zu bleiben. Ich weiß nicht, wie gut ich dazu in der Lage bin. Ich bin auch noch jung, ich habe keine Rente, ich muss weiterarbeiten!

LISA LUCASSEN: Aus der Sicht anderer sind wir etabliert. Gleichzeitig ist unsere Realität immer noch total prekär. Es kann sein, dass unsere nächste Förderung nicht durchgeht. Diese Gleichzeitigkeit muss man aushalten und verstehen. Wir versuchen, im Rahmen unserer Möglichkeiten Platz auf unserer Bühne zu machen, ohne komplett zu verschwinden. Das gelingt mal besser, mal schlechter.

Aber ich würde gerne noch einen anderen Punkt erwähnen, der in der Frage steckte: Wie kommen wir damit klar, dass wir jetzt so kanonisierbar sind? Ich habe das Gefühl, dass sich der Fokus verschoben hat, der Fokus dessen, was in der Welt der Darstellenden Künste wahrgenommen wird. An Ereignissen wie unserer Einladung zum Theatertreffen merken wir: Sie haben ihren Blick geweitet – und uns gefunden. Ich glaube, dass heute mehr und andere Kunstformen wahrgenommen werden als nur die drei bemerkenswertesten deutschsprachigen Stadt- und Staatstheater. Kritik und Publikum haben angefangen, auch auf uns zu schauen. Und davon profitieren wir natürlich stark.

LUCIEN LAMBERTZ: Von vierzig Jahren Kampnagel habt ihr als Gruppe gute 25 miterlebt. Was ist euer Verhältnis zu diesem Ort?

LISA LUCASSEN: Ich habe keine intelligente Art zu sagen, wie sehr ich diesen Ort liebe. Denn bevor wir »Trust!« gemacht haben, habe ich schon zwei Sommer als Praktikantin auf Kampnagel gearbeitet und mir wurde gezeigt, wo man am Kanal heulen gehen soll, wenn's zu schlimm wird.

Aus der Anfangszeit mit She She Pop erinnere ich noch, dass es früher auf Kampnagel Platz wie Heu gab: Es war immer ganz einfach, einen Proberaum zu bekommen. Dadurch, dass die Techniker*innen auf Kampnagel fest angestellt waren und nicht freelancemäßig und kurzfristig in die Produktionen reingeschubst wurden, hatte man als Künstler*innen ganz tolle Bedingungen. Das Besondere war, dass sich die Techniker*innen aussuchen konnten, mit welchen Künstler*innen sie zusammenarbeiten wollten, und nicht umgekehrt; ich bin mir nicht sicher, ob diese Regel heute noch gilt. An allen anderen Theatern ist es so, dass wir sagen, mit wem wir arbeiten wollen. Auf Kampnagel war es immer umgekehrt. Das heißt, wir hatten es immer mit einer sehr selbstbewussten Crew zu tun, die auch wusste, worauf sie sich einlässt. Dadurch ist ein Verhältnis auf Augenhöhe mit den Technical Artists entstanden, von dem wir heute noch insofern profitieren, als dass immer noch Leute, die auf Kampnagel arbeiten, unser Licht und unseren Ton gestalten und mit uns touren. Und das seit fünfzehn Jahren. Und es wären noch mehr, wenn alle noch leben würden.

ILIA PAPATHEODOROU: Wir haben auf Kampnagel einige für uns künstlerisch wichtige Produktionsprozesse erlebt, die uns einen Freiraum gegeben haben, den es damals in Berlin so nicht gab. Da war alles knapper. Und es gab schon gar nicht ein Theater, das so großzügig mit seinen Ressourcen zu jungen Künstler*innen war. Wenn man von dem Anfang mit »Trust!« mal absieht, schauen wir mit großem Wohlwollen auf Kampnagel. Aber uns fehlt natürlich auch das Wissen darüber, wie der Arbeitsalltag dort heute aussieht.

STAY REPLACEABLE
She She Pop

Lisa Lucassen and Ilia Papatheodorou spoke to Kampnagel dramaturges Lucien Lambertz and Luise März about the political origins of She She Pop, their artistic resistance to patriarchal, exploitative and discriminatory structures, and what it means to belong to the »establishment« thirty years later.

LUISE MÄRZ: Kampnagel turned forty this year. You recently celebrated your 25th anniversary. Over the years you have staged numerous guest performances, in-house productions and co-productions with and at Kampnagel. The first time you performed here was »Trust«, that was in 1998. What are your memories of your first encounters with Kampnagel?

ILIA PAPATHEODOROU: From our perspective, as young women who had come directly from university, Kampnagel was an institution with scale and power, even then. We started submitting concepts for next-generation festivals, of which there were still quite a few at the time. »Junge Hunde« (Young Dogs) was one of them. Unfortunately no one took us on. But we were allowed to appear with »Junge Hunde« in the supporting programme. We were eight young women and I think we received a total of 1,800 deutschmarks at the time. Then we launched a counter-offensive and said, we'll turn this small appearance, which was intended for the supporting programme, into a political intervention and a genuine production, no matter how little money we get for it. And then we put on a huge show in the foyer, where we accused the Kampnagel management team of disdainful treatment of us as women. It was quite the scandal at the time.

LUCIEN LAMBERTZ: You emerged as a collective through an attitude of resistance. You define 1998 as the year you turned professional. How would you describe your agenda of that time? On the one hand with a view to the idea of the collective that you pursued then and which you continue to pursue today, and on the other hand with a view to your work for the stage.

LISA LUCASSEN: We studied together in Gießen and that was where we were confronted with the fact that a group of women on stage is viewed differently from a group of men. With us, for example, it didn't matter at all what our pieces were about. Instead it was our bodies that were discussed, the fact that there were only women on stage, what we could (or couldn't) do, and only at the very end of the conversation would it get round to what the piece was actually about. The fact that we are viewed as a group of women and that we want to tackle this head on remains part of our work to this day. Sometimes it shifts into the background, sometimes to the foreground, but it is always an issue.

ILIA PAPATHEODOROU: »Trust!« was quite explicitly about resources and representation, about why we as a women's group have neither the resources nor the same kind of representation as other (less resolutely female) groups. Another important aspect of our work, which we continue to pursue in our practice today, is the idea of the collective; right from the start, our productions belonged to everyone involved. In the group that formed around our first production in Gießen in 1993, we undertook to stand there at the end as a collective and say: this production belongs to us. We share the means of production, we share the credit for this production. With all the problems that entails.

LUISE MÄRZ: Your work has evolved over the years and it is striking that you consciously entered into the structures of the state theatre. How would you say your working methods were challenged there – and how did you challenge the working methods of city and state theatres?

ILIA PAPATHEODOROU: The first full production at a city theatre (2016 in Munich) was more the outcome of a far more fundamental debate of that time about the distribution of resources between the independent scene and state theatres. Curators of the independent scene such as Kathrin Tiedemann, Carena Schlewitt and Matthias Lilienthal argued that the independent scene cannot be laid out as a garden for next-generation talent, with only the finest seedlings making it into the city theatre. They advocated an exchange of resources and genuine cooperation on an equal footing.
The very first terrible experience we had in city theatres was in Göttingen in 2003. That was the first time a city theatre had reached out to us, specifically after our production »Live! – Erfolgreiche Selbstdarstellung in 45 Minuten« (Live! Successful Self-Representation in 45 Minutes), the production that followed »Trust!« in 1999. The production had a kind of game show feel. That appealed to a lot of male artistic directors and they probably thought to themselves: »Oh, why don't we do that with our actresses!« It was a complete debacle! They didn't explain to their actresses before the first meeting the degree to which the play is about female competition on stage.
We told the artistic director beforehand that »Live!« couldn't be cast. People would have to take part voluntarily, because you have to bear with it, you have to want it and you have to do it on the offensive. It was only because we as a group of women knew each other personally through our joint studies, and had worked in a collective and trusted each other that we were able to bring that subject matter to the stage in that way. But of course you can't simply demand the same willingness of actresses, who face terrible competition every day, for example over who gets the leading role.

LUISE MÄRZ: Were you also stimulated by the clash of these different structures and rehearsal processes? After all, you returned later, for example in your collaboration with the Kammerspiele.

LISA LUCASSEN: Of course at the beginning we hoped to get something out of it. These large city and state theatres offer fantastic opportunities in terms of technology, structure and staff. And there were people we trusted who very much wanted to get us in there. It wasn't like we thought, oh fine, let's try working with an ensemble now.

ILIA PAPATHEODOROU: And based on the experience in Göttingen, we said to Matthias Lilienthal in 2015: »You know we can't do that, we can't work with actors!« But he stuck to that condition.

LUISE MÄRZ: Did you also want to counter the city theatre within the framework of these collaborations in a way – for example in relation to collaborative work?

67

LISA LUCASSEN: The works were highly varied. At the Münchner Kammerspiele we only put on one regular production. At Schauspiel Stuttgart (2015) it was actually more about structures. That means we went right into the innards and workings of the institution with a motley crew of employees. There were completely different conditions for this cooperation, it was for the long term and not just for us to put on a major production at the end. But the result was the same in both cases: the structures of these city and state theatres only fit with ours through crunching, sacrifice, weeping and gnashing of teeth. Just getting everyone involved in a production into one room – you can't do it. There's always someone who's off, has shift work or is on stage somewhere else and can't do it. That's not what we were used to in the independent scene, where we would simply gather people together. It sounds trivial, but this is an important point for our work.

LUCIEN LAMBERTZ: You have described your work on »Kanon« (Canon) as a »collective historiography outside the dramatic canon«. What do you mean by that?

LISA LUCASSEN: A canon is a means of power. For a canon, you sort artworks by whether they belong or not, whether they're important or not. We are aware of the ambivalence of putting forward or even defending this term or this procedure in »Kanon«. »Kanon« talks about how difficult and how problematic it is to sort things, to include or exclude them. So »Kanon« primarily addresses the fleeting moment of the performance itself. The »Kanon« that arises on our stage is as fleeting as art itself. But we felt this need to give fleeting art a fleeting means of archiving, or to celebrate simple things and be happy that they exist. This includes our false memories of how certain things were.

ILIA PAPATHEODOROU: The idea of writing »Kanon« as a performance that differs night to night is a staged paradox. Our canon is only valid in the here and now, and as much as possible the performance space is charged as a memory space at that moment.

LISA LUCASSEN: But creating a canon is a process and not a document. I think that is the key difference.

LUCIEN LAMBERTZ: Over the last thirty years you have developed a certain standing within the German performance scene. To what extent have you as a group, which is now part of the »post-dramatic canon« if not the classical canon, changed sides as well? I mean, from the underdog opposed to the canon to a style-defining position? What other responsibilities might this entail – for young collectives, for example, or for those who are even less represented today than women?

ILIA PAPATHEODOROU: We've just done a production that was very much influenced by this question, where for She She Pop it was about being in a position of power in terms of resources, representation and setting the rules. Our guest performers rapped us, the decision-makers, on the knuckles. That was therapeutic. Ultimately, we allowed the production to be taken very much out of our hands and formed by our guests, who had a huge problem with the way we had started the production. Our failure is addressed in the production. Of course, the fact that we did that doesn't change anything about our position as producers in the independent scene. We are still She She Pop and it's our resources, our »enterprise« *(laughs)*. But all we can do is stick to the principle that we established in our collective for both our administrative and artistic work: to stay replaceable. And not to cling to power like King Lear. I don't know whether I'm capable of that. I'm still young, I don't have a pension, I have to keep working!

LISA LUCASSEN: From the perspective of others, we are established. At the same time, our reality is still totally precarious. Maybe our next grant won't go through. This simultaneity is something you have to endure and understand. We try to offer as much space on our stage as we can without completely disappearing. Sometimes it works out better, sometimes worse.

But I would like to mention another point that is inherent in the question: how do we deal with the fact that we are so canonisable now? I feel like there has been a shift in focus, the focus of what is perceived in the performing arts world. At events like our invitation to the Theatertreffen, we notice: they've broadened their horizons – and found us. I feel that there is greater perception for different art forms, more art forms beyond just the three most noteworthy German-language city and state theatres. Critics and audiences have started to look to us too. And of course we benefit greatly from that.

LUCIEN LAMBERTZ: As a group, you have been witness to a good 25 of Kampnagel's 40 years. What is your relationship with this place?

LISA LUCASSEN: I have no intelligent way of saying how much I love this place. Because before we did »Trust!«, I worked at Kampnagel as an intern for two summers and they showed me where I could go and cry on the canal when things got really bad.
From the early days with She She Pop I remember that there used to be an enormous amount of space at Kampnagel; it was always very easy to get a rehearsal room. The fact that the technicians were permanently engaged at Kampnagel and not pushed into productions as freelancers and at short notice meant that the conditions for the artists were really great. The special thing about it was that the technicians could choose the artists they wanted to work with rather than the other way around; I'm not sure if that rule still applies now. At any other theatre, we say whom we want to work with. At Kampnagel it was always the other way around. That means we were always dealing with very self-confident crews who also knew what they were letting themselves in for. This created a relationship on an equal footing with the technical artists, something that still benefits us today, because the people who work at Kampnagel still design our lighting and sound, and tour with us. And they have done for fifteen years. And there would be even more if they were all still alive.

ILIA PAPATHEODOROU: At Kampnagel we experienced production processes that were artistically important for us, which offered us a freedom that didn't exist in Berlin at the time. Everything was tighter there. And there was certainly no theatre that was as generous with its resources to young artists. Apart from the beginning with »Trust!«, we look on Kampnagel with great favour. But of course, we have no insight into what day-to-day working life is like there now.

LIEBES KAMPNAGEL,
Gabriele Klein

regelmäßig hast Du mir in den letzten Jahren Deine News geschickt, und nun, anlässlich Deines vierzigsten Geburtstages, möchte ich Dir doch mal antworten. Zunächst einmal: Herzlichen Glückwunsch! Man kann es kaum glauben, dass Du schon so alt bist. Du bist ein Produkt der Vorwendezeit, ein Resultat der postindustriellen Stadt nach den 1970er Jahren, die auch eine Umgestaltung der Stadt Hamburg zum, wie es damals hieß, »Unternehmen Hamburg« (Klaus von Dohnanyi) nach sich zog. Dein neues Gewand als Kunst- und Kulturort erhieltst Du in den – auch in Hamburg – sehr bewegten 1980er Jahren: Vibrierende junge Kunst- und Musikszene, Alternativkultur, Punkszene, Hausbesetzungen, Häuserkampf etc. Junge Künstler*innen retteten Dich damals vor dem Verfall. Deine Kindheit als junger Spielort verbrachtest Du zunächst geschützt im Lokalen. Aber schnell wurdest Du zu einem wichtigen Ort der freien Bühnenkünstler*innen. Und mit ihnen bist Du größer und damit auch internationaler geworden. Und nun, mit Deinen vierzig Jahren, stehst Du da – als die größte Spielstätte für »Performing Arts« in Europa und als eine der wichtigsten Spielstätten in dieser Kunstsparte weltweit. Hamburg kann sehr stolz auf Dich sein! Welch eine Karriere!

Wir beide feiern in diesem Jahr unser 25-jähriges Jubiläum. Denn ich habe Dich kennengelernt, als Du 15 Jahre alt und schwer in der Pubertät warst. Es war damals nicht klar, welche Zukunft Du haben würdest, in welche Richtung es gehen sollte. Res Bosshart hatte gerade die Aufgabe übernommen, Deine Zukunft zu gestalten, mit ihm wurdest Du zum Experimentierort für junge Theatermacher*innen wie Nicolas Stemann oder Falk Richter. Zudem warst Du schon damals Gastgeber eines eigenständigen internationalen Sommerfestivals, das die internationale Avantgarde nach Hamburg brachte. Aber Du konntest nicht in großen Gewässern fischen gehen, denn in der sogenannten Weltstadt Hamburg war die Spezies der freischaffenden zeitgenössischen Bühnenkünstler*innen rar. Diese für die Zukunft dieser Kunst so wichtigen Exemplare bekamen in der reichen Stadt Hamburg mit ihren großen Theaterhäusern, Konzertsälen und Museen kaum Futter, um zu überleben. Es fehlte an grundlegenden Förderstrukturen und -mitteln.

Deshalb wanderten, als ich Dich kennenlernte, auch viele junge Künstler*innen ab: In die neue Hauptstadt Berlin, die es damals schick und auch sozialdemokratisch korrekt fand, sich »arm, aber sexy« zu nennen. Du jedenfalls standest erst einmal da mit einem entleerten Bauch. Aber nicht lange, denn bald fülltest Du Dich wieder – und zwar rasant. Das »postdramatische Theater« verabreichte Dir eine Vitalisierungsspritze, von der Du noch heute profitierst. Es ist einer der seltenen Fälle, dass ein*e Professor*in für Theaterwissenschaft es schafft, mit einem Buch die freischaffende Theaterszene zu vitalisieren, zu verändern, zu vergrößern. Dem fabelhaften Hans-Thies Lehmann gebührt dieses Verdienst.

Es waren vor allem junge Studierende der Gießener Theaterwissenschaft, die er in den 1980er Jahren mit aufgebaut hatte, die sich unter dem großen Stichwort »Postdramatisches Theater« künstlerisch ausprobieren und entwickeln konnten – und von allen Spielorten gabst vor allem Du ihnen dafür seit den späten 1990er Jahren den nötigen Raum. Du warst über viele Jahre die Heimat, die entscheidende Produktionsstätte für heute international renommierte und zum Teil preisgekrönte Gruppen wie beispielsweise She She Pop, Rimini Protokoll, Ligna, Gob Squad, oder von Choreograf*innen wie Jochen Roller oder Angela Guerreiro. Ohne Dich – und man muss fairerweise ergänzen: und mit kleiner, aber in der Summe unzureichender finanzieller Unterstützung durch kommunaleFördermittel für die freie Freie Theater- und Tanzszene Hamburgs – wären wahrscheinlich diese bemerkenswerten Karrieren so nicht möglich gewesen.

2001 übernahm Gordana Vnuk die Aufgabe, Dich in einem sich globalisierenden und zunehmend neoliberal strukturierten Markt der szenischen Künste neu zu positionieren. Während ihrer Intendanz begann auch meine enge Liaison mit Dir, die bis heute andauert. Gordana war eine sehr mutige Theatermacherin. Als Kroatin kannte sie die osteuropäische Performance-Szene durch und durch und war eng mit ihr verbunden. Sie wusste um die ästhetische und damit immer auch politische Sprengkraft zeitgenössischer Kunst, hatte sie mit dem sogenannten Zusammenbruch des Ostblocks erlebt und als junge Frau auch mitgestaltet. Sie interessierte sich nicht für die Selbstbezüglichkeiten und Abstraktheiten der aus dem Westen kommenden Tanzkunst. Und so brachte sie vor allem viele osteuropäische Gruppen nach Hamburg. Für mich war dies wie ein zusätzliches Studium. Ich habe sehr viel internationale Performancekunst kennengelernt, die man andernorts kaum zu sehen bekam. Es war großartig, aber nicht viele sahen dies so: Leider blieben in jener Zeit die Zuschauer*innenzahlen eher gering. Und das hatte viele Gründe: Die Namen der Künstler*innen waren weitgehend unbekannt, die Produktionen eher klein und nichts für Deine großen Säle. Vor allem aber trat hier mit großer Selbstverständlichkeit ein neues Theatergenre auf die Bühne, für das es in den westdeutschen Theatern bislang kaum Seherfahrung gegeben hatte: die Performancekunst, die sich zwar schon seit den 1960er Jahren – vor allem aus der feministischen Kunst – entwickelt hatte, aber bis in die 1990er Jahre vor allem in der Bildenden Kunst und nicht auf den Theaterbühnen zu Hause war.

Ein Jahr nach Gordanas Antritt folgte ich dem Ruf auf den Lehrstuhl für Soziologie von Bewegung und Tanz an der Universität Hamburg, den ich noch heute innehabe. Zuvor hatte ich am Mozarteum in Salzburg gelehrt und dort erfahren, wie sich Kunst und Wissenschaft mehr oder weniger gut in Studiengängen verbinden. Mein Anliegen war es, in Hamburg einen Studiengang

Gabriele Klein, Foto: J. Liebsch

aufzubauen, der auf eine produktive Weise die neue Tanz- und Performanceästhetik thematisiert, gesellschaftskritisch reflektiert und hierbei künstlerische und wissenschaftliche Praxis verbindet. Überraschenderweise stieß diese Idee im Präsidium der Universität auf offene Ohren. Der damalige Präsident Jürgen Lüthje unterstützte mich sehr in meinem Vorhaben. Mit Gordana Vnuk und Kathrin Tiedemann, der damaligen Dramaturgin, gab es bereichernde fachliche Gespräche. Letztere war es auch, die mich auf Theresia Birkenhauer aufmerksam machte, eine ebenfalls neu berufene Kollegin, die in der Literaturwissenschaft den Schwerpunkt Theater und Medien vertrat. Mit ihr entwickelte ich anfangs das Studienkonzept, nach ihrem plötzlichen Tod richtete ich gemeinsam mit dem Theaterpädagogen Wolfgang Sting den Studiengang ein. Meine leidenschaftliche Liaison mit Dir, liebes Kampnagel, hat in diesen Studiengangsplänen ihre Wurzeln. Denn ohne Dich wäre dieses Konzept eines internationalen und interdisziplinären Masterstudiengangs Performance Studies nicht aufgegangen. Schon in Salzburg hatte ich die Erfahrung gemacht, dass solche Studiengänge eine Nähe zu Kunstschaffenden brauchen – das war dort nicht realisierbar. Aber nun, in Hamburg, mit Dir, wunderbares Kampnagel, standen die Türen weit offen. Gordana Vnuk war diesen Plänen gegenüber sehr aufgeschlossen, sie wusste, dass es auch die Aufgabe von Theatern und hier vor allem von Kampnagel ist, nicht nur junge Künstler*innen zu fördern, sondern auch ein neues und junges Theaterpublikum jenseits des bürgerlichen Repräsentationstheaters zu generieren. Und so haben wir einen Kooperationsvertrag zwischen Dir und der Universität Hamburg geschlossen.

Der Studiengang startete 2005, die Abschlussstücke des ersten Jahrgangs 2007, die fortan immer bei Dir stattfanden, hat Gordana Vnuk nicht mehr als Intendantin erlebt. Amelie Deuflhard hatte den Stab übernommen.

Als Amelie Deuflhard sich entschied, Dein Schicksal in die Hand zu nehmen, war sie eine feste und bekannte Größe in der Berliner Kulturlandschaft. Sie hatte 1998 von Sasha Waltz und Jochen Sandig die Leitung der Sophiensæle übernommen, damals eine der wichtigsten Spielstätten für zeitgenössische Bühnenkunst in Berlin. Sie war zudem Sprecherin der Künstler*innengruppe »Volkspalast«, die erfolgreich den Palast der Republik bespielte – und der ein anderes Schicksal hatte als Du: Er war dem Untergang geweiht, denn er war und schien kontaminiert – mit Asbest und DDR-Ballast. Für eine solch umtriebige Person, die sich als Schwäbin im ach so coolen Berlin durchgesetzt hatte, war der Schritt nach Hamburg groß und in der Szene legitimationsbedürftig: »Watt willste denn da?« Aber die große Amelie ist mit Dir nochmals über sich selbst hinausgewachsen. Sie hat es mit ihrem fabelhaften Team geschafft, gleich mehrere Brücken zu schlagen: die »Große Bühne« mit internationalen Stars zu füllen und zugleich die lokale Szene zu fördern. Es gibt viele Spieltage, an denen Du vier bis fünf Veranstaltungen gleichzeitig beherbergst – und damit auch die unterschiedlichen Publika versammelst. Ein Unikum, nicht nur in Hamburg. Amelie ist es gelungen, Kampnagel mit anderen Theater- und Konzerthäusern zu vernetzen, ob in Hamburg beispielsweise mit der Elbphilharmonie oder dem ThaliaTheater (so bei Theater der Welt 2017) oder über internationale Koproduktionen mit Spielstätten im In- und Ausland. Dabei bleibt der Fokus aber immer klar: Du sollst der Ort sein, an dem aktuelle, gesellschaftlich relevante Debatten mit den Mitteln der Bühnenkünste geführt werden: Globalisierung, Neoliberalismus, postfordistische Politik, Gender, Postkolonialität, Migration und Flüchtlingspolitik – dies sind nur einige der Themen, die unter Deinem Dach verhandelt werden.

Amelie und Du, liebes Kampnagel, das kann man heute, nach fünfzehn gemeinsamen Jahren sagen, waren und sind eine Win-win-Situation: Sie hat Dir Deine goldenen Jahre beschert – und ihr einige renommierte Preise. Die Hamburger Stadtpolitik hat das honoriert und Amelies Verträge mittlerweile mehrfach verlängert (unter uns: Du weißt, dass man das in Hamburg nur in Ausnahmefällen macht, und es kann gut sein, liebes Kampnagel, dass Amelie bis weit über ihr achtzigstes Lebensjahr hinaus bei Dir bleibt und Ihr gemeinsam Deinen sechzigsten Geburtstag feiert).

Unter der Intendanz von Amelie Deuflhard ist unsere Liaison noch intensiver, dauerhafter und beständiger geworden. Wir haben gemeinsam nach produktiven Verbindungen zwischen Kunst und Wissenschaft gesucht und hier in Deinen Räumen mehrere große Veranstaltungen durchgeführt. Vielleicht erinnerst Du Dich an den Tanzkongress Deutschland 2009 mit mehr als 2000 Teilnehmenden, den Kongress »Overflow« im Rahmen von Theater der Welt 2017 mit über 1000 Teilnehmenden, den Kongress »Dance Future II«, ebenfalls 2017 oder Anfang 2023 das Festival »Material Goods«, das in Kooperation mit dem Exzellenzcluster »Understanding Written Artefacts« der Universität Hamburg stattfinden wird.

Unsere Studierenden der Performance Studies waren ständig bei Dir: Sie besuchten Proben, wirkten an Inszenierungen mit, machten ihre Praxislehrveranstaltungen auf Deinen Probebühnen, zeigten ihre Abschlussstücke in K1, machten Praktika, besuchten Workshops. Zudem war es durch den Tanzplan Deutschland, einem Leuchtturmprojekt der Kulturstiftung des Bundes, möglich geworden, nachhaltige Förderstrukturen einzurichten. Und das musste in Hamburg natürlich bei Dir passieren: Kerstin Evert, damals Kampnagel-Dramaturgin, nahm beherzt das Zepter in die Hand und realisierte unter dem etwas sperrigen Namen »K3 – Zentrum für Choreographie – Tanzplan Deutschland« ein Konzept, das als eine autonome Förderinstitution für zeitgenössischen Tanz auch bei Dir, liebes Kampnagel, seit 2007 zu Hause ist. Hier machen manche der Absolvent*innen der Performance Studies und andere internationale junge Künstler*innen ihre ersten eigenen Projekte. Auch K3 hat sich als ein international exzellent vernetzter Experimentierort etabliert und ist mittlerweile ein Grund, warum junge Künstler*innen nach Hamburg ziehen. Mit dem Studiengang, K3, Kampnagel und auch anderen kleineren Theatern in Hamburg wie dem Lichthof Theater oder dem Fundus Theater sowie einigen Festivals ist eine Struktur entstanden, über die nicht nur eine junge Tanz- und Performancekunstszene in Hamburg etabliert, sondern auch ein junges Publikum generiert werden konnte.

Liebes Kampnagel, ich könnte noch weiter schwärmen, aber ich muss nun schließen, Amelie hat gesagt, ich darf Dir nicht mehr als 14.000 Zeichen schreiben. Aber ich möchte Dir noch sagen: Gestern habe ich Dich besucht und mir eine queere Performance angeschaut. Ich bin herumgeschlendert, habe viele meiner ehemaligen Studierenden getroffen und Dich – Du hast es vielleicht gemerkt – nochmals intensiv betrachtet. Wie schön Du bist! So reich, so vielfältig, so selbstverständlich jung und international. Du bist etwas Besonderes, nicht nur für Hamburg. Ich weiß, man will Dich renovieren. Aber bitte bleibe auch in Deinem neuen Gewand, was Du bist: eine lässige, coole, bewegliche Kulturfabrik, die trotz ihres fortgeschrittenen Alters viele Künstler*innen smashen (so sagt man doch jetzt, oder?).
Und: Danke, dass Du immer für uns da warst!

Take care.

Deine
Gabriele
Hamburg, im Oktober 2022

DEAR KAMPNAGEL,
Gabriele Klein

Over the past few years you've sent me regular news updates and now, on the occasion of your fortieth birthday, I would like to reply to you for once. First of all: congratulations! It's hard to believe you're already so old. You are a product of the pre-reunification period, a result of the post-1970s post-industrial city, which also entailed a transformation of the city of Hamburg into what was called »Business Hamburg« (Klaus von Dohnanyi) at the time. You received your new guise as a centre of art and culture in the tumultuous 1980s – which were also tumultuous for Hamburg: vibrant young art and music scene, alternative culture, punk scene, squatting, and so on. Young artists saved you from decay back then. You initially spent your childhood as a young venue in a protected local environment. But you soon became an important location for independent stage artists. And with them you have grown bigger and thus more international. And now, at the age of forty, there you are – the largest venue for performing arts in Europe and one of the most important venues in this field of art worldwide. Hamburg should be very proud of you! What a career!

We are celebrating our 25th anniversary together this year. Because I met you when you were 15 years old and going through puberty. At the time it wasn't clear what kind of future you would have, the direction in which you would go. Res Bosshart had just taken on the task of shaping your future, and with him you became a place of experimentation for young theatre makers like Nicolas Stemann and Falk Richter. And you were already the host of an independent International Summer Festival that brought the world's avant-garde to Hamburg. But you didn't have a large pool of talent to choose from, because the species of freelance contemporary stage artist was rare in the »cosmopolitan« city of Hamburg. These specimens, so important for the future of this art, barely received enough food to live on in the wealthy city of Hamburg, with its large theatres, concert halls and museums. There was a lack of basic funding structures – and funds.

That's why, at the time that I met you, many young artists moved away – to the new capital of Berlin, which at the time found it chic and also social-democratically correct to call itself »poor but sexy«. But you were left with your empty belly. But not for long, because you soon filled up again – and fast. The »post-dramatic theatre« gave you a vital infusion from which you are still benefiting today. It is one of the rare cases where a theatre studies professor has succeeded in revitalising, transforming and expanding the independent theatre scene with a book. It was the wonderful Hans-Thies Lehmann who achieved this. It was above all young students from the theatre studies programme in Gießen, which he helped to establish in the 1980s, who got to put themselves to the test and advance artistically under the banner of »post-dramatic theatre« – and since the late 1990s, you have given them the space they need, more than any other venue. For many years you were the home, the crucial production facility for groups that are internationally renowned today, including award-winners like She She Pop, Rimini Protokoll, Ligna, Gob Squad, and choreographers like Jochen Roller and Angela Guerreiro. Without you – and in fairness we must add: without the small yet financially insufficient support for Hamburg's independent theatre and dance scene from municipal funds – these remarkable careers would probably never have been possible.

In 2001, Gordana Vnuk took on the task of repositioning you in a globalising and increasingly neoliberal market for stage arts. My close liaison with you, which continues to this day, began during her directorship. Gordana was a courageous theatre maker. As a Croatian, she knew the Eastern European performance scene through and through and had close connections to it. She knew about the – aesthetically and thus politically – explosive power of contemporary performance art and had experienced it with the »collapse« of the Eastern Bloc and also helped shape it as a young woman. She was not interested in the self-referential abstraction of choreographic art from the West. And so she brought many Eastern European groups, in particular, to Hamburg. For me this was like an extension of my studies. I got to experience a lot of international performance art that was rarely seen elsewhere. It was great, but not many people saw it that way; sadly, audience numbers were fairly low at the time. And there were many reasons for that – the artists were largely unknown, the productions tended to be small and not suited to your large halls. But above all it was a new theatre genre that appeared on stage here with great self-confidence, of which western German theatre audiences had previously had little experience: performance art, which had developed since the 1960s – primarily out of feminist art – but which until the 1990s was primarily at home in the visual arts rather than the theatre.

A year after Gordana's appointment I accepted the professorship for the sociology of movement and dance at the University of Hamburg, which I still hold today. I had previously taught at the Mozarteum in Salzburg, where I learned how art and science can be combined in study programmes. My aim was to establish a programme in Hamburg that would productively address the new aesthetics in dance and performance, subject them to critical, social and political reflection and so combine artistic and scientific practice. Surprisingly, this idea was welcomed by the university's executive committee. The university's President at the time, Jürgen Lüthje, gave me a lot of support for my project. There were valuable professional discussions with Gordana Vnuk and Kathrin Tiedemann, Kampnagel's dramaturge at the time. It was the latter who drew my attention to Theresia Birkenhauer, another newly appointed colleague who represented theatre and media in the field of literary studies. I initially developed the MA programme with her and, after her sudden death, I established the MA programme in collaboration with theatre pedagogue Wolfgang Sting. My passionate liaison with you, dear Kampnagel, is rooted in this programme. Because without you, my idea of an international and interdisciplinary master's programme in performance studies would never have succeeded. As I had already discovered in Salzburg, this academic programmes need to be close to artists – and that wasn't possible there. But then in Hamburg with you, wonderful Kampnagel, the doors were wide open. Gordana Vnuk was very open to these plans, she knew that one of the tasks of theatres and Kampnagel in particular is not only to promote young artists, but also to generate a new, young theatre audience beyond the established bourgeois theatre. And so we entered into a cooperation agreement between you and the University of Hamburg.

The programme started in 2005, and the graduate performances of the first cohort followed in 2007 and from then on they were always held with you. By that time Gordana Vnuk was no longer Artistic Director and Amelie Deuflhard had taken up the baton.

When Amelie Deuflhard decided to assume control of your destiny, she was a well-established, well-known figure in Berlin's cultural landscape. In 1998 she succeeded Sasha Waltz and Jochen Sandig as the manager of the Sophiensaele, at that time one of the most important venues for contemporary stage art in Berlin. She was also the spokeswoman for the artist group »Volkspalast«, which held successful performances in the Palast der Republik – which had a different fate from you; it was doomed to perish because of the presence and appearance of contamination – asbestos and the ballast of the old East Germany. For such a busy person, who had established herself as a Swabian in oh-so-cool Berlin, moving to Hamburg was a major step, one that raised questions in the scene: »Why the hell would you want to go there?« But the great Amelie has surpassed herself once again with you. With her fabulous team, she has managed to build several bridges at the same time: to fill the »big stage« with international stars and at the same time to promote the local scene. There are many days when you host four or five events simultaneously – thus bringing together different audiences. Unique, and not just in Hamburg. Amelie has managed to link Kampnagel up with other theatres and concert halls; with Hamburg venues like the Elbphilharmonie and the Thalia Theater (with Theater der Welt in 2017, for instance) and with venues both domestic and international through international co-productions. However, the focus always remains clear – your aim is to be a site for current, socially relevant debates through the means of the performing arts: globalisation, neoliberalism, post-Fordist politics, gender, postcolonialism, migration and refugee policy – these are just some of the topics negotiated under your roof.

Amelie and you, dear Kampnagel – today we can say that after fifteen years together, this was and is a win-win situation: she gave you your golden years – and you gave her some prestigious prizes. Hamburg's city politicians have honoured this and have now extended Amelie's contracts several times (just between you and me: you know that this only happens in Hamburg in exceptional cases, and it may well be, dear Kampnagel, that Amelie will stay with you well past her eightieth birthday and will celebrate your sixtieth birthday with you).

Under Amelie Deuflhard's directorship, our liaison has become even more intensive, enduring and consistent. Together we have searched for productive connections between art and scholarship and held several large events here in your spaces. Maybe you remember the Tanzkongress Deutschland 2009 with more than 2,000 participants, the »Overflow« congress which was part of Theater der Welt 2017 with over 1,000 participants, the »Dance Future II« congress, also in 2017, or the »Material Goods« festival at the beginning of 2023, which is being developed in cooperation with the »Understanding Written Artefacts« Cluster of Excellence at the University of Hamburg.

Our performance studies students visited you constantly; they attended rehearsals, took part in productions, did their practical courses on your rehearsal stages, presented their graduate pieces in K1, undertook internships, and attended workshops. And Tanzplan Deutschland, a flagship project of the Federal Cultural Foundation, allowed for the establishment of sustainable funding structures. And of course where else would it happen in Hamburg but with you: Kerstin Evert, Kampnagel dramaturge at the time, courageously took the sceptre in hand and formulated a concept under the somewhat unwieldy name »K3 – Centre for Choreography | Tanzplan Deutschland«, which would be an autonomous funding institution for contemporary dance which has had a home with you, dear Kampnagel, since 2007. This is where some of the performance studies graduates and other international young artists do their first solo projects. K3 has also established itself as a place of experimentation with outstanding international connections, and is now one of the reasons why young artists move to Hamburg. The programme, K3, Kampnagel and other smaller theatres in Hamburg such as the Lichthof Theater and the Fundus Theater, along with a handful of festivals, have resulted in a structure that has not only managed to establish a young dance and performance art scene in Hamburg, but also generated a young audience.

Dear Kampnagel, I could go on and on, but I have to wrap it up now. Amelie said I can't write more than 14,000 characters to you. But I just want to say: yesterday I visited you and watched a queer performance. I strolled around, bumped into many of my former students and – perhaps you noticed – took a close look at you again. How beautiful you are! So rich, so diverse, so confidently young and international. You are something special, and not just for Hamburg. I know they want to renovate you. But even in your new guise, please remain what you are: a casual, cool, flexible culture factory which many artists are still hot for, despite your advanced age.
And: thank you for always being there for us!

Take care.

Best,
Gabriele
Hamburg, October 2022

YOU KNOW, YOU KNOW, I'M A RUNWAY BITCH

Trajal Harrell im Gespräch mit den Kampnagel-Dramaturginnen Nadine Jessen und Melanie Zimmermann – über Geschichte, Tanz und Special Bookings

NADINE JESSEN: In deinen Choreografien zeigst du eine Art Kunst des Rückblicks; es geht um deinen persönlichen künstlerischen Zugang zu dieser retrospektiven Ausdrucksform und darum, wie du deine Themen wählst. In deinen Arbeiten beziehst du dich auf eine spekulative Geschichtsschreibung oder die »Wiederaneignung der Geschichte«. Wann hast du dein Interesse an historischem Material entdeckt?

TRAJAL HARRELL: Während meiner Schulzeit. Ich habe mehrmals an einem Wettbewerb namens »History Day Competition« teilgenommen, der auf lokaler, bundesstaatlicher und nationaler Ebene in den USA ausgerichtet wurde. Jedes Jahr habe ich für den History Day zu einem bestimmten Ausschnitt aus der Geschichte eine Performance erarbeitet. Damit habe ich sechs Mal hintereinander den Preis für das beste Gruppenstück in meinem Bundesstaat Georgia gewonnen, aber aufs nationale Siegerpodest habe ich es nie geschafft. Ich glaube, das hat bei mir den Grundstein für meine geschichtsbasierte Performance-Praxis gelegt. Irgendwann kam Melanie mit der Idee auf mich zu, ein Projekt über Loïe Fuller zu machen, und das führte dazu, dass ich mich mehr mit den Anfängen des Modern Dance auseinandergesetzt habe. Mein Hauptinteresse zu dieser Zeit galt eigentlich dem frühen postmodernen Tanz, aber der Impuls erinnerte mich an meine allerersten Erfahrungen mit Tanz als Form des Spektakels. Ich musste daran denken, wie ich als Kind mit meinem Vater auf den Jahrmarkt gegangen bin, was mich auf das Thema der Hoochie-Coochie-Shows brachte und die Frage aufwarf, was eine solche Show für mich eigentlich ausmacht. Damit schloss sich dann der Kreis zu Loïe Fuller und dem frühen Modern Dance. Meistens geht es für mich also um Recherche, meine persönlichen Interessen und manchmal auch um glückliche Zufälle.

NADINE JESSEN: Du hast die Reihe »Paris is burning« mithilfe der Methode »Was wäre, wenn …« konzipiert und darin einen spekulativen Geschichtsverlauf choreografiert. Wir haben uns gefragt, ob es dabei im Grunde auch um eine Aneignung von Geschichte geht? Um das Entwerfen alternativer Vergangenheiten? Du machst ja keine Dokumentationen … Du pickst dir historische Fakten heraus und präsentierst dann dein eigenes Narrativ.

TRAJAL HARRELL: In meiner Collegezeit habe ich den New Historicism entdeckt, und das hat mich damals ziemlich umgehauen. Als ich noch in der High School war, hat nie jemand durchblicken lassen, dass die Geschichtsschreibung nicht der Wahrheit entspricht. Natürlich wird die offizielle Fassung der Geschichte immer von den Mächtigen bestimmt, aber es war dennoch eine sehr tiefgreifende Erkenntnis für mich, dass ich diesbezüglich noch so viel zu lernen hatte – vor allem, als ich mich irgendwann vermehrt mit feministischer und postkolonialer Geschichte beschäftigt habe. Ich war so begierig darauf, mehr über die Risse und Brüche in der Weltgeschichte zu erfahren. Ich liebe es, solche Bruchstellen aufzusuchen, um mir selbst vor Augen zu führen, dass die Geschichte bloß ein Narrativ ist und aus der Imagination hervorgeht. Der Entwurf einer imaginierten Vergangenheit kann zum Dreh- und Angelpunkt einer Performance werden, da er Nähe zwischen dem Publikum und den Performenden herstellt. Das ist der Sinn und Zweck der spekulativen Methode, die ihr in Bezug auf meine Arbeit erwähnt habt – fast immer, denn sie ist mal mehr, mal weniger prominent. In der Reihe »Judson Church« stand sie sehr im Vordergrund. Was geschähe, wenn jemand aus der Voguing-Tanzszene nach Downtown käme und gemeinsam mit den frühen Postmodernist*innen der Judson Church aufträte? In meiner von Loïe Fuller inspirierten Arbeit »Caen Amour« hingegen wollte ich zeigen, welche Vorstellung wir uns heute von einer Hoochie-Coochie-Show machen können. All das gibt uns die Möglichkeit, auf ungewohnte Weise über die Geschichte nachzudenken und im Moment der Performance ein Gemeinschaftsgefühl zu erleben. Genau da liegt mein Interesse: Wie schaffe ich es, dass Künstler*innen und Publikum auf einer Wellenlänge sind? Es ist diese Art von Begegnung, die mich reizt.

MELANIE ZIMMERMANN: Apropos Begegnung: Ich erinnere mich noch gut daran, wie ich bei Impulstanz in Wien zum ersten Mal deine Arbeit »Antigone Sr.« gesehen habe. Es war Mitternacht und sehr warm draußen, mir war deshalb ein bisschen schwindelig. Dennoch empfanden alle Anwesenden dasselbe Gefühl von Nähe. Wenig später hast du die Performance im K2 präsentiert, wo sie ebenfalls hervorragend funktioniert hat. Es gibt eine Szene, in der du dich mithilfe von Wollfäden buchstäblich mit dem Publikum verknüpfst: Das ist ein wunderschöner geteilter symbolischer Moment von konstruierter Geschichte und subjektiver Wahrnehmung. Das Besondere daran ist eine gewisse Sinnlichkeit, die mich tief beeindruckt hat und die ich schon damals als absolut herausragend empfunden habe.

TRAJAL HARRELL: Rückblickend kann ich sagen, dass ich damals versucht habe, den Conceptual Dance hinter mir zu lassen. Unsere Art zu arbeiten, mit all ihrer Emotionalität und Sinnlichkeit, entsprach nicht den vorherrschenden Trends der Zeit. Ich glaube, viele von uns hatten einfach das Gefühl, dass wir uns im Conceptual Dance in der Wiederholung der Wiederholung der Wiederholung der Wiederholung befanden. Ich habe wirklich versucht, mich hiervon auf respektvolle Weise davon zu lösen. In mancher Hinsicht war meine Arbeit auch *conceptual*, aber ich wusste, dass ich nicht unbedingt in die Fußstapfen derer treten musste, die diese Kunstrichtung zum Erfolg geführt hatten. Es ging mir also eher darum, Tabus zu brechen, ich hatte ja nichts zu verlieren. Ich folgte meinem Bauchgefühl. Ich weiß noch, wie ich während des Schaffensprozesses von »Antigone Sr.« dachte: »Okay, das ist mein letztes Stück.« Ich erinnere mich an eine Unterhaltung mit

Matthew Barney, in der er zu mir sagte, dass er, wenn er arbeitet, immer versucht, alles in ein Projekt zu investieren, wirklich alles. Ich hingegen verteile meine Inhalte normalerweise auf mehrere Performances. Ich versuche, mithilfe meiner Projekte und Ideen eine Art Landkarte zu erschaffen. Jedes Stück ist dabei auf seine eigene Art und Weise signifikant. Ich erinnere mich aber auch, dass das bei »Antigone Sr.« anders war. Da habe ich es nicht so gemacht. Ich habe mein Bestes gegeben, um wirklich alle Register zu ziehen. Ich habe mir gesagt: Ich werde hier absolut jeden Trick anwenden. Jedes Ass, das ich im Ärmel habe, landet in dieser Performance! Wahrscheinlich ist es deshalb meine bislang einzige zweieinhalbstündige Arbeit, weil ich einfach nicht nachgelassen habe. Wir haben seitdem Anfragen erhalten, die Arbeit noch einmal neu aufzurollen, und fragen uns alle ein bisschen, wie wir das bloß machen.

MELANIE ZIMMERMANN: Du warst der erste zeitgenössische Choreograf, der Voguing und eine Catwalk-Ästhetik ins Spiel gebracht hat. Viele haben es dir später nachgemacht, aber du warst der erste. Hat es eine Rolle gespielt, dass du ein schwarzer Künstler bist?

TRAJAL HARRELL: Gute Frage. Ich entdeckte die Voguing-Tradition und die Ballroom-Szene zu einer Zeit, als ich mich sehr kritisch mit der Geschichte des Tanzes auseinandersetzte. Damals besuchte ich in New York Performances in der Judson Church, aber ich trieb mich auch in den Ballrooms herum. Nicht selten ging ich zu Fashion Shows und was sich dort und in den Ballrooms abspielte, erschien mir viel postmoderner als das, was ich aus der Welt des Tanzes mitbekam. Es machte mich fassungslos: Was geschah hier und warum? Was war aus dem postmodernen Tanz geworden? Jeder, den ich in den späten neunziger und frühen nuller Jahren in der Judson Church performen sah, war ganz offensichtlich von Cunningham und Trisha Brown beeinflusst. Und damit meine ich die späte Trisha, nicht die frühe; es war die Zeit, in der sich Trishas Stil zunehmend dem Ballett annäherte. Viele interessierten sich damals für sehr anatomische Tanzformen – es galt, Knochen zu heilen, körperliche Beschwerden zu behandeln, sich die Methoden von Susan Klein anzueignen. Das löste in mir eine Art historische Verwirrung aus. Es war nicht zu übersehen, dass die meisten Leute aus der Voguing-Szene schwarz, Latinos, schwul, lesbisch, transsexuell oder queer waren. Das ging nicht spurlos an mir vorbei. Ich beschäftigte mich damals ohnehin sehr eingehend mit Fragen rund um die Themen Race, Klassengesellschaft und Sexualität. Insofern sah ich es sehr kritisch, in welche Richtung sich der postmoderne Tanz seit den Sechzigern entwickelt hatte und dass niemand der Voguing-Bewegung in den Ballrooms wirklich Beachtung schenkte. Zwischen der Judson Church und den Ballrooms lagen hundert Blocks. Diese Orte existierten zur gleichen Zeit, aber es gab keinen künstlerischen Austausch, kein gegenseitiges Interesse, keine Adaptionen oder Streueffekte. Vielleicht hat mich meine schwarze Identität und meine Vergangenheit für solche Themen besonders sensibilisiert und mir eine sehr bestimmte Perspektive auf das Weltgeschehen gegeben, die dann bei solchen Fragen zum Tragen kommt. Andererseits bestand für mich kein Zweifel, dass ich selbst nicht Teil der Ballroom-Szene bin. Für die Reihe [»Twenty Looks or Paris is Burning at the Judson Church«, Anm. d. Red.] war es mir deshalb sehr wichtig, mich entsprechend abzugrenzen, um der Voguing-Tradition den nötigen Respekt zu zollen und sie mir nicht auf achtlose Weise anzueignen. Das wollte ich unmissverständlich klarstellen, denn ich bin schwarz und meine Performance war ja von diesem Teil der Geschichte beeinflusst – aber das rechtfertigt keinesfalls die Fehlannahme, dass es sich hier um traditionelles Voguing handelt und ich ein Voguer bin. Mein Lösungsansatz war am Ende ziemlich radikal: Ich habe mich geweigert, im Rahmen der Performancereihe mit schwarzen Tänzer*innen und Voguer*innen zusammenzuarbeiten. Ich wollte, dass die nicht-weißen Tänzer*innen, die auch keine Voguer*innen waren, nur auf der Ebene der Imagination arbeiten. Außerdem wollte ich verhindern, dass das Publikum von Voguing spricht, nur weil ein schwarzer Mensch involviert ist. Das klingt alles etwas kontraintuitiv, aber mein Plan ist tatsächlich aufgegangen. Man kann das natürlich kritisieren, weil auch andere Strategien denkbar gewesen wären. Aber ich glaube, wenn ich mit vier Voguer*innen zusammengearbeitet hätte, wären damit vor allem Vorurteile bedient worden. Die Arbeit hätte dann auf der kritischen Ebene anders funktioniert und ich habe solche Projekte schon gesehen und denke, dass sie einfach ganz anders wirken. »Twenty Looks or Paris is Burning at the Judson Church: The Series« zwang uns dazu, unsere Vorstellungen von postmodernem Tanz zu hinterfragen. Wäre die Repräsentation der Voguing-Szene darin offensichtlicher gewesen, hätte das ein verzerrtes Bild der Ballroom-Szene wiedergegeben. Denn ich kann ihre Akteur*innen nicht repräsentieren. Aber ich habe sehr ernsthaft versucht, meine Sichtweise verständlich zu machen, zu zeigen, wo meine Version der Geschichte ihren Ursprung nimmt, und auch die Probleme zu benennen, die daraus entstehen.

Das alles war für die damalige Zeit sehr radikal. Niemand hatte wirklich damit gerechnet, und die meisten Menschen begegneten mir mit sehr viel Misstrauen. Viele waren nicht überzeugt. Sie dachten nur, warum läuft der wie eine Frau, was soll das? Sie vermuteten, ich sei vielleicht ein »Anti-Feminist«, was natürlich nicht der Fall war. Ich triefte nur so vor feministischer Ideologie und Theorie. Das war wiederum vollkommen neu für sie. Die meisten waren sehr, sehr, sehr, sehr kritisch eingestellt und einigen ging erst ein Licht auf, als sie anfingen, Judith Butler zu lesen. Oh, ok, die Performativität von Gender. Ich erinnere mich nicht, in welchem Jahr es war, aber es gab mal ein Poster für »Tanz im August« mit einem Bild von einem Voguing-Ball. Erst da wurde mir klar, wie viel sich verändert hat. Und dass ich zu dieser Veränderung beigetragen habe.

MELANIE ZIMMERMANN: Mittlerweile versuchen auch andere Künstler*innen mit Voguing- oder Catwalk-Elementen zu arbeiten. Ich persönlich habe den Eindruck, dass sie sich damit auf dich beziehen. Und ich muss sagen, dass wir heute in einer anderen Zeit leben. Auch die Repräsentation muss heutzutage anders sein. Die Zeiten haben sich geändert.

TRAJAL HARRELL: Zu Beginn meiner Karriere gab es noch keine Begriffe wie Genderfluid oder non-binär. Wir hatten so etwas einfach nicht. Transgender gab es auch noch nicht. Wir haben versucht, eine Sprache für etwas zu finden, für das es noch keine Sprache gab. Ich habe zu den Tänzer*innen gesagt: »Lasst uns die Ausdrucksformen des Catwalks behandeln, als wären sie Ballett.« Diese Verbindung zwischen Ballett und dem Spektakel der Modewelt stelle ich bis heute in den Vordergrund. Ich mache das nun schon seit 1999. Vierundzwanzig Jahre, da muss man schon einiges an Hingabe mitbringen. Ich wusste damals schon, dass ich etwas gefunden hatte, mit dem ich mich während meiner gesamten Karriere beschäftigen würde. Ich liebe das einfach. Ich bin eben eine Runway Bitch. Ich liebe es, auf dem Laufsteg zu performen. Ich habe eine Form der Bewegung gefunden, die mich begeistert, und irgendwann hat sich herausgestellt, dass es anderen genauso geht, dass viele Menschen diese Begeisterung

The Köln Concert, Schauspielhaus Zürich/Trajall Harell, 2020, Foto: Reto Schmid

insgeheim teilen oder sich zuhause auch so bewegen. Mittlerweile gibt es Shows wie »Project Runway« und »America's Top Model«. Mit diesen Konzepten habe ich schon gearbeitet, bevor sie in der Mainstream-Kultur angekommen sind. Und ich freue mich sehr darüber, dass wir heute viel mehr Ausdrucksformen dieser Art haben. Wir haben mehr Repräsentation – eine gute Zeit, um auf der Welt zu sein. Ich frage mich oft: Wie hat sich das auf meine Arbeit ausgewirkt? Hat es dazu geführt, dass sie mehr wahrgenommen wird? Mein Schaffen hat sich außerdem sehr gewandelt, seit ich mich mit Butoh und seinem Verhältnis zum frühen Modern Dance auseinandergesetzt habe. Ich breche diesen spärlichen Glamour mit einer Art von »Hässlichkeit«, die meiner Arbeit eine gewisse Art der Unangepasstheit verleiht.

MELANIE ZIMMERMANN: Denkst du darüber nach, was dein Vermächtnis ist oder wie du es vorbereiten kannst?

TRAJAL HARRELL: Ich hatte schon den einen oder anderen Anlass, darüber nachzudenken. Meine Arbeit erstreckt sich über verschiedene Bereiche der Kunstwelt, über zeitgenössische Kunst, Tanz, Theater, Sammlungen und Museen. Ich muss mir durchaus Gedanken darüber machen, wie das alles funktionieren soll, wenn ich tot bin. Noch habe ich dafür keine Lösung, aber die Frage steht schon lange im Raum. Als ich das Schauspielhaus Zürich Dance Ensemble gründete, wurde mir plötzlich klar, dass ich die Rahmenbedingungen für eine Kompanie geschaffen hatte, die auch ohne mich existieren kann. Ich begann, dies als Teil meines Vermächtnisses zu sehen. In einer Unterhaltung mit einer Freund*in stellte ich fest, dass ich eigentlich nach wie vor einfach nur meiner Arbeit nachgehe, aber dabei merke, dass ich Teil der Tanzgeschichte geworden bin und einen echten Beitrag geleistet habe. Ich habe viel erreicht. Und ich bin Teil eines Kreislaufs, die neue Generation ist bereits auf dem Vormarsch. Irgendwann muss man sich zurückziehen, und das mit so viel Würde wie möglich. So möchte ich das jedenfalls machen. Und das Narrativ meines Lebens soll noch mindestens einen weiteren Akt haben. Das hier soll nicht der letzte sein, ich will auch noch andere Dinge ausprobieren. Ich möchte einige organisatorische Aspekte in Bezug auf die Bedürfnisse von Menschen mit Behinderungen beleuchten. Ich möchte das in einen neuen Lebensabschnitt mitnehmen und woanders nach Erfüllung suchen. Ich muss also darüber nachdenken, wann ich mit dem ständigen Touren und kreativen Schaffen aufhören sollte. Vielleicht komme ich auch als alter Mann noch einmal zurück, um wieder aktiv zu werden. Aber natürlich kann ich meine Arbeit nicht noch zwanzig Jahre so weitermachen wie bisher. Wahrscheinlich nicht einmal für fünfzehn. Über solche Dinge muss man sich schon Gedanken machen, und das tut eigentlich auch gut. Es tut gut, diese Schritte vorzubereiten und dabei nach meinen eigenen Regeln zu spielen. Ich glaube nicht, dass ich zu der Sorte Mensch gehöre, der ein Ensemble so lange leitet, bis er nicht mehr laufen oder sich bewegen kann. An irgendeinem Punkt möchte ich sagen können, okay, jetzt reicht's. Ich nehme nach und nach das Tempo raus, leiste nur dies oder nur noch das und mache irgendwann nur noch Special Bookings. Special Bookings, das ist die Lösung. Der Begriff wird in der Modewelt verwendet, wenn ein besonderes Model engagiert wird … ein Model der älteren Generation, das einen legendären Ruf hat oder in irgendeiner Weise einzigartig ist. Ich hoffe, irgendwann in meinem Leben solch einen Special-Booking-Status zu haben.

MELANIE ZIMMERMANN: Da bin ich mir ziemlich sicher.

NADINE JESSEN: Das glaube ich auch, keine Sorge. Special-Booking-Status.

MELANIE ZIMMERMANN: Auf Lebenszeit.

YOU KNOW, YOU KNOW, I'M A RUNWAY BITCH

Trajal Harrell in conversation with Nadine Jessen and Melanie Zimmermann about history, dance and special bookings

NADINE JESSEN: Actually what you are doing in your choreographies is like an art of looking back. It's about your artistic perspective on the art of looking back and how you choose the topics. In your works you refer to speculative history or »re-owning of history«. When did you first discover your interest in history?

TRAJAL HARRELL: At school. I did this kind of local, state and national competition called »History Day Competition«. I was making these performances every year for History Day, based on a historical theme. I won state group performance for six years in a row. I would always win state, never nationals. And I think that was my early kind of training in performances based on history. Melanie came to me with this idea to work on Loïe Fuller, and then Loïe Fuller made me start thinking about the history of early modern dance. I had been so entrenched in early postmodern dance, and then that got me to thinking about my first experiences of dance as a spectacle. That took me back to my experience with my father going to the fair, which then led me to hoochie coochie shows, and then that made me think about what would I imagine a hoochie coochie show to be, you know, so and then that started to relate back to Loïe Fuller and her early modern dance. So it's really a matter of research and my interests and sometimes serendipity.

NADINE JESSEN: But when you developed the »Paris is Burning« series, you worked with the »What if …« method and choreographed a speculative history. We were wondering whether it's also an appropriation of history in a way? Creating possible histories? Because you don't do documentaries … You pick facts from history, but then you make your own story telling.

TRAJAL HARRELL: When I went to college I was stunned to discover new historicism. No one in my high school ever told me that history was not true. I mean, of course history is written by the powerful, but it was really profound for me to start to realize that there was so much more out there to learn, especially as I became more aware of feminist and post-colonial history. I was just so hungry to discover that there were cracks and fissures in history. I love going into cracks and fissures of history to realize that history was just a story and therefore there was an imaginative process to it. And the act of imagining history could be the locus for performance, because it's a way to bring the audience together with the performers. That's what I was really after, that this speculative question that you speak about exists in my work. Almost always in some ways, sometimes it's more written out. It was very written out in the »Judson Church« series. What if someone from the voguing dance scene came downtown to perform alongside the early postmoderns at Judson Church. Whereas in my piece inspired by Loïe Fuller »Caen Amour«, I was really trying to show, how can we imagine a hoochie coochie show. It is a way of rethinking history and trying to propose something that will bring about this togetherness in the moment of performance. That's the interest for me: how do you get the audience and the performers on the same page? This togetherness is what excites me.

MELANIE ZIMMERMANN: Talking about togetherness: I remember seeing your piece »Antigone Sr.« at Impulstanz in Vienna the first time. It was midnight and hot, which made me pretty dizzy. But everybody felt the same in that moment, so very close to each other (a bit later, you presented the piece in the K2, where it also worked beautifully). There is this scene where you have these lines of wool with which you connect yourself to the public: a beautiful symbolic moment of construction of history and shared subjective perception. It was so special because of its sensuality, I was really impressed, and it was so outstanding at that time!

TRAJAL HARRELL: If we remember that moment, I think I was really trying to work my way out of conceptual dance. At the time, the things we were doing, the emotionality, this kind of sensuality was not the leading trend at the time. But I think many of us felt that in terms of conceptual dance that we were in the repeat of the repeat of the repeat of the repeat. I really was trying to work my way out respectfully. In some ways my work was conceptual, but I knew I didn't need to repeat the work of the people who had already made that work so vital. So it was a lot about doing taboo things, and I had nothing to lose in a way. I had to go with my guts and with my feelings. I remember making »Antigone Sr.«, and thinking »okay, this is the final piece for me«. I remember actually having a conversation with Matthew Barney and he said that when he works, he tries to put everything in the piece, like everything. And I said: »When I work I'm thinking about stretching things out over a number of pieces. I'm really trying to make this map through my work and through my ideas. It's like each piece is signifying in a certain type of way. But I remember with »Antigone Sr.,« I didn't do that. I really tried to put in the whole kitchen sink. I said to myself, »Every trick I have, I'm gonna put into this piece!« I think that's why it's the only two-and-a-half-hour piece I ever made; because I just didn't stop. And we've been asked to reconstruct that piece, and we're all a bit like »oh my, how can we do it?«

MELANIE ZIMMERMANN: And you were also the first contemporary choreographer who brought in voguing and catwalk aesthetics. A lot of people tried to do it after you, but you were the first one. Is the fact that you're also a Black artist related to this?

TRAJAL HARRELL: It's a good question. When I discovered the voguing dance tradition and the ballroom scene, my criticality around the history of dance was high. At that time in New York, I was going to see performances at Judson Church, and I was going to see the ballroom scene. I was going to see fashion shows and to me, the fashion shows and the ballroom scene seemed to be more postmodern than what I was seeing in dance. So this was freaking me out. What's happening here, why? What happened to postmodern dance? Because everyone I was watching at Judson Church in the late '90s and early 2000s were doing like Cunningham-influenced stuff and Trisha Brown. And this was late Trisha, it wasn't early Trisha; it was when Trisha became more balletic. Everyone was into very anatomical dance; like, bones to heal, somatic issues, Susan Klein classes. So I was very confused about history. And, of course I was really aware that most of these people who had done the voguing scene had been either Black, Latino, gay, lesbian, transsexual, queer. At the time I was very aware of that, and I had a criticality around race, class and sexuality. So of course I question how this history of postmodern dance had been written in the '60s and why no one had looked at the voguing ballroom scene. What was going on at Judson Church and what was in the ballroom scene were one hundred blocks away. These things were going on at the same time and there was no artistic influences going on, or interests or adaptations or transmigration? Maybe of course my racial identity and my history of being in the world has given me a certain criticality and has offered me a certain perspective on the world, which I take into all of those inquiries. But I was also very clear that I was not from the ballroom scene. It was very important with the series that I had to create a very strong boundary in order to respect the scene and to not appropriate it in a way that would be disrespectful. So I had to be very clear to signify that because I was Black and I was performing something which was influenced by that history therefore that did not mean people could just say »okay, he's a voguer and this is voguing«. So that became something very radical: I refused in that series to work with any voguers or any Black dancers. I wanted the dancers who were not Black nor voguers to have to work in the imagination. And I wanted the audience to not be able to just name that as voguing because someone was Black. So it seems almost counterintuitive, but it actually worked. You can be critical of it because it was one strategy and I think there could have been other strategies. But I think if it had been me and four voguers, it would have been too easily stereotyped. The work would not have operated critically in the same way and I've seen those kinds of projects, and I think they operate very differently. »Twenty Looks or Paris is Burning at the Judson Church: The Series« challenged our perception of postmodern dance. If I just had brought a representation which could have easily been seen as voguing, then I think that would have been a misshape to the ballroom scene. Because I cannot represent them. And I think I tried to make it very clear where I was coming from and what my history is coming from and also to problematize that at the same time.

It was radical at the time. It was really not what people were expecting. And people were really suspicious. They were not convinced. They were just like »why is he walking like a woman, what is that?« They thought I might be »anti-feminist«, which of course was not the case. I was dripping in feminist ideology and feminist theory. They had never seen anything like that. They were very, very critical and it was only when they read Judith Butler that they started to get it. Oh, okay, okay, the performativity of gender. I can't remember what year it was, »Tanz im August« had a poster. It was a picture from a voguing ball. That's when I could really perceive how things had changed. And that in some ways I had been a part of that change.

MELANIE ZIMMERMANN: Other artists are now also trying to include voguing elements or catwalks. I personally have the impression that it's a reference to you. And I must say, it's another time now. Representation must be done differently as well. Times have changed.

TRAJAL HARRELL: At the time when I started to work, we didn't have these words like gender fluidity, non-binary. Transgender was not there yet. We were really trying to find a language for something we did not have language for. I said to the dancers, »We're gonna treat runway language like it's ballet.« I'm still turning out this connection between the ballet and the fashion spectacle. I've been doing that thing since '99. Twenty-three years, I mean you have to be really dedicated to it. I knew I had found something that I could dive into for the rest of my career. And I love it. You know, I'm a runway bitch. I really love performing on the runway. I found a way that I love moving and I found that other people do that too. And that other people secretly love it or practice it at home. But then all those shows came like Project Runway and America's Top Model. I was working before there was a lot of representations in mainstream culture. And I'm very happy that now we have more language. We have more representation. It's very exciting to be living now. I often think: how has it changed my work? Does it make the work easier to be perceived in some ways? And my work changed a lot when I started to look into Butoh and the relationship between Butoh and early modern dance. I smash all of that poor glamour with a kind of quote unquote »ugliness« that gave the work another kind of edge.

MELANIE ZIMMERMANN: Are you thinking about your own legacy or how to prepare it?

TRAJAL HARRELL: There've been several things that have made me have to think about that. My work moves through the art world and through the contemporary visual art world and through the dance world and theatres, collections and museums. I have to think about how that's gonna work after I die. I haven't come up with a solution yet, but the question has been posed to me now for a long time. And then I was establishing the Schauspielhaus Zürich Dance Ensemble and realizing that I had actually established a company frame that could exist without me. I started thinking about that as a part of my legacy. I'm still just doing my work, but then you realise that you are part of dance history, and that you have done something. You have achieved certain things and then you realize that you're part of a cycle. There's another generation coming. You gotta move out and you want to somehow move out gracefully. At least I do. And I actually want another act. Like I don't want this to be my last act. I want to do other things. I want to work with certain aspects of organisation for people with disabilities. I want to take this into another act of my life and have something else be fulfilling. So I do have to think about when I will stop the vigorous touring and creating. Maybe I will every now and then bring the old man out to do something. But of course I can't keep working the way I'm working now for another twenty more years. I don't think I have fifteen. You have to start thinking about those things. And it feels good. It feels good to kind of chart it and to do it on your own terms. I don't think I will be the one who will have a company until I can't walk or I can't move. I want to at some point say, okay, it's enough. When I start to slow down, I only do this and then eventually I only do this and then only do special bookings. The key is special bookings. That's a fashion term for models, you know. They bring a special model out ... an older model, someone legendary or uniquely special. So hopefully I will have special booking status at one point in my life.

MELANIE ZIMMERMANN: I'm pretty sure you will.

NADINE JESSEN: I think so too. Don't worry about that. Special booking status.

MELANIE ZIMMERMANN: For life.

K3 | TANZPLAN HAMBURG – ÜBER FÜNFZEHN JAHRE TANZHAUS UND CHOREOGRAFISCHE PRAXIS

Kerstin Evert

Jubiläen sind Momente der Selbstinszenierung, des Lenkens von Aufmerksamkeit und des Sichtbarmachens von »Lebensleistung«. Darin ist und war Kampnagel immer gut – nicht zuletzt, weil die über die Jahrzehnte wechselnden und bleibenden Akteur*innen im und am und um das Haus herum eine besondere Beharrlichkeit verbindet: Die Suche nach innovativen künstlerisch-kritischen sowie räumlich-strukturellen Ansätzen für die Performing Arts.

Vierzig Jahre Kampnagel sind zugleich auch fünfzehn Jahre K3 – Zentrum für Choreographie | Tanzplan Hamburg auf Kampnagel! Die Gründung des K3 im Jahr 2007 als eigenständiges choreografisches Zentrum, als Tanzhaus im Gesamthaus Kampnagel, ist eine folgerichtige Weiterentwicklung der kontinuierlichen inhaltlichen und strukturellen Selbsterfindung der internationalen Kulturfabrik. In der Gründungsphase besetzten sehr unterschiedliche unabhängige freie Initiativen das Gelände. Auch wenn die meisten dieser Initiativen nicht mehr existieren, so haben sie doch Spuren im Gebäude, in der Erinnerung und in den heutigen Programmformaten hinterlassen. Kampnagel etablierte sich über die Jahre als wichtiger internationaler Theaterort – und bildete dabei hierarchische Strukturen aus. Dies geschah nicht ohne Widerstände und interne wie externe Widersprüche. Spätestens als 2001 das bis dahin eigenständige internationale Sommertheater-Festival in die Struktur Kampnagels integriert wurde, war aus einem Ort, der anfangs aus vielen eigenständigen Häusern im selben Gebäude bestand, EIN Produktionshaus geworden.

Als Dramaturgin war ich von 2002 bis 2007 Teil des Programmteams der Intendantin Gordana Vnuk. Mein inhaltlicher Schwerpunkt lag auf der Freien Szene mit besonderem Fokus auf (zeitgenössischem) Tanz. Für diese Kunstform hatte Kampnagel immer schon eine zentrale Funktion: Weil die Bühnen – sowohl für große internationale Produktionen in der K6 als auch für rechercheorientierte Projekte in kleineren Hallen – räumlich nahezu ideal für Tanzstücke sind und weil es vor allem Choreograf*innen und Tanzschaffende waren, die in den vergangenen vierzig Jahren nicht nur den Tanz, sondern die Performing Arts insgesamt aus der Perspektive des bewegten Körpers ästhetisch und inhaltlich immer wieder erneuert haben. Auf Kampnagel kann und konnte sich beides synergetisch miteinander verbinden.

Tanz als Kunstform und -praxis war vor fünfzehn Jahren – und ist es bis heute – strukturell und finanziell deutlich schlechter aufgestellt als andere Sparten der Performing Arts. Das betrifft die ca. sechzig Tanzensembles an den Stadt- und Staatstheatern ebenso wie die Freie Szene. Tanzhäuser und choreografische Zentren lassen sich in Deutschland auch heute noch an weniger als zehn Fingern abzählen. Ein Tanzhaus für junges Publikum ist bundesweit noch nicht auszumachen. Für Tanz geeignete Probenräume – hoch, weit, hell, ohne Säulen und mit Schwingboden – sind rar.

Tanz als Kunstform substanziell und nachhaltig zu stärken, war das Ziel der Kulturstiftung des Bundes mit der 2005 gestarteten Initiative »Tanzplan Deutschland«. Den Kern des auf fünf Jahre angelegten Programms (2006 bis 2010) bildeten neun Tanzplan-vor-Ort-Projekte. Das Bahnbrechende an dieser Initiative: Sie war als Matching-Projekt angelegt, d. h. um die Bundesmittel zu erhalten, mussten fünfzig Prozent des für das jeweilige Vorhaben eingeplanten Budgets durch die Kommunen und/oder Länder gegenfinanziert werden. Dieser Anreiz führte in vielen Städten Kulturpolitik und -behörden zum ersten Mal mit Vertreter*innen des Tanzes an einen Tisch, um auf der Grundlage der speziellen Bedürfnisse der Kunstform Ideen zu ihrer Stärkung zu entwickeln.

Hamburg hat diese Chance 2005 genutzt und dem zeitgenössischen Tanz ein Haus gebaut: K3. Zusammen mit der Tanzjournalistin Edith Boxberger habe ich als Dramaturgin auf Kampnagel den Hamburger Tanzplan entwickelt, basierend auf mehreren durch die Kulturbehörde Hamburg moderierten Meetings mit Tanzakteur*innen der Stadt. Der Wunsch der Tanzszene war damals eindeutig: ein eigenes Tanzhaus als konkreter Ort in Hamburg.

Mit dem möglichen (und gar nicht so hohen) Maximalbudget von Tanzplan Deutschland in Höhe von 1,2 Millionen Euro für fünf Jahre – gepaart mit derselben Summe aus Hamburg – wäre dies jedoch nicht finanzierbar gewesen. Der neue Vorschlag, die bisherige Ausstellungshalle k3 – die schwerpunktmäßig in den 1980er und 1990er Jahren von verschiedenen Akteur*innen und Initiativen für Ausstellungen Bildender Künstler*innen genutzt wurde – zu einem Ort für den zeitgenössischen Tanz umzubauen, war also eine Kompromisslösung. Dahinter stand die Idee eines choreografischen Zentrums, das zwar in die Struktur der Kampnagel-GmbH eingebunden ist, aber unter einer eigenen, von der jeweiligen Kampnagel-Intendanz unabhängigen künstlerischen Leitung steht, und damit dem Tanz einen, eigenständigen, kontinuierlich existierenden Ort erschließt.

Der Hamburger Tanzplan war das größte der neun Vor-Ort-Projekte. Mit Tanzplanmitteln wurde im Sommer 2007 die Halle K3 zum klar lokalisierbaren Choreographischen Zentrum K3 (mit u. a. drei Tanzstudios, Küche, Garderoben und kleinem Lager) und die angrenzende Halle P1 zur Studiobühne umgebaut – mit neuem Boden, semi-flexibler Tribüne und dem nach wie vor einzigen fahrbaren Rigg auf Kampnagel. Im Oktober 2007 eröffnete das K3 als Haus für den Tanz ebenfalls mit einem Jubiläum: der Feier des sechzigsten Geburtstags der fiktiven (und nicht anwesenden) polnischen Choreografin »Veronika Blumstein«, an der über sechzig internationale und Hamburger Künstler*innen beteiligt waren. Die Figur der »Veronika Blumstein« war eine Platzhalterin für das K3-Konzept, Choreograf*innen, Tanzschaffende und Künstler*innen

K3 Zentrum für Choreografie, Foto: Uta Meyer

anderer Disziplinen einzuladen, die neu gebauten Studios für künstlerische Forschung und Projektentwicklung, Experiment und Recherche, Vermittlung, Training und Produktion zu nutzen.

Von Beginn an gibt es drei zentrale Programmbereiche, die sich über die Jahre mit temporären und dauerhaften Projekten und Formaten weiterentwickelt und verzahnt haben: Residenz- und künstlerische Arbeitsformate für internationale Choreograf*innen, Trainings- und Qualifizierungsangebote für Tanzschaffende sowie Tanzvermittlung und kulturelle Bildung. Kern des Programms ist seit 2007 das in dieser Form weltweit einmalige achtmonatige Residenzprogramm für internationale Choreograf*innen am Beginn ihrer Karriere. Den aktuellen Überlegungen zum Green Touring in den Performing Arts zeitlich weit voraus, ist dieses Residenzformat ökologisch und künstlerisch nachhaltig angelegt. Das spiegelt sich in den jährlich über 200 internationalen Bewerbungen auf die drei achtmonatigen Residenzstipendien wider, die für viele junge Choreograf*innen ein wichtiger Impulsgeber für ihre künstlerische Entwicklung sind.

Die drei Programmbereiche sind eng miteinander verwoben, so dass die Grenzen zwischen künstlerischer Arbeit, trainieren, forschen, tanzen, Tanz vermitteln sowie rezipieren fließend sind. Dies ist die Grundlage, um künstlerische und gesellschaftliche Potenziale der Kunstform zu vertiefen und nach außen sichtbar zu machen. Aus diesem Ansatz sind zahlreiche Kooperationen entstanden, wie das Netzwerk tanz.nord, das seit 2020 Tanzschaffende in Hamburg und Schleswig-Holstein vernetzt, oder Forschungsprojekte wie die in Kooperation mit der HafenCity Universität und dem Fundus Theater durchgeführten ersten künstlerisch-wissenschaftlichen Graduiertenkollegs oder europäische Verbünde wie Empowering Dance und Dance Well.

Ein strategisches Prinzip von K3 ist es also, immer wieder Bereiche zu identifizieren, in denen Tanz noch nicht oder kaum präsent ist. Die daraus entstehenden Pilotprojekte finden fast immer in enger Kooperation mit lokalen, regionalen, bundesweiten und/oder internationalen Partner*innen statt. Ein konkretes Beispiel: Seit 2007 arbeitet K3 mit Schulen in Hamburg zusammen, um Tanz als künstlerische Praxis präsent zu machen. Doch erst die intensive zweijährige Kooperation mit der Stadtteilschule Winterhude im Rahmen des Bundesprogramms »Tanzfonds Partner« führte dazu, eine bundesweite Lücke im Kulturangebot für Kinder und Jugendliche zu identifizieren: das fehlende Angebot professioneller Tanzstücke für junges Publikum. Zusammen mit der Fabrik Potsdam und Fokus Tanz e.V. in München entstand deshalb 2018 mit »explore dance – Netzwerk Tanz für junges Publikum« ein länderübergreifendes Pilotprojekt mit dem Ziel, gemeinsam Tanzstücke für Kinder und Jugendliche im Rahmen des Bundes-Förderprogramms »Tanzpakt Stadt Land Bund« zu produzieren und zu touren. 2019 mit dem FAUST-Perspektivpreis des Deutschen Bühnenvereins ausgezeichnet, ist es das Ziel, das seit 2022 mit Hellerau in Dresden um einen Partner gewachsene und aktuell bis 2023 finanzierte Netzwerk bundesweit auszubauen, um Kindern und Jugendlichen an möglichst vielen Orten die Rezeption und die aktive kulturelle Teilhabe an der Kunstform Tanz zu ermöglichen.

Für die Entwicklung des Tanzes in Hamburg wäre es vermutlich noch wirksamer gewesen, wenn vor fünfzehn Jahren tatsächlich ein auch baulich eigenständiges und im Stadtraum sichtbares Tanzhaus entstanden wäre. Dennoch war und ist die Gründung von K3 als eigenständiges Haus im Haus nur ein paar Jahre nach der Integration des bis 2001 unabhängigen Sommertheater-Festivals in die Kampnagelstruktur wegweisend, weil sie die Grundlage für einen dezentralen Strukturansatz bildet, der – mit Blick auf die notwendigen machtkritischen Fragen an das Theater als Organisationsform in Deutschland insgesamt – wichtige Impulse geben kann: Obwohl organisatorisch Teil der starken Marke Kampnagel, ist es K3 innerhalb der erst fünfzehn Jahre seines Bestehens als Tanzhaus (im Haus) gelungen, sich ebenfalls als starke Marke zu etablieren und zu einem der impulsgebenden Zentren für den Tanz in Europa zu werden. Entscheidend dafür sind vor allem vier Faktoren: die eindeutige räumliche Verortung und die Planungsautonomie von K3 in einer eigenen Halle mit seinen derzeit drei Tanzstudios, die Selbstverwaltung und -organisation, die künstlerische und programmatische Unabhängigkeit sowie die klare Positionierung als Ort für die Kunstform Tanz.

Das K3-Team vereint in sich die Kernaufgaben Dramaturgie und Programmierung, Kommunikation und Öffentlichkeitsarbeit, Drittmittelmanagement und Betriebsbüro. In der täglichen Praxis gibt es kommunikative Schnittstellen zu den entsprechenden Fachabteilungen auf Kampnagel. Die Arbeit als solche steht jedoch nicht in direkter Abhängigkeit zueinander, da K3 eben keine »Abteilung« mit einer Teilfunktion des Gesamtbetriebes ist, sondern in den genannten Kernaufgaben als eigenständiges Haus dynamisch unabhängig agieren kann. Der Fokus von K3 liegt zudem künstlerisch und kommunikativ klar auf Tanz als Kunstform: als Haus für Tanzschaffende, Tanzinteressierte und die strukturelle Stärkung der Kunstform selbst. Dementsprechend vertreten die K3-Leitung sowie die K3-Programmzuständigen sich und ihre Arbeit innerhalb und außerhalb des Hauses selbst. Auf Grundlage dieser Eigenständigkeit konnte K3 von Beginn an als kompetenter Akteur in den relevanten lokalen, regionalen, nationalen und internationalen Netzwerken auftreten. Durch den hohen Innovationsgrad der Programme und Konzepte, die sich zumeist durch starke Alleinstellungsmerkmale auszeichnen und mit Pilotprojekten Lösungen für strukturelle Defizite der Kunstform Tanz in Deutschland und Europa insgesamt entwickeln, konnte K3 sehr schnell internationale Strahlkraft und Renommee gewinnen.

Die Konstellation als Haus im Haus hat Vor- und Nachteile zugleich: Als eigenständiges Zentrum kann K3 einen hausinternen Gegenpol bilden und einen Schwerpunkt auf grundlegende künstlerische Forschung und Entwicklung, auf Vermittlung und Reflexion legen und so Künstler*innen in ungewöhnlicher Weise Zeit und Raum geben – gerade weil Kampnagel insgesamt einen sehr hohen Output an Veranstaltungen hat. Zugleich gibt die Arbeit von K3 auch Kampnagel insgesamt neue Impulse, indem sie Handlungsfelder, Programmformate, Netzwerke, Künstler*innen und Publikum entwickelt.

Andererseits ist die Erweiterung des K3 durch die Haus-im-Haus-Konstruktion vor allem räumlich begrenzt: Der Anbau von Studios unter dem Hallendach ist derzeit nicht möglich. Was fehlt, sind Wohnmöglichkeiten für Künstler*innen in Residenz. Die drei Tanzstudios im K3 reichen in Anzahl und Raumgröße längst nicht mehr aus. Nicht zuletzt deshalb sind in den letzten Jahren vermehrt Ausweichformate entstanden, die sich außerhalb des Hauses in andere Richtungen ausdehnen. Dies betrifft sowohl geografische Erweiterungen in den regionalen, nationalen und europäischen Raum, als auch den Schulraum und – nicht zuletzt – den digitalen Raum des seit zwei Jahren entstehenden hybriden Tanzhauses K3.

Die internen Kooperationspotenziale sind sicher noch nicht ausgeschöpft. Mit Blick auf die anstehende Bau- und Sanierungsphase und die damit einhergehende Neuerfindung von Kampnagel insgesamt ist mein Jubiläumswunsch deshalb, K3 als Tanzhaus und als choreografische Praxis räumlich und strukturell gestärkt in die Zukunft zu entwickeln, um die Potenziale von K3 nach innen und außen noch sichtbarer und wirksamer zu machen und noch mehr Menschen mit Tanz zu erreichen, u. a. durch weitere Residenzformate, die Weiterentwicklung des hybriden Tanzhauses K3 und ein neues großes Tanzstudio mit einem 24/7-Tanz- und Kursangebot für alle als Teil einer noch zu gründenden K3-Akademie für Tanzinteressierte und Tanzschaffende gleichermaßen.

Zum Ende von Tanzplan Deutschland im Jahr 2010 war es übrigens alles andere als selbstverständlich, dass die neun erfolgreich neu aufgebauten Tanzstrukturen weiter bestehen können. Die Finanzkrise 2008 schien gute Argumente zu liefern, die sehr überschaubaren Summen für die Fortsetzung von Tanzplan ab 2011 mit dem Argument der angespannten öffentlichen Haushalte in Frage zu stellen. Auch in Hamburg gelang dies nur nach zwei Jahren intensiver kulturpolitischer Überzeugungsarbeit – und der Tatsache, dass mit Hamburger Mitteln eine Infrastruktur geschaffen, ein Haus für den Tanz gebaut worden war. Ohne diesen Hausbau und die eindeutige Verortung des K3 in der gleichnamigen Halle gäbe es dieses international bedeutende Zentrum wohl nicht mehr. Fünfzehn Jahre später steht der Tanz bundesweit strukturell zwar besser, aber immer noch fragil da, weil viele grundlegende Programmbereiche und Arbeitsfelder – wie z. B. der Tanz für junges Publikum – nach wie vor nur projektfinanziert, also nicht strukturell verankert sind. Hamburg hat es 2010/11 geschafft, K3 als Tanzhaus zu erhalten. Für die Zukunft gilt es nun, den bestehenden und sich neu entwickelnden Programmbereichen des Tanzhauses eine finanzielle und räumliche Perspektive zu geben, die dem Status als Teil des Staatstheaters Kampnagel adäquat ist.

Vernetzen, forschen, fördern, unterstützen, beraten, verbinden, produzieren, weiterbilden, (Frei-)Raum und Zeit geben, entwickeln, ausprobieren, kommunizieren, Begegnungen mit und durch Tanz schaffen, Tanz neu verorten, Tanzwissen in verschiedene gesellschaftliche Bereiche einbringen, kontinuierlich neue Förderquellen erschließen – K3 wirkt seit über fünfzehn Jahren kontinuierlich für den Tanz. Damit ist K3 nicht nur eine essentielle Struktur für die Kunstform – sondern schafft auch permanent neue Strukturen für den Tanz: K3 ist nicht nur ein Tanzhaus, sondern zugleich eine choreografische Praxis, die nach innen auf Kampnagel und vor allem nach außen wirkt.

K3 | TANZPLAN HAMBURG – ON FIFTEEN YEARS OF A DANCE HOUSE AND CHOREOGRAPHIC PRACTICE
Kerstin Evert

Anniversaries are moments for self-enactment, for directing attention and for rendering »lifetime achievements« visible. This is something Kampnagel has always been good at – not least because the prime movers in and at and around the house, who have switched or stayed over the decades, are united by a particular persistence: the search for innovative approaches to the performing arts which are artistic and critical, as well as spatial and structural.

Forty years of Kampnagel also means fifteen years of K3 – Centre for Choreography | Tanzplan Hamburg at Kampnagel! The 2007 founding of K3 as an independent choreographic centre, as a dance house in the overall Kampnagel construct, was a logical development in the international culture factory's continuous self-discovery in form and content. In the founding phase, the site was occupied by highly disparate independent initiatives. While most of these initiatives no longer exist, they left their mark on the building, in memories and on the programme formats of today. Over the years, Kampnagel has established itself as a significant international theatre location – and developed hierarchical structures along the way. This didn't happen without resistance or contradictions both internal and external. Certainly by the time the hitherto independent international summer theatre festival was integrated into Kampnagel's structure in 2001, a site that had started out as a collection of numerous independent houses in the same building had become ONE production house.

From 2002 to 2007 I was a dramaturge on Artistic Director Gordana Vnuk's programme team. My main focal point was the independent scene with a particular emphasis on (contemporary) dance. Kampnagel has always had a central function for this art form. That's because the stages – both for large international productions in K6 and for research-oriented projects in the smaller halls – offer near ideal spatial conditions for dance pieces, and also because it was primarily choreographers and dance professionals who over the past forty years have constantly renewed the aesthetics and substance of dance from the perspective of the body in motion, and not just dance but the performing arts as a whole. At Kampnagel, both elements were able to combine and synergise.

Fifteen years ago, dance as an art form and practice was – and still is – structurally and financially in a far worse position than other performing arts. This applies both to the sixty or so dance ensembles at city and state theatres as well as the independent scene. You can still count the dance houses and choreographic centres in Germany on two hands. There still isn't a dance house for young audiences anywhere in the country. Rehearsal rooms that are suitable for dance – high, wide, bright, without pillars and with a sprung floor – are rare. Strengthening dance as an art form, substantially and sustainably, was the goal of the Federal Cultural Foundation when it launched the »Tanzplan Deutschland« initiative in 2005. The core of the five-year programme (2006 to 2010) was the nine on-site Tanzplan projects. What was particularly innovative about this initiative was that it was designed as a matching project, which meant that to receive federal funds, fifty percent of the budget planned for the respective project had to be counter-financed by municipalities and/or federal states. In many cities, this incentive saw cultural policy and its guardians sitting down together with dance representatives for the first time to develop ideas for advancing the art form based on its specific needs.

In 2005, Hamburg seized this opportunity and built a house for contemporary dance: K3. While I was working as a dramaturge at Kampnagel I developed Hamburg's Tanzplan in cooperation with dance journalist Edith Boxberger, based on a number of meetings with the city's dance representatives, moderated by the Hamburg cultural authority. At the time, it was clear what the dance scene wanted: a dance hall of its own as a specific location in Hamburg.

But with a potential (and modest) maximum budget from Tanzplan Deutschland of 1.2 million euros for five years – matched by the city of Hamburg – this would not have been financially viable. The new proposal to convert the exhibition hall k3 – which in the 1980s and 1990s was mainly used by a range of stakeholders and initiatives for exhibitions of visual artists – into a site for contemporary dance was a compromise solution. The idea behind this was a choreographic centre that would be integrated into the structure of Kampnagel GmbH, but which would have its own artistic direction independent of Kampnagel's Artistic Director(s), thus opening up an independent, permanent site for dance.

Hamburg's Tanzplan was the largest of the nine on-site projects. In the summer of 2007, Hall K3 was converted with Tanzplan funds into the clearly identifiable Choreographic Centre K3 (including three dance studios, kitchen, cloakrooms and a small storage area) and the adjacent Hall P1 became a studio stage – with a new floor, semi-flexible seating and what is still the only mobile rig at Kampnagel. In October 2007, K3 opened as a house for dance with its own anniversary: the sixtieth birthday celebration of the fictional (and absent) Polish choreographer »Veronika Blumstein«, with over sixty local and international artists participating. The figure of »Veronika Blumstein« was a placeholder for the K3 concept of inviting choreographers, dance professionals and artists from other disciplines to use the new studios for artistic research and project development, experimentation and investigation, teaching, training and production.

From the beginning there were three central programme areas, which have developed and dovetailed over the years with temporary and permanent projects and formats: residency and artistic work formats for international choreographers, training and qualification courses for dance professionals, as well as dance teaching and cultural education. Since 2007, the core of the programme has been the eight-month residency programme for international early-career choreographers, the only one of its kind. This was established as an environmentally and artistically sustainable residency format long before current preoccupations around green touring in the performing arts. This is reflected in over 200 international applications for the three eight-month residency grants each year, which provide vital input for the artistic development of numerous young choreographers.

The three programme areas are closely interwoven, with fluid boundaries between artistic work, training, research, dancing, as well as the transmission and reception of dance. This is the basis for deepening the artistic and social potential of the art form, for making it visible to the outside world. This approach has resulted in numerous collaborations, including the tanz.nord network, which has been connecting dance professionals in Hamburg and Schleswig-Holstein since 2020, and research projects such as the first artistic and academic graduate programmes carried out in cooperation with HafenCity University and the Fundus Theater, and European associations like Empowering Dance and Dance Well.

One strategic principle of K3 is to continually identify areas where dance has little or no presence. The resulting pilot projects are almost always mounted in close cooperation with local, regional, national and/or international partners. One concrete example: since 2007, K3 has been working with Hamburg schools to further the presence of dance as an artistic practice. But it was only with the intensive two-year cooperation with the Winterhude district school under the federal programme »Tanzfonds Partner« that a nationwide gap in the cultural programmes offered to children and young people was identified: the lack of professional dance pieces for young audiences. In collaboration with fabrik Potsdam and Munich's Fokus Tanz e.V., »explore dance – Netzwerk Tanz für junges Publikum« (explore dance – Dance Network for Young Audiences) was created in 2018 – an interstate pilot project which aimed to jointly produce and tour dance pieces for children and young people under the federal funding programme »TANZPAKT Stadt Land Bund«. The network, which was awarded the FAUST Perspektivpreis of the German Theatre Association in 2019 and has since expanded to include a further partner in Hellerau, Dresden in 2022 and is currently financed until 2023, aims to expand nationwide to offer children and young people opportunities for reception and active cultural activities in the art form of dance in as many places as possible.

It would probably have been even more effective for the development of dance in Hamburg if a dance house that was also structurally independent and visible in the urban setting had actually been built fifteen years ago. Nevertheless, the founding of K3 as an independent house within a house just a few years after the integration of the summer theatre festival, which had been independent until 2001, into the Kampnagel structure was and is groundbreaking, because it forms the basis for a decentralised structural approach that can provide important impetus in view of critical questions around power in theatre as an organisational form in Germany as a whole. Although organisationally part of the strong Kampnagel brand, K3 has managed to establish itself as a strong brand in the first fifteen years of its existence as a dance house (within the house) and to become one of the most stimulating centres for dance in Europe. Four factors are decisive here: the clear spatial location and planning autonomy of K3 in its own hall with its three current dance studios, the self-administration and organisation, the artistic and programmatic independence, as well as the clear positioning as a site for the art form of dance.

The K3 team combines the core tasks of dramaturgy and programming, communications and public relations, third-party fund management and the operations office. In day-to-day practice, there are communicative interfaces with the relevant specialist departments at Kampnagel. However, their work is not directly dependent on one another as such, as K3 is not a »department« with a sub-function of the overall operation, instead it can act dynamically and autonomously as an independent house in the core functions mentioned above. And the focus of K3 is clearly on dance as an art form, artistically and communicatively: as a house for dance professionals, those interested in dance and the structural enhancement of the art form itself. As such, the management and programme managers of K3 represent themselves and their work within the house and to the outside world. On the basis of this independence, K3 has been able to act as a qualified participant in the relevant local, regional, national and international networks right from the start. Through the high degree of innovation in the programmes and concepts, which are largely characterised by strong defining features and which develop pilot projects as solutions for structural deficits in the art form of dance in Germany and Europe as a whole, K3 was able to quickly gain international appeal and prestige.

The configuration of house-within-a-house comes with both advantages and disadvantages. As an independent centre, K3 can form an in-house counterpoint and focus on fundamental artistic research and development, on teaching and reflection, giving artists time and space in an unusual way – precisely because Kampnagel has a very high output of events overall. At the same time, the work of K3 also provides Kampnagel with fresh input overall by developing fields of action, programme formats, networks, artists and audiences.

On the other hand, the house-within-a-house configuration means there are limits, particularly spatial limits, to any extension of K3; currently it would be impossible to add more studios under the hall roof. What it needs are accommodation options for artists in residence. The three dance studios of K3 no longer suffice, either in number or size. This is one of the reasons that recent years have seen the rise of alternative formats, which are expanding beyond the house in other directions. This applies to geographical expansion in the regional, national and European area, as well as the classroom and – last but not least – the digital space of the hybrid dance house K3, which was established two years ago.

The potential for internal cooperation has certainly not been exhausted yet. In view of the forthcoming construction and renovation phase, and the reinvention of Kampnagel as a whole that this will entail, my anniversary wish is that the development of K3 as a dance hall and as a choreographic practice is spatially and structurally boosted for the future so the potential of K3 is even more visible internally and externally and more effective so it can reach even more people with dance, with more residency formats, further development of the hybrid dance house K3 and a new large dance studio with a 24/7 dance and course programme for all as part of a K3 academy which is yet to be established, for those interested in dance and those who work in dance alike.

Incidentally, when Tanzplan Deutschland ended in 2010, it was anything but apparent that the nine newly established dance structures would be able to continue. The financial crisis of 2008 seemed to provide good arguments, particularly in light of strained public budgets, for questioning the very modest sums for the continuation of Tanzplan from 2011 onward. In Hamburg, too, this was only made possible after two years of intensive cultural policy persuasion – and the fact that an infrastructure had been created with Hamburg funds, and a house for dance had been built. Without this house construction and the clear location of K3 in the hall of the same name, this internationally important centre would probably be no more. Fifteen years later, dance is structurally better situated nationwide, but it remains fragile because many fundamental programme areas and fields of work – such as dance for young audiences – are still only financed on a project basis, with no structural anchoring. Hamburg managed to keep K3 as a dance house in 2010/11. For the future, the task now is to give developing and existing programme areas of the Tanzhaus financial and spatial prospects commensurate with its status as part of the state theatre Kampnagel.

Networking, researching, funding, supporting, advising, connecting, producing, training, giving (free) space and time, developing, trying out, communicating, creating encounters with and through dance, relocating dance, bringing dance knowledge into different areas of society, continuously opening up new sources of funding – K3 has been continuously working for dance for over fifteen years. This means that K3 is not only an essential structure for the art form, it also constantly creates new structures for dance; K3 is not just a dance house, it is also a choreographic practice that has an internal impact on Kampnagel and, above all, the outside world.

WEITERMACHEN, ABER WIE?
Anas Aboura

Anas Aboura, Foto: Nadine Jessen

Als politischer Aktivist, der an der syrischen Revolution von Anfang an beteiligt war, an vielen Demonstrationen teilgenommen und Gruppen organisiert hat, die Menschen halfen, ihre Heimatorte zu verlassen und nach Damaskus zu kommen, verließ ich 2014 das Land. In Syrien zu bleiben war aus Sicherheitsgründen nicht mehr möglich, außerdem sollte ich zum Militärdienst eingezogen werden. Mein erstes Ziel war die Türkei – es war ein Jahr (2014 – 2015) voller Schwierigkeiten auf mehreren Ebenen, sowohl privat als auch politisch. Meine Reise endete im November 2015 in Hamburg, wo ich mich nach einigen Monaten politischen Gruppen anschloss, um aktivistische Veranstaltungen zu organisieren, darunter die »Conference on Migrants and Refugees«, die vom 26. bis 28. Februar 2016 auf Kampnagel stattfand. Diese Konferenz wurde von Migrant*innen und Geflüchteten selbst organisiert und bekam enorme Unterstützung seitens des Theaters sowie lokaler Aktivist*innengruppen. Damals war ich davon fasziniert und schockiert zugleich, dass Meinungsfreiheit nicht nur garantiert war, sondern im Gegensatz zu meinen Erfahrungen in Syrien auch tatsächlich stattfand. Wie hatten wir uns verstecken und besonders vorsichtig sein müssen, während wir gleichzeitig unser Leben riskierten, um uns Gehör zu verschaffen, um für Meinungsfreiheit und Freiheit im Allgemeinen einzustehen! Von diesem Moment an wusste ich, dass Kampnagel der richtige Ort ist, und hier kämpfte ich weiter dafür, dass unsere Stimmen laut bleiben, dass wir weiterhin für Gleichberechtigung einstehen und Partner in der Gesellschaft werden.

Seitdem geht der Kampf der Migrant*innen immer weiter und wird stärker. Wir äußern uns zu der rechten Politik in Europa und ihre Hassreden gegen uns. Dessen ungeachtet bleibt das Umfeld von Kampnagel als Institution und mit allen Beteiligten unverändert positiv. Sie setzen weiterhin ein Zeichen für Migrant*innenrechte, Antirassismus, Dekolonisierung und gleiche Rechte für alle Menschen in dieser Gesellschaft. Angesichts der globalen und lokalen Herausforderungen, die unseren Alltag beeinflussen, wird es immer notwendiger, diesen Kampf fortzusetzen. Daher müssen wir uns als Individuen zusammentun. Unterstützung ist unentbehrlich.

KEEP GOING, BUT HOW?
Anas Aboura

As a political activist in Syria who had joined the Syrian revolution from the very first moment and who had taken part in plenty of demonstrations and groups helping people leave their home towns and come to Damascus, I left Syria in 2014. For safety reasons I couldn't stay there any more. In addition to that, I was due to do my military service. My first destination was Turkey – a difficult year (2014–2015) full of struggle on many levels, personal and political. My journey ended in Hamburg in November 2015, where after a few months I joined forces with some political groups to organise activist events and the »Conference on Migrants and Refugees« held at Kampnagel 26–28 February 2016. The conference was organised by migrants themselves with massive support from the theatre venue and local activist groups. In that moment, I was fascinated and at the same time shocked that free speech is guaranteed and put into practice, in contrast to my experience in Syria. How we had to hide and take extra precautions, but simultaneously risk our lives to make our voices heard, just to demand the right of free speech and freedom in general! In that particular moment, I knew that Kampnagel was the place to be, where I continue the fight to raise our voices and stand up for equal rights to become partners in society.

As the days go by, our struggles as migrants continue and grow. We respond to the rise of right-wing politics in Europe with their hate speech against migrants. Nevertheless, the environment of Kampnagel as an institution, and all the individuals within it, has never changed or diminished. They continue to advocate for migrants rights, anti-racism, decolonisation and equal rights in this society.

There is an even greater need to keep that fight going with all the global and local challenges that affect our daily lives, and so as individuals, we need to be united. Support is indispensable.

SELBST-INSTITUTIONALISIERUNG DE LUXE!
Mable Preach

»Gurl' We are not a nish!! – so don't treat us like that.«

Mein Ziel für 2016 als Regisseurin, Kuratorin und Netzwerkerin war es, eine Plattform und ein Netzwerk zu schaffen, das in kürzester Zeit so wichtig für Hamburg und Umgebung wird, dass wir nicht mehr wegzudenken sind. Claming Spaces and Black and Brown Faces all over in White Spaces. Ich wollte rein in die Institutionen. Von innen heraus strahlen, um ein Zeichen zu setzen. Mein Mechanismus dafür war recht einfach. Ich hatte das Privileg, durch meine Arbeit bei Lukulule e.V. bereits einen Hebel umgelegt zu haben, sodass ich von verschiedenen Institutionen für diverse Projekte gebucht wurde. Ich habe den Institutionen, in denen ich gearbeitet habe, genau auf die Finger geschaut und ihre Methoden kopiert: Aktuell repräsentieren wir rund sechzig Künstler*innen aus unterschiedlichen Sparten, vor allem Musik, Tanz/Performance, Spoken Word/Poetry und Bildende Kunst. Die Arbeit im Kollektiv verändert auch die Arbeit hinter den Kulissen. Nicht nur die Inhalte der Kunst, die wir produzieren, spiegeln ein breites Spektrum unterschiedlicher Identitäten und Lebensrealitäten wider, auch die Struktur bildet diese Vielfalt ab: So besteht das Team sowohl aus BIPoC und *weißen* Menschen als auch aus queeren, neurodivergenten und nicht-akademischen Menschen. Gemeinsam sucht das Team nach Strategien, die Logiken der lokalen Szene zu hinterfragen und sie von innen heraus zu verändern. Diese Arbeit bedeutet für uns selbstverständlich, die Räume zu besetzen, in denen wir traditionell nicht präsent sind. Es bedeutet, Aktivismus nicht nur als Beiwerk zur Kunst, sondern als festen Bestandteil von Produktion und Vermittlung zu verstehen. Das Kollektiv sieht sich als ein Netzwerk, das notwendige Veränderungen in der Gesellschaft erkennt und selbstbestimmt herbeiführt. Mit treuen Weggefährten wie u. a. FOGG, Mosaiq e.V., eeden e.V., TopAfric e.V. und AFROTOPIA steht das Netzwerk für inklusive, intersektionale Kunstvermittlung und Produktion.

Wer bringt zum Date ihre Brüder und Schwestern? Me, Mable Preach!

Mable Preach, Foto: Sinje Hasheider

Wenn ich für eine Sache/Projekt angefragt werde, komme ich mit meiner BIPoC-Künstler*innen-Familie, die natürlich alle relevanten Fähigkeiten mitbringt. Diesen Mechanismus nenne ich seit 2017 Formation Now**. (Die Sterne stehen für die von mir gebildeten Allianzen.) 2020 gab es die erste Kooperation mit dem Internationalen Sommerfestival auf Kampnagel, seitdem ist Formation Now** in jedem Jahr sein fester Bestandteil (was 2022 zur Umsetzung des »Deutschen Museums für Schwarze Unterhaltung und Black Music« im ehemaligen Karstadt Sport in der Mönckebergstraße führte). Auch 2021 konnte das Kollektiv die Jury des Elbkulturfonds überzeugen: »now** let's Be ANTI-racist!« legt den Fokus auf die klare antirassistische Haltung des Festivals. In Workshops werden Black Joy und Healing thematisiert, aber auch ein Antirassismusworkshop für *weiße* Personen wird angeboten.

Pick me?! Nah!

Als Team warten wir aber natürlich nicht darauf, dass uns die großen Institutionen – seien es Museen, Theater oder Musik-Venues – ihre Türen öffnen. Vielmehr betreiben wir kontinuierlich Community Building für eine junge, diverse Hamburger Stadtgesellschaft. Es bildet sich ein Team junger Kurator*innen, die ein Netzwerk junger Künstler*innen unterschiedlicher Sparten nachhaltig in Austausch bringt. Die Formate zeichnen sich durch eine Verknüpfung von Entertainment und Education aus, sodass neben der gemeinschaftlichen Produktion und Rezeption von Kulturevents auch das Empowerment der Communitys durch kulturelle Bildung das Ziel ist.

Do we need a Festival? We sure do?

Unsere erste Idee war gleich ein großer Wurf: ein biennales Festival, das das »Tor zur Welt«, wie sich Hamburg selbst bezeichnet, zu einer Stadt macht, die diesem Namen auch gerecht wird: So verbinden sich bei FORMATION NOW** Aktivismus und Kunst auf ganz natürliche Art und Weise – intersektionale Perspektiven auf all die -ismen, die in den Köpfen herumschwirren, werden gestärkt. FORMATION NOW** produziert und präsentiert Kunst für, von und mit der jungen Stadtgesellschaft. Dabei eröffnet das Team neue Räume für die Produktion und Vermittlung von Kunst, indem es die Grenzen zwischen Kunstproduktion und -rezeption aufweicht: Die Schwelle, sich im Netzwerk von FORMATION NOW** selbst künstlerisch auszudrücken, ist bewusst niedrig gehalten.

Wer ist eigentlich dieses Empowerment?

Gemeinsam sucht das Team nach Strategien, die Logiken der lokalen Szene in Frage zu stellen und sie von innen heraus zu verändern. Wir achten verstärkt darauf, dass die Veranstaltungen von FORMATION NOW** wirklich inklusiv sind: Denn das Buzzword Barrierefreiheit bedeutet mehr als nur eine Rampe, mit der Treppenstufen überwunden werden können. Es bedeutet, Menschen mit den unterschiedlichsten Bedürfnissen zu sehen, zu verstehen und entsprechend zu handeln: Eine Ausstellung etwa ohne passenden Audioguide? Nicht mit uns! Ein Bühnenstück, das Menschen mit sensorischen Defiziten ausschließt? #Cancelled!

Wir wünschen uns und wir wünschen Kampnagel, dass wir weiterhin auf Augenhöhe miteinander kommunizieren, kooperieren und produzieren. Auf mindestens weitere vierzig Jahre erfolgreicher Zusammenarbeit!

Endless Potential …

Marginalisiert ja, minority no?

Ein Netzwerk, das Berge versetzen kann. The Power of Networks habe ich verstanden, als ich mir beispielsweise die Selbstermächtigungsstrategien auf Kampnagel angeschaut habe: Sich zu vernetzen schafft Sichtbarkeit, produziert Bedeutung und erleichtert es, gemeinsam Forderungen an die Kulturpolitik zu stellen. Meine künstlerische Karriere hat im Teenager-Alter in Institutionen begonnen – dort habe ich meine ersten Projekte entwickelt. Auch wenn ich nie verhindert wurde, hatte ich das Bedürfnis, selbst eine Institution zu werden, um einer jungen Generation von BIPoCs den Umweg und den langen Marsch durch die Institutionen zu ersparen. Anlässlich des Kampnagel-Jubiläums habe ich mit »Inauguration now« eine eigene Gala zu meinem Antritt als künftige Intendantin inszeniert. Future started already!

SELF-INSTITUTIONALISATION DE LUXE!
Mable Preach

»Gurl' We are not a nish!! – so don't treat us like that.«

My goal for 2016 as a director, curator and networker was to create a platform and a network that would quickly become so important for Hamburg and the surrounding area that it would be hard to imagine life without us. Claiming spaces and Black and brown faces all over in white spaces. I wanted to enter the institutions. Make a statement by shining from within. My mechanism for this was quite simple. Through my work at Lukulule e.V. I was privileged enough to have a lever to hand already, and I was booked by various institutions for a range of projects. I took a very close look at the institutions in which I worked and copied their methods; we currently represent around sixty artists from different disciplines, primarily music, dance/performance, spoken word/poetry and visual arts. Working in a collective changes the work behind the scenes as well. Not only does the substance of the art that we produce reflect a broad spectrum of different identities and realities of life, the structure itself reflects this diversity. The team consists of BIPOC and *white* people as well as queer, neurodivergent and non-academic individuals. Together the team seeks strategies that question the logic of the local scene and change it from within. For us, it is self-evident that this work means occupying the spaces where we are not traditionally represented. It means understanding activism not just as an accessory to art, but an integral element of production and dissemination. The collective sees itself as a network which recognises the changes that society needs and is self-determined in bringing them about. With loyal companions such as FOGG, Mosaiq e.V., eeden e.V., TopAfric e.V. and AFROTOPIA, the network stands for inclusive, intersectional art education and production.

Who takes her brothers and sisters on a date? Me, Mable Preach!

If I am asked for a thing/project, I bring my BIPOC artist family, who naturally come with all the relevant skills. Since 2017 I have called this mechanism Formation Now** (the asterisks stand for the alliances I have formed). In 2020 there was the first cooperation with the International Summer Festival at Kampnagel, since then Formation Now** has been an integral part every year, which in 2022 resulted in the establishment of the »Deutsches Museum für Schwarze Unterhaltung und Black Music« (German Museum for Black Entertainment and Black Music) in the former Karstadt Sport on Mönckebergstraße. And in 2021 the collective also managed to win over the jury of the Elbkulturfonds; »now** let's Be ANTI-racist!« focuses on the unambiguously anti-racist stance of the festival. There are workshops that focus on Black joy and healing, but also an anti-racism workshop for *white* people.

Pick me?! Nah!
Naturally, as a team we don't wait for the big institutions – museums, theatres or music venues – to open their doors to us. Instead, we are continuously engaged in community building for a young, diverse Hamburg urban community. A team of young curators is forming, which is bringing a network of young artists from different disciplines into sustainable exchange. The formats are distinguished by a combination of entertainment and education, so as well as the joint production and reception of cultural events, the goal is to empower communities through cultural education.

Do we need a festival? We sure do!

Our first idea was also a big success: a biennial festival that turns the »Gateway to the World«, as Hamburg refers to itself, into a city that actually lives up to this label. This is how Formation Now** combines activism and art in a very natural way – strengthening intersectional perspectives on all the -isms floating around in our minds. Formation Now** produces and presents art for, by and with young civic society. The team opens up new spaces for the production and communication of art by blurring the boundaries between art production and reception; in the Formation Now** network the threshold for artistic expression is deliberately low.

What exactly is this empowerment?

Together the team looks for strategies that question the logic of the local scene and change it from within. We are intensively focused on ensuring that Formation Now** events are truly inclusive; because the buzzword »accessibility« means more than just a ramp between levels. It means seeing and understanding people with the most diverse needs, and acting accordingly. An exhibition without a suitable audio guide? Not with us! A stage play that excludes people with sensory deficits? #Cancelled!

For ourselves and for Kampnagel our wish is that we continue to communicate, cooperate and produce with each other on an equal footing. Here's to at least another forty years of successful cooperation!

Endless potential …

Marginalised yes, minority no?

A network that can move mountains. I understood the power of networks when I looked at the self-empowerment strategies at Kampnagel. For example: networking creates visibility, produces meaning and makes it easier to make joint demands of cultural policy. My artistic career began in institutions when I was a teenager – that's where I developed my first projects. Even if I was never impeded, I felt the need to become an institution myself to save a young generation of BIPoCs the roundabout route and the long march through the institutions. On the occasion of the Kampnagel anniversary, I staged »Inauguration now«, my own gala for my future appointment as Artistic Director. Future started already!

RÄUME UND HETEROTOPIEN
SPACES AND HETEROTOPIAS

WORKBOOK 2

RÄUME UND HETEROTOPIEN

Lucien Lambertz und Anna Teuwen

Betritt man das Kampnagel-Gelände in der Hamburger Jarrestraße, fällt zunächst die schiere Größe ins Auge: Kampnagel, das sind 12.000 Quadratmeter bebaute Fläche. Sechs Aufführungshallen für jeweils 120 bis 1.200 Zuschauer*innen und das Zentrum für Choreographie K3 gruppieren sich um das 1.000 Personen fassende Foyer. Hinzu kommen ein Restaurant, ein Programmkino, ein Tonstudio, fünf Probebühnen, Lager- und Büroflächen. Während der Spielzeit bildet eine große Piazza den Treff- und Sammelpunkt für das Publikum; beim Sommerfestival wird der Haupteingang in den rückwärtigen Garten verlegt, in dessen Zentrum das Migrantpolitan, Avantgarden und die Waldbühne dauerhaft angesiedelt sind (vgl. Nadine Jessen und Gregor Zoch S. 116).

Im Inneren zeugen nicht (mehr) unbedingt nachvollziehbare Raumbezeichnungen wie »Apfel-«, »Birnen-« oder »Stöckelmannraum«, »Meisterbude«, »Links vorbei« und eine Durchnummerierung der Hallen von k1 bis k6 (allerdings ohne k5, dafür mit p1 und kmh) von einer sukzessiven Erschließung des Geländes und einer lange gewachsenen, nicht aus einer Hand geplanten Struktur.

Alte Krantrassen, verplombte Eingänge zu Kellerbunkern, zerfurchte Wände mit abblätternden Farbschichten und knarzende Tribünen aus den 1980er Jahren sind Relikte einer vielschichtigen Vergangenheit, die bis in die Gegenwart reicht: Kampnagel war Ort der Industrie, der Arbeiter*innenkämpfe, des Faschismus und des Widerstands dagegen, der künstlerischen Besetzung in den 1980ern, bevor es zum Haus der lokalen und internationalen Kunst- und Diskursproduktion und zur Plattform einer vielfältigen Stadtgesellschaft wurde. Generationen von Künstler*innen haben sich in die berüchtigten baulichen Besonderheiten von Kampnagel verliebt, für sie zahlreiche künstlerische Bespielungskonzepte entwickelt und so mit ihren Arbeiten immer wieder auf den Ort selbst zurückverwiesen. Viele der in den letzten vier Jahrzehnten auf Kampnagel entstandenen Projekten haben sich zudem explizit mit Raumpolitiken auseinandergesetzt.

Foucault verwendet den Begriff der »Heterotopie« für »tatsächlich realisierte Utopien, in denen die wirklichen Plätze innerhalb der Kultur gleichzeitig repräsentiert, bestritten und gewendet sind«. Kampnagel ist ein Ort, der auch jenseits künstlerischer Produktionen – nämlich als Gelände, als Institution und als Netzwerk – immer wieder sein Potential bewiesen hat, Heterotopien hervorzubringen und zu beherbergen – in Form von Oasen oder Modellversuchen, in denen bestimmte machtvolle kulturelle Unterscheidungen – zwischen Hoch- und Subkultur, Professionellen und Laien, Entscheidenden und Ausführenden, legal und illegal, Erwachsenen und Kindern, Erinnern und Vergessen – außer Kraft gesetzt wurden.

SPACES AND HETEROTOPIAS

Lucien Lambertz and Anna Teuwen

When you enter the Kampnagel site on Jarrestrasse in Hamburg, the first thing that strikes you is the sheer scale: Kampnagel is 12,000 square metres of occupied space. Six performance halls for audiences of between 120 and 1,200 each and the K3 – Centre for Choreography are arranged around the foyer which can hold 1,000 visitors. On top of that there's a restaurant, an arthouse cinema, a recording studio, five rehearsal stages, storage and office space. During seasons, a large piazza forms a meeting place for audiences; for the Summer Festival, the main entrance is moved to the back garden, which hosts the permanent locations Migrantpolitan, the Avant-Garten and the Waldbühne (see Nadine Jessen and Gregor Zoch p. 117).

Inside, there are room names that might not be readily comprehensible (any more), which translate as the »Apple Room«, »Pear Room«, »Stöckelmann Room«, »Masters' Room«, »Keep Left«, and numbered halls from k1 to k6 (although without k5, but with the addition of p1 and the kmh). They testify to the gradual development of the site and a structure assembled from multiple sources which has evolved over a long period. Old crane tracks, sealed entrances to basement bunkers, rutted walls with peeling layers of paint and creaking stands from the 1980s are relics of a many-layered past which reaches into

Trance, Tianzhou Chen, 2022, Foto: Maximilian Probst
Vorherige Seite: Do's & Don'ts – Eine Fahrt nach allen Regeln der Stadt, Rimini Protokoll, 2018, Foto: Anja Beutler

[**IN EINER AUFBLASBAREN SKULPTUR WURDE 2015 EIN TEMPORÄRER HAMAM IN DER KAMPNAGEL-VORHALLE EINGERICHTET – MIT HEISSEM STEIN, DAMPF UND SOWOHL WELLNESS-ANGEBOTEN ALS AUCH DISKURS-PROGRAMM.** **IN 2015, A TEMPORARY HAMMAM WAS SET UP WITHIN AN INFLATABLE SCULPTURE – WITH HOT STONES, STEAM, WELLNESS SERVICES AND A DISCOURSE PROGRAMME.**]

the present. Kampnagel was a place of industry, of workers' struggles, of fascism and those who resisted it, and the artistic occupation of the 1980s, before it became a house for production of art and discourse both local and international, and a platform for a diverse civic society.

Generations of artists have fallen in love with the infamous structural idiosyncrasies of Kampnagel, developed numerous artistic performance concepts for them and repeatedly returned to the history of the site itself as reference point in their work. Many of the projects created at Kampnagel over the last four decades have also explicitly dealt with spatial politics.

Foucault uses the term »heterotopia« for »actually realised utopias in which the real emplacements […] within culture, are simultaneously represented, contested and inverted«. Kampnagel is a place that, even beyond artistic productions – that is, as a site, as an institution and as a network – has consistently demonstrated its potential for producing and accommodating heterotopias, in the form of oases or model experiments in which certain powerful cultural distinctions – between high culture and subculture, professional and amateur, decision-maker and executor, legal and illegal, adult and child, remembering and forgetting – are suspended. Over the years, this has given rise to numerous temporary and non-temporary spaces at, and issuing from, Kampnagel, creating contexts for alternative forms of collaboration and knowledge production, of learning and unlearning, of remembering, of cohabitation, of celebration, of exertion and of ritual. This workbook is about these spaces.

SPACES OF DE-HIERARCHISATION

The fact that a collaboration whose hierarchies do not correspond to social norms can, at least temporarily, produce greater and lesser miracles and often result in completely new artistic forms – this is evidenced by the work of the group SKART & Masters of the Universe, which has been working as a

Kampnagel, Hamamness, 2015, Foto: Anja Beutler
Vorherige Seite: Emergenz, Jose Vidal, 2019, Foto: Gültekin

> **DIE BAR WIRD VON MITGLIEDERN DES MIGRANTPOLITAN UND DER DRAMATURGIE BETRIEBEN, DIE DEN RAUM NICHT NUR FREIHALTEN VON TOXISCHEN STIMMUNGEN, SONDERN AM ENDE MEIST AUCH ALS LETZTE DAS LICHT AUSMACHEN.**
>
> **THE BAR IS RUN BY MEMBERS OF MIGRANTPOLITAN AND THE DRAMATURGY DEPARTMENT, WHO NOT ONLY KEEP THE ROOM FREE OF TOXIC ATMOSPHERE, BUT ARE ALSO USUALLY THE LAST TO LEAVE AT THE END.**

collective since 2013 with a relatively stable configuration across a wide age range, with members aged from around seven to 40. Over the years, and under professional conditions, the team has repeatedly elaborated ways of working equitably which function under the condition of different levels of experience (see SKART & Masters of the Universe, p. 143).

The Chilean choreographer Jose Vidal provided another example in 2019 with the Kampnagel production »Emergenz«, which he himself once described as an attempt to abolish the choreographer as a determining authority. As a production with more than a hundred participants, »Emergenz« seeks answers to the question of how society emerges from individual bodies, and forms a kind of laboratory for examining self-organising systems in which dancers of differing origins, cultures, age groups and expertise come into contact with each other. Instead of learning a fixed choreography, the participants are encouraged to define and record movement impulses within a numerical grid and to continuously interact with light, video mapping and a composition that is created live at every performance. In a constantly evolving production, the audience experiences each participant, each element as equally important.

SPACES OF UNLEARNING

Unlearning acquired knowledge about hierarchies and hegemonies, gender roles, cultural history and behaviour patterns is the basis of every new concept. In various formats, Kampnagel regularly creates spaces for unlearning in which new aesthetics, discourse cultures and theoretical productions can develop with protection, while communities can come together and share experiences.

In June 2015, the foyer hosted a temporary hammam within an inflatable sculpture – with hot stones, steam, wellness services and a discourse programme which soaked and scrubbed away dualisms between Orient/Occident,

So entstanden auf Kampnagel, und von hier aus gedacht im Laufe der Zeit zahlreiche temporäre und nicht-temporäre Räume, die Kontexte für alternative Formen der Kollaboration und Wissensproduktion, des Lernens und Verlernens, des Erinnerns, des Zusammenlebens, des Feierns, der Verausgabung und des Rituals hervorbrachten. Von solchen Räumen handelt das folgende Workbook.

RÄUME DER DE-HIERARCHISIERUNG

Dass eine Zusammenarbeit, die in ihren Hierarchien nicht den gesellschaftlichen Normen entspricht, zumindest temporär kleinere und größere Wunder hervorbringen kann und nicht selten zu ganz neuen künstlerischen Formen führt – davon zeugt die Arbeit der Gruppe SKART & Masters of the Universe, die seit 2013 in einer relativ stabilen Personenkonstellation altersgemischt – mit Mitgliedern von ca. 7 bis 40 Jahren – als Kollektiv zusammenarbeitet. Unter professionellen Bedingungen hat das Team über die Jahre immer wieder herausgetüftelt, wie gleichberechtigtes Arbeiten unter der Voraussetzung unterschiedlicher Erfahrungshorizonte funktionieren kann (Vgl. SKART & Masters of the Universe, S. 140).

Ein anderes Beispiel lieferte 2019 der chilenische Choreograf Jose Luis Vidal mit der Kampnagel-Produktion »Emergenz«, die er selbst einmal als Versuch beschrieben hat, den Choreografen als bestimmende Instanz abzuschaffen. Als Produktion mit mehr als hundert Mitwirkenden sucht »Emergenz« Antworten auf die Frage, wie aus einzelnen Körpern Gesellschaft entsteht, und bildet eine Art Labor zur Untersuchung sich selbst organisierender Systeme, in dem Tänzer*innen aufeinandertreffen, die sich nach Herkunft, Kultur, Altersgruppe und Kompetenzen unterscheiden. Anstatt eine feste Choreografie zu erlernen, sind die Mitwirkenden angehalten, innerhalb eines numerischen Rasters selbstbestimmt Bewegungsimpulse zu setzen und aufzunehmen sowie kontinuierlich mit Licht, Videomapping und einer jeden Abend live entstehenden Komposition zu interagieren. Jeder Beteiligte, jedes Element wird hier als gleich wichtig erfahren in einer Inszenierung, die stetig im Werden ist.

RÄUME DES VERLERNENS

Erlerntes Wissen über Hierarchien und Hegemonien, Geschlechterrollen, Kulturgeschichte und Verhaltensmuster zu verlernen, ist Basis jedes neuen Entwurfs. In verschiedenen Formaten werden auf Kampnagel daher regelmäßig Räume des Verlernens geschaffen, in denen sich neue Ästhetiken, Diskurskulturen und Theorieproduktionen geschützt entfalten, Communitys zusammenkommen und Erfahrungen teilen können.

Im Foyer wurde im Juni 2015 ein temporärer Hamam in einer aufblasbaren Skulptur eingerichtet – mit heißem Stein, Dampf, Wellness-Angeboten und Diskursprogramm, in dem Dualismen zwischen Orient/Okzident, Körper/Geist, Mann/Frau, mit/ohne Migrationshintergrund aufgeweicht und abgeschrubbt wurden.

body/mind, man/woman, with/without migration background.
At the annual Queer B-Cademy, the Westfoyer is transformed into an installative festival space for three days which offers a queer alternative for all the senses – with discourse, workshops, music and performances (cf. Daniel Chelminiak p. 136).
As an institution, we always try to relearn and take external feedback into account. The text by Kerstin Hagemann, a regular visitor to Kampnagel (see p. 119), shows that this does have an impact, that it does get noticed, but also that processes can often be long and complicated.

Kampnagel, Hamamness, 2015, Foto: Anja Beutler

Walking Holding, Rosana Cade, 2019, Foto: Rosie Haeley
Vorherige Seite: Fabrice Mazliah / (MAMAZA), Garden State*Hamburg, 2018, Foto: F. Sonntag

SPACES OF COUNTERCULTURE, RAPTURE AND ABANDON

As a site for art that has to configure its daily operations around a variety of requirements such as regulations, rosters and ticket sales, Kampnagel has been sustainably establishing spaces that resist these requirements in different ways for many years now. The best known is the Kampnagel club, the kmh («Kampnagel Music Hall»): a place of collective rapture and abandon, where the evenings are long even if only a handful of people turn up. The series of events programmed here follows an explicit deficit logic rather than a normative logic. Programmes by and for communities of queer, migrant, feminist and black subcultures fills gaps in the city's event schedule, from which marginalised actors are often excluded. In recent years, this has given rise to formats such as »Queereeoké«, »Feminist Bad(B)Ass«, »DUB-KE: Adventures in Arab Techno«, »Oriental Karaoke«, »Afro Pride«, »Salon Queertronique«, the »Darb Attabana Youth Club« party, as well as festivals like »Transtronica« and the »Queer-B-Cademy«. The bar is run by members of Migrantpolitan and the dramaturgy department, who not only keep the room free of toxic atmosphere, but are also usually the last to leave. In the rapture of the night, those who have to defend themselves against discrimination in everyday life can let go, find their communities, transform anger, recharge their batteries and gain hope (further texts about the club by Saeleen Bouvar (p. 133), Daniel Chelminiak (p. 136) and Nadine Jessen/Gregor Zoch (p. 117).

OVERWRITING PUBLIC SPACE

But Kampnagel hasn't just installed spatial utopias in its own house in recent years; public space and the normative inscribed in it has also been repeatedly overwritten, transformed or made newly experiential through artistic changes in perspective.

Think of the piece »Do's & Don'ts« (2018 at Kampnagel) by the group Rimini Protokoll, in which the audience is driven through the city on a small stand

Bei der jährlichen Queer B-Cademy wird das Westfoyer für drei Tage in einen installativen Festival-Space transformiert, der einen queeren Gegenentwurf für alle Sinne bietet – mit Diskursen, Workshops, Musik und Performances (vgl. Daniel Chelminiak S. 135).

Auch als Institution versuchen wir immer wieder umzulernen und auch Feedback von außen zu berücksichtigen. Dass dies Wirkung zeigt und wahrgenommen wird, aber auch, dass Prozesse oft langwierig sind, zeigt der Text von Kerstin Hagemann, Stammbesucherin auf Kampnagel (vgl. S. 118).

RÄUME DER COUNTER-KULTUR, DES RAUSCHS UND DER VERAUSGABUNG

Als Ort der Kunst, der seinen täglichen Betrieb an einer Vielzahl von Anforderungen wie Vorschriften, Dienstplänen oder Ticketverkäufen ausrichten muss, etabliert Kampnagel seit vielen Jahren nachhaltig Räume, die sich diesen Anforderungen auf unterschiedliche Weisen widersetzen. Am bekanntesten ist der Kampnagel-Club, die kmh (»Kampnagel Music Hall«): ein Ort des kollektiven Rausches und der Verausgabung, an dem die Abende auch dann lang sind, wenn nur wenige kommen. Hier werden Veranstaltungsreihen programmiert, die nicht einer normativen, sondern explizit einer Defizitlogik folgen. Programme aus und für Communitys der queeren, migrantischen, feministischen, Schwarzen Subkulturen schließen Lücken mit Blick auf das Veranstaltungsangebot der Stadt, aus dem marginalisierte Akteur*innen häufig ausgeschlossen werden. So entstanden in den vergangenen Jahren Formate wie »Queereeoké«, »Feminist Bad (B)Ass«, »DUB-ke – Adventures in Arab Techno«, »Oriental Karaoke«, »Afro Pride«, »Salon Queertronique«, die »Darb Attabana-Jugendclub«-Party, aber auch Festivals wie »Transtronica« und die »Queer-B-Cademy«. Die Bar wird von Mitgliedern des Migrantpolitan und der Dramaturgie betrieben, die den Raum nicht nur frei von toxischen Stimmungen halten, sondern meist auch als letzte das Licht ausmachen. Im Rausch der Nacht können hier diejenigen loslassen, ihre Communitys finden, Wut transformieren, Kraft tanken und Hoffnung schöpfen, die sich im Alltag gegen Diskriminierung wehren müssen (weitere Texte zum Club von Saeleen Bouvar (S. 130), Daniel Chelminiak (S. 135) und Nadine Jessen / Gregor Zoch (S. 116).

ÜBERSCHREIBUNGEN DES ÖFFENTLICHEN RAUMS

Aber nicht nur im eigenen Haus hat Kampnagel in den vergangenen Jahren Raumutopien installiert, auch der öffentliche Raum wurde immer wieder mit den in ihn eingeschriebenen Normativen überschrieben, transformiert oder durch künstlerische Perspektivwechsel neu erfahrbar gemacht.

Man denke nur an das Stück »Do's & Don'ts« (2018 auf Kampnagel) der Gruppe Rimini Protokoll, bei dem das Publikum auf einer Tribüne im Inneren eines LKW durch die Stadt gefahren wird und durch eine verspiegelte Glaswand den urbanen Alltag als Inszenierung betrachtet – angeleitet von zwei Kids, die über Lautsprecher erklären, welche Regeln und Verbote die besuchten Orte prägen.

In dem interaktiven Projekt »Walking Holding« von Rosana Cade treffen die teilnehmenden Zuschauer*innen auf ihrem Weg durch die Stadt immer wieder auf Menschen unterschiedlicher Herkunft, Hautfarbe, Gender, Alter und körperlicher Konstitution, die sich unerwartet aus der Masse der Passant*innen herauslösen und ihnen für einen kurzen gemeinsamen Spaziergang die Hand reichen. Als temporäre Begleiter*innen machen sie ihren Blick auf die Stadt, aber auch den Blick der Stadt auf ihre teils marginalisierten Körper erfahrbar.

---

inside a truck with a mirrored glass side from which to view everyday urban life as if it were a theatre production – guided by two kids who use loudspeakers to explain the rules and prohibitions that characterise the places they visit. In Rosana Cade's interactive project »Walking:Holding«, participating audience members make their way through the city and meet various people of different backgrounds, skin colour, gender, age and physical constitution, who unexpectedly emerge from the mass of passers-by and hold hands with them for a short walk together. These temporary companions make their view of the city, as well as the city's view of their sometimes marginalised bodies, experiential.

The Mobile Albania collective has developed its working methods based on constant movement. In their projects, the artists enter into dialogue with the street and approach it seriously as a communal locus for collective research and artistic work. On a decommissioned bus or on foot, they »unmap« the city, practice »Das Verfahren« (The Procedure) or take their guests on tours with »Der Innerstädtische Wanderverein« (Inner-City Hiking Club) and produce completely new navigational contexts, temporalities and strategies.

In a cooperation with the Elbphilharmonie, the Dresdner Sinfoniker gave an open-air concert at a height of forty metres on the roofs of a Hamburg high-rise development to kick off the Hamburger Kultursommer (Hamburg Cultural Summer) in 2021. In the midst of the pandemic, the audience was able to enjoy the spectacular sound of the 16 alphorns, nine trumpets, four tubas and four Chinese Dà Gǔ drums on their own balconies, as an accompaniment to their strolling or seated on the adjacent lawn. The project »Statues of Resistance« by the group Agents Of History shows the history of anti-colonial resistance, its actors and networks, by digitally overwriting significant architecture in public spaces. The event made use of the [k] to go app programmed by Sirwan Ali during the corona pandemic.

Das Kollektiv Mobile Albania hat seine Arbeitsformen aus dem Unterwegssein heraus entwickelt. In ihren Projekten treten die Künstler*innen mit der Straße in Dialog und nehmen sie als gemeinschaftlichen Ort für kollektive Forschung und künstlerisches Arbeiten ernst. Mit einem ausrangierten Bus oder aber auch zu Fuß »entkarten« sie die Stadt, üben sich im »Verfahren« oder nehmen ihre Gäste mit auf Touren des »Innerstädtischen Wandervereins« und produzieren ganz neue navigatorische Zusammenhänge, Zeitlichkeiten und Strategien. In einer Kooperation mit der Elbphilharmonie gaben die Dresdner Sinfoniker zum Auftakt des Hamburger Kultursommers 2021 ein Open-Air-Konzert in vierzig Metern Höhe auf den Dächern einer Hamburger Hochhaussiedlung. Inmitten der Pandemie konnte das Publikum dem spektakulären Sound der 16 Alphörner, neun Trompeten, vier Tuben und vier chinesischen Dà Gü-Trommeln auf dem eigenen Balkon, bei einem Spaziergang oder auf den angrenzenden Rasenflächen lauschen.

Das Projekt »Statues of Resistance« der Gruppe Agents Of History zeigt die Geschichte des antikolonialen Widerstandes, seiner Akteur*innen und Netzwerke, indem signifikante Architekturen im öffentlichen Raum digital überschrieben werden. Dafür wurde die von Sirwan Ali während der Corona-Pandemie programmierte k-to-go-App verwendet.

RÄUME DER KOLLEKTIVEN WISSENSPRODUKTION UND BEGEGNUNG

Jährlich finden auf Kampnagel interdisziplinäre Konferenzen und Symposien statt – mit Hamburger Partnern wie der ZEIT-Stiftung Ebelin und Gerd Bucerius, der Hamburg Kreativgesellschaft, PSI – Performance Studies International oder der Universität Hamburg.

Hervorzuheben sind außergewöhnliche Formate der Wissensvermittlung und -distribution, die tradierte Hegemonien und Hierarchien in der Wissenschaft zu überwinden suchen – wie etwa die künstlerischen Projekte von Hannah Hurtzig, die mit ihrem erfolgreichen Serienformat »Markt für nützliches Wissen und Nicht-Wissen« ganze Wissensarenen im Theaterraum kreiert, in denen die Unterscheidung zwischen Wissenschafts- und Alltagsexpert*innen ebenso verschwimmt wie die zwischen Performer*in und Zuschauer*in.

Beim transnationalen Kongress »The Art of Being Many« von Sibylle Peters trafen sich 2014 Real-Democracy-Aktivist*innen, Künstler*innen, Wissenschaftler*innen und andere Teilnehmer*innen aus der ganzen Welt, um eine Versammlung zu Strategien und Praktiken der Versammlung abzuhalten.

Bei der »International Conference of Refugees and Migrants« (vgl. Workbook 4 Kompliz*innenschaft und Gastgeberei) kamen im Jahr 2016 über 2.000 Aktivist*innen aus ganz Europa zusammen, um sich über die aktuelle Situation von Geflüchteten und ihre Handlungsperspektiven auszutauschen. Die Vorhalle wurde für die Konferenzteilnehmer*innen zum temporären »Blue Flamingo Hotel« – inklusive Rezeption (vlg. Förster-Baldenius, S. 122). Gestaltet von der Gruppe Raumlabor, sollte es nicht nur die angereisten Gäste beherbergen, sondern auch darauf verweisen, wie temporäre Unterkünfte für Geflüchtete komfortabel und mit Rücksicht auf die Privatsphäre des Einzelnen gestaltet werden können.

So wird Kampnagel immer wieder zum Lebensraum, in dem sich Künstler*innen, Zuschauer*innen und Nachbar*innen begegnen und Kunst und Leben verschmelzen: Unter dem Titel »Frost« eröffnete die Hamburger Gruppe Baltic Raw im Jahr 2012 eine temporäre Sauna auf der Piazza – samt performativer Bar. Während des Festivals »Old School« strickten Senior*innen aus der Nachbarschaft neongelbe Wollsocken im Foyer, vertrieben sie als Kampnagel-Merch und luden zum gemeinsamen Kuchenessen ein. Für das Projekt »Garden State« von Mamaza stellten über hundert Hamburger Haushalte temporär ihre Zimmerpflanzen zur Verfügung, die im Foyer zu einem gigantischen Dschungel verwuchsen, der zum Verweilen, Flanieren und Picknicken einlud.

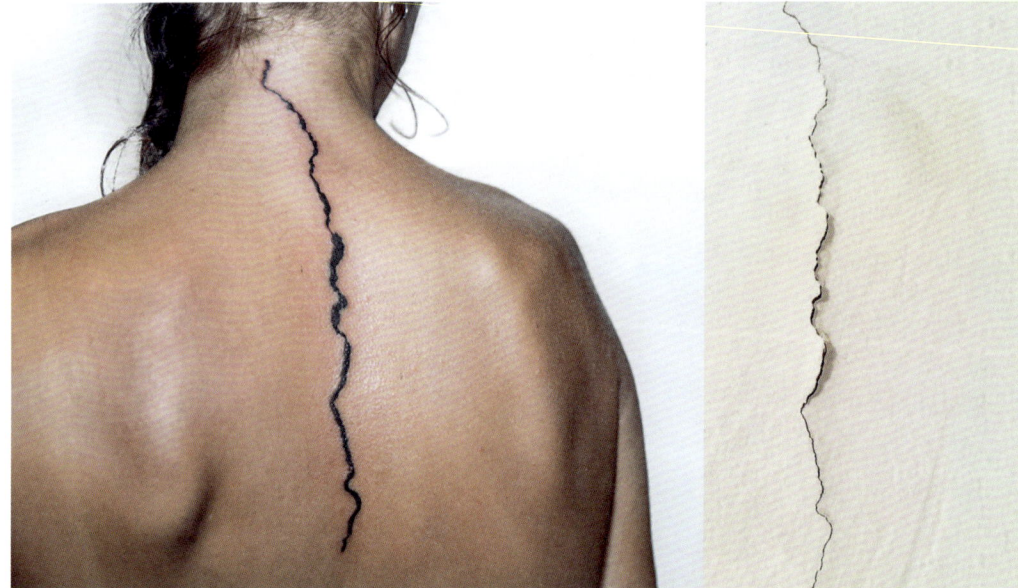

Untitled#, Valentina Medda/INK ABOUT IT! – Tattoo Convention, 2022,
Foto: Valentina Medda
Vorherige Seite: This is Not Normal,
Juan Domínguez/Arantxa Martinez, 2021,
Foto: Peter Hönnemann

Temporäre Sauna, Berndt Jasper: F.R.O.S.T., 2012, Foto: Kampnagel

[**DIE STATUES OF RESISTANCE ZEIGEN DIE GESCHICHTE DES ANTIKOLONIALEN WIDERSTANDES, SEINER AKTEURE UND NETZWERKE, INDEM ES SIGNIFIKANTE ÖFFENTLICHE ARCHITEKTUREN DIGITAL ÜBERSCHREIBT.** STATUES OF RESISTANCE SHOWS THE HISTORY OF ANTI-COLONIAL RESISTANCE, ITS ACTORS AND NETWORKS, BY DIGITALLY OVERWRITING SIGNIFICANT ARCHITECTURE.]

SPACES OF COLLECTIVE KNOWLEDGE PRODUCTION AND ENCOUNTER

Kampnagel hosts interdisciplinary conferences and symposia every year – with Hamburg partners such as the ZEIT-Stiftung Ebelin und Gerd Bucerius, the Hamburg Kreativ Gesellschaft, PSI – Performance Studies International and the University of Hamburg.

Among the highlights are the extraordinary formats of knowledge transfer and distribution that seek to overcome traditional hegemonies and hierarchies in science – such as artistic projects by Hannah Hurtzig, who, with her successful series format »Markt für nützliches Wissen und Nicht-Wissen« (Market for Useful Knowledge and Non-Knowledge), creates entire arenas of learning in the theatre space in which the distinction between scientific and everyday experts is just as blurred as the line between performer and spectator.

At the transnational congress »The Art of Being Many«, staged by Sibylle Peters, »real democracy« activists, artists, scientists and other participants from around the world met in 2014 to hold an assembly on strategies and practices of assembly itself.

At the 2016 »International Conference of Refugees and Migrants« (cf. Workbook 4 Complicity and Hospitality) more than 2,000 activists from all over Europe came together to exchange views on current conditions for refugees and their prospects for action. For the duration of the conference, the lobby was transformed into the temporary »Blue Flamingo Hotel« for the participants – including reception (see Foerster-Baldenius, p. 125). Conceived by the group raumlabor, it was designed not just to accommodate the guests who had travelled to be there, but also to demonstrate how temporary accommodation for refugees could be rendered comfortable, and allow for individual privacy.

With these projects, Kampnagel has repeatedly become a living space in which artists, spectators and neighbours meet, where art and life merge. In 2012, the Hamburg group baltic raw opened a temporary sauna on the piazza

Lange Nacht der Performance, Live Art Festival 2012, Foto: Conny Winter
Vorherige Seite: Trance, Tianzhou Chen, 2022, Foto: Tim Brüning

under the title »Frost« – including a bar that hosted performances. For the »Old School« festival, senior citizens from the neighbourhood knitted neon yellow wool socks in the foyer, sold them as Kampnagel merch and invited everyone to eat cake with them. For Mamaza's »Garden State« project, over a hundred Hamburg households temporarily loaned their houseplants, which formed a gigantic jungle in the foyer, a place that encouraged visitors to linger, stroll and picnic.

SPACES OF RITUAL
By installing ritual spaces for emotions and conditions that have no place in society, Kampnagel becomes more than a living space.

The visual artist Tianzhou Chen works with long time periods and the experience of duration to lead himself, the artists in his team, and the audience, to and through different states. With the liveness of (time) experience, he transformed the theatre space into a space of possibility in the sincere search for meaning and spirituality.

In 2017, Maria Magdalena Ludewig changed the Kampnagel vestibule into a place of worship for sixty hours. Various »Exercises in Mourning« were practiced and offered day and night in 25 chapters, for observation or participation, for communion or for solitude. The artist herself prophetically described the project as her last; just over a year later, she died far too early in a tragic accident, at the age of just 36.

SPACES OF MEMORY
We are working to remember the site's own history, a history that is not always positive, as witnessed by the current research project into the Nazi era, »Forced Labor and Resistance«. On the other hand, Kampnagel also sees itself as a place of remembrance for events and eras that aren't sufficiently visible or that simply don't have their own place (any more). The Möllner Rede (Mölln Speech) has been taking place in exile at Kampnagel since 2021 (see İbrahim Arslan p. 128). Kampnagel is a partner in the nationwide network »Kein

RÄUME DES RITUALS

Kampnagel wird noch mehr als ein Lebensraum, wenn rituelle Räume für Gefühle und Zustände installiert werden, die in der Gesellschaft keinen Platz haben.

Der Bildende Künstler Tianzhou Chen arbeitet mit großen Zeitspannen und der Erfahrung von Dauer, um sich selbst, die Künstler*innen seines Teams und das Publikum gemeinsam in und durch verschiedene Zustände zu führen. Mit der Liveness der (Zeit-)Erfahrung transformierte er den Theaterraum in einen Möglichkeitsraum auf der ernsthaften Suche nach Sinn und Spiritualität.

2017 verwandelte Maria Magdalena Ludewig die Kampnagel-Vorhalle für sechzig Stunden in einen Ort der Andacht. In 25 Kapiteln wurden hier Tag und Nacht verschiedene »Übungen in Trauer« praktiziert und angeboten, zum Beobachten oder zum Teilnehmen, für Gemeinschaft oder für das Alleinsein. Die Künstlerin selbst bezeichnete das Projekt prophetisch als ihr letztes; nur gut ein Jahr später verstarb sie durch einen tragischen Unfall viel zu früh im Alter von 36 Jahren.

RÄUME DER ERINNERUNG

Wir arbeiten daran, die eigene, nicht nur positive Geschichte des Geländes zu erinnern, wie derzeit mit dem NS-Aufarbeitungsprojekt »Zwangsarbeit und Widerstand«. Andererseits versteht sich Kampnagel auch als Erinnerungsort für Ereignisse und Zeiten, die es zu wenig sichtbar sind oder die schlicht keinen eigenen Ort (mehr) haben. Seit 2021 findet auf Kampnagel die Möllner Rede im Exil statt (vgl. İbrahim Arslan S. 127). Kampnagel ist Partner des bundesweiten Netzwerks Kein Schlussstrich, das die Hintergründe der NSU-Verbrechen aufarbeitet. Mit dem »Revolutionary Souk« ließ Anas Aboura den Souk al-Hamidiya aus Damaskus, den Ausgangsort der syrischen Revolution, im Kampnagel-Foyer wieder aufleben und entwickelte ein viertägiges Diskurs-, Musik- und Kunstprogramm zu den Jahrestagen der syrischen Revolution. Auch weniger öffentliche Erinnerungsorte haben ihren festen Platz auf dem Gelände. Einige Künstler*innen, Mitarbeiter*innen oder Kolleg*innen waren so eng mit Kampnagel verbunden, dass sie auch nach ihrem Tod dort eingeschrieben bleiben; Plätze und Gegenstände bewahren ihre Erinnerung und werden entsprechend gehegt, gepflegt und verteidigt – der Rasen von Pina Bausch, der Kirschbaum für Nevenka Koprivšek, bestimmte Graffiti an den Wänden oder andere Relikte, von denen längst nicht mehr jeder weiß, was es damit auf sich hat.

> [WÄHREND DES FESTIVALS OLD SCHOOL STRICKTEN SENIOR*INNEN AUS DER NACHBARSCHAFT IM FOYER NEONGELBE WOLLSOCKEN, VERTRIEBEN SIE ALS KAMPNAGEL-MERCH UND LUDEN EIN ZUM GEMEINSAMEN KUCHENESSEN. FOR THE OLD SCHOOL FESTIVAL, SENIOR CITIZENS FROM THE NEIGHBOURHOOD KNITTED NEON YELLOW WOOL SOCKS IN THE FOYER, SOLD THEM AS KAMPNAGEL MERCH AND INVITED EVERYONE TO EAT CAKE WITH THEM.]

International Conference of Refugees and Migrants, 2016, Foto: Jann Wilken

Schlussstrich!« (No Clean Break!), which examines the background to the crimes of the NSU (National Socialist Underground). With his »Revolutionary Souk«, Anas Aboura recreated the al-Hamidiyah Souq in Damascus, the starting point of the Syrian revolution, in the Kampnagel foyer and developed a four-day programme of discourse, music and art for the anniversaries of the Syrian revolution.

Less public places of remembrance also have a permanent place on the site. There are some artists, employees and colleagues who have been so closely connected to Kampnagel that they remained enrolled even after their deaths; places and objects retain their

»IT'S NOT REALLY A PLACE …

… it's more a feeling.« So haben wir vor einigen Jahren versucht, das besondere Gefühl für Besucher*innen, Gäste und Kollaborateur*innen in Worte zu fassen. Es ist das Gefühl, in der Kunst, in der Partizipation, in der unwahrscheinlichen Begegnung oder im Exzess eine Alternative zum Alltag zu erleben – und diesen damit in seiner Veränderbarkeit zu erfahren.
Ab 2025 beginnt ein das gesamte Kampnagel-Gelände umfassender Sanierungsprozess, geplant und durchgeführt von dem mit dem Pritzker-Preis ausgezeichneten Architekt*innen-Duo Lacaton & Vassal (vgl. S. 120). Die längst überfällige Modernisierung der Hallen, der Technik, der Proberäume, der Lagerlogistik, des Foyers und des Verwaltungsgebäudes bringt die Infrastruktur von Kampnagel auf das Niveau, auf dem die Institution künstlerisch als Ort der internationalen Avantgarde längst agiert. Wie verträgt sich ein solch umfassender Eingriff mit der lang gewachsenen Geschichte des Ortes, die ihn auf unverwechselbare Weise prägt? »Nothing is gonna change – everything is gonna change«, sagen die Architekt*innen. Mit Lacaton & Vassal hat Kampnagel visionäre Partner*innen gewonnen, die aus der Geschichte Kampnagels lernen wollen und ihre wichtigste Aufgabe darin sehen, den Geist des Geländes und seine Räume für die Belegschaft, die Künstler*innen und das Publikum für mindestens weitere vierzig Jahre zu erhalten.

Übung in Trauer – Exercie in Mourning, Maria Magdalena Ludewig, 2017, Foto: Stylianos Tsatsos
Vorherige Seite: Trance, Markt für nützliches Wissen & Nicht-Wissen, Lizenz Nr. 7, Hannah Hurtzig, 2020, Foto: Maximilin Probst
Nächste Seite: Live Art Festival 2021, Foto: Maximilian Probst

[**MIT DEM REVOLUTIONARY SOUK LIESS ANAS ABOURA DEN SOUK AL-HAMIDIYA AUS DAMASKUS, DEM AUSGANGSORT DER SYRISCHEN REVOLUTION, IM KAMPNAGEL-FOYER WIEDER AUFLEBEN.** **WITH HIS REVOLUTIONARY SOUK, ANAS ABOURA RECREATED THE AL-HAMIDIYAH SOUQ IN DAMASCUS, THE STARTING POINT OF THE SYRIAN REVOLUTION, IN THE KAMPNAGEL FOYER.**]

memories and are cherished, cared for and defended accordingly – Pina Bausch's lawn, Nevenka Koprivšek's cherry tree, certain graffiti on the walls and other relics whose significance has long been lost to time.

»IT'S NOT REALLY A PLACE …

… it's more a feeling.« A few years ago we tried to put this special feeling into words for visitors, guests and collaborators. It is the feeling of experiencing an alternative to everyday life in art, in participation, in unlikely encounters and in excess – and thus witnessing its mutability.
A comprehensive renovation process of the entire Kampnagel site will begin in 2025, planned and executed by the Pritzker Prize-winning architect duo Lacaton & Vassal (see p. 120). The long-overdue modernisation of the halls, the technology, the rehearsal rooms, the storage logistics, the foyer and the administrative building will bring the infrastructure of Kampnagel up to the level at which the institution has long maintained artistically, as a hub for the international avant-garde. How do you reconcile such a comprehensive intervention with the long history of the place, which shapes it so unmistakably? »Nothing is gonna change – everything is gonna change«, say the architects. In Lacaton & Vassal, Kampnagel has visionary partners who want to learn from Kampnagel's history and who see their most important task in preserving the spirit of the site and its spaces for the staff, the artists and the audiences for at least another forty years.

(TEMPORÄRE) HETEROTOPIEN

Nadine Jessen und Gregor Zoch

An Theatern stellen Künstler*innen Machtfragen auf der Bühne. Aber meist fehlt es hier an Orten, an denen diese Thesen tatsächlich erprobt werden können, an denen sich die Institutionen selbst kritisch hinterfragen und das vermeintlich Ungewollte zulassen. Kampnagel besaß und besitzt verschiedene solcher Orte, die genau das leisten: Es sind Heterotopien im Körper eines ehemals besetzten Ortes, der längst zur Institution geworden ist, und die ihm so den Zerrspiegel vorhalten. Es sind Gegenentwürfe zur konventionellen Theaterinstitution, die für diejenigen als Schlupfloch dienen, die anderswo auf Widerstände stoßen, an den Rand gedrängt und ausgesiebt werden. Es sind Korridore für unvorhergesehene Komplizenschaften, Experimentierfelder für widerständige Praxen und Schönheitssalons für emotionale Frischzellenkuren, die die festen Strukturen der Institution Theater in aufmüpfige Schwingungen versetzen. Diese scheinbaren Ränder erschüttern ihr Zentrum mit radikaler Softness und bewahren Kampnagel so vor institutionellen Verhärtungen – nicht immer gewollt, manchmal bekämpft, von anderen beneidet und nicht zuletzt essentiell für eine Institution, die sich selbst als widerspenstig begreift. Einige dieser Heterotopien behaupten sich hartnäckig, andere hat sich die Institution kannibalistisch einverleibt, wieder andere existierten nur für eine kurze Zeit und wurden dann abgestoßen. Wir stellen hier drei dieser Schlupflöcher als Momentaufnahmen vor.

Nightclubbing, nightclubbing. We're what's happening.
Nightclubbing, nightclubbing. We're an ice machine.
We see people, brand new people. They're something to see.
We're nightclubbing. Bright-white clubbing. Oh, isn't it wild?
Grace Jones

Im sogenannten Westfoyer befindet sich der Eingang zur kmh, dem Club und Konzertraum auf Kampnagel. Nach den Shows in den anderen Hallen versammeln sich hier die Creatures of the Night, um den üblichen Theaterregeln und Smalltalk-Pflichten zu entfliehen. Denn der Club ist mehr als Theater, mehr als Konzertsaal, mehr als Nachtclub: Beim Öffnen der Tür riecht man die Patina vergangener Nächte, die Baranlage verstärkt den Sound des tragbaren Plattenspielers, der Tresen aus Salzstein ist die einzige Lichtquelle im Raum und taucht ihn in ein schummrig-warmes Licht, das die Gesichter der Anwesenden zum Leuchten bringt. Hier ist ein Unterschlupf für die selbsternannten Freaks, wo Queerness und Mainstream die Rollen tauschen und normative Körperbilder und -praktiken ihre Bedeutung verlieren – eingebettet in eine Zeitlichkeit, in der nicht die Uhr, sondern die Länge der nächsten Grace-Jones-Platte den Takt vorgibt. Für eine Nacht werden die Anwesenden zu unerwarteten Kompliz*innen spontaner Performances und kollektiver Räusche.

Creatures kissing in the rain
Shapeless in the dark again
In the hanging garden change the past
In the hanging garden wearing furs and masks
The Cure

Der Avantgarten ist die grüne Heterotopie auf Kampnagel, ein kleines Stück Land zwischen Vorhalle und Verwaltungsgebäude, das sich von einer ungenutzten Tanzfläche in einen öko-feministischen Garten verwandelt hat. Gleichzeitig Biotop und Ruheoase, Green-Office und Ort für Kunst, frei von Lollipop-Tulpen und anderen hyperkultivierten Pflanzen, dafür gespickt mit anorganischen Glamgewächsen und psychoaktiven Kräutern, ist der Avantgarten keine Nutzfläche, sondern eine Bühne für Pflanzen und solche, die es werden wollen. Pflanzenmeditation im Blumentopf oder Botanical Voguing lösen die gewohnten Verhältnisse von Aktiv und Passiv, Kultur und Natur auf und laden ein zum Entdecken des botanischen Selbst. Pflanzliche Pangeschlechtlichkeit ersetzt hetero- und cis-normative Gendergrenzen, Phytohormone bringen den Körper in botanische Wallung und befördern eine rhizomatische Intimität zwischen den Besucher*innen und Bewohner*innen des Avantgartens. Damit überschreibt er den boden- und menschenausbeutenden Begriff der Plantage und läutet das Plant_Age ein: das botanische Zeitalter, in dem die Pflanze als das Organisationsmodell des 21. Jahrhunderts auftritt.

Last Friday night I saw the light
I knew that love had risen
You were like an angel shining through a mighty moonlight vision
Oo hoo miraculous weekend with you
Peter Ivers

Das Migrantpolitan – die mittlerweile nicht mehr ganz geheime siebte Bühne auf Kampnagel – ist Labor und Treffpunkt für neue Formate des gemeinsamen Arbeitens, Lebens und Feierns. Ursprünglich als temporäre Struktur vom Künstlerduo Baltic Raw errichtet, war es zunächst als »Kanalspielhaus Flora« Festivalzentrum des Internationalen Sommerfestivals 2013, dann als »Eco-Favela Lampedusa-Nord« temporäre Unterkunft für Geflüchtete, bis es sich schließlich als »Migrantpolitan« als fester, selbstverwalteter Kunstort in der Struktur von Kampnagel einnistete. Das »Community Culture Center« ist Aktions- und Produktionsraum für die Selbstprofessionalisierung verschiedener migrantischer Kunstkollektive und Einzelkünstler*innen – als Studio für Videos, als Atelier oder Workshopspace. Und als Etablissement für das Solicasino – die schönste Art und Weise, sein Geld zu verspenden. Ein Ort, der die gesellschaftlichen Zuordnungen in »Refugees« und »Locals« hinter sich lässt und dessen Akteur*innen gemeinsam kosmopolitische Visionen entwerfen. An dem Solidarität keine Performance, sondern eine Selbstverständlichkeit ist.

(TEMPORARY) HETEROTOPIAS
Nadine Jessen and Gregor Zoch

Avantgarden, Foto: Nadine Jessen

In theatre, artists use the stage to pose questions about power. But there is a lack of places where these theses can actually be tested, where the institutions subject themselves to critical questioning and permit the ostensibly undesirable. Kampnagel has possessed and continues to possess several places that do exactly that: they are heterotopias in the body of a formerly occupied site that has long been an institution, and which thus hold up a distorting mirror to it. They are alternatives to the conventional theatre institution, serving as loopholes for those who encounter resistance elsewhere, who are pushed to the margins and filtered out. They are corridors for unforeseen complicities, fields of experimentation for resistant practices and beauty salons for emotional rejuvenation that bring defiant vibrations to the solid structures of the theatre institution. These apparent edges convulse their core with radical softness to protect Kampnagel from institutional calcification – not always willingly, sometimes combated, envied by others and, not least, essential for an institution that sees itself as recalcitrant. Some of these heterotopias hold their own stubbornly, others have been cannibalised by the institution, and others still only existed for a short time and were then cast out. Here we present three of these loopholes in snapshots.

Night clubbing, night clubbing. We're what's happening.
Night clubbing, night clubbing. We're an ice machine.
We see people, brand new people. They're something to see.
We're nightclubbing. Bright white clubbing. Oh, isn't it wild?
Grace Jones

The club and concert venue at Kampnagel, kmh, is located in the »Westfoyer«. After the shows in the other halls, the creatures of the night gather here to escape the usual theatre rules and the obligation to make small talk. Because the club is more than a theatre, more than a concert hall, more than a nightclub. When you open the door you can smell the patina of nights gone by, the bar PA system amplifies the sounds from the portable record player, the salt stone counter is the only source of light in the room and it immerses you in a dim, warm gleam that brings a glow to the faces of the guests. This is a shelter for the self-proclaimed freaks, where queer and mainstream swap roles and normative body images and practices lose their meaning – embedded in a temporality in which it is not the clock but the length of the next Grace Jones record that sets the pace. For one night, the guests become unexpected accomplices of spontaneous performances and collective rapture.

Creatures kissing in the rain
Shapeless in the dark again
In the hanging garden change the past
In the hanging garden wearing furs and masks
The Cure

The Avant-Garten is Kampnagel's green heterotopia, a small strip of land between the lobby and the administrative building which has been transformed from an unused dance floor into an eco-feminist garden. At once biotope and oasis of peace, a green office and a place for art, free of candy-coloured tulips or other hyper-cultivated plants, but sprinkled with glam inorganic plants and psychoactive herbs, the Avant-Garten isn't an arable plot, it's a stage for plants and anyone who wants to become a plant. Plant meditation in a flower pot, botanical voguing – these practices dissolve the usual relationships between active and passive, culture and nature, inviting you to discover your botanical self. Plant-based pan-gender replaces hetero- and cis-normative gender boundaries, phytohormones leave the body flushed with botanical excitement and promote rhizomatic intimacy between the visitors and the residents of the Avant-Garten. It overwrites the concept of the plantation, the exploitation of land and people, and ushers in the Plant_Age: the botanical era in which the plant is the organisational model of the 21st century.

Last Friday night I saw the light
I knew that love had risen
You were like an angel shining through a mighty moonlight vision
Oo hoo miraculous weekend with you
Peter Ivers

Migrantpolitan – the no longer entirely secret seventh stage at Kampnagel – is a laboratory and meeting point for new formats of working, living and celebrating together. Originally erected as a temporary structure by the artist duo baltic raw, it was first used as the »Kanalspielhaus Flora«, festival centre of the 2013 International Summer Festival, then as temporary accommodation for refugees under the name »EcoFavela Lampedusa-Nord« until it finally became »Migrantpolitan«, a permanent, self-governing art venue within the Kampnagel structure. The »Community Culture Center« is an action and production space in which various migrant art collectives and individual artists can turn professional – as a video studio, artists' studio or workshop space. And as an establishment for the Solicasino – the best way to donate your money. A place that casts off the social classifications of »refugees« and »locals«, where the protagonists create cosmopolitan visions together. Where solidarity isn't a performance, it's a given.

NUR DIE HARTEN KOMMEN IN DEN GARTEN.
KURZER RÜCKBLICK EINER HARTNÄCKIGEN ZUSCHAUERIN

Kerstin Hagemann

»Ach, nicht schon wieder!« höre ich Jahr für Jahr die Stoßseufzer auf Kampnagel, wenn meine Beschwerden über den Festivalgarten des Internationalen Sommerfestivals eintreffen. Ein barrierefreies, asphaltiertes Gelände wird dann nämlich mit Holzspänen zugeschüttet und in eine nicht zugängliche Fläche verwandelt. Das sei eben Kunst, die Besucher*innen würden es lieben und die Mitarbeiter*innen seien doch jederzeit bereit, das Bier von der Bar zu holen.

Dies spiegelt die Realität von Menschen mit Behinderung treffend wider: Ausgrenzung und Paternalismus sind Alltagserfahrungen in einer Gesellschaft, die von und für »normgerechte« Menschen gemacht ist. An vielen Kulturstätten sind Menschen mit Behinderung darum immer noch unsichtbar. Auf Kampnagel aber eigentlich nicht. Hier sind Diversität und inklusive Kultur schon an vielen Stellen angekommen – auf der Bühne, hinter der Bühne und für das Publikum: vor der Bühne. Ich erlebe das als Besucherin, die mit dem Rollstuhl unterwegs ist. Warum scheint sich der Festivalgarten so beharrlich diesem Prozess zu widersetzen? Kampnagel hat in den vergangenen Jahren Menschen mit unterschiedlichen Behinderungen zu einem Expert*innenpool eingeladen (ich war bei etlichen Runden dabei), um über Teilhabe und die Bedingungen für eine gleichberechtigte Partizipation zu diskutieren. Natürlich gibt es noch viel zu tun, aber einiges verbessert sich Stück für Stück: Ich habe auf der Bühne Produktionen von Ensembles gesehen, in denen Künstler*innen mit und ohne Behinderung arbeiten. Das sind keine »sozialen Sonderveranstaltungen«, sondern Künstler*innen mit und ohne Behinderung begegnen sich in ihrer Arbeit. Und das vermittelt sich dem Publikum unmittelbar und auch unerwartet. Für Zuschauer*innen, die einen Rollstuhl benutzen, ist alles weitgehend barrierefrei zugänglich, und als Besucherin nehme ich wahr, dass der einmal angestoßene Prozess weitere Verbesserungen nach sich zieht: Es geht nicht nur um barrierefreien Zugang zum Gebäude, sondern darum, Kunst für alle erlebbar zu machen. Die Bedarfe von Menschen mit Behinderungen sind dabei vielfältig. Bühnenführungen zum Tasten und Audiodeskriptionen für blinde und sehbehinderte Besucher*innen, Übersetzungen in Deutsche Gebärdensprache, ein früher Einlass und eine ruhige Atmosphäre: Das Bewusstsein auf Kampnagel ist mittlerweile geschärft. Ich erlebe die Umsicht der Mitarbeitenden, wenn zum Beispiel etwas für den Sitzplatz vorzubereiten ist. Das ist sehr wohltuend. Man spürt, dass es selbstverständlich ist, Menschen mit Behinderung zu begegnen, egal, in welcher Rolle. Ich fühle mich auf Kampnagel willkommen.

Außer im Festivalgarten. Im Laufe der Jahre hat sich die Situation rund um die Holzspäne verbessert. Zuerst gab es einen schmalen Weg ganz am Rand, der allerdings schon nach wenigen Stunden mit Holzspänen übersät war. Später gab es mehr Wege über das

Kampnagels Zentralfoyer,
Foto: Julia Steinigeweg

Gelände und Rampen am Getränkestand. In diesem Jahr gab es Bemühungen, das Festival barriereärmer zu gestalten. Die holzbefreiten Wege waren mit Holzleisten eingefasst, sodass sich blinde Besucher*innen mit dem Langstock orientieren konnten. Ich fühle mich an die Beschilderung im Naturschutzgebiet erinnert: »Bleiben Sie auf den markierten Wegen«. Diese legitime Verbesserung für blinde Festivalgäste bedeutet für mich als Rollstuhlnutzerin die Einschränkung, dass ich wie in den Vorjahren auch nur diese Wege befahren kann.

So ist das mit der Inklusion und den unterschiedlichen Bedarfen. Es gibt keine einfachen Lösungen. Sie müssen gemeinsam ausgehandelt werden. Das ist für die Gestaltung des Festivalgartens nicht gelungen. Dabei sind die Holzspäne allmählich langweilig. Ich wünsche mir innovative Ideen ohne vorgegebene Wege, so wie es zu Kampnagel gehört. Die anstehende Sanierung und Erweiterung der Hallen und des Geländes bietet die Chance, barrierefreie Bedingungen von Anfang an in der Detailplanung zu berücksichtigen und dann auch umzusetzen. Und zwar unter Beteiligung einer Projektgruppe zur Barrierefreiheit bestehend aus interessierten Menschen mit Behinderung, Künstler*innen, Besucher*innen und Expert*innen, denn Raumgestaltung ist eine komplexe Herausforderung, für die sich gemeinsam vielfältige Ideen entwickeln lassen. Kampnagel ist ein Ort, der mit seiner künstlerischen Praxis kulturelle Teilhabe in den Hallen lebt, von dem eine solche Auseinandersetzung zu erwarten ist, und ich hoffe, dass eine kontinuierliche Beteiligung stattfinden wird. Kampnagel macht gesellschaftliche Vielfalt sichtbar und setzt einen Prozess in Gang, der ein Beschleuniger für den Kulturbetrieb sein muss!

Installation, Sommerfestival 2020, Foto: Kerstin Hagemann

UP THE GARDEN PATH.
A BRIEF RETROSPECTIVE FROM A STUBBORN VISITOR
Kerstin Hagemann

»Oh, not again!« I hear year after year – the sighs at Kampnagel when they receive my complaints about the festival garden of the International Summer Festival. That's when a barrier-free, asphalted area is filled with wood chips and transformed into an inaccessible area. That's art, they say, the visitors love it and the employees are always prepared to get you a beer from the bar.

This aptly reflects the reality of people with disabilities; exclusion and paternalism are everyday experiences in a society that is made by and for »standard« people. And this is why people with disabilities are still invisible at many cultural venues. But not at Kampnagel, as it happens. There diversity and inclusive culture are already in place in many areas – on stage, behind the stage and, for the audience, in front of the stage. This is my experience as a visitor who uses a wheelchair. Why does the festival garden seem so tenacious in resisting this process? In recent years, Kampnagel has invited people with different disabilities to a pool of experts (of which I attended several rounds) to discuss engagement and the conditions for equal participation. Of course there is still much to do, but some things are improving little by little. I have seen stage productions by ensembles that include artists both with and without disabilities. These are not »special social events«, but rather artists with and without disabilities coming together in their work. And this is conveyed to the audience directly and unexpectedly. Everything is largely barrier-free for audience members who use wheelchairs, and as a visitor I have noticed that once initiated, the process leads to further improvements. It's not just about barrier-free access to the building, but about allowing everyone to experience art. The needs of people with disabilities are diverse. Tactile stage tours and audio descriptions for blind and visually impaired visitors, translations into German sign language, early entry and a relaxed atmosphere – there is now increased awareness at Kampnagel. I experience the thoughtfulness of the employees if, for example, my seat needs to be prepared in some way. This is very pleasing. You feel that it is natural to encounter people with disabilities, regardless of their role. I feel welcome at Kampnagel.

Except in the festival garden. Over the years, the situation with the wood chips has improved. At first there was a narrow path at the very edge, but after just a few hours it would be covered in wood chips. Later there were more paths across the site and ramps at the drinks stand. This year there were efforts to make the festival more accessible. The wood-free paths were bordered with wooden strips so that blind visitors could find their way using a long cane. I am reminded of the signage in nature reserve: »Keep to the marked paths.« As a wheelchair user, this legitimate improvement for blind festival guests means that, as in previous years, I can only use these routes.

That's how it goes with inclusion and varying needs. There are no easy solutions. They have to be negotiated together. In the design of the festival garden, it hasn't worked out. The wood chips gradually became wearing. I want to see innovative ideas without predetermined paths, which after all is the Kampnagel way. The forthcoming renovation and expansion of the halls and grounds offers an opportunity to incorporate barrier-free conditions into the detailed planning right from the start, and then to implement them. And it will also have the participation of a project group on accessibility consisting of interested people with disabilities, artists, visitors and experts, because spatial design is a complex challenge which calls for a variety of ideas to be developed jointly. As a place whose halls offer artistic practice of cultural participation, you expect this kind of engagement of Kampnagel, and I hope that there will be continuous participation. Kampnagel makes social diversity visible and sets in motion a process that must serve as an accelerator for the cultural sector!

FREESPACE
Anne Lacaton und Jean-Philippe Vassal

What is »free space«?

The memory of the desert, a search for the horizon, no walls or barriers, the feeling of freedom, space that slips away, that lets the air, the light, the sight, and the imagination escape …

The impression that space is a prisoner, behind bars, closed facades, insulating walls and densities, behind economic constraint, programmes, architecture, town planning today …

Free space is:

space that is not constrained,

space around pilotis,

space of balconies and winter gardens,

space on accessible roofs,

deep inner space, which never exists in standard spaces as it is considered too deep or useless,

extra space, which makes the »programmatic« space smoother, more fluid, less expensive,

space free of programme, eluding a specific defined function,

space that avoids rules and regulations,

space that isn't asked for, but that we find indispensable,

space that is created additionally but that doesn't cost more, space that costs nothing …

Our approach:

making do

In all circumstances, starting off from what exists

Never demolishing or removing, but making the most of existing resources, making do with the poetry, fragility, qualities and defects, shortcomings, the natural ground,

Considering existing situations as capacities and project materials.

Creating greater surface area by using less territory.

creating the double space: filled space/free space

A simultaneous process of condensation-dilation, densification-extension

To shake free from budgetary constraints, minimum-standard programmes, efficiency coefficients, urban regulations.

making floors like ground

on pilotis to release the natural ground,

on open frameworks of posts and floorboards;

The largest possible, to provide the programme with space around

Linking these floors with staircases, elevators, slopes, gentle flows.

Until the last ground – the roof, always accessible.

Domino house, the Polykatoika in Athens,

Thinking about the subtle relationships put together

Cédric Price, »The Invisible Sandwich«

Grand Parc Bordeaux, Anne Lacaton/Jean-Philippe Vassal, Foto: Philipp Ruault

releasing space on every ground,

from the inside towards the limits of the floors and simply filtering out through transparent sliding bay windows, curtains, blinds, depending on the climate or season, through winter gardens, balconies,

No walls, so no windows. Moving from the outside to the inside and finding again the outside from inside out.

the Villa Katsura, the Case Study Houses,

separating indoor space with light, removable partitions

Independent of structural elements

enlarging, dilating, extending, doubling

Constructing double with the project's given budget, without spending more, to generate space for the programme and for usage.

BLÄTTER – FEDERN – FUSSEL
ODER DIE GEWOHNHEIT, SICH IN WARMEN RÄUMEN AUFZUHALTEN, UND DIE ZUKUNFT DER ARCHITEKTUR VON KAMPNAGEL

Benjamin Foerster-Baldenius

Ich wachte auf in einem für meine Gewohnheiten viel zu kalten Raum unter einer zu dünnen Decke, in einem wenig attraktiven Hotel auf dem Balkan. Draußen war es Herbst, die Blätter fielen herab und veränderten das Muster der Straßenoberfläche. Ich fröstelte. Vom Vortag wusste ich, dass die Dusche nur einen Hauch von warmem Wasser von sich gab und es daher nicht schaffen würde, mich in die richtige Stimmung zu versetzen, um den Tag mit guter Laune zu beginnen. Ich musste unweigerlich an die wenigen Male denken, die ich bisher in meinem Leben in eiskalten Räumen aufgewacht war. Erstaunlich, fiel mir dabei auf, wie mich meine Hamburger Kindheit davor bewahrt hatte, morgens zu frieren. Kann es sein, dass meine erste Erinnerung an einen Morgen in einem eiskalten Raum mit kalter Nase und ohne dicke Daunendecke erst zehn Jahre zurücklag? Es war eine Hütte in den Alpen, in der man im Bett darauf wartete, dass die erste Mutige den Küchenofen anheizte. Nein, es konnte nicht sein, dass ich über vierzig Jahre lang nur in wohltemperierten Räumen geschlafen hatte. Ich beschloss, weiter gegen das Frösteln und das Bedürfnis, die Toilette aufzusuchen, anzukämpfen und nach einer Erinnerung zu suchen, die bewies, dass ich doch das richtige Training hatte, um in einer postfossilen Gesellschaft zu überleben. Ich ging die verschiedenen Schlafräume meiner diversen Wohnstätten in der Vergangenheit durch und fand glücklicherweise doch ein paar ungeheizte Räume, ein paar Campingurlaube im Spätherbst und ein paar Freund*innen mit Ofenheizung in Erdgeschosswohnungen. Beruhigt begann ich mit einer biologisch-architektonischen Betrachtung der inneren Struktur der Daunendecke. Daunen sind weiße, fluffige, gekrümmte Federn. Federn bestehen aus Keratin, haben einen Federkiel, von dem links und rechts die Federfahnen abgehen, die wiederum aus Federästen bestehen, deren winzige Bogenstrahlen so miteinander verhakt sind, dass eine glatte Fläche entsteht. Das Besondere an der Daunenfeder ist, dass die Bogenstrahlen nicht verhakt sind, wodurch die Äste wild in alle Richtungen abstehen und mit der Krümmung des Federkiels zu buschigen Wuseln werden, die als Haufen viele kleine Lufträume einschließen, die wiederum zu einer idealen Isolierung gegen Kälte führen. Die offene Struktur lässt aber auch Luft langsam durch die Bettdecke passieren, wodurch Feuchtigkeit entweichen kann.

Unbestreitbar fror ich jetzt gerade unter billiger Viskose auf einer billigen Schaumstoffmatratze, deren eingeschlossene Lufträume viel kleiner und geschlossener sind. Die Isolierung ist schlecht und die Feuchtigkeit kann nicht entweichen. Ich fragte mich, ob es etwa der Mangel an Naturmaterialien in meiner kunststofferfüllten Sozialisation waren, der mich so hatte verweichlichen lassen? Wäre es mir mit einer Kindheit auf Reisstrohmatten, Baumwollteppichen, Lehmböden und unter dicken Daunendecken jetzt leichter gefallen, zu entscheiden, wie ich diesen Tag beginnen sollte? Zweifellos bin ich ein durch die Zentralheizungen meines Lebens durch und durch verweichlichtes Wesen.

Es war wohl die Betrachtung der Konstruktion der Daunenfeder vor meinem inneren Auge, die mich an einen Besuch bei dem Architekten Frei Otto erinnerte. Mein Kollege Matthias Rick und ich hatten 2010 die Aufgabe übernommen, eine Ausgabe der tschechischen Architekturzeitschrift zu gestalten, und fanden, dass ein Gespräch mit unserem Vorbild über visionäres, radikal ökologisches Bauen nicht fehlen durfte. Frei Otto entwarf 1957 die Bauausstellung Interbau in Berlin, 1967 den deutschen Pavillon auf der EXPO in Montreal, 1972 das Dach des Olympiastadions in München, 1987 die Ökohäuser auf der Internationalen Bauausstellung in Berlin und das Bahnhofsdach für Stuttgart 21. Im Vorfeld des Gesprächs waren wir gebeten worden, letzteres nicht zu erwähnen. Er hatte sich von dem Entwurf distanziert und lag dazu seit einiger Zeit im Streit mit seinem Kollegen Christoph Ingenhoven. Wir erreichten das Wohnhaus des großen Meisters, das gleichzeitig sein Architekturbüro war. Ein schönes, helles Haus am Rande von Sindelfingen bei Stuttgart. Seine Frau Ingrid öffnete uns die Tür, brachte uns zu einem Tisch im Bürobereich des Gebäudes, auf dem schon ein paar Kekse bereitstanden, und verließ uns in Richtung Wohnung, um ihren Mann zu holen. Wir wussten, dass Otto inzwischen fast blind war, und gingen davon aus, dass es eine Weile dauern könnte, bis er erscheinen würde. So hatten wir Zeit, durch das Büro zu wandern, das uns wie eine Wunderkammer vorkam. Kleine Objekte, Steine, Wurzeln, Figuren, Knochen, Federn, Zapfen, Modelle und andere Formen und Strukturen hingen von der Decke, standen auf Tischen und Regalen zwischen Büchern, Zeichenutensilien und Computern. Mitarbeiter*innen gab es keine – aber vielleicht war es ein Wochenende. Nach gar nicht langer Zeit führte Ingrid Otto ihren Mann herein, der sich zum Tisch tastete und uns die Hand reichte – fest, warm und freundlich. Wir erklärten, dass wir vom Raumlabor kämen und gerne – vor allem im Hinblick auf die jungen Leser*innen der – mehr über die Ursprünge seiner Arbeit verstehen wollten. Wir würden gerne wissen wollen, wie das alles angefangen hatte.

Mit dieser Frage hatten wir zweifellos den richtigen Nerv getroffen. Die nächsten zwei Stunden hörten wir praktisch nur noch zu und stellten ein paar Höflichkeitsfragen, damit Frei Otto wusste, dass wir noch da waren. Die Geschichte, der wir lauschten, ist interessant, aber zu lang für diesen Text.* Zusammengefasst erfuhren wir, dass alles mit der Faszination für das Fliegen begonnen hatte. Segelflugschein als Jugendlicher, Architekturstudium mit 18 ab 1943 in Berlin, dann doch noch 1944 Einberufung zur Luftwaffe, im selben Jahr Gefangennahme in Frankreich. Mit dem Blick auf die Kathedrale von Chartres wurde Frei Otto einer Gruppe von Ingenieuren zugeteilt, die sich um den Bau des Kriegsgefangenenlagers und die Bestattung verstorbener Kameraden kümmern sollten. Aus Mangel an Werkzeug und Materialien entwickelten sie zwischen Sparsamkeit, Improvisation und

Wiederverwertung Formen des Barackenbaus und der Grabgestaltung. Dabei wurden ihm Techniken und Fertigkeiten vermittelt, bei denen die Leichtigkeit der steinernen Bögen der Kathedrale in der Ferne zum Sinnbild für den bewussten Einsatz von Ressourcen wurde. Nach seiner späten Rückkehr nahm er 1948 sein Studium an der Technischen Universität Berlin wieder auf. 16 Jahre und einige spektakuläre Bauten mit minimalem Materialeinsatz später gründete Frei Otto das Institut für leichte Flächentragwerke an der Technischen Universität Stuttgart, wo er gemeinsam mit seinen Studierenden an architektonischen Experimenten im Maßstab eins zu eins arbeitete. Das dafür notwendige »Testfeld für ephemere Bauten«, auf dem Jahr für Jahr neue Raumstrukturen entstanden, interessierte uns besonders.

Unter meiner viel zu dünnen Bettdecke über lange zurückliegende Gespräche nachdenkend, fiel mir auf, dass es an der Technischen Universität Berlin fünfzig Jahre später, als die meisten vom Raumlabor dort studierten, immer noch nicht um Sparsamkeit, Zurückhaltung und schon gar nicht ums Ausprobieren im realen Maßstab ging. Das lernten wir erst später in den gemeinsamen Projekten mit Amelie Deuflhard und Matthias Lilienthal im Palast der Republik und später im HAU und auf Kampnagel. Und vielleicht haben wir das vor allem vor dem Hintergrund gelernt, dass Kunst- und Kulturprojekte in der Regel über nur sehr begrenzte Baubudgets verfügen.

So habe ich mich weiterhin gefragt, ob der Einsatz von Ressourcen bei unseren temporären Hotelprojekten mit Amelie Deuflhard wohl angemessen war. Im Hotel Bergkristall vor dem Palast der Republik bei (2005), einem bewohnbaren Baugerüst, hatte man trotz dünner Wände den Luxus, ungewohnte Raumgeometrien erleben und im Sommer in der Mitte Berlins übernachten und frühstücken zu können. Aber wie hatten wohl die Teilnehmer*innen der International Conference for Refugees and Migrants (2016) in unserem in der Vorhalle von Kampnagel im Februar geschlafen? Es war ein Bau für wenige Nächte, aber war die Struktur mit Zimmern aus Theaterlatten und Sperrholzwänden wirklich die richtige Geste gewesen? Wir hatten lange darüber nachgedacht, wie wir am Osterbekkanal einen gemütlichen, ephemeren Bau oder wie wir indoor ein mehrstöckiges Pueblo in Lehmbauweise errichten könnten. Material- und Zeitressourcen wurden zusammen mit Genehmigungsfragen erwogen und führten zum Entwurf eines Flachbaus mit einem leicht chaotischen Grundriss, bei dem jedes Einzelzimmer wie bei einem Motel seinen eigenen Zugang von außen hat. Wir haben viel Farbe eingesetzt, der Raum war gut geheizt und das Frühstück in der Kantine war hervorragend – alles in allem war es sehr viel besser als mein Zimmer hier. Überzeugt, das Richtige getan zu haben, stand ich schließlich auf, zog mich an und verließ das Hotel Parlament.

Küchenmonument, raumlabor berlin, Foto: Marco Canevacci

Meine Gedanken für diesen Text bekamen einen Perspektivwechsel. Ich besuchte den Markt um die Ecke, zu dieser Jahreszeit gab es dort Kürbisse, Tomaten und Paprika. Tomaten sind bekanntlich glänzende, schwere, glatte, rote Kugeln, die ein nasses Inneres einschließen, das sich strukturiert in feste und flüssig-matschige Bereiche gliedert, wobei die Samen im Matsch zu finden sind. Paprikaschoten hingegen sind ein leichtes Gemüse mit einer innen und außen trockenen Hülle, die aber ein aromatischer, knackiger Mantel für den Luftraum im Zentrum ist, in dem die Samen von den Seiten baumeln. Das macht die Paprika zu einem praktischen und vitaminreichen Transportgemüse. Der Kürbis ist der Gigant des Gartens, eine harte, klobige Frucht mit einer Tendenz zum Monströsen, vor allem, wenn er auf dem richtigen Kompost wächst. Wie die Paprika und die Tomate umschließt der Kürbis einen Raum, der mit Fortpflanzungsmaterial gefüllt ist. Nur sind es beim Kürbis viel mehr Samenkerne, als ob er Angst hätte, dass wenig Erbmaterial nicht ausreicht, um sein Überleben auf diesem Planeten über Generationen zu sichern. Überhaupt sind Samen höchst aufschlussreiche Objekte der Betrachtung. Der Künstler Andreas Greiner hat unlängst in meiner Gegenwart einer Gruppe Studierender erklärt, wie man an den Samen von Bäumen erkennen kann, ob es sich um Pioniergewächse mit kurzer Lebensdauer oder um Bäume handelt, die weit in die Zukunft blicken. Die Pioniergewächse wie beispielsweise die Birke oder die Weide haben meist große Mengen sehr leichter Samen, die vom Wind weit getragen werden können. Die langlebigen Arten wie Eiche, Buche, aber auch Kiefer haben große, schwere Samen, die senkrecht zu Boden fallen und in der Umgebung des Mutterbaumes für den Erhalt des Bestandes sorgen. Welche Bedeutung haben die Struktur und Ästhetik der Samen für die Psychologie von Tomate, Paprika und Kürbis? Will die fleischig-fruchtige Tomate gegessen werden, damit ihre Samen im Magen des Konsumententieres in einer Düngerkugel weit entfernt an einem anderen Ort keimen können, während die manchmal scharfe Paprika die Hungrigen abschrecken will und lieber aufplatzt, damit die leichten Samenplättchen vom Wind verstreut werden? Und was will der dicke, harte, wenig aromatische Kürbis? Vielleicht an Ort und Stelle verrotten und selbst zum Kompost für die nächste Generation werden?

Ich setzte mich in das Café mit den zwei bunten Tischen an der Ecke. Und fragte mich, dort im Café am Markt, um die Ecke vom Hotel Parlament, in dieser Stadt auf dem Balkan, was all diese Gedanken mit dem Text zu tun haben, den ich für die Jubiläumspublikation von Kampnagel zu verfassen versprochen hatte. Was hatten leichte Dächer, warme Decken, Kürbisse, die am Ort bleiben wollen, mit dem Theater in der Kampnagel-Fabrik in Hamburg zu tun? Wollte ich insgeheim die Kulturproduktion in geschlossenen, fensterlosen Hallen als losgelöst von der Welt diskreditieren und mich für ein Theater unter freiem Himmel mit minimalem Stromverbrauch einsetzen, das für eine neue Freundschaft zwischen der Natur und den menschlichen Bedürfnissen wirbt? Wollte ich mich gegen die Kulturneubauten wenden, wie sie allerorts langsam und stetig wie Kürbisse auf dem Kompost unserer Gesellschaft wachsen – hermetische, klimatisierte Häuser, die uns in der Komfortzone halten, nur dass sie am Ende einer Spielzeit leider nicht wieder zu Kompost werden? Wollte ich mich dafür einsetzen, dass die Leichtigkeit, mit der das Theater eigentlich verschwenderisch die Welt infizieren könnte, nicht weiter durch klobige Gebäude belastet wird, deren finanzieller Unterhalt, deren Pflege, deren Energie- und Ressourcenverbrauch längst nicht mehr zeitgemäß sind? Wollte ich das Theater und die performative Praxis in den öffentlichen Raum locken, wo sie leicht wie eine Feder zu einer wärmenden Decke in der dunklen und kalten Zukunft werden könnten, auf die wir zusteuern? Wo die Fusseln der vom Theater evozierten Gedanken zu dem Staub werden, den wir Tag für Tag einatmen, und so zu der Luft, die ich brauche, um mein Leben zu ändern?

Während ich den mit Kaffee getränkten Zucker vom Boden meiner Espressotasse schabte, fiel mir auf, dass mit Anne Lacaton und Jean-Philippe Vassal zwei der wenigen Architekt*innen für den Umbau von Kampnagel ausgewählt wurden, bei denen man zweifelsfrei sicher sein kann, dass unter ihrer Moderation Räume entstehen werden, die nicht nur den Bedürfnissen eines Theaters dienen und am Ende funktional, minimal und poetisch sein werden, sondern mit denen auch mit nicht mehr als den notwendigen Mitteln eine Architektur der Verhältnismäßigkeit und nicht wie sonst überall der betonierten Mittelmäßigkeit entstehen wird.

Ich erinnerte mich daran, dass Jean-Philippe Vassal es jüngst geschafft hatte, die Architekturausbildung an der Universität der Künste Berlin zu revolutionieren, indem er Hans-Walter Müller, den Pionier der luftgetragenen Räume, nach Berlin holte, um mit den Studierenden zu üben, wie man Räume aus Luft baut. Das Handwerk und die Faszination für diese Praxis des minimalen Materialaufwands weiterzugeben, ist nicht zu unterschätzen. Nur an der Materialwahl muss noch gearbeitet werden, statt aus Kunststoff müssen diese riesigen Kürbishallen aus Materialien gebaut werden, die wie japanische Papierwände kompostierbar sind. Dann wäre alles perfekt. Im Herbst bauen wir das Theater ab und lassen es verrotten, um im Frühjahr ein neues auf dem Kompost des alten entstehen zu lassen.

---

* Man kann das Interview mit Frei Otto in der # 06/2010 Germany: New Urban Strategies nachlesen oder in Lukas Feireiss: *Legacy. Generations of Creatives in Dialogue*, Frame Publishers 2019.

LEAVES – FEATHERS – FLUFF
OR: THE HABIT OF DWELLING IN WARM ROOMS AND THE FUTURE OF ARCHITECTURE AT KAMPNAGEL

Benjamin Foerster-Baldenius

I woke up in a room that was far colder than I was used to, under a blanket that was too thin, in an unattractive hotel in the Balkans. It was autumn outside, and the leaves were falling, altering the pattern of the street. I shivered. I knew from the day before that the shower only exuded a suggestion of hot water and thus wouldn't set me up with the right mood for a good day. I couldn't help but think of the few times in my life when I'd woken up in freezing rooms. It struck me as astonishing that my Hamburg childhood had saved me from freezing in the morning. Could it really be that my first memory of a morning in an ice-cold room with a cold nose, without a thick duvet, was just ten years ago? It was a hut in the Alps where you waited in bed for the first brave person to get the kitchen stove started. Surely it couldn't be that I had only slept in well-tempered rooms for over forty years. I decided to continue fighting the shivers and the need to use the bathroom, seeking a reminder that I actually did have the right training to survive in a post-fossil society. In my mind I went through the various bedrooms in my various homes of the past and fortunately found a few unheated rooms, a few late autumn camping trips and a few friends with old heating stoves in ground floor apartments. Reassured, I embarked on a biological, architectural study of the inner structure of the duvet. Down feathers are white, fluffy, curved. Feathers are made of keratin and have a quill from which the vanes emerge on the left and right, and they in turn consist of barbs with tiny barbules interlocked to create a smooth surface. What's special about the down feather is that the barbules are not interlocked, which means that the barbs stick out randomly in every direction and, through the curvature of the quill, form bushy tangles that when piled together entrap numerous little pockets of air, which in turn provide ideal insulation against the cold. This open structure also allows air to slowly pass through the duvet, allowing moisture to escape.

At this moment I am, undeniably, freezing under cheap viscose on a cheap foam mattress with trapped air spaces that are much smaller, far more sealed. The insulation is poor and the moisture cannot escape. I asked myself – was it the lack of natural materials in my plastic-coated socialisation that had made me so coddled? Would a childhood spent on rice straw mats, cotton rugs, dirt floors rather than under thick duvets have made it easier now for me to decide how to start this day? There is no doubt that the central heating in my life has made me a thoroughly coddled creature.

It was probably this study of the construction of the down feather in my mind's eye that reminded me of a visit to the architect Frei Otto. In 2010, my colleague Matthias Rick and I took on the task of editing an issue of the Czech architecture magazine *Era 21* and we felt that we absolutely had to include a conversation with our role model about visionary, radically ecological construction. Frei Otto designed the Interbau exhibition in Berlin in 1957, the German pavilion at the Montreal EXPO in 1967, the roof of the Olympic Stadium in Munich in 1972, eco-houses for the IBA in Berlin in 1987 and the roof of Stuttgart's main train station for the Stuttgart 21 project. Before the interview we were asked not to mention the latter in our interview. He had distanced himself from the design and had been in dispute with his colleague Christoph Ingenhoven for some time. We reached the great master's home, which was also his architectural practice. A beautiful, bright house on the outskirts of Sindelfingen, near Stuttgart. His wife Ingrid opened the door for us, brought us to a table in the office area of the building, where a few biscuits were already waiting, and headed toward the living area to get her husband. We knew that Otto was almost blind by this stage and we assumed it would be a while before he appeared. So we had time to wander about the office, which for us was like a cabinet of curiosities. Small objects, stones, roots, figurines, bones, feathers, cones, models and other forms and structures hung from the ceiling or stood on tables and shelves amid books, drawing materials and computers. There were no employees – but it might have been a weekend. A short while later Ingrid Otto led her husband in, who felt his way to the table and shook our hands – with a firm, warm and friendly handshake. We explained that we had came from raumlabor and wanted to understand more about the origins of his work, especially considering the young readership of *Era 21*. We wanted to know how it all started.

We undoubtedly struck the right chord with this question. For the next two hours we essentially just listened and asked a few questions out of politeness so that Frei Otto knew we were still there. The story we heard was interesting, but too long for this text.* In summary, we learned that it all started with a fascination for flying. Gliding licence as a teenager, architecture studies at 18 in Berlin starting in 1943, only to be drafted into the air force in 1944 and captured in France that same year. Frei Otto was assigned to a group of engineers who were charged with the construction of the prisoner of war camp and the burial of deceased comrades, within view of Chartres Cathedral. Lacking tools and materials, they developed forms of barrack construction and grave design that combined thrift, improvisation and recycling. He learned techniques and skills in which the lightness of the cathedral's stone arches in the distance came to symbolise the thoughtful use of resources. After his late return, he resumed his studies at the Technical University of Berlin in 1948. Sixteen years and several spectacular buildings with minimal material use later, Frei Otto founded the Institute for Lightweight Structures at the Technical University of Stuttgart, where he and his students worked on architectural experiments on a one-to-one scale. We were particularly interested in the »test field for ephemeral buildings« that this involved, where new spatial structures were created year after year.

Thinking about long-ago conversations under my woefully thin blanket, it struck me that fifty years later at the Technical University of Berlin, when most of the people from raumlabor were studying there, that there was still no emphasis on thrift or restraint, and certainly no trying things out in real-life scale. This we only learned in the joint projects with Amelie Deuflhard and Matthias Lilienthal at the Palast der Republik and later at the HAU and at Kampnagel. And perhaps the specific reason we learned this was that art and cultural projects generally have very limited construction budgets.

So on our temporary hotel projects with Amelie Deuflhard, I would have to keep asking myself if our use of resources was appropriate. For *Der Berg* (The Mountain, 2005) at the Palast der Republik, the Hotel Bergkristall in front of the building was a habitable scaffold which, despite the thin walls, offered the luxury of experiencing

Küchenmonument, raumlabor berlin, Foto: Marco Canevacci

unusual spatial geometries and spending the night and having breakfast in the middle of Berlin in the summer. But how well did the participants of the International Conference for Refugees and Migrants (2016) sleep in our *Blue Flamingo Hotel* in the Kampnagel lobby in February? It was a construction designed for a few nights, but was a structure with rooms made of theatre slats and plywood walls really the right gesture? For a long time we thought about building a cosy, ephemeral building on the Osterbek Canal, or a multi-storey, mud-construction pueblo indoors. We considered material and time resources along with permit issues, resulting in the design of a low-rise building with a slightly chaotic floor plan in which each individual room has its own exterior entrance, like a motel. We used a lot of colour, the space was well heated and the breakfast in the canteen was excellent – all in all it was much better than my current room. Finally, convinced that I had done the right thing, I got up, dressed and left the Hotel Parlament.

My thoughts for this text underwent a change of perspective. I went to the market around the corner; at that time of year they had pumpkins, tomatoes and peppers. Tomatoes, as we know, are shiny, heavy, smooth, red spheres which enclose a wet interior that is divided into solid and mushy areas, with the seeds found in the mush. The pepper, on the other hand, is a light vegetable with a dry shell inside and out, but which offers a flavourful, crunchy coating for the air pocket in the centre where the seeds dangle from the sides. This makes peppers a practical and vitamin-rich transportable vegetable. The pumpkin is the giant of the garden, a hard, chunky fruit with a tendency toward the monstrous, especially when it is grown in the right compost. Like peppers and tomatoes, pumpkins encloses a space filled with reproductive material. But the pumpkin has many more seeds, as if it were afraid that without enough genetic material it couldn't ensure its survival on this planet over the generations. In general, seeds are extremely instructive objects of observation. I was recently on hand when the artist Andreas Greiner explained to a group of students that you can tell from the seeds whether particular trees are pioneer plants with a short lifespan or trees that are looking far into the future. The pioneer species, such as birch and willow, usually have large quantities of very light seeds that can be carried over long distances by the wind. The long-life species such as oak, beech and pine have large, heavy seeds which fall vertically to the ground and ensure the preservation of the stock in the area around the mother tree. What significance do the structure and aesthetics of seeds have for the psychology of tomatoes, peppers and pumpkins? Does the fleshy, fruity tomato want to be eaten so that its seeds can germinate in a ball of fertiliser in another place far away, in the stomach of the consuming animal, and does the pepper, sometimes spicy, wish to scare off the hungry, preferring to burst open so that its light seed platelets are scattered by the wind? And what does the thick, hard, scarcely aromatic pumpkin want? To rot where it sits and become compost for the next generation, perhaps?

I sat down in the café on the corner with the two colourful tables. And I asked myself, there in the café on the market square, around the corner from the Hotel Parlament, in this city in the Balkans, what all these thoughts had to do with the text that I had promised to write for Kampnagel's anniversary publication. What did light roofs, warm blankets, pumpkins that want to stay put have to do with the theatre in the Kampnagel factory in Hamburg? Did I secretly wish to decry cultural production in closed, windowless halls as detached from the world, and instead advocate open-air theatre with minimal electricity consumption which promotes a new alliance between nature and human needs? Did I wish to turn against the new cultural buildings that are popping up everywhere, slowly and steadily like pumpkins on the compost of our society – hermetic, air-conditioned houses that keep us in the comfort zone without, sadly, turning back to compost at the end of the season? Was I endeavouring to ensure that the ease with which theatre could so lavishly infect the world wouldn't be weighed down by bulky buildings whose financial upkeep, maintenance, energy and resource consumption are no longer commensurate with the times? Did I wish to lure theatre and performance practice out into the public sphere where it could easily become as a feather to a warming blanket in the dark and cold future into which we are headed? Where the fluff of my thoughts inspired by the theatre would become the dust we inhale, day after day, and thus the air I need to change my life?

While I was scraping the coffee-soaked sugar from the bottom of my espresso cup, it occurred to me that in choosing Anne Lacaton and Jean-Philippe Vassal for its renovation, Kampnagel had alighted on two of the few architects whose moderation you could be sure, without a doubt, would result in spaces that not only serve the needs of a theatre and are ultimately functional, minimal and poetic, but also create an architecture of proportionality rather than the concrete mediocrity you see everywhere else, and with no more than the necessary means.

I remembered that Jean-Philippe Vassal had recently managed to revolutionise architectural education at UdK Berlin by bringing Hans-Walter Müller, the pioneer of airborne spaces, to Berlin to practise building spaces out of air with the students. The transmission of the craft and the fascination for this method of minimal material expenditure are not to be underestimated. The only thing yet to be determined is the choice of materials; instead of plastic, these huge pumpkin halls would have to be built from materials that are compostable like Japanese paper walls. Then everything would be perfect. In autumn we would dismantle the theatre and let it rot to create a new one on the compost of the old one in the spring.

* You can read the interview with Frei Otto in »Era 21 # 06/2010 Germany: New Urban Strategies«, or in Lukas Feireiss: *Legacy: Generations of Creatives in Dialogue*, Frame Publishers 2019.

»WIR BRAUCHEN ORTE DER VERBUNDENHEIT« – FÜR EINE SELBSTBESTIMMTE UND SOLIDARISCHE ERINNERUNGSKULTUR

İbrahim Arslan

Ich wurde nach dem rassistischen Brandanschlag auf meine Familie zum Überleben verurteilt. Heute kämpfe ich für ein würdiges, respektvolles und vor allem für ein von Betroffenen und Hinterbliebenen erwünschtes Gedenken.

Die Gesellschaft und ihre Behörden instrumentalisieren Betroffene und vereinnahmen ihr Gedenken. Sie machen Erinnerungspolitik, ohne die Betroffenen in die Entwicklung der Gedenkprozesse mit einzubeziehen. Sie maßen sich an, die Herrschaft über das Gedenken an sich zu reißen, um ihr Image reinzuwaschen. Die Herrschaft über das Gedenken gebührt den Betroffenen und den Angehörigen der Mordopfer, sie bilden das Gewebe des zukünftigen und vergangenen Gedenkens. Betroffene müssen stören dürfen, und die Gesellschaft muss dies ertragen lernen. Erst wenn Betroffene ihre Geschichten erzählen, ihnen zugehört wird und wir uns darüber austauschen, was Ungerechtigkeit ist und wie Gerechtigkeit aussehen kann, können wir auch die Spielregeln dieser Gesellschaft und gegenwärtiger Erzählungen verändern. Es ist eine Schande und ungerecht, dass ausgerechnet Angehörige, Opfer und Betroffene über Monate und Jahre tagtäglich für Aufklärung und ein angemessenes Gedenken kämpfen müssen. Es ist die Pflicht eines Staates und der Gesellschaft, Verantwortung zu tragen. Schließlich gedenken wir nicht nur, um den Familien und Betroffenen einen Gefallen zu tun, sondern weil Rassismus ein gesamtgesellschaftliches und politisches Problem ist, das uns alle angeht. Das Ende des Rassismus ist nur durch kollektive antirassistische Anstrengungen zu erreichen. Wenn nach rassistischen Gewalttaten politische Entscheidungsträger*innen nicht aus ihren Fehlern der Vergangenheit lernen wollen, wenn Politik und Mehrheitsgesellschaft den Rassismus und die rechte Hetze im Parlament und in den Medien weiterhin relativieren, dann heißt das auch heute noch, dass alles, was sich bisher bewegt hat, nicht selbstverständlich ist, sondern erkämpft werden musste. Und so geht es immer weiter. Wir müssen heute noch sehr viel lauter über Unteilbarkeit und Solidarität sprechen, weil die Urteile der deutschen Justiz weder rassistische sowie antisemitische Gewalttaten aufdecken noch alle Täter*innen verurteilen. Stattdessen werden die Opfer rechter, rassistischer und antisemitischer Gewalt durch solche Urteile verhöhnt und allein gelassen.

Betroffene werden zu Aktivist*innen, die als Hauptzeugen*innen Wissen tragen, das sie effektiv einsetzen. Ein Wissen, das nicht nur der Verteidigung der Opfer dient, sondern auch einer antirassistischen, antifaschistischen und demokratischen Gesellschaft. Auch wenn wir Opfer sind, auch wenn wir Repressionen ausgesetzt sind, wissen wir doch sehr wohl, wie es ist – ohne Staatsbürgerschaft, ohne gleiche Rechte, ohne Anerkennung durch die Mehrheitsgesellschaft –, uns nicht zu beugen, uns selbst zu organisieren und zu kämpfen. Den Angehörigen und Überlebenden sowie Unterstützer*innen ist es in jahrzehntelanger Arbeit gelungen, durch Erinnerung und Gedenken auch den öffentlichen Diskurs mitzubestimmen. Zum ersten Mal in der bundesdeutschen Geschichte begannen 2020 Medienberichte mit den Namen der Opfer. Sehr früh wandten sich die Familien der Opfer der rassistischen Anschläge in Hanau mit ihren jeweiligen Forderungen an die Öffentlichkeit und an die politischen Entscheidungsträger*innen. Mit der Erinnerung kämpfen Angehörige für weitere Forderungen: nach sozialer Gerechtigkeit, lückenloser Aufklärung und Konsequenzen. Ein Kampf, der von Wut und Trauer bestimmt ist und in der Entschlossenheit mündet, gemeinsam weiterzumachen: »Wenn wir nicht kämpfen, dann wird vergessen werden.« Ich möchte an alle Betroffenen und Angehörigen appellieren: Werdet sichtbar, zeigt, dass ihr da seid, stört mit eurer Anwesenheit die Harmonie der weiß-deutschen Gedenkkultur, seid stolz darauf, wer ihr seid, tut dies alles in radikaler Partizipation und ladet Menschen in euren Protest ein.

Unsere größte Sehnsucht ist es, der Gesellschaft unsere Geschichten zu erzählen, um uns von den Ketten des Schweigens zu befreien. Wir gedenken Ayşe Yılmaz, Yeliz und Bahide Arslan. Doch was bedeutet es, zu gedenken? Dieser Frage sind wir als Familie gemeinsam mit unseren Verbündeten, dem Freundeskreis im Gedenken an die rassistischen Brandanschläge von Mölln 1992, nachgegangen. Es ist die existenzielle Frage für ein solidarisches Erinnern an die Ermordeten und für ein respektvolles Gedenken gemeinsam mit den Angehörigen auf Augenhöhe zu realisieren. Wir sehen diese Frage als Teil einer Auseinandersetzung, die andauert. Wir brauchen Orte der Verbundenheit, Orte, an denen Betroffene sprechen können, geschützte Orte, Orte der Solidarität, die von Betroffenen und Angehörigen selbst definiert werden. Uns ist klar, dass auch diese Orte erst erkämpft werden müssen. Wir dürfen den Betroffenen keine Orte zumuten, an denen sie sich nicht sicher fühlen. Viele staatliche Institutionen, Justizgebäude sowie bestimmte politische Räume können schlichtweg nicht zu Gedenkorten werden, wenn sie gleichzeitig (Tat)-Orte potenzieller Gewalt sind. Oft wirken sie auf Betroffene und Angehörige retraumatisierend. Welche Räume gesteht uns die Gesellschaft für das selbstbestimmte Erinnern zu? Wo findet unser Gedenken Raum? Es ist wichtig, es ist unsere Forderung und für ein würdiges Gedenken von existenzieller Bedeutung, solidarische Räume für ein selbstbestimmtes Gedenken bereitzustellen. Seit 2013 organisieren meine Familie und ich zusammen mit dem Freundeskreis im Gedenken an die rassistischen Brandanschläge von Mölln 1992 die »Möllner Rede im Exil«. Sie findet jeden November in Gedenken an Bahide, Yeliz und Ayşe in unterschiedlichen Städten statt, da die Stadt Mölln ein selbstbestimmtes Erinnern über lange Jahre verhinderte. 2021 und 2023 organisierten wir, unterstützt durch das Kampnagel-Team, die Rede in der großen Halle K6 – einem theatralen, politischen und zugleich historisch-industriellen Erinnerungsraum.

Mittlerweile haben sich unsere Forderungen für ein würdiges Gedenken zu einer Symphonie der Solidarität entwickelt, die wir mit der gesamten Gesellschaft anstimmen wollen. So wollen wir die vielen Stimmen, die meist zum Schweigen gebracht wurden, hörbar machen und zusammenbringen. Wir wollen die Perspektive der Betroffenen in den Vordergrund rücken und zu einer Vervielfältigung selbstorganisierter, selbstbestimmter, solidarischen und empowernder Gedenkpraktiken für eine gerechtere Gesellschaft aufrufen. Denn für uns gilt: »Opfer und Überlebende sind keine Statisten*innen, sondern die Hauptzeugen*innen des Geschehens!«

Hintergründe zum Geschehen:
Am 23. November 1992 setzten zwei Neonazis das Haus der Familie Arslan in Mölln in Brand. Bei dem Anschlag wurden die zehnjährige Yeliz Arslan, die 14-jährige Ayşe Yılmaz und die 51-jährige Bahide Arslan ermordet. Weitere Familienmitglieder erlitten teils sehr schwere Verletzungen. Zuvor hatten dieselben Neonazis einen Brandanschlag auf ein weiteres Haus in Mölln verübt, in dem ebenfalls Menschen aus der Türkei lebten. Neun von ihnen wurden dabei schwer verletzt. Obwohl der rassistische Hintergrund der Taten sofort offensichtlich war, konzentrierten sich die ermittelnden Behörden zunächst auf die betroffene Familie Arslan. Zusätzlich zu ihrer Trauer wurde sie mit Verdächtigungen belastet: Die Opfer wurden zu Tätern gemacht. Institutioneller und gesellschaftlicher Rassismus und tödliche Gewalt haben Kontinuität – davon zeugen die Taten, die Ermittlungen und die gesellschaftlichen Reaktionen im Umgang mit den Opfern des Nationalsozialistischen Untergrundes (NSU) und ihren Angehörigen sowie vielen weiteren Betroffenen rassistischer Gewalt und ihren Lieben.

»WE NEED PLACES OF COMMUNION« – TOWARD A SELF-DETERMINED CULTURE OF SOLIDARITY AND REMEMBRANCE

İbrahim Arslan

After the racist arson attack on my family I was sentenced to survival. Today I am fighting for a memorial that is dignified, respectful and, above all, created by the survivors and their families.
Society and its authorities exploit the survivors and appropriate their memory. They pursue remembrance politics without involving the survivors in the development of the commemoration processes. They presume to usurp control of remembrance to whitewash their image. Remembrance belongs to the survivors and the families of the murder victims; they form the fabric of future and past remembrance. The survivors must be allowed to disrupt, and society must learn to tolerate this. Only when the survivors tell their stories, when they are heard and when we exchange views on what injustice is and what justice might look like can we also change the rules of this society and current narratives. It is a disgrace and an injustice that relatives, victims and survivors have to fight for clarification and appropriate commemoration every day for months and years. It is the duty of a state and society to bear responsibility. After all, we don't just commemorate as a favour to families and the survivors, but because racism is a social and political problem that affects us all. The end of racism can only be achieved through collective anti-racist efforts. If, after acts of racist violence, political decision-makers do not wish to learn from their past mistakes, if politicians and mainstream society continue to relativise racism and right-wing hate speech in parliament and the media, it means everything that has been set in motion so far is still not a given, but instead must be fought for. And so it goes, on and on. Today we have to be much louder in speaking about indivisibility and solidarity, because the verdicts of the German judiciary fail to either uncover racist and anti-Semitic acts of violence or to convict all the perpetrators. Instead, these judgements mock the victims of right-wing, racist and anti-Semitic violence and leave them to fend for themselves.

Möllner Rede im Exil, 2022, Foto: Kampnagel

Background to the event:
On 23 November 1992, two neo-Nazis set fire to the Arslan family's house in Mölln. Ten-year-old Yeliz Arslan, 14-year-old Ayşe Yılmaz and 51-year-old Bahide Arslan were murdered in the attack. Other family members suffered injuries, some of them very serious. The same neo-Nazis had previously carried out an arson attack on another house in Mölln which was also occupied by people from Turkey. Nine of them were seriously injured. Although the racist background to the crimes was immediately obvious, the investigating authorities initially focused on the Arslan family themselves. In addition to their grief, they were burdened with suspicion: the victims were turned into perpetrators. There are continuities to institutional and social racism and deadly violence – the crimes, the investigations and the societal reactions in dealing with the victims of the National Socialist Underground (NSU) and their relatives as well as many other victims of racist violence and their loved ones bear witness to this.

The survivors become activists who, as primary witnesses, carry knowledge that they use effectively. A knowledge that not only serves to defend the victims, but also an anti-racist, anti-fascist and democratic society. Even if we are victims, even if we are subject to repression, we still know all too well what it is like – devoid of citizenship, devoid of equal rights, devoid of recognition by the majority society – to stand up, to organise and to fight. Through decades of work, the relatives, survivors and supporters have succeeded in shaping public discourse through remembrance and commemoration. For the first time in German history, media reports in 2020 began with the names of the victims. Very early on, the families of the victims of the racist attacks in Hanau turned to the public and political decision-makers with their respective demands. Through memory, relatives struggle for further demands: for social justice, thorough investigation and consequences. A struggle that is determined by anger and sadness and which ends in the pledge to continue together: »if we don't fight, then we will forget«. I would like to appeal to all the survivors and their families: be visible, show yourselves, disturb the harmony of the white German commemorative culture with your presence, be proud of who you are, do all this with radical participation and invite people to your protests.

Our greatest desire is to tell our stories to society so we can free ourselves from the chains of silence. We remember Ayşe Yılmaz, Yeliz and Bahide Arslan. But what does it mean to remember? As a family, we investigated this question together with our allies, our group of friends, in memory of the racist arson attacks in Mölln in 1992. The existential question of remembering the murdered in solidarity and respectful commemoration must be addressed together with the relatives on an equal footing. We see this question as part of an ongoing debate. We need places of communion, places where the survivors can speak, protected places, places of solidarity that are defined by the survivors and their families themselves. It is clear to us that these places also have to be fought for. We cannot expect the survivors to go to places where they do not feel safe. Many state institutions, judicial buildings and certain political spaces simply cannot become places of remembrance if they are also (crime) scenes of potential violence. They often have a retraumatising effect on the survivors and their relatives. What spaces does society grant us for self-determined remembrance? Where does our commemoration find space? This is important, this is our demand, and for a worthy commemoration it is of existential importance that spaces of solidarity be provided for self-determined commemoration. Since 2013, my family and I have been organising the »Mölln Speech in Exile« together with our group of friends in memory of the racist arson attacks in Mölln in 1992. It takes place every November in different cities in memory of Bahide, Yeliz and Ayşe, as the city of Mölln prevented self-determined remembrance for many years. In 2021 and 2023, with the support of the Kampnagel team, we staged the speech in the large hall K6 – a remembrance space of theatrical, political as well as industrial history.

Our demands for dignified commemoration have now developed into a symphony of solidarity to which we invite the whole of society to join. The many voices that have been largely silenced – we want to make them heard, and bring them together. We want to bring the perspective of the survivors to the fore and call for a replication of self-organised, self-determined and empowering memorial practices based on solidarity, for a fairer society. Because we believe »victims and survivors are not extras, but the main witnesses to the event!«

NO TEARS FOR THE CREATURES OF THE NIGHT
Saeleen Bouvar

Nyx, die Göttin der Nacht, ist eine der Urgottheiten, entstanden aus dem Chaos. Ihre Macht übertraf die der anderen Götter so sehr, dass selbst Zeus sie fürchtete. Sie gebar aus sich selbst Schlaf, Tod, Träume, Zuneigung, aber auch Verderben, Verhängnis, Alter und Schicksal. Aus der Vereinigung mit der unendlichen Finsternis, dem Erebos, entstand erst ihre Tochter Hemera, der personifizierte Tag. Ihre Stellung noch vor der eigentlichen Schöpfung der Dinge verleiht der Nacht eine Ursprünglichkeit, die eine tiefere in sich Wahrheit birgt, als es der Tag je zuließe.

Mit der Urbanisierung und der fortschreitenden Zentralisierung gesellschaftlichen Lebens entwickelten sich in den Großstädten Areale, die zu den so genannten »Ausgehvierteln« avancierten. Historisch war die Reeperbahn ein Abort zwischen Altona und Hamburg, in dem Menschen und Gewerbe, die in beiden Städten unerwünscht waren, eine Bleibe fanden. So entwickelte sich im Zwielicht ein Gegenkonzept zur hegemonialen Bourgeoisie. Die vielen Gassen und die Nähe zum Hafen prädestinierten den Kiez zum Umschlagplatz für heiße Waren aller Art. Nachts gönnte sich so mancher reiche Kaufmann ein wenig Freiheit, um das auszuleben, was ihm tagsüber im Schoß der Familie verwehrt blieb. Dieser Typus des reichen weißen Cis-Mannes spielt eine essenzielle Rolle in der Struktur der Nacht, denn als ihr Finanzier garantiert er den Erfolg und das Fortbestehen des Areals. Solange ein protestantischer, monogamer und strikt cis-heterosexueller Alltag sein Leben bestimmt, ist seine Frustration so groß, dass die forcierte Tugendhaftigkeit der Bourgeoisie letztendlich die Existenz und den Fortbestand des »Schmuddelviertels« bedingt.

Es ist also nicht zuletzt die Dichotomie zwischen gesellschaftlicher Norm und individueller Realität, die die Grundfesten für die Entwicklung einer Clubkultur errichtet hat. Eine weitere bedeutsame Rolle spielte der Ausschluss und die Verfolgung nicht-cis-heterosexueller Lebensrealitäten. Homosexualität wurde, wenn sie ans Licht kam, strafrechtlich verfolgt. Den Bodensatz marginalisierter Gruppen bildeten und bilden noch immer die Transweiblichkeiten. Trans*-Frauen wurden automatisch aus der Gesellschaft in die Nacht gedrängt, wo die einzige Einnahmequelle Sexarbeit war und teilweise noch ist.

Durch die Exilierung von trans*-Weiblichkeiten aus ihrer Familie wurden teilweise Jugendliche in der Pubertät auf die Straße und in die Prekarität geworfen. Sie wurden von dort bereits arbeitenden trans*Frauen aufgenommen und bildeten kleine »Familien«, die sich Unterkunft und Verpflegung teilten. Diese weiblichen solidarischen Gemeinschaften waren die ersten »queeren« Communitys im Rotlichtmilieu.

Das Varieté prägte das Nacht- und Ausgehviertel maßgeblich. 1926 eröffnete Arthur Wittkowski das Alkazar, einen Unterhaltungstempel mit einem Hubboden in der Mitte des Saales, der je nach Show als Eisbahn, Wasserbassin oder Tanzfläche in Erscheinung trat. Leicht bis gar nicht bekleidete Tänzerinnen spielten Szenen aus einem fiktiven Serail, Anita Berber verzauberte das Publikum mit ihren »Tänzen der Ekstase«. Wittkowski traf mit seinen Sensationen, die er nach eigenen Angaben »jede Viertelstunde« den Zuschauern präsentierte, den Nerv der Zeit, denn wie die romantisierende Darstellung eines leidenschaftlichen, sexuell ungezügelten Orients wurden im Rahmen der Kolonialschauen Schwarze und indigene Menschen u. a. in Hagenbecks Tierpark ausgestellt. In den Kolonialschauen wurden dem weißen Kaufmann frei erfundene und zusammengewürfelte Szenerien vorgeblich primitiver, unzivilisierter und mysteriöser Kulturen als Realität in den Kolonien präsentiert. Das Alkazar bediente diesen Rassismus und beflügelte die sexuellen Fantasien frustrierter weißer Männer. Der lustvolle Orient war das Gegenbild zum nüchternen protestantischen Eheleben. Das aus der Kolonialgeschichte hervorgegangene Phänomen der Suche nach dem »Neuen«, dem »Ungezügelten, Wilden« wurde zum dritten essenziellen Element, das die Clubkultur zu ihrem finanziellen Erfolg brauchte.

Nachdem trans*-Frauen Anfang der 1970er Jahre in den USA die Aufhebung des Verbots gleichgeschlechtlicher Tanzpaare erwirkt hatten, war die Bahn frei für eine neue Form des Nachtlokals: die Diskothek. Die Aneinanderreihung von Schallplatten in einem Nonstop-Mix wurde erstmals in den legendären New Yorker Loft-Partys von David Mancuso eingeführt. Mancuso war ein sehr bedachter Ästhet, der Klang, Ambiente und Publikum gezielt auswählte, um seine Partys für die Besucher*innen zu einer unvergesslichen Erfahrung zu machen. Seine Klientel bestand hauptsächlich aus der LGBT-Szene. Diese setzte sich aus allen ethnischen Gruppen der Stadt zusammen. Da Homosexualität nach wie vor strafbar war, wurde Mancusos Loft zum Hauptversammlungsort für queere Menschen in der Stadt. Der Phillysound mit seinen souligen Texten über die Freude am Leben, aber auch über die unmögliche Liebe, lieferte den Soundtrack zum Empowerment und zur tragischen Lebensrealität queerer Menschen in dieser Zeit. Alle drei essenziellen Elemente der Heterotopie »Nacht« fanden bei Mancuso ihren Platz:

- Er schuf ein Gegenkonzept zur puritanisch anmutenden patriarchalen Sittsamkeit, indem er die individuelle Lebensrealität über den gesellschaftlichen Zwang stellte.

- Er erschuf einen Safe Space für queere Leute in dem Bewusstsein, dass mehrfach marginalisierte Menschen, insbesondere schwarze und braune Queers, sich in einem eigenen freien Raum losgelöst gaben und so maßgeblich das Ambiente mit queer joy füllten.

Hausvrau B. Poderosa/Khloe, Transtronica Festival 2023, Foto: Maria José Celis

• Die bewusste Vermischung verschiedener Kulturen auf einem Dancefloor führte zu einer Vermischung der Tanzstile. Statt Alkohol, dessen Ausschank strengstens verboten war, gab es Säfte, Früchte und LSD. Das Halluzinogen war der Eintritt in die Welt des Traumes und Garant einer einmaligen Erfahrung.

So entstand der Begriff »Disco Family« in Anlehnung an die solidarischen Vereinigungen der trans*-Frauen im Rotlichtmilieu. In einer gefährlichen Welt wurde die Diskothek so zu einer sicheren Oase, seine Überlebenden wurden Teil einer Familie und als solche gefeiert. Heterosexuelle weiße Cis-Männer und -Frauen haben den Geist der Disco nie verstanden. In ihrer Machtposition war er für sie irrelevant, wichtig war allein die Flucht aus dem eingeschnürten Leben, in das sie wieder zurückkehrten, ohne es zu hinterfragen. Zur gleichen Zeit erblühte die Visibilität der trans*-Frauen. Hintergrund war einerseits, dass Hormone und Blocker zunehmend zugänglicher für alle wurden und die geschlechtsangleichende Operation Fortschritte machte, andererseits florierten die Travestie-Cabarets. Die Nachfrage nach »erotischen Kuriositäten« war in den 1970er Jahren immens gestiegen. Stripshows präsentierten die Körper von trans*-Frauen als »corps de plaisir«, als Einladung zur Spielwiese cis-heterosexueller Fantasien. Das Ziel der Frauen hingegen war es, durch Auftritte und Sexarbeit genug Geld zusammenzusparen, um in Casablanca die geschlechtsangleichende Operation durchführen zu lassen und danach unbemerkt als respektable Frau ein Leben fern von der Prekarität der Straße führen zu können.

Die 1970er Jahre zeigten so, dass marginalisierte Gruppen aus dem Untergrund einen großen finanziellen Wert darstellten. Trans*-Weiblichkeiten wurden zu Ikonen der Disco-Ära, der Zeit der größten sexuellen Offenheit. Die folgenden Achtziger wurden durch den elektronischen Sound von Patrick Cowley und seiner fünfzehnminütigen Version von Donna Summers »I Feel Love« eingeläutet. »Hi NRG« hieß der neue Sound, der als »Elevated Disco« gehandelt wurde. Der Club vermischte Elemente aus Travestie und Varieté. Der Sound richtete sich an cis-Schwule, die in der neu entstandenen Clubszene einen Körperkult aus dem Cabaret zelebrierten und die Clubtracks als Single kauften. Die Entkriminalisierung von Homosexualität Anfang der 1990er Jahre trieb nun auch Schwule aus dem Mittelstand in die Clubs, die mit dem neuen House- und Technosound schwarzer Künstler*innen aus den USA eine neue Ära einläuteten.

Nachdem Homosexualität unter Weißen den Sprung von der Nacht in den Tag geschafft hatte, gab es keinen Grund mehr, sich mit anderen marginalisierten Gruppen zu solidarisieren. Die Clubkultur der 1990er Jahre zeichnete sich durch eine immense Visibilität von Cis-Schwulen und -Lesben, aber gleichzeitig durch das Fehlen von trans*-Menschen aus. Ende der Neunziger entstand dann die queere Szene, damals noch ein Protobegriff für alle marginalisierten Sexualitäten und Identitäten. Die junge Szene brach mit der Tradition der finanziellen Ausbeutung durch das cis-heterosexuelle Patriarchat:

- Cis-Heterosexuelle waren anfangs komplett unerwünscht, da sie die Hegemonie des Patriarchats repräsentierten. Queere Veranstaltungen waren nicht profitorientiert, sondern sammelten Spenden für Projekte zur Stärkung der Community. Sie mussten nicht aus der Frustration des bürgerlichen Mittelständlers finanziert werden, der sein Geld dem Vergnügen widmete.

- Der Begriff der Familie wurde zum Begriff der Community erweitert. Niemand sollte den Weg der Befreiung allein marschieren. Nach den Stonewall Riots und dem Pride Movement wurden trans*-Menschen wieder zu einem fundamentalen Teil der LGBTQI+-Gemeinde.

- Die queere Szene schuf ihre eigene Ästhetik aus der Fetisch-, Kink-, Tunten- und Dragkultur. Durch den Ausschluss von cis-Heterosexuellen gab es auch keine zahlenden Gaffer mehr, die wie in den 1970er Jahren mit »Kuriositäten« gefüttert werden wollten. Es war eine Szene von Queeren für Queere.

Diese Zeit war nur ein sehr kurzer Befreiungsschlag. Mit dem Erfolg der queeren Partys hat allerdings auch der weiße Mittelstand seinen Weg in die Clubs gefunden. Ein besonderes Beispiel dafür ist die aktuelle queere Clubszene in Berlin. Die sich selbst als queer betitelnde Szene finanziert sich erneut durch den von seiner Vierzig-Stunden-Woche frustrierten bürgerlichen Mittelstand und einen weißgewaschenen Techno. Der Cis-Hetero nennt sich nun queer und lässt sich im Rausch der Ekstase inmitten von »Kuriositäten« komplett gehen. Es werden immer mehr Übergriffe vor allem auf nicht +-weiße trans*-Weiblichkeiten gemeldet. Die Szene ist kein Safe Space und längst kein Teil einer Community mehr. Es ist ein Rückschritt in die Anfänge der Nacht mit Veranstaltern, die bares Geld aus der Frustration eines patriarchalen Kapitalismus schlagen. Doch vergessen wir eines nie: Ein Teil der Nacht ist queer. Queer ist das authentische Leuchten im Gesicht einer trans*-Frau, die die gesellschaftlichen Bürden abstreift. Und dieses Leuchten wird immer heller sein als die kleine Frustpause eines Bankers.

Mandhla Ndubiwa, Transtronica Festival 2022, Foto: Kaete Mayor

NO TEARS FOR THE CREATURES OF THE NIGHT
Saeleen Bouvar

Nyx, the goddess of the night, is one of the primordial deities, born of Chaos. So greatly did her power exceed that of the other gods that even Zeus feared her. She begat sleep, death, dreams, affection, but also ruin, disaster, ageing and fate. Her daughter Hemera, the personification of day, emerged from her union with infinite darkness, Erebus. Her status prior to the actual creation of things gives night an originality that contains a deeper truth than day would ever allow.

Through urbanisation and the advancing centralisation of social life, certain metropolitan areas developed into »nightlife districts«. Historically, the Reeperbahn was a link between Altona and Hamburg, where people and businesses who were undesirable in either cities found a home. Here, in the twilight, a counter-concept to the hegemonic bourgeoisie emerged. The numerous alleys and the proximity to the harbour predestined the neighbourhood to be a hub for dubious wares of all kinds. At night, many a rich merchant indulged in liberties denied him in the light of day, in the bosom of his family. This type of wealthy white cis male plays an essential role in the structuring of the night, for as its financier he guarantees the success and ongoing existence of the area. As long as his life is determined by a Protestant, monogamous and strictly cis-heterosexual routine, his frustration is great enough that the enforced virtue of the bourgeoisie ultimately determines the existence and persistence of the »red light district«.

As such, the dichotomy between societal norms and individual reality is one of the foundations for the development of a club culture. The exclusion and persecution of non-cis-heterosexual realities played another significant part. Homosexuality was prosecuted whenever it came to light. Trans women formed and continue to form the basis of marginalised groups. Trans women were automatically forced out of society and into the night, where the only source of income was, and sometimes still is, sex work.

The exiling of trans women from their families often meant young people in puberty being thrown onto the streets and into precarity. They were taken in by trans women who were already working there and formed small »families« who shared accommodation and food. These supportive female communities were the first »queer« communities in the red light district.

Variety shows had a significant influence on the nightlife district. In 1926, Arthur Wittkowski opened the Alkazar, an entertainment temple with a raised platform in the middle of the hall which, depending on the show, could be an ice rink, pool or dance floor. Dancers, skimpily dressed or nude, performed scenes from a fictional harem; Anita Berber enchanted the audience with her »dances of ecstasy«. Wittkowski's sensations, presented to audiences »every quarter of an hour«, were very much in keeping with the times. Echoing the romanticised depiction of a passionate, sexually uninhibited Orient, Black and indigenous people were exhibited as part of the colonial shows in venues like Hagenbeck's zoo. In the colonial shows, the merchant was confronted with fictitious, cobbled-together scenes of supposedly primitive, uncivilised and mysterious cultures, presented as a faithful depiction of the colonies. The Alkazar served up this racism and fuelled the sexual fantasies of frustrated white men. The lustful Orient was the antithesis of sober, Protestant married life. The phenomenon of the search for the »new«, the »unbridled and wild«, which emerged from colonial history, became the third essential element that club culture needed for its financial success.

After trans women worked to have the ban on same-sex dancing couples lifted in the USA in the early 1970s, the way was clear for a new form of nightclub: the discotheque. The sequencing of records in a non-stop mix was first introduced in David Mancuso's legendary New York loft parties. Mancuso was a highly thoughtful aesthete who carefully selected the sound, ambience and guest list to make his parties an unforgettable experience for visitors. His clientele consisted mainly of the LGBT scene, in which all the city's ethnic groups were represented. With homosexuality still a criminal offence, Mancuso's loft became a major gathering place for queer people in the city. The Philly sound, with its soulful lyrics about the joys of life as well as impossible love, provided the soundtrack for the empowerment and the tragic reality of life for queer people during this time. Mancuso's loft contained all three essential elements for the heterotopia of »night«:

- He created an alternative to puritanical patriarchal chastity by according the individual reality of life a higher position than social pressure.

- He created a safe space for queer people in the awareness that multiply marginalised people, especially Black and brown queer people, found release in their own free space and thus flooded the zone with queer joy.

- The conscious mixing of different cultures on the dance floor led to a mixing of dance styles. Instead of alcohol, which was strictly forbidden, there was juice, fruit and LSD. This hallucinogen granted entry to the world of dreams and guaranteed a unique experience.

This is how the term »disco family« came about, based on supportive groupings of trans women in the red light district. In a dangerous world, the nightclub became a safe oasis, its survivors part of a family and celebrated as such. Heterosexual white cis men and women have never understood the spirit of disco. From their position of power, it was irrelevant to them; the only important thing was escaping their constricted life, to which they would return without questioning it. At the same time, the visibility of trans women blossomed. On the one hand, this was because hormones and blockers were becoming increasingly accessible to all and gender confirmation surgery was undergoing rapid advances, on the other, because drag cabaret was flourishing. There was a huge increase in demand for »erotic curiosities« in the 1970s. Strip shows presented the bodies of trans women as »corps de plaisir«, an invitation to the playground of cis-heterosexual fantasies. The aim of the women, on the other hand, was to save enough money through performances and sex work to undergo gender confirmation surgery in Casablanca and then to lead inconspicuous lives as respectable women far from the precariousness of the streets.

The 1970s showed that marginalised underground groups represented great financial value. Trans women became icons of the disco

Mavi Veloso, Transtronica Festival 2022, Foto: Kaete Mayor

era, a time of utmost sexual openness. The Eighties which ensued were ushered in by the electronic sound of Patrick Cowley and his fifteen-minute version of Donna Summer's »I Feel Love«. »Hi NRG« was the name of the new sound, which traded as »elevated disco«. The club mixed elements of drag and variety. The sound was aimed at cis gay men who celebrated a body cult that arose from cabaret in the newly emerged club scene and bought the club tracks as singles. The decriminalisation of homosexuality in the early 1990s also brought middle-class gays into the clubs, which ushered in a new era with the new house and techno sound of Black artists from the USA.

Once homosexuality among whites made the leap from night to day, there was no longer any reason to show solidarity with other marginalised groups. The club culture of the 1990s was characterised by the immense visibility of cis gays and lesbians, but at the same time by the absence of trans people. The end of the 1990s saw the emergence of the queer scene, which was still a proto-term for all marginalised sexualities and identities at the time. This young scene broke with the tradition of financial exploitation imposed by the cis-heterosexual patriarchy:

- Cis heterosexuals were initially completely undesirable because they represented the hegemony of the patriarchy. Queer events were not profit-oriented, instead they raised funds for projects that strengthened the community. They did not have to be financed by the frustration of the middle-class who spent their money on pleasure.

- The concept of family was expanded to include the concept of community. No one was forced to march on the path to liberation alone. After the Stonewall riots and the Pride movement, trans people once again became a fundamental part of the LGBTQI+ community.

- The queer scene created its own aesthetic from fetish, kink, camp and drag culture. With cis heterosexuals excluded, there were no more paying gawkers who there to be fed »curiosities« as there were in the 1970s. It was a scene by queers for queers.

This period was only a very brief liberation. As queer parties became successful, the white middle class found its way into the clubs. One particular example of this is the current queer club scene in Berlin. While it calls itself queer, this scene is once again financed by the bourgeois middle class, frustrated by their forty-hour weeks, and whitewashed techno. The cis hetero now calls himself queer and surrenders to abandon, a rush of ecstasy in the midst of »curiosities«. There are increasing reports of attacks, especially against non-white trans women. The scene is no longer a safe space and no longer part of a community. It's a throwback to the early days of the night, with promoters raking in hard cash from frustration with patriarchal capitalism. But let's never forget: part of the night is queer. Queer is the authentic glow on the face of a trans woman shaking off the burdens of society. And that glow will always be brighter than a banker's mini-break from frustration.

EIN GUTER LADEN
Daniel Chelminiak

Wem das Leben wie eine kleine Odyssee vorkommt, bei der das Ziel die Heimkehr ist, weil der Ursprung im Laufe der Jahre verwischt wurde, der weiß vielleicht nicht, wohin die Reise wirklich geht. Aber es gibt sie: die Stationen der Hoffnung. The houses of hope.

Wem die Reise keine Freude macht, weil das Klima zu rau, die Begleitung zu lästig, das Gepäck zu schwer wird, der weiß, was ein sexy Motel mit echter Barstimmung, Karaoke und flirty Personal alles bewirken kann. Plötzlich geht es nicht mehr um die Pfade, sondern um Momente. Das Öffnen, das Betreten, der erste Eindruck der Atmosphäre, die einem in die Nase steigt. Ein Ort mit Charakter. Ein Ort des gefühlten Wissens. Die erfahrenen Blicke, die sich kreuzen. Das Schmunzeln der Erkenntnis. The paradise is here. The honey trap.

Die Person an der Theke liest deine Bewegungen, spürt deine Gesten, empfängt deine Energie. Du willst etwas sagen, aber es ist schon alles gesagt. Your presence matters.

Wir wissen immer, welcher Laden uns unsere Leibspeise serviert. Ein guter Laden ist spezifisch. Ein guter Laden ist konsequent. Ein guter Laden weiß, dass die Menschen hungrig und durstig sind. Dass sie leben wollen.

Es gibt gewisse Qualitäten, die nie falsch sind. Gastfreundschaft ist gut. Aber sie ist auch ein Privileg, das man sich verdienen muss. Denn manchen Gästen sieht man den Stress der Reise im Gesicht an. Und wenn sie dankbar sind. Manche aber kommen mit einer arroganten Selbstverständlichkeit rein, als wären sie die Hausbesitzer. Aber selbst Hausbesitzer spüren, was den Reiz des Raumes ausmacht. Es wäre unklug, giftige Energie auszusenden.

Entertainment funktioniert am besten, wenn die Durstigen trinken und die Hungrigen essen. Wenn ihre Dankbarkeit den Raum beseelt. Wenn ihr Gesang die Seelen quält, wenn sogar Tränen fließen und alles vor Schmerz verstummt. Wenn jedes Herz sich ins Bewusstsein pocht. Wenn wir merken, dass wir am Leben sind und die Liebe, die wir sonst so gut verstecken, plötzlich den Rahmen unserer verkümmerten Realität sprengt.

Ein guter Laden nährt, lehrt und lädt auf. Erinnert an den Pfad der Wiederkehr. Der Weg nach Hause wird deutlicher. Das Gepäck wurde im Rausch der Nacht geklaut. Die Begleitung hat sich für jemand anderen entschieden. Aber da draußen klart es auf. Die Sonne kommt heraus. Ein neuer Tag beginnt und der müde Körper wird von einem wachen Geist getragen, der aus der Erkenntnis zu leben, zu neuen Kräften gekommen ist.

Ein guter Laden ist queer, wie die Vision einer Zukunft, in der die Luft high macht, keiner gafft und keiner nervt, alle intuitiv fahren und niemand einsam ist. Die gesunde Form der Co-Abhängigkeit. Wo wir cool miteinander sind und doch voller Wärme füreinander. Wo wir einander nichts vormachen müssen und doch alles sein können. Wo wir zu uns zurückkommen, ohne die Reise zu verfluchen. Wo wir uns daran erinnern, wie wir leben wollen.

Danny Banany, Foto: Matteo Colombo

10 Years of Queereeeoké - the Decade Dance, 2022, Foto: Rafael Medina

A GOOD JOINT
Daniel Chelminiak

If you feel life is like a little odyssey where the goal is to return home because the origins have become blurred over the years, you may not know where the journey is really headed. But they do exist: the stations of hope. The houses of hope.

If you're not enjoying the trip because the climate is too harsh, your companions too annoying, your baggage too heavy, then you know just what can be achieved by a sexy motel with a real bar atmosphere, karaoke and flirty staff. Suddenly it's no longer about the pathways, but about moments. Opening, entering, the first impression of the atmosphere that hits your nose. A place with character. A place of sensed knowledge. Meeting each other's gaze with a look of experience. The smile of realisation. Paradise is here. The honey trap.

The person at the counter reads your movements, feels your gestures, receives your energy. You want to say something, but it's all been said before. Your presence matters.

We always know which joint serves us our favourite dish. A good joint is specific. A good joint is consistent. A good joint knows that people are hungry and thirsty. That they want to live.

There are certain qualities that are never wrong. Hospitality is good. But it is also a privilege that has to be earned. Because with some guests you can see the stress of the journey on their faces. And whether they are grateful. But some come in with an arrogant self-possession, as if they owned the place. Yet even they can feel what makes the space so attractive. And that it would be unwise to transmit toxic energy.

Entertainment functions best when the thirsty drink and the hungry eat. When their gratitude fills the space. When their singing torments the soul, or tears flow, even, and all is silent in the face of pain. When every heart pounds into awareness. When we realise that we are alive and the love that we usually hide so well suddenly exceeds the scope of our stunted reality.

A good joint nourishes, teaches and recharges. Reminds us of the pathway of return. The way home becomes clearer. Our baggage was stolen in the madness of the night. Our companion has chosen someone else. But things are clearing up out there. The sun comes out. A new day begins and the tired body is borne by an alert spirit which has gained new strength from the recognition of life.

A good joint is queer, like the vision of a future in which the air makes you high, no one stares and no one hassles, everyone is travelling intuitively and no one is lonely. The healthy form of co-dependency. Where we are cool with each other and yet full of warmth for each other. Where we don't have to pretend to each other and yet we can be anything we want. Where we come back into ourselves without cursing the journey. Where we remember how we want to live.

THE CASE OF DIGITAL ARTS
EIN BLICK AUF DIE EXPERIMENTELLEN DIGITALEN KÜNSTE AUF KAMPNAGEL

Sirwan Ali

Ich komme im Zentralfoyer von Kampnagel an, ziehe mein Smartphone aus der Tasche, starte die App, laufe ein paar Schritte und richte meine Kamera auf die Ecke von K1, und plötzlich schiebt sich eine neue Welt fließend um mich herum. Eine von Donna Haraway inspirierte Zukunftsvision: Die Wände des Foyers sind nicht mehr zu sehen, stattdessen Berge, die Säulen sind zu Bäumen geworden, animierte Bäume, ein Baum verwandelt sich in einem ewigen Kreislauf in einen Menschen und wieder zurück, fliegende Drohnen sind am Start, beobachten, als ob sie eine Aufgabe erfüllen, während mir ein Mensch den Kontext erklärt, in dem sich diese Welt befindet: Ein imaginäres, alternatives Kampnagel in zehn Jahren – keine Dystopie, eine hybride Welt, in der der Mensch nicht unbedingt im Mittelpunkt steht, sondern nur ein Teil neben anderen ist. Ich kann mich in diesem Raum frei bewegen, entdecke versteckte Ecken wie beim Ostereiersuchen, habe Spaß daran, weiter zu suchen und verliere das Zeitgefühl – obwohl ich diese Welt selbst konstruiert habe. Ich befinde mich im Spekulativen Foyer, einer neuen Bühne auf Kampnagel, die nicht statisch ist und immer wieder neu ausgestattet werden kann, ein Bühnenbild ohne Grenzen – the sky is the limit oder die Rechenleistung des Smartphones.[1]

Auch ich kann in den von mir konstruierten Welten Überraschungen erleben. Die zufallsgenerierte Darstellung, die wechselnde Anordnung der verschiedenen Elemente in Zeit und Raum – mit Hilfe von Codes werden neuartige Kombinationen erzeugt, die einzigartige Erlebnisse bieten – the power of programming. Mit ihr gewinnt die Dramaturgie eine neue Freiheit, ihre Dynamik ist mal abhängig von verschiedenen Faktoren, mal gespeist vom Zufall. Sie macht mich neugierig auf alles Verborgene und weckt in mir eine kindliche Freude, die Welt zu entdecken.

Mit »Statues of Resistance«, einem Kunstprojekt des Agents-of-History-Teams auf Kampnagel, wird beispielsweise gezielt nach dem Verborgenen gesucht: Als digitale Intervention im öffentlichen Raum konnte der antikoloniale Widerstand in Hamburg unabhängig von Faktoren wie dem herrschenden bürokratischen System sichtbar gemacht werden. Mit dem Versuch, das glamourös-monumentale Bild der Stadt, das von einer priviligierten Gruppe geschaffen wurde, die lediglich aufgrund ihrer gesellschaftlichen Position dazu ermächtigt ist, mit einer neuen, diversen Perspektive zu überschreiben, kann auch das Display eines Smartphones zum neuen Blick auf die Geschichte werden.[2]

Apropos Blick: »Decolonial Gaze« – eine Kooperation zwischen der Fundación Internacional Teatro a Mil und Kampnagel – hat gemeinsam mit einem Team aus Santiago de Chile eine App entwickelt, die die historische Verbindung zwischen Hamburg und Chile anhand des Salpeterabbaus beleuchtet. Für die Weltpremiere am 17. Januar 2023 wurden denkmalgeschützte Gebäude in Hamburg und Santiago de Chile miteinander verbunden, die die Geschichte des Salpeterhandels erzählen und dabei zeigen, wie sich die Spuren der gewaltsamen Ausbeutung auf unterschiedliche Weise in die Stadtarchitektur und Erinnerungskultur der beiden Städte eingeschrieben haben.[3]

Aus der Notwendigkeit heraus, Menschen den Zugang zu Kunst und Kultur zu ermöglichen, entstand während der Corona-Pandemie mit der [k]-To-Go-App erstmals ein Prototyp, der es dem Publikum ermöglichte, Performances zu erleben, ohne eine unserer Hallen betreten zu müssen. In den darauffolgenden Jahren entwickelten sich aus diesem Ansatz neue Ideen, um Zugänge zu schaffen, die der analoge Kulturbetrieb nicht immer ausreichend abdecken kann.

So wurde 2022 mit dem Projekt »In Your Shoes« (Sequenz Damaskus-Hamburg) ein Zugang zum Alltag der Anderen angeboten. In einem interaktiven Spaziergang konnten wir uns in den Schuhen des Anderen bewegen und durch seinen Blick eine andere Normalität erleben. Während manche Szenen im Alltag der Anderen oft so schwer verständlich erscheinen, wenn oder weil sie keine Parallelen zum eigenen Leben aufweisen, hatte das interaktive Publikum hier die Möglichkeit, zu jeder Szene Informationen direkt von den Protagonisten zu erhalten. Sie gaben Einblicke, warum welche Alltagspraktiken notwendig sind, um ein »normales« Leben zu gestalten – der digitale Raum als globaler Treffpunkt?[4]

Durch die Erforschung der digitalen Möglichkeiten können neue Kunst- und Ausdrucksformen entstehen. Viele neue Technologien, die zum Teil von der Großindustrie entwickelt wurden, können als Werkzeuge in der Kunst eingesetzt werden. Computer wurden erfunden, um komplizierte Rechnungen in kurzer Zeit zu erledigen, aber ihre höhere Leistungsfähigkeit macht es nun einfacher, Video, Musik und weitere Kunstformen zu produzieren. Während diese Möglichkeiten in den kommerziellen Branchen von der breiten Masse zur Unterhaltung genutzt werden, sind sie in der Kunst

---

1   Das Spekulative Foyer ist eine Augmented-Reality-Plattform in der [k]-To-Go-App. Die App ist für Smartphones (iOS und Android) verfügbar. In der App wird mit Hilfe der Kamera die Struktur des Zentralfoyers auf Kampnagel erkannt; sobald die Struktur erkannt wurde, wird das Zentralfoyer mit digitalen Inhalten erweitert, für mehr Infos: https://kampnagel.de/artikel/das-spekulative-foyer

2   Das Statues-of-Resistance-Projekt wurde als digitaler Rundgang realisiert und kann sowohl in der [k]-To-Go-App als auch auf der eigenen Webseite besichtigt werden. https://www.statuesofresistance.com/tour.html erlebt werden, für mehr Infos: https://kampnagel.de/produktionen/agents-of-history-statues-of-resistance---ein-parcours-des-antikolonialen-widerstands

3   Die-Decolonial-Gaze-App ist für Smartphones (iOS und Android) im App Store verfügbar, für mehr Infos: https://www.decolonialgaze.com/

4   In Your Shoes ist ein digitales Projekt, das ein Erleben von zwei unterschiedlichen Realitäten bietet, für mehr Infos: https://inyourshoes.space/

beziehungsweise zeitgenössischen Performancekunst als Ausdrucksform wenig erforscht und werden wenig praktiziert.

Durch das Experimentieren mit diesen neuen Möglichkeiten verlässt man zwar seine Sicherheitszone und muss eine Hemmschwelle überwinden, aber es entstehen neue Ästhetiken. Auch wenn sie, wie alle experimentellen Künste, nicht immer großen Erfolg beim Publikum haben, führen sie doch zu einer größeren Vielfalt an neuen Formen und bieten Inspiration für weitere Entwicklungen.

Die Open-Source-Community und das Internet ermöglichen fast jedem den Zugang zu neuen Technologien. Heutzutage ist es möglich, sich so Wissen anzueignen, ohne ein kompliziertes Aufnahmeverfahren an einer Hochschule durchlaufen zu müssen. Da dieses Wissen allen zur Verfügung steht, wächst die Community stetig, und je größer und diverser die Community wird, desto besser und vielfältiger werden auch die Tools.

Während es im Theater nicht schwierig ist, ein Team für die Arbeit an einem Stück zu finden, ist es manchmal schwierig, dass sich ein Team für ein digitales Projekt zusammenfindet. Menschen mit Erfahrungen auf diesem Gebiet arbeiten häufig für andere Branchen und haben auch andere Honoraransprüche. Darüber hinaus stellen die im Theater üblichen Arbeitsmethoden bei der Arbeit an einem digitalen Projekt nicht selten Herausforderungen dar, die aufgrund mangelnder Erfahrung in diesem Bereich oft nicht bedacht werden. Diese Herausforderungen sind Teil des Prozesses und können durch mehr Praxis überwunden werden. Wir sollten diese Hürden akzeptieren und versuchen, durch mehr Erfahrung neue Arbeitsmethoden zu entwickeln.

[k]-to-Go-App, Foto: Kampnagel

THE CASE OF DIGITAL ARTS
A SURVEY OF EXPERIMENTAL DIGITAL ARTS AT KAMPNAGEL

Sirwan Ali

I enter the central foyer at Kampnagel, pull my smartphone out of my pocket, launch the app, take a few steps and point my camera at the corner of K1, and suddenly a new world is in flow around me. It's a vision of the future inspired by Donna Haraway: the walls of the foyer have been replaced by mountains, the pillars have become trees, animated trees, with one tree turning into a person and back again in a never-ending cycle, flying drones are ready to take off, observing as if they had a mission to fulfil, while a human explains the context of this world to me. This is an imaginary, alternative Kampnagel in ten years – not a dystopia, but a hybrid world in which humans are not necessarily the focus, but just one element alongside others. I can move freely about this space, discover hidden corners like I'm on an Easter egg hunt, enjoy the search and lose track of time – even though I constructed this world myself. I am in the Speculative Foyer, a new stage at Kampnagel which is not static and which can be redesigned over and over again, a set design with no limit. The sky – or the computing power of the smartphone – is the limit.[1]

Even I can encounter surprises in the worlds I constructed. The randomly generated display, the changing configuration of the different elements in time and space – codes helping to create new combinations that offer unique experiences – the power of programming. This lends the dramaturgy a new freedom; sometimes its dynamics are dependent on multiple factors, and sometimes they are fed by chance. It makes me curious about all things hidden, awakening in me a childlike joy in discovering the world.
For example: »Statues of Resistance«, an art project by the Agents of History team at Kampnagel, involves a focused search for things that have been obscured. As a digital intervention in public space, it makes anti-colonial resistance in Hamburg visible regardless of factors like the prevailing bureaucratic system. In an attempt to overwrite the glamorous, monumental image of a city – created by a privileged group only empowered to do so because of their social position – with a new, diverse perspective, a smartphone display can become a new way of looking at history.[2]

On the subject of looking: »Decolonial Gaze« – a cooperation between the Fundación Internacional Teatro a Mil and Kampnagel, together with a team from Santiago – has developed an app that highlights the historical connection forged between Hamburg and Chile through saltpetre mining. For the world premiere on 17 January 2023, listed buildings in Hamburg and Santiago were linked up, telling the story of the saltpetre trade and showing how the traces of violent exploitation were inscribed in the urban architecture and culture of remembrance of the two cities in different ways.[3]

Arising out of a need to offer people access to art and culture, the first prototype was created during the corona pandemic – the »[k] to go« app, which enabled the audience to experience performances without having to enter one of our halls. In the ensuing years, new ideas developed from this approach to enable points of access to an extent of which the analogue cultural sector isn't always capable. The 2022 project »In Your Shoes« (Damascus-Hamburg sequence) offered access to the everyday lives of others. In an interactive stroll we were able to walk in each other's shoes and experience a different normality through their perspective. While some scenes in other people's everyday lives can be difficult to understand, because they have no parallels to our own lives, the interactive audience had the opportunity to get information about each scene directly from the protagonists. They gave insights into why particular everyday practices are necessary for creating a »normal« life – the digital space as a global meeting point?[4]

Exploring digital possibilities can give rise to new forms of art and expression. Many new technologies, some of which were developed by big industry, can be used as tools in art. Computers were invented to perform complex calculations in a short amount of time, but their increased power now makes it easier to produce video, music and other art forms. While these possibilities are used by the general public for entertainment in the commercial sectors, there is little research into them, little experience of them as forms of expression in art and contemporary performance art.

By experimenting with these new possibilities you leave your safety zone and have to overcome inhibitions, but new aesthetics emerge. Even if, like all experimental arts, they don't always meet with great success among audiences, they lead to a greater variety of new forms and provide inspiration for further developments.
The open source community and the internet provide almost everyone with access to new technologies. Now you can use them to acquire knowledge without having to go through a complicated admissions process at a university. Since this knowledge is available to everyone, the community is constantly growing, and the larger and more diverse the community becomes, the better and more varied the tools become.

But while in theatre you can generally find a team to work on a play, putting together a team for a digital project can be difficult. People with experience in this area often work in other industries and have different salary expectations. And the working methods common to theatres often present challenges for work on a digital project that are frequently ignored because of a lack of experience in this area. These challenges are part of the process and can be overcome with practice. We should accept these hurdles and try to develop new working methods through greater experience.

---

1 The Speculative Foyer is an augmented reality platform in the »[k] to go« app, available for smartphones (iOS and Android). The app uses the camera to recognise the structure of the central foyer on Kampnagel; the foyer then expands with digital content. For more information: https://kampnagel.de/en/article/das-spekulative-foyer

2 The »Statues of Resistance« project was created as a digital tour and can be experienced both in the »[k] to go« app and on the company's website https://www.statuesofresistance.com/tour.html. For more information: https://kampnagel.de/en/productions/agents-of-history-statues-of-resistance---ein-parcours-des-antikolonialen-widerstands

3 The »Decolonial Gaze« app is available for smartphones (iOS and Android); for more information: https://www.decolonialgaze.com/

4 »In Your Shoes« is a digital project which offers an experience of two different realities; for more information: https://inyourshoes.space/

DA GING WAS IN RESONANZ
EINE RETROSPEKTIVE

von SKART & Masters of the Universe

für mich war kampnagel der erste ort, wo ich nicht dauernd geärgert wurde. SKART hat ja nach leuten gesucht, die nicht so dem standard entsprechen, und da ging was in sachen resonanz. wenn man als freak in der gesellschaft unterwegs ist, macht es klick, wenn man andere freaks trifft. es war ein sich reinsteigern in eine nische. dinge, die aus den schrägen Ecken des Gehirns kommen. die faszination für absurdes oder düsteres. das ging da voll mit rein.

wir erwachsene wollten ja nicht »jeden« haben. wir wollten mit menschen zusammenarbeiten, die lust auf experimentelles, irgendwo auch radikales, aber auf alle fälle auf das »andere« hatten. die künstlerische SKART-strategie sollte im prinzip die basis bleiben, aber mit kindern und jugendlichen gemeinsam fortentwickelt werden.

ich muss da an eine szene von uns denken. die mit dem schokokuss über dem publikum. die steht irgendwie für ein grundprinzip: dem publikum nicht das geben, was es erwartet. oder als ich mit acht jahren einen text gesprochen habe, wie ich langsam sterbe. einfach in diesem alter einen solchen erwartungsbruch zu erzeugen. das publikum abzufucken, indem man als kind nicht gibt, was erwartet wird. einfach das gegenteil von unterhaltung. das fand ich immer cool. dieses extreme im ganz freien rahmen. auch das fantasieren, der prozess, ideen zu spinnen. ideen miteinander zu verbinden. keiner weiß mehr, was von wem ist. und praktisch sachen ausprobieren. dieses dadaistische. man kann irgendwoher inhalte nehmen, das publikum muss sich den sinn dann selbst zusammenbauen. wir gehen auch nicht in einem klassischen, theatermäßigen sinn in unseren characters auf. das sind eher wir selbst.
am Anfang waren unsere stücke wirrwarr. sehr viel gleichzeitig. sehr viele unterschiedliche elemente. je weiter es vorangegangen ist, desto mehr haben wir die ideen der anderen weitergedacht. wir haben gelernt, die anderen intuitiv mitzudenken.

mir waren elemente wie schwarzer humor, ironie, die faszination für tabus oder zum beispiel ekel immer wichtig. auch dass das in der gruppe kultiviert wird. also freiwillig und aus sich heraus. weil die leute einfach von haus aus so sind. gerade jetzt, wo der zeitgeist gegenüber kindern oft so affirmativ und hyperwohlwollend ist. für mich sind das elemente, die auf eine empowernde art die biederen, oberflächlichen oder gewollten anteile solcher entwicklungen dechiffrieren, vorführen und abwehren. eine gruppeninterne empathie schließt das natürlich nicht aus. ohne die geht es ja auch gar nicht. ich denke einfach, dass es eine form von freiheit ist, kategorischen standards, egal welcher art, mit einem gewissen augenzwinkern zu begegnen.

ein großes ding ist wahrnehmung. als kind kann ich ja alles darstellen, auch wenn ich es nicht komplett verstehe. das problem ist, dass es so eine unerwartungshaltung an die kinder gibt – dass kinder nichts checken. wenn du jemanden in einen winzig kleinen rahmen steckst, dann hat dieser mensch ja keine möglichkeiten, etwas mitzukriegen. solche räume kann man ganz einfach kreieren, zum beispiel, indem man mit kindern über nichts spricht. dann geht auch nichts. aus konservativer sicht heißt es ja immer, das kind kriegt eh nichts mit. aber das stimmt nicht, kinder kriegen alles mit. wenn man kindern den raum lässt und sie ermutigt, ihn zu betreten, dann geht fast alles. mit acht jahren habe ich ein stück über konsumkritik entwickelt, das für mich total sinn ergeben hat. was wusste ich über finanzen? für mich hat sich das trotzdem total erklärt, durch die art, wie wir das als gruppe besprochen haben.

das schönste für mich an diesem job ist eigentlich, wenn die entwicklung der kinder irgendwann früchte trägt. die gehen ja durch einen ästhetischen und strukturellen lernprozess. und wenn sie mit dieser ganzen chose was anfangen können und dranbleiben, weil sie sich damit identifizieren, weil sie sich selbst darin sehen – dann macht es irgendwann »plopp!« und ihre eigenen ideen fallen förmlich wie reifes obst vom baum. das ist eigentlich das beste. gerade, weil es dann in der regel so wahnsinnig eigenständig und schräg ist. ich bin dann auch regelrecht gerührt und ihr größter fan.

ich habe vorher viele kurse gemacht. das meiste habe ich abgebrochen. da waren meistens leute, die es gar nicht so richtig konnten. und mit geringem budget. man hat auch immer so langweilige sachen gemacht. man macht halt was für »die lieben kleinen«, die können eh nicht viel. und die erwachsenen freuen sich schon, wenn sie überhaupt etwas machen. die Aufführungen waren dann natürlich peinlich, weil man nie richtig geübt hat. da hieß es, das reicht, das sind kinder, mehr geht eh nicht, die oma klatscht sowieso.

Spielen#1, SKART & Masters of the Universe, 2023, Foto: Christian Martin

und das haben wir hier auf kampnagel nicht so gemacht. der unterschied ist, es war professionell. bringt euch ein. gestaltet das wirklich mit uns. oft war es auch arbeit, also anstrengung.

es gab auch tage, die waren einfach sehr lang. es gab tage, da hatte ich gar keinen bock. ich weiß noch, dass regelmäßig leute aggro geworden sind. wenn du so lange rumsitzt und gezwungen wirst, sitzen zu bleiben, muss die energie irgendwo hin. wir haben dann viel gestritten. wir waren ja nicht da, weil wir freunde waren. Wir waren kolleg*innen. aber es war gut, dass wir nicht befreundet waren. einfache leute, die an der gleichen sache arbeiten. dann haben wir angefangen »amöbe« zu spielen. das ist so ein bewegungs- und koordinationsspiel. da konnte man dampf ablassen. diese anstrengenden phasen, gerade am anfang, als die gemeinsame arbeitsweise als eigene technik erst noch am entstehen, noch nicht ausdefiniert war, die waren manchmal echt anstrengend. frustration und wut waren da die stummen begleiter, die oft auch gar nicht mal so stumm waren. als erwachsene waren wir da bisweilen schlicht hilflos. manchmal wundere ich mich rückblickend, wie zäh das manchmal war, aber auch mit was für einer zähigkeit alle darauf reagiert haben.

mich ärgert, wenn ich den anderen sagen muss, dass sie sich konzentrieren sollen. SKART hatten ja nicht die intention, wie lehrer*innen zu sein. SKART hatte ja keinen erziehungsauftrag – so, wie wenn dir jemand von grund auf das leben erklären will. es gab ja mit dem stück ein reelles ziel. wir haben keine theater-ag gemacht, sondern ein professionelles theater. ich wusste schon mit zehn, dass es blöd ist, wenn welche terror machen und dann muss einer auf den tisch hauen, damit fokus ist.

ich fand es cool, dass SKART transparent gemacht haben, dass sie einen erfahrungsvorsprung haben. dass SKART uns was beibringt. da gab es kein: »weil ich es so sage.« die erklärung hat nie gefehlt. man will ja ernst genommen und respektiert werden, auch als kind. es wäre ja auch fies, das nicht zu tun, also, es einfach nur laufen zu lassen. ich bin überhaupt kein fan davon, kinder vor enttäuschungen bewahren zu wollen. das führt nur dazu, dass sie später nicht damit umgehen können. ich hab auch kein problem damit, wenn mir jemand hartes feedback gibt.

das ist halt so eine gratwanderung. auf der einen seite musst du als älterer die struktur halten, darfst aber nicht dominieren. sonst zerquetscht du den entwicklungsprozess. diese blume, die da gerade am aufgehen ist. auf der anderen seite habe ich ja auch meine meinung und mit der halte ich mich auch nicht zurück. besonders außenstehende erwachsene sahen darin gerne mal eine art heuchelei, so nach dem motto: wenn selbstbestimmung ist, reden nur die kinder, was in meinen augen selbstgerechter quatsch ist. selbstbestimmung muss ja für alle gelten. ein stück weit wäre es gerade im kontext einer professionellen theaterproduktion ja auch unfair, menschen, die sich gerade erst entwickeln, alles allein entscheiden zu lassen. die würden ja voll ins messer laufen. unser prozess ist halt partizipativ und diskursiv zu gleich.

mir geht es vor allem darum, dass das stück gut wird. da war auch jedes mal so ein moment, als ich gemerkt habe: oh shit, wir haben nicht mehr viel zeit, das soll jetzt aber schon gut sitzen. und wenn das dann jemand mit mehr erfahrung an der einen stelle zu ende bringt und ich an der anderen, habe ich damit kein problem. weil wir das halt gemeinsam so vereinbart haben. jeder macht das, was er am besten kann oder am meisten will. warum soll man jemanden zwingen, etwas zu machen, was sie oder ihn gar nicht repräsentiert? wenn er oder sie zum beispiel nur tanzen will. Darum fand ich die think tanks gut, zum beispiel den regie-think tank. da kann man rein, muss man aber nicht. für viele wäre das auch die totale belastung, in allen bereichen mitzumachen.

ich hatte immer angst, ob das alles hinhaut. vor der premiere dachte ich: kann ich den text noch? während des stücks war man dann wie in trance. wir waren alle gut gebrieft für krisensituationen auf der bühne. cool und ruhig bleiben. wenn was schiefläuft, dann nicht abbrechen, sondern einfach ruhig bleiben und weiter. lacht nicht einfach los, starrt nicht rum, bleibt einfach bei euch. es ist nicht schlimm, wenn was ist. die leute wissen eh nicht, wie es aussehen soll. tut einfach, als wäre nichts gewesen. Im theater geht ja immer was schief, aber du lernst einfach, damit umzugehen. einer ist krank, etwas geht kaputt, aber du kannst ja nix machen, da wird man irgendwie entspannt. rumschreien bringt ja auch nix, wobei das erst gelernt werden musste. am anfang sind leute zum beispiel während der generalprobe von der bühne gerannt. da war schon viel so diva-mäßig.

das mit dem anspruch an das stück ist eben auch so eine sache. kunst sollte ja eigentlich ein freiraum sein. letztlich ist aber auch eine sich als links empfindende off-theater-szene gängigen marktlogiken unterworfen. ich muss da auch oft schmunzeln – manche auswüchse meines berufs empfinde ich als total neoliberal. es ist halt immer so eine mischung aus idealismus, narzissmus, konkurrenz und wirtschaftlichem druck, die die Entstehung eines Stücks prägt. dass das stück nichts wird, ist ja, wenn man ehrlich ist, keine option. ich mache mir da auch keine illusionen. irgendwo ist da immer eine stimme in mir, die sagt: progressives theater mit kindern hin oder her: dreimal hintereinander ein schlechtes stück– aus welchen gründen auch immer – und du bist weg vom fenster.

am anfang hat die transparenz noch nicht funktioniert, was ja nur menschlich war und auch an der fehlenden zeit lag. aber manchmal war man dadurch dann doch wieder das kind.
am anfang wurden zum beispiel die szenischen abläufe noch ohne uns geordnet. das fand ich scheiße. Das problem war, von anfang an zu sagen, dass wir schon ein kollektiv sind, und nicht einen prozess zu sehen, der sich gerade entwickelt. das hätte man klarer sagen müssen. dann wären die erwartungen von innen und außen nicht so hoch gewesen. das haben wir erst später verstanden.

die menschen suchen immer galionsfiguren. wir hatten ja manchmal den verdacht, dass wir so was in der art werden könnten. so was neues. aber niemand kann eine kleine gruppe sein, die für eine große gruppe spricht. diese gruppe gibt es nicht. darum müssen wir uns viel mehr als individuelle theatertruppe verstehen, die ihre eigenen regeln erschaffen hat und die anderen müssen das halt auch machen. jede*r für sich.

wenn man mit kindern oder menschen mit lernbehinderung arbeitet, fällt irgendwann auf, dass es in der kunstwelt eine art hipness-ranking der marginalisierten gibt und dass diese beiden gruppen da nicht gerade an der spitze stehen. wahrscheinlich, weil sie bestimmte codes nicht bedienen, was natürlich einigermaßen bizarr ist. also dass es in einem moralisch derart aufgeladenen kontext hierarchien und konkurrenzen gibt, was sichtbarkeit und repräsentation angeht. aber was willst du machen? vermutlich sind das letztlich die sozialen konsequenzen von 2000 jahren feudalismus und kapitalismus. Und auf perfide art ergibt das ja auch sinn. leider ...

wenn ich mit freunden heute etwas abstraktes anschaue und die dann sagen: »was soll das?«, dann ist das für mich eher so: »ist doch klar.« ich habe das auch nie erlebt, dass die leute in meinem umfeld kampnagel kannten. ich so: »kennste?« die: »nee, ich kenne ich nicht.«

für mich ist das auch zweischneidig. da ist schon so ein nostalgiefaktor, allein das gebäude. ich liebe das. ich hatte aber oft auch das gefühl, das haus nimmt sich was großes vor, aber das, womit es in der konsequenz verbunden ist, das will man dann doch nicht so zu hundert prozent. man will zwar das coole kinderkollektiv, aber irgendwo ist dann auch schluss. aber so ist halt die welt, in der wir leben. da kommen auch die guten nicht immer aus der nummer raus. vielleicht ist auch bei vielen sachen einfach nicht die zeit für die wirklich deepe entwicklung. da wird was angerissen und schon geht es weiter. und kinder sind halt einfach nicht das obercoolste thema, auch nicht in der kunstwelt. aber egal. leben und leben lassen.

SOMETHING RESONATED
A RETROSPECTIVE
SKART & Masters of the Universe

kampnagel was the first place where i wasn't constantly annoyed. SKART was looking for people who weren't just standard, and something resonated. when you're a freak out in society and you meet other freaks you click. it was like venturing into a niche. things that come from the weird corners of the brain. the fascination with the absurd or dark. all of that went into it.

we, the adults, didn't want to have just »anyone«. we wanted to work with people who were going to be experimental, radical in some way, but definitely »different«. in principle, the SKART artistic strategy was to remain the basis, but developed in collaboration with children and young people.

there's a scene of ours that i remember. the one with the schokokuss above the audience. somehow it represents a basic principle: not giving the audience what they expect. or like the time when i was eight and recited a text about how i was slowly dying. it was easy to upend expectations like this at that age. fucking with the audience by not giving them what they expect from a kid. simply the opposite of entertainment. i always thought that was cool. this extreme in a completely free setting. and the imagining, the process of spinning ideas. connecting ideas with each other. you can no longer tell what comes from whom. and trying out practical things. that dadaist approach. you can take content from anywhere, the audience then has to construct the meaning themselves. and we don't go into our characters in a classic, theatrical sense. it's more like we're ourselves.

at the beginning our pieces were confused. a lot happening at the same time. lots of different elements. the further we progressed, the more we developed each other's ideas. we have learned to think intuitively about others.

elements such as dark humour, irony, the fascination with taboos and disgust, for example, were always important to me. this is cultivated within the group as well. voluntarily and intrinsically. because people are simply like that by nature. especially now, when it's normal to be so affirmative and hyper-benevolent to children. for me, these are elements that decipher, highlight and repel the conventional, superficial or intentional parts of these developments in an empowering way. of course, this does not rule out empathy within the group. that's absolutely essential. i just think it is a form of freedom to approach categorical standards, of any kind, with a certain irony.

perception is a big thing. as a child, i can portray anything, even if i don't fully understand it. the problem is that there is such non-expectation around children – the assumption that children don't get anything. if you put someone in a tiny frame, that person doesn't have an opportunity to notice anything. you can easily create such spaces, for example by talking to children about nothing. then you end up with nothing. from a conservative point of view, they always say that the child doesn't notice anything anyway. but that's not true, children notice everything. if you give children the space and encourage them to enter it, then you can do almost anything. when i was eight years old, i developed a piece about consumer criticism that made total sense to me. what did i know about finance? for me this was totally explained by the way we discussed it as a group.

the best thing for me about this job is actually when the children's development bears fruit at some point. they go through an aesthetic and structural learning process. and if you can get to grips with this whole thing and stick with it because you identify with it, because you see yourself in it – then at some point it goes »plop!« and your own ideas fall like ripe fruit from the tree. that's really the best, precisely because it is usually so incredibly independent and strange. i'm really touched in those cases and i'm the biggest fan of it.

i have done a lot of courses. i usually pulled out. they were usually taught by people who couldn't do what they were teaching. and they had low budgets. people always did such boring things. you just do something for »the little ones«, they can't do much anyway. and the adults are happy when they do anything at all. the performances were of course embarrassing because they never really practiced. they would say, that's enough, they're children, you can't expect anything more, nanna is clapping anyway.

that's not how we did it here at kampnagel. the difference is, it was professional. get involved. develop it with us, for real. and often it was work, effort in other words.

there were also days that were just very long. there were days when i didn't feel like doing it at all. i remember people often getting aggro. when you sit around for so long and you have to stay seated, the energy has to go somewhere. so we would argue a lot. we weren't there because we were friends. we were colleagues. but it was good that we weren't friends. just people working on the same thing. then we would start playing »amoeba«. it's a game of movement and coordination. you got to let off steam.

Welt ohne uns, Meine Damen und Herren / SKART & Masters of the Universe, 2021, Foto: Christian Martin

those strenuous phases, especially at the beginning, when the joint working method, our own technique was still emerging and had not yet been defined, were sometimes really exhausting. frustration and anger were the silent companions, and often they weren't even that silent. as adults, sometimes we were simply helpless. sometimes, looking back, i'm surprised at how tough it was at times, but also the tenacity of everyone's response to it.

it annoys me when i have to tell others to concentrate. SKART had no intention of being like teachers. SKART didn't have an educational mission – like when someone wants to explain life to you from scratch. the work had a genuine goal. we didn't create a theatre corporation, but rather a professional theatre. i already knew at the age of ten that it was stupid when people would terrorise others and then someone would have to slam the table to get everyone to focus.

i thought it was cool that SKART was transparent about the advantage in experience they had. that SKART teaches us something. there was no: »because i say so«. things were always explained. you want to be taken seriously and respected, even as a child. it would be mean not to do that, to just let it run. i'm not at all a fan of trying to protect children from disappointment. this will only result in them not being able to deal with it later. i also have no problem with someone giving me harsh feedback.

it's just a balancing act. on the one hand, as an older person you have to maintain the structure, but you can't dominate. otherwise you crush the development process. this flower that is just about to blossom. on the other hand, i have my opinions, and i don't hold back on them. it was adults on the outside of the experience looking in who tended to see it as a kind of hypocrisy, as in: where there is self-determination, only the children talk, which in my opinion is self-righteous nonsense. self-determination has to apply to everyone. to some extent, and especially in the context of a professional theatre production, it would be unfair to let people who are just starting to develop decide everything on their own. they would be totally screwed. our process is participatory and discursive at the same time.

my main concern is that the piece is good. there would always be a moment when i realised: oh shit, we don't have much time left, it should be working by now. and if someone with more experience finishes it off in one place and i do it in the other, i have no problem with that. because that's what we agreed together. everyone does what they do best or what they want to do most. why should you force someone to do something that doesn't represent him or her? for example, if he or she just wants to dance. that's why i like think tanks, for example the director think tank. you can go, but you don't have to. for many people, getting involved in every area would be total stress.
i was always worried about whether it would all work out. before the premiere i would think: do i still remember the text? during the piece it was like being in a trance. we were all well briefed for crisis situations on stage. stay cool and calm. if something goes wrong, don't stop, just stay calm and move on. don't just laugh, don't stare, just stay with yourself. it's not a big deal if something happens. people don't know how it's supposed to go anyway. just act like nothing happened. something always goes wrong in the theatre, but you just learn to deal with it. someone gets sick, something breaks, but you can't do anything, it's kind of relaxing. yelling doesn't help either, although that's something you just have to learn first. in the beginning, for example, people would run off the stage during the dress rehearsal. a lot of it was so diva-ish.

that's another thing about the demands on the work. art should actually be a free space. ultimately, an independent theatre scene that regards itself as left-wing is subject to the usual market logic, like everyone else. it often makes me smile because i find some of the excesses of my job to be totally neoliberal. it's always a mixture of idealism, narcissism, competition and economic pressure that shapes the creation of a piece. to be honest, the piece not working is not an option. i have no illusions about it either. somewhere there is always a voice in me that says: whether or not it's progressive theatre with children, a bad performance three times in a row – for whatever reason – and you're out the door.

in the beginning, the transparency didn't work, which was only human and also due to the lack of time. but sometimes that made you the child again.

in the beginning, for example, the sequence of scenes was organised without us. i thought that was shit. the problem was saying from the beginning that we were already a collective and not observing a process that was currently developing. that should have been said more clearly. then the expectations both internal and external wouldn't have been so high. we only understood that later.

people are always looking for figureheads. we sometimes suspected that we might become something like that. something new. but no one can be a small group speaking for a large group. this group doesn't exist. that's why we have to see ourselves much more as an individual theatre troupe which has created its own rules, and everyone else has to do the same. every one for themselves.

when you work with children or people with learning disabilities, at some point you notice that in the art world there is a kind of hipness ranking of the marginalised and that these two groups are not exactly at the top. probably because they don't use certain codes, which is of course somewhat bizarre. that in such a morally charged context there are hierarchies and competition when it comes to visibility and representation. but what can you do? ultimately these are probably the social consequences of 2000 years of feudalism and capitalism. and in a perfidious way, that makes sense. sadly …

nowadays, when i look at something abstract with friends and they say: »what's that supposed to mean?«, then for me it's more like: »it's clear«. i've never known anyone in my environment who knew about kampnagel. i'm like: »do you know it?« them: »no, i don't know it«.

for me this is also a mixed blessing. there's such a nostalgia factor, just the building. i love that. but i often had the feeling that the house had something big in mind, but what it was ultimately connected to was something they didn't really want 100 percent. you want the cool children's collective, but there's a limit. but that's just the world we live in. even the good ones can't always avoid it. maybe for a lot of things there's just not enough time to go into deep development. you touch on something and then you're already moving on. and children are just not the coolest subject, not even in the art world. but whatever. live and let live.

KUNST ALS TARNUNG UND MAINSTREAMVERBESSERUNG
ART AS CAMOUFLAGE AND MAINSTREAM IMPROVEMENT

WORKBOOK 3

KUNST ALS TARNUNG UND MAINSTREAMVERBESSERUNG

Corinna Humuza, Nadine Jessen

Auch Kampnagel als anspruchsvolle Institution stolpert über die eigenen Widersprüche. Dem Diskurs vorauseilen, von der Realität eingeholt werden, neue Versuche starten, sich mal durchsetzen, mal scheitern: Die Pendelbewegung zwischen dem Versuch einer ernsthaften und wirksamen antirassistischen, intersektionalen oder antiableistischen Arbeit und der eigenen Verstrickung in die Reproduktion von Machtverhältnissen ist ongoing. Die beiden kuratorischen Spuren »Kunst als Tarnung« und »Mainstreamverbesserung« stehen für diese Ambivalenzen und haben das künstlerische Profil der letzten Jahre stark geprägt. Die Idee von »Kunst als Tarnung« ist alles andere als neu und eng mit der Geschichte des Ortes verknüpft. In der ehemaligen Kranfabrik »Nagel & Kaemp« organisierten sich die kommunistischen Arbeiter*innen beispielsweise in betriebseigenen Theatergruppen, wie im Text von Carina Book und Sophia Hussain (S. 168) vertieft wird. Dieses Workbook skizziert anhand konkreter Projekte die Überschneidungen und Unterscheidungen dieser künstlerischen Strategien und ihre wechselseitige Wirkung auf innerinstitutionelle Strukturen. Im Praxisteil tragen unterschiedliche Künstler*innen ihre Perspektiven und Analysen bei.

KÜNSTLERISCHES TARNEN POLITISCHER INTERVENTIONEN: DEFINITIONEN UND ANWENDUNGSBEISPIELE

Die Methode »Kunst als Tarnung« wird landläufig mit der Praxis von Wirtschaftsunternehmen in Verbindung gebracht, die sich üblicherweise im Pink- bzw. Greenwashing ausdrückt: Diversität als Token, queere Codes als konsumierbare Massenartikel der globalen Modeindustrie oder wirkungslose Öko-Zertifikate. Die gegenteilige Lesart lässt sich anhand der »künstlerischen« Interventionen des globalen Aktionsbündnis »The Yes Men« anschaulich erläutern. Mit artifiziellen Mitteln des Tarnens und Täuschens produziert die Gruppe Fakten und zwingt somit reale Akteur*innen zum Handeln. Anlässlich der Berliner Fashion Week 2023 kopierten die Yes Men beispielsweise das Wording eines Adidas-Marketings und kündigten im Namen des Konzerns eine umfassende Initiative zur sozialen Verantwortung an, um ausgebeutete Arbeitskräfte in Kambodscha zu entschädigen. Die Fake-Meldung wurde von einigen Nachrichtenportalen übernommen. Adidas musste dementieren und sich für die Arbeitsbedingungen in Kambodscha rechtfertigen – die Yes Men hatten das Greenwashing des Konzerns thematisiert und zwingen ihn nun durch öffentlichen Druck

ART AS CAMOUFLAGE AND MAINSTREAM IMPROVEMENT

Corinna Humuza and Nadine Jessen

As a challenging institution, even Kampnagel can stumble over its own contradictions. Rushing in advance of discourse, getting overtaken by reality, trying anew, sometimes prevailing, sometimes failing, oscillating all the while between attempts at serious, effective, anti-racist, intersectional and anti-ableist work on the one hand, and its own involvement in the reproduction of power relations on the other. The two curatorial channels »Art as Camouflage« and »Mainstream Improvement« represent these ambivalences, and have had a strong influence on its artistic profile in recent years. The idea of »art as camouflage« is anything but new, and it is one closely associated with the history of the place. In the erstwhile »Nagel & Kaemp« crane factory, for instance, Communist workers launched company theatre groups, as Carina Book and Sophia Hussain (p. 171) discuss in greater detail. Drawing from real-life projects, this workbook outlines the overlaps and differences between these artistic strategies and their mutual impact on intra-institutional structures. In the practical section, a range of artists contribute their perspectives and analysis.

ARTISTIC CAMOUFLAGE OF POLITICAL INTERVENTIONS: DEFINITIONS AND EXAMPLES

The »art as camouflage« method is commonly associated with the practices of commercial companies, often expressed

Diese und vorherige Seite: Fanti Fanti Parade, LIVE ART FESTIVAL 2023, Foto: Maximilian Probst
Nächste Seite: Klingelstreich beim Kapitalismus, PENG! Collective, 2020, Foto: Anja Beutler

> DEM DISKURS VORAUSEILEN, VON DER REALITÄT EINGEHOLT WERDEN, NEUE VERSUCHE STARTEN, SICH MANCHMAL DURCHSETZEN, MANCHMAL SCHEITERN – DIESE PENDELBEWEGUNG IM KURATIEREN IST ONGOING.
>
> RUSHING IN ADVANCE OF DISCOURSE, GETTING OVERTAKEN BY REALITY, TRYING ANEW, SOMETIMES PREVAILING, SOMETIMES FAILING – THIS CURATORIAL OSCILLATION IS ONGOING.

as pink- or greenwashing – diversity as tokenism, queer codes as consumable mass-produced items for the global fashion industry, ineffectual eco-certificates. A counter-reading can be clearly drawn from the »artistic« interventions of the global action alliance the »Yes Men«; using artificial means of camouflage and deception, the group proffers facts and forces real actors to act. For the 2023 Berlin Fashion Week, for example, the Yes Men mimicked the wording of Adidas marketing and announced, on behalf of the company, a comprehensive social responsibility initiative for the compensation of exploited workers in Cambodia. Some news portals repeated the fake report; Adidas was forced to deny it and justify working conditions in Cambodia. Having addressed the company's greenwashing, the Yes Men are now using public pressure to compel it to sign binding agreements. Art, in this understanding, becomes a tool to enforce activist demands and to liberate utopian potential, at least in certain areas. In many ways, the Yes Men and other groups that adopt this methodology operate in a grey area: between art and shifting reality, between activism and artivism – and the constant threat of exposure. The hypothesis of »art as camouflage« explores the much-invoked *freedom of art* at the limits of legality. Ultimately, art is subject to *different* rules. Art is free. Whether artists are really free, and what conditions would make them so (in terms of VISAbility, for instance) is discussed, for example, in the text »Institution of Solidarity« (p. 228) and in Workbook 4.
Here, art as camouflage means exploiting the rules of art in a sense, but it also means that *l'art pour l'art* is passé, and that the fine arts are adapting to the utility and urgency of social issues. One incisive example, already near legendary, is the repurposing of buildings on the Kampnagel site to form »EcoFavela Lampedusa-Nord«, what is now Migrantpolitan, which is discussed in greater detail in »Migrantpolitan. Producing Bolt Holes« on page 188 of this workbook. Another example: the Peng! collective,

zur Unterzeichnung verpflichtender Abkommen. Kunst wird in diesem Verständnis zum Werkzeug, um aktivistische Forderungen durchzusetzen und zumindest punktuell utopisches Potential freizusetzen. Die Yes Men und andere Gruppen, die sich dieser Methodik bedienen, bewegen sich in vielerlei Hinsicht in Grauzonen: zwischen Kunst und Realitätsverschiebung, zwischen Aktivismus, Artivismus und der ständigen Gefahr der Entlarvung. Das Denkmodell »Kunst als Tarnung« lotet die viel beschworene *Freiheit der Kunst* an den Grenzen der Legalität aus. Schließlich herrschen in der Kunst *andere* Gesetze. Kunst ist frei. Ob die Künstler*innen das auch immer sind und welche Bedingungen es dafür braucht (z. B. in puncto VISAbility), wird beispielsweise im Text »Solidarische Institution« (S. 227) und im Workbook 4 erörtert.

Kunst als Tarnung bedeutet also, die Regeln der Kunst in gewissem Sinne auszunutzen, bedeutet aber auch, dass *l'art pour l'art* passé ist und die schönen Künste sich der Nützlichkeit und Dringlichkeit sozialer Fragen anpassen. Ein prägnantes und fast schon legendäres Beispiel dafür ist die Umnutzung von Gebäuden auf dem Kampnagel-Gelände als »EcoFavela Lampedusa Nord«, dem heutigen Migrantpolitan – dazu vertieft im Text »Migrantpolitan. Schlupflöcher produzieren« auf Seite 185 in diesem Workbook. Ein anderes Beispiel: Das peng! Kollektiv an der Schnittstelle politischer Intervention und künstlerischer Inszenierung gab sich beim Internationalen Sommerfestival als fiktives Bundesamt für Krisenschutz und Wirtschaftshilfe aus, um Leiter*innen von Mega-Konzernen Alternativen zum Kapitalismus schmackhaft zu machen, und ließ das Kampnagel-Publikum mit echten Geheimdienst-Mitarbeiter*innen telefonieren, um sie vom Ausstieg zu überzeugen. Wie wirkmächtig diese Form des künstlerischen Protests sein kann, zeigt sich darin, dass das Kollektiv kürzlich vom LKA wegen Anstiftung zu Straftaten auf die Terrorliste gesetzt werden sollte. Wenn der künstlerische Kontext (das Framing) stimmt, entsteht ein Möglichkeitsraum, der zweckentfremdet werden kann. Zweckentfremdung ist neben Improvisationsfreude eine solidarische Waffe, deren Potentiale beispielsweise von Gruppen wie Gintersdorfer/Klaßen, Geheimagentur, God's Entertainment, Baltic Raw, LaFleur und new media socialism angewendet werden. Die Hamburger Geheimagentur hat sich darauf spezialisiert, neue Welten zu kreieren, statt mit kritischer Geste alte Werte zu bestätigen: Mit dem Projekt »Hamburg Port-Authority« wurde ein temporäres, aber reales Import- und Exportgeschäft mit illegalisierten Migrant*innen eröffnet, das die postkolonialen Verflechtungen des Hamburger Hafens mit dem globalen Süden aufzeigte, vor allem aber in die Strategie der Perspektivlosigkeit intervenierte, mit der innenpolitisch auf afrikanische, sogenannte »Wirtschaftsflüchlinge« reagiert wird. So wurde eine Schiffsladung gebrauchter Elektrogeräte in die Heimatländer der Projektbeteiligten exportiert, quasi Social Entrepreneurship afrikanischer Geflüchteter. Im Geheimagentur-Projekt »Most wanted works of Art« schufen die besten Kopisten der chinesischen Stadt Dafen in einem szenischen Setting originalgetreue Gemälde des westlichen Kunstkanons, um die Unterscheidung zwischen »Fake« und »Original« infrage zu stellen und deren rechtliche Konsequenzen als westliche Überlegenheits- und Machterhaltungsstrategie zu entlarven.

EINSCHUB: STRESSTEST IN DER INSTITUTIONELLEN PRAXIS

*Kunst als Tarnung ist ein bisschen so wie das »Szenische Rauchen«. Es geht dabei nicht um eine Raucherdiskussion, sondern um das Prinzip: Trotz Einhaltung aller geltenden Nichtraucher*innen-Gesetze ist »szenisches Rauchen« unter bestimmten Bedingungen erlaubt. Wer allerdings die Person ist, die »szenisch raucht«, kann je nach Situation definiert werden. Eine durchaus sportliche Anwendungsmöglichkeit ist, alle Anwesenden als Performende zu definieren »Szenisches Rauchen« wäre dann möglich. Das Ganze setzt*

which operates at the interface of political intervention and artistic production, posed as a fictitious Federal Office for Civil Protection and Economic Aid for the International Summer Festival; they sought to make alternatives to capitalism attractive to the heads of mega-corporations, and allowed the Kampnagel audience to phone real secret service employees to convince them to quit. The fact that the collective was recently placed on a terrorist watch list by the LKA (state bureau of investigation) for incitement to crime truly is testament to the impact this kind of artistic protest can have. With the right artistic context (framing), this opens up a space of possibilities that can be appropriated for other purposes. Along with improvisation, this reappropriation is a weapon of solidarity whose potential is exploited by groups such as Gintersdorfer/Klaßen, geheimagentur, God's Entertainment, baltic raw, La Fleur and New Media Socialism. Hamburg's geheimagentur specialises in creating new worlds rather than confirming old values with critical gestures. With the »Hamburg Port Authority« project, it opened a temporary yet real import-export business with illegalised migrants, which highlighted post-colonial ties between the port of Hamburg and the Global South. But even more than that, it disrupted the strategy of hopelessness in domestic policy and its response to African, so-called »economic refugees«. A shipload of used electrical appliances was exported to the project participants' countries of origin, a kind of social entrepreneurship by African refugees. In the project »Most Wanted Works of Art«, geheimagentur had the best copyists from the Chinese city of Dafen produce faithful copies of the Western art canon in a stage setting to examine the distinction between »fake« and »original« and to expose the legal consequences of these categories as a Western strategy for maintaining dominance and power.

ASIDE: STRESS TEST IN INSTITUTIONAL PRACTICE
Art as camouflage is a bit like »stage smoking«. This is not a discussion

natürlich einen bestimmten postdramatisch geprägten Kunstbegriff, eine Prise Paul-Feyerabend-Spirit und eine Affinität zu Konzepten der Avantgarden und des Zeitgeistes voraus. Ähnlich agieren und produzieren Gruppen wie Gintersdorfer/Klaßen, La Fleur und God's Entertainment, deren Praxisbeispiele im zweiten Teil der Mainstreamverbesserung angeteasert werden.

MAINSTREAMVERBESSERUNG: BEHAUPTEN – DURCHSETZEN – VERMITTELN

Mainstreamverbesserung oder heute vielleicht etwas differenzierter formuliert Delearning Mainstreamism ist eine weitere wirkungspragmatische Spur, die die Kampnagel-Dramaturgie verfolgt. Der Trick besteht darin, trotz der Erweiterung des künstlerischen Aktionsradius keine Kompromisse bei Form oder Inhalt einzugehen, sondern im Gegenteil den Kanon nachhaltig um marginalisierte Positionen zu erweitern. Es ist auch die Erwartung an die »Freien Darstellenden Künste«, Innovationsmotor der deutschsprachigen Theaterlandschaft zu sein. Bei aller berechtigten Kritik an den negativen Aspekten des Mainstreamism, also eines Mainstreams, der sich die avantgardistischen Ränder einverleibt, sie ihrer Identität beraubt und nicht am Gewinn beteiligt, gibt es auch positive Beispiele, in denen es gelungen ist, radikale künstlerische Formen in den Kanon einzuspeisen, ohne sich ihm anzupassen. Stilbildend, nicht stil-abbildend. Eine ambivalente Logik ergibt sich bei den Queereinstiegen zur Vermittlung und dabei, tolle queere Kunst dem Publikum zu präsentieren: das Festival Gender Mainstreaming, die Queer B-Cademy, Queereeeoké, Drag-Wrestling mit Choke Hole in der k6 für hunderte von Zuschauer*innen. Peaches als Jesus. Intern werden Workshops für Mitarbeitende angeboten. Die Mainstreamverbesserung innerhalb und außerhalb der Kampnagel-Bubble ist geglückt: Die genderneutralen Toiletten werden übergangsweise mit Schildern über veralteten Gendersymbolen eingeführt und mit der anstehenden Sanierung endlich auch architektonisch Realität.

Mitunter war es das hartnäckige Beharren auf der Präsentation postkolonialer Perspektiven und Themen von Künstler*innen wie Gintersdorfer/Klaßen, die mit ihren Projekten wegweisend und nachhaltig Publikum und Institutionen geprägt haben. Seit der Spielzeit 2007/08 ist die Gruppe auf Kampnagel präsent und hat sich nicht nur eine wachsende Fangemeinde aufgebaut, sondern auch das Aktionsfeld und das Selbstverständnis der Institution Kampnagel nachhaltig erweitert. Themen wie Postkolonialismus, Rassismus im Theater, kulturelle Aneignung, die Einbeziehung aktivistischer und akademischer Positionen, das Selbstverständnis der Interdisziplinarität und Diversität der Gruppe wurden in unzähligen Projekten prozessual verhandelt (Othello, c'est qui; Not Punk, Pololo; Betrügen; Rue Princesse; Die Bühne ist mein Wald; Das neue Schwarze Denken u. a.). Die Arbeit von Gintersdorfer/Klaßen zeigt in ihrer Praxis zwischen Kanonüberschreibung bzw. -aneignung und solidarischer, trickreicher Umverteilung

> [**IN UNSEREM VERSTÄNDNIS WIRD KUNST ZUM WERKZEUG, UM AKTIVISTISCHE FORDERUNGEN DURCHZUSETZEN UND ZUMINDEST PUNKTUELL UTOPISCHES POTENTIAL FREIZULEGEN.** **ART, IN THIS UNDERSTANDING, BECOMES A TOOL TO ENFORCE ACTIVIST DEMANDS AND TO LIBERATE UTOPIAN POTENTIAL, AT LEAST IN CERTAIN AREAS.**]

about smoking, but about the principle; despite compliance with all applicable anti-smoking laws, »stage smoking« is permitted under certain conditions. But the definition of the person who is »stage smoking« can change depending on the situation. One particularly sporting option would be to define everyone present as performers, which would make »stage smoking« permissible. Of course, this all presupposes a certain post-dramatic conception of art, a little Paul Feyerabend spirit and an affinity for concepts from the avant-garde and the zeitgeist. Gintersdorfer/Klaßen, La Fleur and God's Entertainment are similar in their operations and productions; the second part on »mainstream improvement« offers teasers of practical examples. Mainstream improvement: assert – enforce – communicate

MAINSTREAM IMPROVEMENT, OR TO USE THE CURRENT, MORE NUANCED TERM

»De-Learning Mainstreamism« is another pragmatic channel of Kampnagel's dramaturgy. The trick is not to compromise on form or content even though you're expanding the artistic scope of action; quite the opposite in fact – the aim is to sustainably enlarge the canon to accommodate marginalised positions. It is also speaks to the expectation that the »independent performing arts« should be the driving force of innovation in German-speaking theatre. Despite all justifiable criticism of the negative side of »mainstreamism« – the mainstream absorbing avant-garde fringes, robbing them of their identity and refusing to share the profits – there are also positive examples of radical artistic forms successfully feeding into the canon without adapting to it. Not just representing style, but forming it. There is an ambivalent logic in queer approaches to communication and in presenting great queer art to audiences: the Gender Mainstreaming festival, the Queer B-Cademy, Queereeeoké, drag wrestling with Choke Hole in the k6 for audiences in the hundreds. Peaches as Jesus. There are internal workshops for employees. The process of mainstream

Sticker, 2014, Foto: Kampnagel

> DER TRICK IST, TROTZ DER VERGRÖSSERUNG DES KÜNSTLERISCHEN WIRKUNGSRADIUS KEINE KOMPROMISSE BEI FORM ODER INHALT EINZUGEHEN, SONDERN IM GEGENTEIL, DEN KANON UM MARGINALISIERTE POSITIONEN ZU ERWEITERN.
>
> THE TRICK IS NOT TO COMPROMISE ON FORM OR CONTENT EVEN THOUGH YOU'RE EXPANDING THE ARTISTIC SCOPE OF ACTION; QUITE THE OPPOSITE IN FACT – THE AIM IS TO ENLARGE THE CANON TO ACCOMMODATE MARGINALISED POSITIONS.

improvement both inside the Kampnagel bubble and beyond has been successful; gender-neutral toilets will be introduced on a transitional basis with signs over outdated gender symbols until they are eventually an architectural reality in the course of the forthcoming renovation. Sometimes it was the stubborn insistence on advancing postcolonial perspectives and issues by artists like Gintersdorfer/Klaßen, whose projects have had a game-changing, lasting impact on audiences and institutions. The group has been a presence at Kampnagel since the 2007/08 season and has not only built up a growing fan base, but has also sustainably expanded Kampnagel's field of activity and its conception of itself as an institution. In countless projects – »Othello, c'est qui«; »Not Punk«, »Pololo«; »Betrügen«; »Rue Princesse«; »Die Bühne ist mein Wald«; »Das neue Schwarze Denken«, and more – the group has addressed issues such as postcolonialism, racism in theatre, cultural appropriation, the integration of activist and academic positions, and the group's conception of interdisciplinarity and diversity. A corollary of Gintersdorfer/Klaßen's work, with its practice of switching between overwriting or appropriating the canon, and supportive, clever redistribution of resources, is that it also shows how closely strategies of artistic camouflage and mainstream improvement are intertwined. Another successful example of Gintersdorfer/Klaßen's improvement of the mainstream is their contribution to linguistic diversity in German theatres. It was not just the ensemble's treatment of text (collective text production, thinking out loud) that was formally unusual and experimental at the time, but also how they used languages. The multilingual casts (French, English, Spanish, Nouchi, German) and the integration of the translation process into stage works (not just of verbal and choreographic language, but also reference systems and context) represented a new experience for the audience. The confidence with which the performers used their respective everyday languages was a bold artistic implementation of the group's rules:

von Ressourcen nebenbei auch, wie eng die Strategien der künstlerischen Tarnung und der Mainstreamverbesserung miteinander verwoben sind. Ein weiteres Beispiel für erfolgreiche Mainstreamverbesserung durch Gintersdorfer/Klaßen ist ihr Beitrag zur Multilingualität auf deutschen Bühnen. Formal ungewöhnlich und experimentell war damals nicht nur der Umgang des Ensembles mit Text (kollektive Textproduktion, lautes Denken), sondern auch mit Sprachen: Die multilinguale Besetzung (französisch, englisch, spanisch, nouchi, deutsch) und die szenische Einbindung des Übersetzungsprozesses (nicht nur von verbaler und choreografischer Sprache, sondern auch von Referenzsystemen und Kontext) war auch eine neue Erfahrung für das Publikum. Die Selbstverständlichkeit, mit dem die Darstellenden ihre jeweilige Alltagssprache verwendeten, war eine kühne künstlerische Setzung aus dem Regelwerk der Gruppe:

»Alles ist, was es ist. Es geht nicht um erfundenes oder symbolisches weder auf der Text-, Spiel- oder Materialebene. Sie versuchen einen möglichst direkten Transport von Leben ins Theater und von Theater/Performance ins Leben.« (Zitat Webseite Gintersdorfer/Klaßen)

Diesen Pionierarbeiten ist es mit zu verdanken, dass die Internationalität an den Häusern und die rassismuskritische Aufarbeitung des kolonialen Blicks im deutschen Theaterkanon mittlerweile zum (Theater-)Mainstream gehören. Es bleibt Aufgabe der zeitgenössischen Institutionen, diese Ansätze nachhaltig nach innen und außen zu vermitteln. Auf Kampnagel wurden aus den Themen weitere Formate und Inhalte zur Mainstreamverbesserung abgeleitet. Das DEUTSCHE MUSEUM FÜR SCHWARZE UNTERHALTUNG UND BLACK MUSIC, das 2020 von Joana Tischkau, Anta Helena Recke, Frieder Blume und Elisabeth Hampe in Frankfurt am Main uraufgeführt wurde, erinnert an die Biografien und den Einfluss Schwarzer Entertainer*innen in der deutschen Popkulturgeschichte, die ihrerseits bereits vor Jahrzehnten den weißen Mainstream infiltriert und meist auch verbessert haben. Das Projekt intervenierte im Rahmen des Sommerfestivals 2022 auch in das kollektive Bewusstsein der Hamburger Stadtgesellschaft: Kuratiert von der Hamburger Regisseurin Mable Preach und dem Kollektiv Formation Now, die ihrerseits den deutschen und noch immer mehrheitlich weißen Kunst- und Kulturbetrieb um Schwarze Perspektiven erweitern (S. 84), irritierte die räumliche Behauptung, ein in Hamburg neu gegründetes staatliches Museum zu sein, so manche Passant*in. Jeremy Nedd schafft mit dem Johannesburger Pantsula-Kollektiv Impilo Mapantsula eine Verbindung von afroamerikanischer und südafrikanischer kultureller Praxis. Die gemeinsamen Stücke erweitern den westlichen Kunstkanon um marginalisierte Bewegungssprachen und bringen sie in Verbindung mit popkulturellen Phänomenen auf die großen Bühnen europäischer Kulturinstitutionen. HOW A FALLING STAR LIT UP THE PURPLE SKY (Sommerfestival 2022) verbesserte den weißen Mainstream auch darin, dass die Arbeit das weiße Westerngenre und seine Tropen um Heldentum und Land mit der Perspektive des Pantsula überschreibt und damit neue Heldenfiguren vorschlägt, die in den Townships Südafrikas zu Hause sind.

Das Wiener Kollektiv God's Entertainment greift noch eine weitere Kategorie in seiner künstlerischen Praxis auf: *Class*. Mit seinen intelligenten, partizipativen Performances richtet es die Aufmerksamkeit auf Ausschlüsse durch Klassendenken in der Kunstwelt. Mit viel Raffinesse proletarisieren die God's die Codes der bildenden und performativen Künste und schaffen so neue soziale Verhältnisse. Man denke nur an Installationen wie »Unter dem Teppich«, in der zunächst der Prozess des kollektiven Teppichwebens im Zentrum steht. Die körperliche Arbeit der Webenden wird hier besonders sichtbar gemacht, das Publikum wird in einen sozialen Gruppenprozess einbezogen. Abschließend wird der entstandene Teppich, zum Beispiel in Form eines überdimensionalen deutschen Passes,

»Everything is what it is. It's not about fiction or symbolism, either on the textual, performance or material layer. They try to achieve a direct transport from life to theatre and from theatre/performance to life.« (quote from the Gintersdorfer/Klaßen website)

These pioneering works have helped ensure that internationalism of the theatre houses and the critical reappraisal of racist colonial perspectives in the German theatrical canon are now part of the (theatre) mainstream. Contemporary institutions are tasked with sustainably communicating these approaches both internally and externally. At Kampnagel, these topics have led to additional formats and content for mainstream improvement. Frankfurt's German Museum for Black Entertainment and Black Music, which was founded in 2020 by Joana Tischkau, Anta Helena Recke, Frieder Blume and Elisabeth Hampe, commemorates the lives and influence of Black entertainers in German pop culture history, who began infiltrating the white mainstream decades ago and substantially improved it. The project also intervened in the collective consciousness of Hamburg's civic society as part of the 2022 Summer Festival. It was curated by Hamburg director Mable Preach and the Formation Now** collective, who have expanded Germany's still predominantly white art and culture scene to include Black perspectives (p. 86); the spatial assertion of a new state museum in Hamburg confused some passers-by. With the Johannesburg pantsula collective Impilo Mapantsula, Jeremy Nedd creates a fusion of Black American and South African cultural practices. Their collaborative pieces expand the Western art canon to include marginalised movement idioms and connect them with pop culture phenomena on the major stages of European cultural institutions. »How a Falling Star Lit up the Purple Sky« (Summer Festival 2022) also improved the white mainstream by overwriting the white genre of the western and its tropes of heroism and land with the perspective of the pantsula, thus proposing new heroic figures who dwell in the townships of South Africa.

in Kunsträumen ausgestellt und dient als Trägerfläche für eine kleinteilige Ausstellung über Zugehörigkeit im europäischen Kontext, die auf einer Liegewanne rollend erlebt werden kann. Der künstlerische Mainstream wird hier durch das subtile Eindringen von Erfahrungen der Arbeiter*innenklasse in die noch weitgehend bürgerlichen Kunsträume verbessert.

Auch gesellschaftlich verdrängte Geschichte kann durch die Aneignung mainstreamiger Formen als künstlerische Infiltration ihren Weg ins kollektive Wissen finden. So thematisierte Performancekünstler*in Perel in dem Gastspiel LIFE (UN) WORTHY OF LIFE (2020) die systematische Vernichtung behinderter Personen im Nationalsozialismus, die in den allermeisten Schulbüchern noch fehlt – und zwar in Form einer Late-Night-Talkshow.

REZIPROKE WOKENESS: »WOKE UP LIKE THIS?« »NO, IT'S A PROCESS, BUT STILL GOIN' ON …«

Die genannten Gruppen sowie viele andere kritische Künstler*innen haben mit ihren unzähligen Performances nicht nur inhaltliche Spuren hinterlassen, sondern auch das künstlerische Profil von Kampnagel über viele Spielzeiten hinweg geschärft. Im besten Fall hat der Dialog, der sich über die Jahre zwischen den Künstler*innen und der Institution entwickelt hat, auf beiden Seiten zur konsequenten Weiterentwicklung der Praxis beigetragen und gleichzeitig den Mainstream verbessert. »Fake it till you make it« kann dann eine Strategie sein, um utopisches Potential freizusetzen und damit neue Realitäten zu produzieren: Die Forderungen der Künstler*innen stoßen strukturelle Entwicklungen an, die im Programm auftauchen, den Mainstream infiltrieren und als progressiver Backlash in die institutionellen Strukturen zurückgespielt werden. Die Diskursreihe »Institutioneller Rassismus« beispielsweise durchleuchtete über zwei Spielzeiten gesellschaftliche Institutionen auf ihren inhärenten Rassismus und lud dazu jeweils Expert*innen ein. Zu den jeweiligen Diskursevents versammelten sich unterschiedliche Gruppen der Zivilgesellschaft, ebenso wie viele Mitarbeitende, die eine strategische Auseinandersetzung mit der Problematik suchten. Die Anstöße erforderten dann auch einen Prozess nach innen, in die Institution hinein, denn der Prozess des Verbesserns braucht auch ein Umlenken und eine Neuausrichtung. Hier wird das »State it till you make it« an der Praxis des »Practice what you preach« gemessen. Die Dynamik von Behauptung, Durchsetzung, Vermittlung setzt einen progressiven Mechanismus in Gang.

Mainstreamverbesserung ist kein Versöhnungskitt, mit dem die fragmentarische Gesellschaft im Sinne einer identitätsstiftenden Mehrheitskultur zugekleistert werden soll. Es geht eher um das Einspeisen progressiver, avantgardistischer Positionen in den Kanon, der dadurch erweitert und nachhaltig verschoben wird. Die vielen Communitys und »Randgruppen« bilden nicht nur diverse, interessierte Publika*, sondern sind für Kampnagel wesentlicher Bestandteil der künstlerischen Praxis. Komplexe Verhältnisse brauchen komplexe Institutionen, die auf Veränderungen reagieren und bei der Einordnung und Bewältigung unterstützen. Paul Preciado formulierte es in seiner Eröffnungsrede zur Spielzeit 2018/19 sinngemäß so: Je näher die Einschüsse kommen, je heftiger der Widerstand erscheint, je mehr einem alles um die Ohren fliegt, desto klarer wird: Die queer revolution is HAPPENING! Die Verhältnisse wanken und es sind die Kinder der Avantgarde, die queeren BiPoC Anarcho-Punks, die Lovers of the Underground, die sexy Crips, die auf Kampnagel mit ihren Projekten unermüdlich zur Umkodierung und Hinterfragung unserer Werte beitragen, um den Mainstream in eine kritische, intersektionale Masse zu transformieren.

The artistic practice of Viennese collective God's Entertainment addresses another category: class. Their intelligent, participatory performances draw attention to the exclusion that classism wreaks in the art world. With great sophistication, they »proletarianise« the codes of the visual and performative arts to create new social conditions. One example is the installation »Unter dem Teppich« (Under the Carpet), which begins by focusing on the process of collective carpet weaving. Here the physical labour of the weavers is rendered particularly visible, and the audience is incorporated into a social group process. The resulting carpet – in the form of an outsized German passport, for example – is then exhibited in art spaces and serves as a base for a small-scale exhibition about belonging in a European context, which can be experienced on a rolling gurney. The improvement to the artistic mainstream here is the subtle incursion of working-class experiences into art spaces that remain largely middle class.

History that has been suppressed by society can also feed into collective knowledge by appropriating mainstream forms in a process of artistic infiltration. In the guest performance »LIFE (UN) WORTHY OF LIFE« (2020) performance artist Perel used a late-night talk show format to address the systematic extermination of disabled people under the Nazis – something that is still ignored by the vast majority of school textbooks.

RECIPROCAL WOKENESS: »WOKE UP LIKE THIS?« »NO, IT'S A PROCESS, BUT STILL GOIN' ON…«

All the groups mentioned here, along with a multitude of other critical artists, have not only left their mark on work practices through countless performances, over numerous seasons they have also enhanced Kampnagel's artistic profile. The dialogue that has developed between the artists and the institution over the years has, in the best case, contributed to the consistent development of practice on both sides while at the same time improving the main-

Picknick des Verlernens, Migrantpolitan, 2022,
Foto: Kampnagel
Nächste Seite: Geschenke, Geschenke, JAJAJA, 2022,
Foto: Jörg Modrow

stream. As such, »fake it 'til you make it« can be a strategy for liberating utopian potential to produce new realities. The demands of the artists trigger structural developments that appear in the programme, infiltrate the mainstream and feed back into the institutional structures as a progressive backlash. The discourse series »Institutional Racism«, for example, examined the inherent racism of social institutions over two seasons, with guest experts. A range of civil society groups came together for these discourse events, along with numerous employees, all in search of a strategic approach to the problem. This push also called for a process that was directed internally, within the institution, because the process of improvement requires redirection and reorientation. Here »state it 'til you make it« is measured by the method of »practice what you preach«. The dynamics of assertion, enforcement and communication set a progressive mechanism in motion.

Mainstream improvement is not some manner of reconciliatory plaster to be slathered over the fragmentary society in the interests of an identity-forming majority culture. Instead, it's about injecting progressive, avant-garde positions into the canon to expand it and move it over the long term. The many communities and »fringe groups« not only form diverse, engaged audiences, they are also an essential part of artistic practice for Kampnagel. Complex conditions require complex institutions which respond to changes and support them in arranging and managing them. As Paul Preciado put it in his opening speech for the 2018/19 season: the closer the bullets come, the fiercer the resistance appears, the more everything blows up in your face, the clearer it becomes: the queer revolution is HAPPENING! Conditions are wavering and it is the children of the avant-garde, the queer BIPOC anarcho-punks, the lovers of the underground, the sexy crips, whose projects at Kampnagel tirelessly contribute to the recoding and questioning of our values to transform the mainstream into a critical, intersectional mass.

FEIERLICHE INAUGURATION DES ZENTRALRATS DER ASOZIALEN IN DEUTSCHLAND (ZAID)

Am 18. März 2015 konstituierte sich der Zentralrat der Asozialen in Deutschland auf Kampnagel und lud zur feierlichen Eröffnung und zur offenen Diskussion. An vier Abenden wurde zu Aktionen im öffentlichen und privatisierten Raum Hamburgs, zu Gesprächsveranstaltungen, in die dortige Bibliothek und zur Suppenküche auf Spendenbasis eingeladen. Ziel war die Anerkennung der Verfolgung und die Entschädigung der in der NS-Zeit als »asozial« stigmatisierten (und von den Nazis mit einem schwarzen Winkel markierten) Menschen sowie das Aufzeigen von Kontinuitäten zwischen dieser historischen Diskriminierung und den noch heute alltäglichen Herabwürdigungen von Menschen in Deutschland und der westlichen Welt / dem globalen Norden, die keiner geregelten Arbeit nachgehen, obdachlos sind oder mit anderen Begründungen an den Rand der Gesellschaft gedrängt werden.
Der vorliegende Text gibt die Eröffnungsrede in gekürzter Form wieder.

Herzlich willkommen zur feierlichen Inauguration des Zentralrats der Asozialen in Deutschland. Er heißt ZAiD. Mein Name ist Tucké Royale und ich ernenne mich hiermit zum ersten Sprecher des Zentralrats, der sich heute vor Ihren Augen gründet. Nach einer historischen Lücke von siebzig Jahren tritt eine Institution in Kraft, die sich gegen das Vergessen der sogenannten Asozialen einsetzt. Wir sind nicht hier, um diese Lücke schnell zu schließen. Und wir wollen auch keine weitere Zeit damit verbringen, uns gegenseitig »Mut zur Lücke!« zuzurufen. Das Versprechen lautet: Der Zentralrat der Asozialen in Deutschland ist darstellbar. Unsere Methode ist das »Pre-Enactment«. Wir stellen keine historischen Ereignisse nach, wir stellen sie her. Ab sofort gibt es einen Zentralrat der Asozialen. Wir laden Sie ein, dabei zu sein. Wir setzen auf Versammlung und Teilhabe. Der ZAiD ist ein Ort des Zusammenhalts und der Freundschaft.

Der ZAiD ist ein Veröffentlichungsapparat unerhörter Zeugnisse von Ausgegrenzten. Wir fordern die Bundesregierung auf, den versäumten Dialog mit den Zentralräten, Gedenkstätten, Initiativen und der gesamten Gesellschaft aufzunehmen. Als Zentralrat fordern wir die immaterielle und materielle Entschädigung der als »asozial« Verfolgten. Wir wollen keine zentrale Kranzabwurfstelle. Wir fordern eine Vielzahl von Gedenkorten für die als »asozial« Verfolgten. Der Zentralrat fordert von den Kultusministerien aller Länder eine ressentimentfreie Erwähnung der sogenannten asozialen Opfergruppe in Schulbüchern und im Geschichtsunterricht.

Der ZAiD wendet sich gegen die weitere Privatisierung vormals öffentlicher Räume. Der Stadtraum gehört allen und muss für alle benutzbar sein, stehend, sitzend und liegend. Der ZAiD fordert von Bund und Ländern die Bereitstellung von angemessenem Wohnraum für Wohnungslose. Der ZAiD fordert die Abschaffung der Hartz-IV-Gesetze. Der ZAiD fordert eine Realpolitik, die konsequent aus der Geschichte lernt.

Wer waren die sogenannten Asozialen? Eine Besonderheit der von den Nationalsozialisten als »asozial« Verfolgten ist, dass sie keine einheitliche Gruppe bildeten. Spezifisch ist auch, dass die als »asozial« Denunzierten, Inhaftierten, Zwangssterilisierten und zu Zwangsarbeit in Arbeitshäusern Verpflichteten sich selbst niemals mit dieser Fremdzuschreibung identifizierten. »Asozial« ist eine tautologische Konstruktion: Asozial sind die Asozialen. Diese moralische Abwertung traf u. a. Arbeitslose, Obdachlose, Stricher, Bettler, Freier, Vagabunden, Landstreicher, Prostituierte, Lesben, Trinker, Unterhaltssäumige und Fürsorgeempfänger, teilweise auch Juden, Schwule, Sinti und Roma, und sogenannte Kriminelle. Keiner von ihnen war asozial. Wie auch sonst niemand asozial ist.

Die nationalsozialistische Gesellschaft basierte auf Entsolidarisierung, Ausgrenzung, Kriminalisierung und Prekarisierung derjenigen, die der Politik »zur Verhütung erbkranken Nachwuchses« zum Opfer fielen und häufig als »Gemeinschaftsfremde« in den Tod geschickt wurden.

Wir wollen uns gar nicht erst in die Denkmuster der Nazis einfühlen. Zu sehr wurde sich in den vergangenen Jahren damit befasst, was das Lieblingsessen von Nazis war und wie sie ihre Sonntagsspaziergänge gemacht haben. Im öffentlich-rechtlichen Abendprogramm haben viel zu viele Schauspielerinnen und Schauspieler am Waschbrett stehend oder im Bunker zitternd ihr Talent an Nazis verschwendet. Wir gründen lieber einen Zentralrat der Asozialen.

Der Zentralrat der Asozialen in Deutschland verlangt zum 70. Jahrestag der Befreiung die sofortige moralische und finanzielle Entschädigung aller durch die Nazis Verfolgten. Wir fordern die Bundesregierung auf, sich zu allen Verfolgten zu bekennen. Der ZAiD versichert allen Opfern einer menschenverachtenden Politik zu »Es ist nicht eure Schuld. Ihr habt nichts falsch gemacht.«

Ein »das ist ja asozial« oder »sei nicht so assi« kommt schnell über die Lippen. Die Art der Beschimpfung und Ausgrenzung ist geblieben, Menschen werden nach wie vor an ihrem Beitrag zum Bruttosozialprodukt gemessen. Es braucht eine Inventur der bestehenden Werte »Arbeit« und »Leistung«. Der ZAiD solidarisiert sich mit denjenigen, die gegenwärtig Opfer aggressiver Polemik werden und denen Strafmaßnahmen angedroht werden, weil sie sich in einem entlohnten Arbeitsverhältnis befinden. Der ZAiD fordert ein gemeinschaftliches Zusammenleben ohne Liebesentzug. Der ZAiD solidarisiert sich mit allen, die ein Zuhause verloren haben. Der Zusammenhang zwischen Obdachlosigkeit und körperlicher Gewalt, Missbrauchserfahrung und Diskriminierung in Familie und Partnerschaft muss untersucht werden. Diese Gewalt trifft nicht selten Frauen, Kinder und Jugendliche, Queers und Transgender*. Es darf nicht weiter berichtet werden, dass jemand schuld an der eigenen Lebenslage ist.

Es ist ZAiD.
Der Versammlungsort des ZAiD ist ein Ort ohne moralische Urteile übereinander. Treten Sie dem Zentralrat bei! Werden Sie Kompliz*in!

Was steht an?
Es muss ein Forderungskatalog an die Bundesregierung geschrieben werden. Es müssen Buttons gemacht werden. Es müssen Briefe geschrieben und an die Kultusministerien aller Bundesländer geschickt werden. Wissen muss zusammengetragen werden. Ein Archiv muss aufgebaut werden. Aufkleber müssen verteilt werden. Morgen muss der *Schwebende Kaffee* eingeführt werden. Am Freitag müssen *Unmögliche Orte* mit Zinken markiert werden. Am Samstag muss die Seilschaft der Hamburger Kompliz*innen gegründet werden. Es muss Klee gepflanzt werden. Wir müssen mehr werden, bringt Leute mit.

Es gibt also viel zu tun. Es ist ZAiD.

*Anmerkung der Redaktion: Am 13. Februar 2020 wurde die Anerkennung der von den Nationalsozialisten als »Asoziale« und »Berufsverbrecher« verfolgten Opfergruppen vom Bundestag beschlossen – auf Anraten und Drängen verschiedener Historiker*innen, Gedenkstätten, Initiativen und Angehöriger.*

CEREMONIAL INAUGURATION OF THE CENTRAL COUNCIL OF THE ASOCIAL IN GERMANY (ZAID)

The Central Council of the Asocial in Germany was established at Kampnagel with a ceremonial inauguration and open discussion on 18 March 2015. Over four evenings, they invited audiences to public and privatised spaces in Hamburg, to discussion events, to the local library, and to the soup kitchen on a donation basis. The aim was recognition of the persecution, and compensation, of people who were stigmatised as »asocial« during the Third Reich (and marked with a black triangle by the Nazis), and to highlight continuities between this historical discrimination and the ongoing everyday degradation of people in Germany and the Western world/the Global North who are not in regular work or fixed accommodation, or who are pushed to the margins of society for other reasons.
Below is an abridged version of the opening speech.

Welcome to the ceremonial inauguration of the Central Council of the Asocial in Germany. We call it the ZAiD. My name is Tucké Royale and I hereby appoint myself the first spokesperson of the Central Council, which is being established before your eyes today. Following a historical gap of seventy years, we are calling into being an association that will combat the forgetting of the so-called »asocial«. We are not here to quickly close this gap. Nor do we wish to waste any more time shouting »embrace the gap!« at each other. Our pledge is: the Central Council of the Asocial in Germany may be convened. Our method is pre-enactment. We don't recreate historical events, we create them. Effective immediately there is a Central Council of the Asocial. We invite you to join us. We value togetherness and participation. The ZAiD is a place of cohesion and friendship.

The ZAiD is an apparatus for publishing unheard testimonies from the marginalised. We call on the federal government to begin the dialogue with the central councils, memorials, initiatives and society as a whole which has been too long neglected. As the Central Council, we demand compensation both material and moral for those who were persecuted as »asocial«. We don't want a central wreath drop-off point. We demand a multitude of memorial sites for those persecuted as »asocial«. The Central Council demands that the education ministries of all German states mention the so-called asocial victim group in school textbooks and history lessons, free of ressentiment.

The ZAiD opposes the further privatisation of formerly public spaces. Urban space belongs to all and must be usable by all, standing, sitting or lying down. The ZAiD calls on the federal and state governments to provide suitable housing for homeless people. The ZAiD calls for the abolition of unemployment benefit laws. The ZAiD calls for a realpolitik that consistently learns from history.

Who were the people termed »asocial«? One particular feature of those persecuted by the Nazis as »asocial« is that they did not form a cohesive group. Another characteristic is that those who were denounced as »asocial«, imprisoned, forcibly sterilised and pressed into forced labour in workhouses, never identified themselves with this externally applied label. »Asocial« is a tautological construction: the asocial are asocial. This moral degradation was projected onto the unemployed, the homeless, hustlers, beggars, johns, vagabonds, tramps, prostitutes, lesbians, drinkers, those who defaulted on maintenance or received welfare, in some cases also Jews, gay men, Sinti and Roma, and so-called »criminals«, among others. None of them were asocial. Just as no one else is asocial.

Nazi society was based on the dissolution of solidarity, marginalisation, criminalisation and precarisation of those who were victims of the policy of »prevention of hereditarily diseased offspring« and who were often sent to their deaths as »outcasts from the community«.

We don't even wish to understand the Nazis' thought patterns. In recent years there has been too much focus on what the Nazis' favourite food was and what they did on their Sunday walks. Evening public television programmes are full of actors and actresses wasting their talent on Nazis, standing at washboards or shivering in bunkers. We would rather establish a Central Council of the Asocial.

On the 70th anniversary of the liberation, the Central Council of the Asocial in Germany is demanding immediate moral and financial compensation for all those persecuted by the Nazis. We call on the federal government to acknowledge its responsibility for all those who were persecuted. To all the victims of an inhuman policy, the ZAiD offers this assurance: »It is not your fault. You did nothing wrong.«

It's easy to say *das ist ja asozial* (that's asocial) or *sei nicht so assi* (don't be so asocial). This form of insult and exclusion has remained; we still measure people by their contribution to the gross social product. We need to take stock of the existing values of »work« and »performance«. The ZAiD expresses its solidarity with those who are currently victims of aggressive polemics and who are threatened with punitive measures because they are not in paid employment. The ZAiD calls for communal living that countenances love. The ZAiD expresses its solidarity with everyone who has lost a home. We must examine the connection between homelessness and physical violence, abuse and discrimination in families and relationships. This violence often affects women, children and young people, and queer and transgender* people. We should no longer have to hear that everyone is to blame for their own life situation.

This is the ZAiD.
The meeting place of the ZAiD is a place free of moral judgments about one another. Join the Central Council! Become an accomplice!

What have we got planned?
There is a catalogue of demands addressed to the federal government that has to be written. There are buttons to be made. There are letters to write and send to the education ministries of all the states. There is knowledge to be gathered. There is an archive to be built. There are stickers to be distributed. Tomorrow we must introduce the *floating coffee* programme. On Friday *impossible places* must be marked with secret signs. On Saturday, the Network of Hamburg Accomplices must be founded. Clover must be planted. There must be more of us, we must draw people to us.

So: there is much to do. This is the ZAiD.

Editor's note: On 13 February 2020, Germany's Bundestag resolved to recognise the groups of victims persecuted by the Nazis as »asocial« and »professional criminals« – on the advice and urging of various historians, memorials, initiatives and relatives.

Tucké Royale, Foto: Selim Sudheimer

DER ANFANG IST NAH. ÜBER PLURALITÄT IN DER KUNST.
Max Czollek

Wir müssen noch einmal über dieses eigenartige Adjektiv »politisch« reden, wenn es um Kunst geht. Und ich würde die Sache gern gleich zu Beginn umdrehen: Die Frage ist doch gar nicht, warum sich Texte, Inszenierungen, Kunstwerke mit Gegenwart und Gesellschaft befassen, sondern warum sie manchmal von sich behaupten, es nicht zu tun. Ist doch eine eigenartige Idee, oder? Ich zumindest kann mir keine künstlerische Arbeit denken, die nicht auf die eine oder andere Weise Teil der Gegenwart ist, in der sie entsteht. Und das ist erst einmal keine Bewertung, sondern ein Befund. In diesem Sinne verstehe ich Kunst auch weniger als Heilung und mehr als Anamnese der Zeit, in der wir leben, als Beschreibung der Fieberkurve unserer Gesellschaft. Wenn also plurale Perspektiven in der Kunst zunehmend eine Rolle spielen, dann ist das vor allem Ausdruck davon, dass sich die Gesellschaft verändert. Dass viele diese Veränderung als eine Neuerung und Besonderheit im künstlerischen Feld erleben, verweist nicht nur auf die Kunst, sondern auch auf die übrigen gesellschaftlichen Strukturen, die offenbar träger sind und diese Veränderung langsamer nachvollziehen. Die Feststellung einer Pluralisierung der Kunst ist auch eine Feststellung der Nicht-Pluralisierung oder der langsameren Pluralisierung von Politik, Verwaltung, Bildungsinstitutionen usw.

Ein zweites Thema begegnet mir derzeit in Kontexten gegenwärtiger Kunstproduktion besonders häufig: Wut über die Bedingungen, unter denen wir leben – und über jene Bedingungen, die einst unser Sterben beabsichtigten und bis heute überdauern. Auch hier lohnt sich ein genauerer Blick, denn was in der Wut zum Ausdruck kommt, ist nicht nur eine Bereitschaft zur Militanz unter Angehörigen diskriminierter Gruppen und ihren Verbündeten (auch wenn militante Wut als Treibstoff von Kunst natürlich nicht zu unterschätzen ist). Die Wut ist auch ein Bewusstsein für die Gewalt, die eine Dominanzkultur über Jahrhunderte ausgeübt hat. Wenn man also annimmt, dass die Pluralisierung der Perspektiven in der Kunst andere Gefühle und Erfahrungsräume sichtbar und hörbar macht, dann bedeutet das auch eine Zunahme des Bewusstseins um diese Traditionen der Gewalt. Und die machen ja nicht vor dem deutschen Bildungskanon halt, auch wenn das stereotype Publikum des, sagen wir einmal, Thalia Theaters, das ganz anders sehen wird. Die Präsenz der Stimmen derjenigen, die vormals ausgeschlossen waren, beleuchtet eben auch den Ausschluss selbst. Dadurch entsteht auch ein anderer Blick auf den klassischen Kanon von Schillers »Räubern« bis Tschechows »Kirschgarten«. Und dass das zwei Männer sind, ist natürlich kein Zufall.

Aber auch die Gegenthese ist nicht ohne Abgründe: Pluralität ist Mode. Mode ist nicht Transformation, Diversity nicht Umverteilung. Sie ist vielleicht eine Voraussetzung oder auch irgendwie ein gutes Zeichen für etwas, aber eben nicht die Handlung selbst. Zweifelsohne ist die Forderung nach Repräsentation über Jahrzehnte hinweg ein effektives Mittel gewesen, um bestehende Machtverhältnisse herauszufordern. Zugleich wird in letzter Zeit immer deutlicher, dass die Diversität selbst noch keine Veränderung bedeuten muss, weil sie ihre ganz eigenen Schubladen, Konkurrenzen und Plattitüden produziert, bis eine*n das Gefühl beschleicht, immer wieder das gleiche Stück zu sehen, auch wenn es Ausdruck pluraler Erzählungen und intersektionaler Diskriminierungskritik ist. Und das führt mich zu dem Appell, der auch als Selbstbeschwörung gemeint ist: Lasst uns weiter gute Kunst machen. Lasst uns doch mal die Grenzen unserer Biografien überschreiten. Lasst uns Geschichten erfinden, die gar nicht stimmen können. Ist doch egal, ob die Legasthenikerin wirklich den Buchstabierwettbewerb gewonnen hat. Ob der White Dude Arabisch spricht, ob die Abla aus Kreuzberg in Harvard studiert hat, ob mein Großvater Dresden bombardiert hat, irgendwer wird es schon gemacht haben. Sie alle können es, wenn wir es wollen. Also lasst uns mehr Geschichten erfinden, die eine Spannung erzeugen zwischen der Erwartung an Pluralität und dem, was auf der Bühne passiert. Das Publikum soll auf den Stühlen herumrutschen, es soll sich einen Sicherheitsgurt wünschen.

Das Plurale in der Kunst ist radikal. Und es ist radikal, weil es auch die moralischen Erwartungen des Publikums an Pluralität enttäuscht. Denn die Erfahrung von Gewalt macht Menschen nicht zu guten Menschen. Opferschaft ist kein Garant dafür, klüger, besser oder liebevoller zu werden als der Rest der Menschheit. Man muss sich das erarbeiten, auch in der Kunst. Vielleicht gerade da. Und dann muss man auch das wieder zerschlagen. Kunst kann das, weil es Kunst ist und kein politisches Bildungsprogramm. Wollen die Leute was lernen, dann können sie es googeln, ich jedenfalls habe keine Zeit für Erklärungen, die sowieso schon jede*r kennt. Theater ist nicht dazu da, Leuten immer wieder das Gleiche zu erzählen, sondern ihnen zu zeigen, dass sie immer wieder das Gleiche hören wollen. Indem wir diesen Erklärungsauftrag zurückweisen, entsteht eine Freiheit: Zugehen auf die Klischees, die in die immer gleichen Antworten und Geschichten verpackt sind: Ihr habt Angst vor den Migranten, den trans* Menschen, den Juden? Zu Recht, denn wir haben lange genug zugesehen! Wir sind euer Alptraum, eure Angst, das Konfetti auf euren Dachböden. Wir haben es satt, uns in euren Theatern zu langweilen, deshalb übernehmen wir jetzt den Laden.

Zweifellos hat jede Kunstform ihre Möglichkeiten und Grenzen. Das traditionell angeordnete Theater etwa ist ein Raum, dem die Zuschauer*innen für die Dauer der Vorstellung weitgehend ausgeliefert sind. Es ist eine Überwindung, aufzustehen und zu gehen. Eine Ausstellung in einem Museum kann ähnlich funktionieren wie ein Theaterstück, nur dass du selbst durch die Szenen läufst und das Tempo bestimmst, die Aufnahme der

Konferenz zur Kanonzerstörung, 2021, Foto: Max Czollek

Informationen, die Intensität der Eindrücke. Aber du bestimmst deine Geschwindigkeit. Lyrik ist wieder anders. Gedichte kannst du zuhause lesen. Du kannst dabei deine Katze streicheln oder einen Tee trinken oder masturbieren. Ein Buch kannst du zuklappen. Und das ist auch Pluralität, oder? – Diese verschiedenen Formen zusammenzudenken als Versuche, die Gegenwart zu bewältigen. Und das ist okay so. Jede Form erreicht andere Menschen, weil Menschen unterschiedliche Formen mögen. Ästhetische Arbeitsteilung. Alleine sind wir machtlos. Zusammen machen wir das. Ich bin so gespannt, wo wir ankommen werden.

THE START IS NIGH. ON PLURALITY IN ART.
Max Czollek

We need to start talking about this strange adjective »political« again when we discuss art. And I would like to turn it around right from the start; for the question is not why texts, productions and works of art deal with the present and with society, but why people sometimes claim otherwise. Because – it's a strange idea, isn't it? I, for one, cannot think of any artistic work that is not in one way or another part of the present in which it is created. And that isn't even an assessment, it's a finding. As such, I see art less as therapy and more as an anamnesis of the times in which we live, a description of the temperature chart of our society. So if plural perspectives are playing a larger role in art, this is primarily an expression of the fact that society is changing. The fact that many people experience this change as something new and particular in the artistic space reflects not just on the art, but other social structures as well, which are evidently more lethargic, slower to comprehend this change. To identify pluralisation in art is also to identify non-pluralisation, or delayed pluralisation in politics, administration, educational institutions, and so on.

These days I very often encounter a second issue in the context of contemporary art production: anger at the conditions under which we live – and at the conditions that once sought our death and have persisted to this day. Here, too, it is worth taking a closer look, because what this anger expresses is not just a predisposition to militancy among members of groups that are subject to discrimination and their allies (even if, of course, militant anger is not to be underestimated as a fuel for art). This anger is also an awareness of the violence that a dominant culture has perpetrated over centuries. So if we assume that pluralisation of perspectives in art renders other feelings and realms of experience visible and audible, this also means an increased awareness of these traditions of violence. And they don't stop at the elevated German canon, even if the stereotypical audience of, say, the Thalia Theater might take a completely different view. The presence of the voices of those who were once excluded illuminates the exclusion itself. This also engenders a different perspective on the classic canon, from Schiller's »Robbers« to Chekhov's »Cherry Orchard«. And the fact that they are both by men is of course no coincidence.

But the counter-thesis is not without its pitfalls, as well; plurality is fashionable. Fashion is not transformation, diversity is not redistribution. It may be a prerequisite, it may in some way be a positive sign of something, but it is not the act itself. Without doubt, the demand for representation has been an effective means of challenging existing power relations for decades. At the same time, it has become increasingly clear in recent times that diversity does not necessarily mean change in itself, because it keeps producing its own compartments, competitions and platitudes until you feel like you're seeing the same piece over and over again, even if it is expressive of plural narratives and an intersectional critique of discrimination. And that leads me to an appeal, which is also intended as an entreaty to myself: let's keep making good art. Let's reach beyond the limits of our biographies. Let's make up stories that cannot possibly be true. It doesn't matter if the dyslexic really did win the spelling bee or not. Whether the white dude speaks Arabic, whether Abla from Kreuzberg studied at Harvard, whether my grandfather bombed Dresden, someone did it, anyway. Each of them can if we wish it so. So let's make up more stories that generate tension between the expectation of plurality and what is actually happening on stage. We need the audience to shift in their seats and to wish they had seatbelts.

The plural in art is radical. And it is radical in part because it frustrates the audience's moral expectations of plurality. Because the experience of violence does not make people good. Victimhood is no guarantee that one will become smarter, better or more caring than the rest of humanity. You have to work at it, even in art. Particularly there, perhaps. And then you have to smash it up again. Art can do this because it is art, and not a political education programme. If people want to learn something they can google it, but I for one don't have time for explaining things that everyone knows already. Theatre shouldn't have to tell people the same thing over and over again, it should show them that they want to hear the same thing over and over again. By rejecting this explanatory mission we create freedom: approaching the clichés that are always packaged in the same answers and stories: are you afraid of migrants, trans people, Jews? You should be, because we have stood by for long enough! We are your nightmare, your fear, the confetti in your attics. We're tired of being bored in your theatres, so we're taking over the place now.

Yes, every art form has its possibilities and limitations. The traditional theatre, for example, is a space in which the audience is largely at the mercy of the performance. It takes effort to get up and walk out. An exhibition in a museum can function much like a play, except that you walk through the scenes yourself and determine the pace, the absorption of information, the intensity of impressions. But you determine your own speed. Poetry is different again. You can read poems at home. You can pet your cat, drink tea, or masturbate while you do. You can close a book. And that is also plurality, right? – Think of these different forms together as attempts to cope with the present. And that's okay. Each form reaches different people because people like different forms. Aesthetic division of labour. Alone, we are powerless. Together, we can do this. I can't wait to see where we get to.

VON DREHERN, NIETERN UND PROLETARISCHER KULTUR – ÜBER PREKÄRE ARBEITSBEDINGUNGEN UND DIE POLITISCHEN KAMPFJAHRE DER 1930ER IN UND UM KAMPNAGEL

Carina Book und Sophia Hussain

»Wenn auf dem Arbeitsamt ein Kollege nach Kampnagel vermittelt wird, dann beginnt für ihn ein neuer Leidensweg. Die Hölle am Osterbekkanal ist den meisten Kollegen bekannt. Was aber den Neuangestellten dort erwartet, das auszumalen, dazu gehört wirklich eine besondere Gabe (...) Hier sieht der Arbeiter alle Raffinessen kapitalistischer Rationalisierung. Rasende Maschinen, niedrige Akkordpreise, ständig kontrolliert durch die Männer mit der Stoppuhr, Antreiberei durch Obermeister, Meister, und solche, die es werden wollen, und sich dabei bemühen, sich gegenseitig den Rang abzulaufen, das ist es, was jedem Neuangestellten gleich auffällt.«[1]

Die Arbeitervorstadt Barmbek im Jahr 1929. Die Arbeitsbedingungen in der Maschinenfabrik Nagel & Kaemp sind prekär. Die Rekonstruktion der damaligen Verhältnisse bedeutet aus heutiger Sicht eine Zusammensetzung und Übereinanderlegung unterschiedlicher Zeitzeugnisse. Einblicke hinter die Mauern der stahlgesäumten Maschinenfabrik am Osterbekkanal finden sich in historischen Akten, journalistischen Dokumenten, wie etwa die 1929 in der Norddeutschen Zeitung erschienene Arbeiterkorrespondenz. Auch künstlerisch-literarische Verarbeitungen des Arbeitsalltags in der Fabrik, wie im Roman »Maschinenfabrik N.&K.« des Arbeiterschriftstellers Willi Bredel, vermögen es, einen Hauch von Geschichte ins Hier und Jetzt zu wehen. Bredel hatte in den Jahren von 1927 bis 1928 in der Maschinenfabrik Nagel & Kaemp als Dreher gearbeitet und war noch kurz vor seiner Entlassung als Kandidat der Revolutionären Gewerkschaftsopposition (RGO) in den Betriebsrat gewählt worden. Seinen Erstlingsroman schrieb er 1930 während seiner Inhaftierung wegen Vorbereitung zum ›literarischen Hoch- und Landesverrat‹.

In »Maschinenfabrik N.&K.« zeichnet er eine Entlassungswelle in der fiktiven Fabrik ›Negel&Kopp‹ nach: Auf die Entlassungen folgt ein Streik, die Arbeiter*innen verlassen die Fabrik und wollen ohne das Versprechen auf grundlegende Veränderungen nicht wiederkommen. Zwei Wochen lang sollen die Maschinen ruhen. Der Stillstand in der Fabrik hält so lange an, bis es der Betriebsleitung und der Gewerkschaft schlussendlich gelingt, Streikbrecher unter Polizeischutz hineinzuschleusen. Einer der Arbeiter wird erschossen, der Streik scheitert und zwei Drittel der Belegschaft werden entlassen.

Die Herausgeber*innen der 1971 im Oberbaumverlag Berlin erschienenen Ausgabe des Romans würdigen »Maschinenfabrik N.&K.« als eine literarisch-propagandistische Arbeit, in der sich Hinweise zur Strategie und Taktik für die Parteiarbeit im Kampf um die Gewinnung proletarischer Massen fänden.[3] Bredel selbst beschreibt seine Aufzeichnung, die zunächst nicht als Roman, sondern als erweiterte Arbeiterkorrespondenz erdacht ist, als ein »wahrheitsgetreues Dokument aus den damaligen politischen Kampfjahren«[4]. Ein Roman als Strategiepapier? Zeitungen für Werkstätige als »Waffe im Kampf um die Sicherung ihrer Existenz«[5]?

Nicht nur um Maßregelungen und weiteren Sanktionen zu entgehen, sondern auch um ein möglichst großes Publikum zu erreichen, vermitteln klassenbewusste und widerständige Arbeiter*innen politische Inhalte geschickt. So wird auch das (Arbeiter-)Theater zum Medium politischer Aufklärung und Agitprop. Aus der Tradition des frühen sozialdemokratischen Arbeitertheaters zwischen 1847 und 1918 hervorgehend, gründen sich in den 1920er Jahren auch in Hamburg zahlreiche Theatergruppen, deren Mitglieder sich aus kommunistischen, sozialdemokratischen und parteiunabhängigen Arbeiter*innen zusammensetzten. Sie bespielen nicht nur die Bühnen in den traditionellen Versammlungssälen der Hamburger Arbeiterschaft, wie etwa Zirkus Busch, sondern treten direkt in den Vierteln und Betrieben vor der Arbeiterschaft auf.

»Der beste Weg, den Rednern eine Zuhörerschaft zu organisieren, besteht in einem Auftritt der Theatergruppe *Die Nieter*. Es ist eine ausgesprochen beliebte linke Theatergruppe unter der Leitung von Gerhard Hinze, einem hervorragenden Schauspieler. Seine Truppe kann Sachverhalte darstellerisch auf eine Art und Weise präsentieren, dass es vielen Leuten leichter fällt, die Geschehnisse in Deutschland zu verstehen«[6], erinnert sich Werner Stender, der wie seine Brüder unweit der Maschinenfabrik in der Gertigstraße 56 aufwächst und schon als Jugendlicher in der Arbeiterjugend organisiert und ab 1933 am Aufbau antifaschistischer Widerstandsgruppen beteiligt war.

In der KPD hatte man bisweilen wenig von Kunst und Kultur gehalten. Die bereits seit Anfang der 1920er Jahre existierende »Proletarische Bühne« galt vielen als unproletarisch und massenfern. Doch nach dem Deutschland-Besuch der sowjetischen Agitpropgruppe »Blaue Blusen« im Oktober 1927 änderte sich die Einstellung zum Theater. Dazu trug auch die programmatische Rede mit der Parole »Kunst ist Waffe«, die der Schriftsteller Friedrich Wolf im April 1928 vor dem Arbeiter-Theater-Bund hielt, bei. Kunst um der Kunst Willen, lehnte er als »Kaviar fürs Volk« ab und stellte die Forderung an Künstler*innen, die gesellschaftlichen Widersprüche in den Mittelpunkt ihres Schaffens zu stellen. Die Themen für die Kunst zum Zwecke des Klassenkampfes sollten fortan »Arbeitslosenheere, [die] Mütterselbstmorde und Abtreibungsparagrafen, [die] Wohnungsnot, Grubenunfälle«[7] sein. Allerorten gründeten sich proletarische Laientheatergruppen, die schon bald zu einem wichtigen Pfeiler kommunistischer Agitation wurden. Und das, so der Anspruch, jenseits von Plattitüden. Denn die proletarische Kunst könne nur dann Waffe sein, wenn diese mehr künstlerische Qualität anböte, als dass »Es lebe die

Kampnagel AG, Niederlasssung Bad Oldesloe, streikende Arbeiter, 1955,
Foto: Raimund Marfels, Kreisarchiv Stormarn I 1 / 30610

Weltrevolution! gerufen oder die Internationale gesungen wird, wenn Lenin immer wieder persönlich auf der Bühne erscheint. Das ist höchstens eine ›Walze‹, die gerade den Arbeiter sehr bald langweilt.«⁸

Zum neuen Selbstverständnis des proletarischen Theaters gehörte auch, mit den Spielregeln des traditionellen, bürgerlichen Theaters zu brechen, eigene Ausdrucksformen zu entwickeln und über das proletarische Schmierentheater hinauszuwachsen. Hans Käbnick, der selbst Mitglied der Nieter war und Texte für die Gruppe und die Proletarische Bühne verfasste, schrieb in der Hamburger Volkszeitung vom Dezember 1928 über den neuen künstlerisch-proletarischen Impetus: »Die Nieter behandeln in kurzen, bildartig, skizzenhaft hingeworfenen ›Nummern‹, die verbunden werden durch das launige Geplauder eines Ansagers, aktuelle Tagesfragen aus den politischen Ereignissen, aus dem Alltagsleben der Werktätigen, aus dem Gewerkschafts-, Partei- und Aufklärungskampf. Sie wollen keine lange ›Entwicklung der Handlung‹ geben, keine dramatischen Dialoge und langatmigen Auftritte…«⁹ Das erste Programm der Nieter enthielt ›Nummern‹, die sich um den Achtstundentag, den Abtreibungsverbotsparagrafen 218 und den Faschismus drehten.

Im zweiten Programm der Nieter trugen die Szenen Titel wie »Der kommende Giftgaskrieg«, »Wohnungselend« oder »Der Hamburger Hafen erwacht«. Es wurde zwischen 1928 und 1930 in 122 Aufführungen etwa 80 000 Zuschauer*innen gezeigt. Die Vorstellungen fanden auch in Großbetrieben statt, sodass es den Nietern gelang tatsächlich auch die Arbeitermassen zu erreichen. Allein an der Vorstellung bei Blohm & Voss nahmen 800 Arbeiter teil. Der Arbeiter-Theater-Bund fungierte dabei auch als eine Art Tarnorganisation zum Schutz vor Repression, wie sich der Hamburger Kommunist Ernst Stender, Bruder von Werner Stender, erinnert: »Viele meiner neuen Freunde treffen sich im Hamburger Arbeitertheater, das dem von der KPD organisierten Arbeiter-Theater-Bund angehört. Für uns ist es eine ausgezeichnete Gelegenheit, uns auszutauschen, ohne dass Behörden unsere Organisation unterwandern oder uns daran hindern, über unser künftiges Vorgehen zu beraten. Franz Jacob gehörte zu den Führungskräften des Widerstands, der häufig an der Arbeiter-Theater-Gruppe beteiligt ist. Es gibt viele wie ihn.«¹⁰

Ihren letzten Auftritt hatten die Nieter Ende 1932 in Hamburg-Harburg. Bis dahin hatte sich die Gruppe um Spielverbote herumwinden können. »Als wir ankamen, erklärte uns die Polizei, dass unser Auftritt verboten sei. Da habe ich mit dem betreffenden Polizeileutnant verhandelt und habe ihm Texte gezeigt harmlosere Gedichte von Tucholsky und Weinert, den ›Roten Feuerwehrmann‹ von Weinert allerdings nicht. Dann sind wir so verblieben: Er wolle sich hinten links in den Saal stellen, die Vorstellung beobachten und den Arm heben. Wenn wir aufhören müssten … Als ich den ›Roten Feuerwehrmann‹ vortrug habe ich natürlich nur nach rechts geblickt«¹¹, erinnert sich Carolus Bernitt, Mitglied der Nieter.

Und so endete der letzte Auftritt der Hamburger Agitpropgruppe mit der letzten Strophe des Gedichts von »Der rote Feuerwehrmann« von Erich Weinert: »Das Zuchthaus brennt! Es brennt die Kaserne! Sprengkapseln ran! Hier krachen Konzerne! Die Menschenschinder an die Laterne! Wir schlagen die alte Welt in Stücke! Und wenn die letzte Zwingburg fällt, dann rauf auf die Trümmer, und ran mit der Picke! Dann bauen wir uns eine neue Welt! Straße frei! Wer fängt hier an? Platz für den roten Feuerwehrmann!«

---

1 Wirtschaftsdemokratie bei Kampnagel. Fortwährende Maßregelungen klassenbewusster Arbeiter durch Unternehmer und Sozialfaschisten, in: *Norddeutsche Zeitung*, 26. September 1929. Abgedruckt in: Hans-Michael Bock u. a.: *Vorwärts- und nicht vergessen. Arbeiterkultur in Hamburg um 1930. Materialien zur Geschichte der Weimarer Republik [Austellung von 1. Mai bis 30. September 1982]*, Berlin 1982, S. 140.
2 Das Unternehmen wurde am 11.12.1865 unter dem Namen „Nagel & Kaemp" gegründet, es folgt 1889 die Umwandlung in „Eisenwerk (vorm. Nagel & Kaemp) AG" und schließlich ab 1934 „Kampnagel Aktiengesellschaft (vormals Nagel & Kaemp)". Die heutige Kulturinstitution Kampnagel übernimmt zwar den Namen und das Gelände, steht jedoch in keinem rechtlichen Verhältnis zur ehemaligen Maschinenfabrik.
3 Vgl.: Willi Bredel: *Maschinenfabrik N. & K. Ein Roman aus dem proletarischen Alltag*, Berlin 1971, S. 133.
4 Aus dem Nachwort Willi Bredels zur Ausgabe von 1960, erschienen im Dietz Verlag Berlin.
5 Zitiert nach: *Hamburger Volkszeitung*, 8. Februar 1927, in: Hans-Michael Bock u. a.: *Vorwärts- und nicht vergessen*, S. 140.
6 Ruth Stender: *Gertigstraße 56*, Hamburg 2020, S. 161f.
7 Friedrich Wolf: zit. nach: *Zur Tradition der sozialistischen Literatur in Deutschland. Eine Auswahl von Dokumenten*, hg. v. d. Akademie der Künste der DDR, Berlin/ Weimar 1979, Bd. I (1926–1935), S. 45–51.
8 Ebd.
9 Hans Käbnick: „Die Nieter. Eine proletarische Propagandatruppe", in: *HVZ (Hamburger Volkszeitung)* vom 28. Dezember 1928.
10 Ruth Stender: *Gertigstraße 56*, Hamburg 2020, S. 135.
11 Projektgruppe Arbeiterkultur Hamburg: *Vorwärts - und nicht vergessen: Arbeiterkultur in Hamburg um 1930*, [Katalog zur Ausstellung Vorwärts - und nicht vergessen: Arbeiterkultur in Hamburg um 1930 vom 1. Mai bis 30. September 1982], Berlin 1982, S. 239.

TURNERS, RIVETERS AND PROLETARIAN CULTURE – ON PRECARIOUS WORKING CONDITIONS AND THE POLITICAL STRUGGLES OF THE 1930S IN AND AROUND KAMPNAGEL

Carina Book and Sophia Hussain

»When the employment office refers a colleague to Kampnagel, they have set him off on a new path of suffering. Most colleagues are familiar with this hell on the Osterbek Canal. But to paint a picture of what actually awaits the new employee there takes a truly special gift. (...) Here the worker witnesses capitalist rationalisation in all its sophistication. Whirring machines, low piecework rates, constant monitoring by the men with the stopwatch, prodding by the foremen, the masters, and those who wish to become masters and who try to outdo each other – that's what every new employee notices straight away.«[1]

The proletarian district of Barmbek, 1929. Working conditions in the machine plant Nagel & Kaemp[2] are precarious.
From our current perspective, reconstructing the conditions of the time entails an assemblage and layering of various contemporary witnesses. We gain glimpses behind the walls of the steel-edged machine plant on the Osterbek Canal from historical records as well as journalistic documents – such as the workers' correspondence printed in the Norddeutsche Zeitung in 1929. And there are also literary accounts of the day-to-day routine in the plant, such as the novel »Maschinenfabrik N.&K.« by proletarian writer Willi Bredel, which bring traces of history to the here and now. Bredel worked as a turner in the machine plant Nagel & Kaemp from 1927 to 1928 and was elected to the works council as a candidate for the Revolutionary Trade Union Opposition, shortly before his dismissal. He wrote his debut novel in 1930 while serving a prison sentence for »literary high treason«.

In »Maschinenfabrik N.&K.« he depicts the wave of layoffs in the fictional works »Negel&Kopp«. The layoffs are followed by a strike, and the workers leave the plant vowing not to return without the promise of fundamental changes. For two weeks the machines lie idle. The standstill in the factory lasts until management and the union finally succeed in smuggling in strike-breakers under police protection. One of the workers is shot dead, the strike fails, and two thirds of the workforce are dismissed.

The publishers of the 1971 edition of »Maschinenfabrik N.&K.«, issued by Oberbaumverlag Berlin, praised the novel as a work of literary propaganda which offered indications of strategies and tactics for party work in the struggle to win over the proletarian masses.[3] Bredel himself describes his account, which was initially conceived as expanded workers' correspondence rather than a novel, as a »truthful document of the political struggle of the time«.[4]
Novel as strategy paper? Workers' newspapers as a »weapon in the struggle to secure their existence«?[5]

Rebellious, class-conscious workers had sophisticated methods for disseminating political work, not just to evade reprimands and other penalties, but also to reach as wide an audience as possible. These methods included (workers') theatre, which became a medium of political education and agitprop. Building on the earlier workers' theatre tradition of the Social Democrats between 1847 and 1918, 1920s Hamburg saw the rise of numerous theatre groups comprised of workers who were either aligned with the Communists or Social Democrats, or had no party affiliation. They appeared not just on the stages of the traditional assembly halls of Hamburg's proletariat, like Zirkus Busch, they also performed in the heart of working class neighbourhoods and in factories.

»The best way to get an audience for the speakers is to have a performance by the theatre group *Die Nieter* [The Riveters]. This is an extremely popular left-wing theatre group led by Gerhard Hinze, an outstanding actor. His troupe can present the issues in a way that makes it easier for many people to understand what is happening in Germany,«[6] remembered Werner Stender, who, like his brothers, grew up near the factory on Gertigstraße 56 and joined the Workers' Youth as a teenager, and in 1933 began organising anti-fascist resistance groups.

The KPD didn't always have a high opinion of art and culture. Many considered the »Proletarische Bühne« (Proletarian Theatre), which had existed since the early 1920s, to be non-proletarian and at a remove from the masses. But attitudes towards theatre changed after the Soviet agitprop group »Blue Blouse« toured Germany in October 1927. The programmatic speech that writer Friedrich Wolf gave to the Workers' Theatre Association in April 1928, with its slogan of »art is a weapon«, also helped. Wolf rejected art for art's sake as »caviar for the people«, instead calling on artists to place social contradictions at the heart of their work.

From that point on, the subject matter of art that sought to assist the class struggle would be the »armies of the unemployed, suicidal mothers and abortion laws, the housing shortage, mining accidents«.[7] Proletarian amateur theatre groups sprouted up everywhere and soon became an important pillar of communist agitation. And this they did without platitudes, in line with their principles. Because proletarian art, in Wolf's view, could only be a weapon if it offered greater artistic quality than shouting »'long live the world revolution!' or singing the 'Internationale' when Lenin appears in person, again and again, on the stage. At best it's just a 'turn' that will soon bore the worker.«[8]
The proletarian theatre's new conception of itself also included breaking with the rules of the traditional, bourgeois theatre, developing its own forms of expression, and advancing beyond the proletarian flea-pit theatre. Hans Käbnick, himself a member of Die Nieter who wrote texts for the group and for the Proletarische Bühne, wrote about the new proletarian artistic push in the Hamburger Volkszeitung in December 1928: »Die Nieter address current issues of the day arising from political events, from the everyday life of the working people, from the struggles for unions, parties and public education, in short, imagistic, sketch-like numbers that are linked by the witty banter of a moderator. They have no interest in offering lengthy 'plot development', dramatic dialogues or long-winded performances...«[9] The first Die Nieter programme contained »numbers« about the eight-hour day, paragraph 218 (which banned abortion), and fascism.

In the second Die Nieter programme, the scenes had titles like »The Next Poison Gas War«, »Housing Misery« and »The Port of Hamburg Awakens«. There were 122 performances between 1928 and 1930 to around 80,000 audience members. Die Nieter also performed in large industrial plants, and actually managed to reach a large mass of workers. At Blohm & Voss alone, 800 workers attended the performance.

Hamburg Communist Ernst Stender also grew up close to the machine plant at Gertigstraße 56, and he recalled how the Workers' Theatre Association functioned as a kind of front organisation in the battle against repression: »Many of my new friends meet in the Hamburg Workers' Theatre, which is part of the Workers' Theatre Association organised by the KPD [German Communist Party]. It is an excellent opportunity for us to exchange ideas without the authorities infiltrating our organisation or preventing us from discussing our future course of action. Franz Jacob was one of the leaders of the resistance, and he was often involved in the Workers' Theatre group. There are many like him.«[10]

The last performance by Die Nieter was in the Hamburg district of Harburg in late 1932. Up to that point, the group had managed to avoid performance bans. »When we arrived, the police told us that our performance had been banned. I negotiated with the police lieutenant on duty and showed him texts, some of the more harmless poems by Tucholsky and Weinert, but not Weinert's 'Der rote Feuerwehrmann' [The Red Fireman]. We agreed that he would stand at the rear left of the auditorium, watch the performance and raise his arm. That's when we had to stop … When I performed 'Der rote Feuerwehrmann', naturally I only looked to the right,«[11] recalls Carolus Bernitt, member of Die Nieter.

And so the last performance of the Hamburg agitprop group ended with the last verse of the poem »Der rote Feuerwehrmann« by Erich Weinert: »The prison is burning! The barracks are burning! Detonators ready! Companies are crashing! The oppressors to the lantern! We're smashing the old world to pieces! And when the last stronghold falls, mount the rubble and use your pick! Then we will build ourselves a new world! Make way! Who will begin? Make way for the red fireman!«

1 *Economic democracy at Kampnagel. Ongoing crackdown on class-conscious workers by owners and social fascists.* Norddeutsche Zeitung, 26 September 1929. Published in: Bock, Hans-Michael et. al. *Vorwärts- und nicht vergessen. Arbeiterkultur in Hamburg um 1930.* Materialien zur Geschichte der Weimarer Republik [exhibition from 1 May to 30 September 1982]. Berlin, Frölich & Kaufmann, 1982, p. 140.
2 The company was established on 11 December 1865 under the name »Nagel & Kaemp«, renamed »Eisenwerk (vorm. Nagel & Kaemp) AG« in 1889, before finally becoming »Kampnagel Aktiengesellschaft (vormals Nagel & Kaemp)« in 1934. While the present-day cultural institution Kampnagel has adopted the name and the location of the former machine plant, it has no legal relation to it in any way.
3 cf.: Bredel, Willi. »Maschinenfabrik N. & K. Ein Roman aus dem proletarischen Alltag.« Berlin, Oberbaumverlag, 1971, p. 133.
4 From Willi Bredel's afterword to the 1960 edition issued by Dietz Verlag Berlin.
5 Quoted from: *Hamburger Volkszeitung*, 8 February 1927. In: Bock, Hans-Michael et. al. (1982), p. 140.
6 Ruth Stender: Gertigstraße 56, Hamburg 2020, p. 161f.
7 Friedrich Wolf: quoted in: »Zur Tradition der sozialistischen Literatur in Deutschland. Eine Auswahl von Dokumenten«, published by Akademie der Künste der DDR, Berlin/Weimar 1979, vol. I (1926–1935), p. 45–51.
8 ibid
9 Hans Käbnick: *Die Nieter. Eine proletarische Propagandatruppe*, in: HVZ (Hamburger Volkszeitung), 28 December 1928
10 Ruth Stender: Gertigstraße 56, Hamburg 2020, p. 135
11 Projektgruppe Arbeiterkultur Hamburg: *Vorwärts- und nicht vergessen. Arbeiterkultur in Hamburg um 1930. Materialien zur Geschichte der Weimarer Republik [exhibition from 1 May to 30 September 1982].* Berlin, Frölich & Kaufmann, 1982, p. 239.

Collage Sophia Hussain, aus: Elfha – Plan von Hamburg-Altona und Umgebung, 1920, Verlag von L. Friederichsen & Co

KUNST ALS CAMOUFLAGE UND SOFT POWER
Pedzisai Maedza

Kampnagel feiert 40-jähriges Bestehen, Resilienz und Widerstand – vor diesem Hintergrund ist es wohl mehr als angemessen, mit Stolz auf die zahllosen Standing Ovations zurückzublicken, die den Künstler*innen hier über die Jahre auf der Bühne zuteilgeworden sind. Seit nunmehr vier Jahrzehnten trägt Kampnagel mit einzigartigen Perspektiven aus der Performancekunst zum internationalen und lokalen Diskurs bei. Unsere Zeit ist geprägt von tiefgreifenden globalen Veränderungen; wir haben uns Herausforderungen stellen müssen, die wir in dieser Form hoffentlich nicht erneut erleben werden. Aufgrund der Covid-19-Pandemie mussten zahlreiche Kulturstätten und Festivals rund um die Welt ihre Pforten schließen. Dieses Schicksal ereilte auch das Athol Fugard Theatre in Kapstadt, Südafrika. Das Theater wurde im Februar 2010 zu Ehren eines der berühmtesten Dramatiker Südafrikas gegründet. Nach der Schließung im Zuge der Pandemie blieb den Performer*innen und Crewmitgliedern nicht einmal die Gelegenheit zu einer letzten Verbeugung. Auf Kampnagel sind die Scheinwerfer mittlerweile glücklicherweise wieder angegangen. Aus gegebenem Anlass und mit Blick auf das bedeutsame vierzigjährige Jubiläum liegt es deshalb nahe, die einzigartige Stellung des Theaters in der aktuellen sozioökonomischen und politischen Weltlage genauer zu betrachten.

Dieser Text soll zum gemeinsamen Nachdenken einladen und anregen. Ich möchte daran erinnern, dass Kunst und Performance zu Werkzeugen der Verschleierung werden können und an der Bildung eines Mainstreams beteiligt sind, sowohl für Individuen als auch für Kollektive. Meine Worte sollen dazu aufrufen, innezuhalten und über das Verhältnis von Theater und Staat nachzudenken, insbesondere im Hinblick auf die deutsche Kolonialgeschichte. Die Maxime Mao Zedongs aus dem Jahr 1964, dass es keine *L'art pour l'art*, keine Kunst um der Kunst willen gebe, keine Kunst, die über dem Klassensystem stehe, keine Kunst, die frei von Politik sei,[1] zeigt, mit welcher Anspannung viele staatliche Akteur*innen auf die Rolle und Funktion von Kunst und Kultur in der Gesellschaft blicken und geblickt haben. Dies äußert sich nicht selten in dem Verlangen, Kunst, Künstler*innen, Sportler*innen und Denker*innen aufgrund ihrer Ideen, ihrer nationalen Herkunft oder anderer Identitätsmerkmale zu überwachen, zu kontrollieren oder pauschal zu verbieten.

Im europäischen Bewusstsein zeigte sich dieses Spannungsverhältnis bereits in der griechischen Antike. Der griechische Staatsapparat verstand es meisterhaft, das Theater für seine Machtinteressen zu instrumentalisieren. Teilhabe bzw. ein direkter Zugriff, die Finanzierung und das Patronat waren dabei die wichtigsten Mittel. In den »Gesetzen« beschreibt Platon, wie Repräsentant*innen des Staates Tragödiendichtern begegnen sollten, wenn diese in die Stadt kamen und um eine Auftrittserlaubnis baten. Der Athener stand der Kunst kritischer gegenüber, als es viele moderne Staaten heute von sich behaupten würden: Platon rief zu einer geballten kollektiven Abwehrhaltung auf, wie wir sie heute nur noch in äußerst repressiven Ländern kennen. Der Staat solle die Künstler*innen informieren:

»Ihr besten Gastfreunde«, würden wir sprechen, »wir selbst sind Dichter einer nach Kräften möglichst schönsten sowie auch besten Tragödie. Unsere ganze Staatsverfassung ist sonach Nachbildung des schönsten und besten Lebens, welche Nachbildung wir wenigstens für die echteste Tragödie erklären. So seid also ihr Dichter, und auch wir selbst sind Dichter desselben Dichtwerks; Kunstgenossen und Mitkämpfer bei Hervorbringung des schönsten Dramas, zu dessen Vollendung, hoffen wir, ihrer Natur nach allein die richtige Gesetzgebung geeignet ist. Meint aber nicht, daß wir je so leicht euch gestatten werden, auf unserem Markte eure Buden aufzuschlagen und durch ihre schöne Stimme ausgezeichnete Schauspieler auftreten zu lassen, die ihre Stimme lauter erheben als wir, oder euch erlauben, öffentlich zu den Kindern, Frauen und der ganzen Menge zu sprechen, wenn ihr über dieselben Einrichtungen nicht dasselbe sagt, wie wir, sondern in den meisten Fällen so ziemlich das Gegenteil.«[2]

Diese Art der Wechselbeziehung zwischen Staat und Kunst ist im Deutschland der Gegenwart tief verwurzelt; sie ist komplex und im stetigen Wandel begriffen. In der Vergangenheit – und zum Teil auch heute noch – rangen Künstler*innen und Politiker*innen um Kontrolle der Öffentlichkeit, insbesondere des Bühnenraums.[3] Die politische Geschichte Deutschlands zeigt, wie Staaten immer wieder kreative Wege finden, um Künstler*innen mal mehr, mal weniger entgegenzukommen, sie zu instrumentalisieren und auszunutzen. So gab es Bestrebungen, Kunstschaffende daran zu hindern, unbequeme Wahrheiten gegenüber der Obrigkeit auszusprechen. Es gab auch Versuche, künstlerische Botschaften mit staatlichen Interessen in Einklang zu bringen und so Widerstände seitens der Kunstschaffenden zu vermeiden. Eine Auflistung aller Fälle, in denen Machthaber*innen im Laufe der Jahrhunderte politischen Dissens durch Kooptation, Angst und Zensur sowie durch die Inhaftierung, Verschleppung oder Tötung Andersdenkender unterbinden wollten, würde zweifelsohne den Rahmen sprengen.

Eine perfide Methode zur Erlangung und Aufrechterhaltung staatlicher Kontrolle über Kunst, Künstler*innen und Kunstinstitutionen ergibt sich aus dem Zusammenspiel von Gesetzgebung und finanzieller Subventionierung. Dass die Ausübung von Kunst heutzutage auf Spielstätten und bestimmte vorgeschriebene Örtlichkeiten beschränkt ist, wo sie genehmigt, eingegrenzt und unter Verschluss gehalten werden kann, ist eine späte Folge des athenischen Leitsatzes. Der Staat erhält so potenziell die Entscheidungsmacht darüber, was gesagt werden darf, wo und wann es gesagt wird, was wiederum bedeutet, dass politische Aufstände zwar in Theatersälen inszeniert und aufgeführt werden können, nicht aber auf der Straße. Der Protest verliert dadurch an Wirksamkeit und seine Inhalte an Sichtbarkeit. Die politische Anweisung, alle Theater zugunsten der öffentlichen Gesundheitsfürsorge zu schließen, ließ einmal mehr keinen Zweifel daran, wie weit die Machtbefugnisse des Staates in Bezug auf das öffentliche Versammlungsrecht und die persönliche körperliche Autonomie reichen. In diesem Spannungsfeld bewegen sich Veranstaltungszentren wie Kampnagel und vergleichbare Orte, die staatlich subventioniert werden beziehungsweise der Verfügungsgewalt des Staates unterliegen.

Die Fronten zwischen Staat und Künstler*innen haben sich im Laufe der Zeit verschoben. Die Geschichte von Kampnagel zeigt, dass beide Parteien ihre Standpunkte neu ausgelegt und zu einer besseren Form gefunden haben. Während das Theater also seine dynamische Beziehung zur Obrigkeit und zu seinen wichtigsten Stakeholdern – den Zuschauer*innen – weiter aushandelt, gilt es auch die doppelte Funktion zu beachten, die das Theaterprogramm für seine vielen verschiedenen Publikums- und Zielgruppen einnimmt.

Die Frage, wie sich Kampnagel und andere Kunstzentren im kulturellen Ökosystem positionieren und ihre Botschaften vermitteln, kann in ihrer Komplexität und Nuanciertheit auf unterschiedliche Art und Weise beleuchtet werden. Mein eher einfach gehaltener Ansatz besteht darin, die Rolle des Theaters bei der Ausübung von staatlicher Soft Power zu untersuchen. Der Begriff Soft Power wurde von Joseph Nye geprägt und beschreibt, grob umrissen, die Fähigkeit, das Verhalten anderer zu beeinflussen und Ziele eher durch attraktive Anreize und Zusammenarbeit als durch militärische oder wirtschaftliche Druckmittel zu erreichen.[4] Der Begriff der Soft Power schärft unser Bewusstsein dafür, dass Kunst, Künstler*innen und Kulturinstitutionen durch gezielte Förderung und Auslassung – oder einer Kombination aus beidem – zum trojanischen Pferd für politische Kommunikationsakte gemacht werden können.

Im Rahmen der Olympischen Sommerspiele 1936 in Berlin wurde die Welt Zeuge einer aus heutiger Sicht sorgfältig inszenierten Demonstration von Soft Power. Das mythische Ritual des olympischen Fackellaufs wurde eigens für diese Ausgabe der Spiele erfunden und gestaltet; es lebt bis heute als symbolträchtiges kulturelles Vermächtnis der damaligen Wettkämpfe in Deutschland fort. Und es ist nur eines von vielen Beispielen für die anhaltende Wirksamkeit von Soft Power. Ähnliche, aber auch ganz neue Fragen ergeben sich, wenn wir uns mit dem heutigen Phänomen des interkulturellen und transkulturellen Performance-Austauschs auseinandersetzen. Einige Performance-Initiativen präsentieren Aspekte »des Fremden«, um Akzeptanz und Solidarität zu fördern. Wir alle müssen uns als Individuum und als Kollektiv fragen, welche gängigen Vorurteile unserem Interesse am »Anderen« zugrunde liegen und wie allgemeingültig die Leitvorstellungen sind, die die Kunst in diesem Zusammenhang vermittelt.

Grundsätzlich gilt: Je mehr Ressourcen der Staat für die Kultur bereitstellt, desto mehr Soft Power kann er nach außen demonstrieren. Darüber hinaus kann Kultur dazu dienen, politische Hard Power zu erhalten und auszuüben. Veranstaltungsorte und ihre Betreiber*innen – von den Kurator*innen bis zur Kommunikation mit den Einwanderungsbehörden – können ungewollt zu Torhüter*innen des Status quo werden. Sie führen oft wenig beachtete und undankbare Kämpfe, um politische Zeichen zu setzen und sich für eine kritische und dekoloniale Praxis einzusetzen. Es ist zu hoffen, dass ihre Bemühungen mit der Zeit eine Ära anhaltender Reflexion und fruchtbarer Denkanstöße einläuten werden.

Die fünf Ws – **W**er, **W**as, **W**o, **W**ann und **W**arum – können als Ausgangspunkt für eine kritische Auseinandersetzung mit Kampnagel und seinen Bühnenaktivitäten der letzten vierzig Jahre dienen. Der Katalog der fünf Ws wird zu einer nützlichen Orientierungshilfe, wenn wir uns fragen, wessen Geschichten im Theater erzählt werden. Welche Aspekte sind entscheidend dafür, wo und wann diese Erzählungen übermittelt werden? Es stellt sich auch die Frage, warum diese Geschichten erzählt werden, so gewinnen wir ein besseres Verständnis dafür, inwieweit das Theater als Bastion der Soft Power und der öffentlichen Meinungsmache gelten kann. In dieser Angelegenheit gibt es keine einfachen Antworten, aber wenn das Theater eine Zukunft haben soll, sind wir es sowohl der Vergangenheit als auch der Zukunft schuldig, uns diesen unbequemen Fragen zu stellen. Wir müssen fortwährend darüber nachdenken, wen das Theater ins Zentrum seiner Kommunikation stellt: Wessen Geschichten werden dort erzählt? Welche Inhalte werden durch diese kuratorische Entscheidung vermittelt, welche durch Schweigen verhüllt und vergessen?

Die Geschichte hat gezeigt: Wenn wir schweigen, andere zum Schweigen bringen und Dinge in Vergessenheit geraten lassen, ist dies eine ultimative Demonstration von Macht. Das Schweigen hat viele Gesichter. Sie zeigen sich je nachdem, woran wir uns erinnern und woran wir uns nicht erinnern wollen. Ähnlich komplex ist das Phänomen des Vergessens. Theater und Kunst spielen eine wichtige Rolle im Prozess des kollektiven Erinnerns und Vergessens. Nach Paul Connerton lassen sich sogar ganze sieben Formen des Vergessens unterscheiden: repressive Auslöschung, verordnetes Vergessen, Vergessen als Grundstein für die Bildung einer neuen Identität, strukturelle Amnesie, Vergessen als Annullierung, Vergessen als geplante Obsoleszenz und Vergessen als gedemütigtes Schweigen.[5] Aus Platzgründen kann ich an dieser Stelle nicht auf alle Begriffe eingehen. Stattdessen hoffe ich, dass sich jede*r von uns folgende Frage durch den Kopf gehen lässt: Inwiefern bestimmen Kunst und Konsumverhalten, welche Erzählungen im Theater und im Nationalstaat Einzug in den Mainstream halten – und welche in Schweigen gehüllt bleiben?

Sie fragen sich vielleicht, wie genau der Staat und die Kunst ineinandergreifen, wenn es darum geht, was wir vergessen? Ich möchte hier ein scheinbar banales Beispiel anführen: Enthusiastischen Botaniker*innen und Ornitholog*innen mag der Maronenweber ein Begriff sein, vielleicht auch eine Unterart des Vogels mit dem lateinischen Namen *Ploceus rubiginosus trotha*. Eventuell ist ihnen zudem *Zygophyllum trothai* bekannt, eine Unterart der in trockenen Gebieten vorkommenden Blühpflanzenfamilie *Zygophyllaceae*. Manche Biolog*innen werden hier Ähnlichkeiten in der Nomenklatur feststellen. Geschichtskundige stören sich nicht selten an diesen wissenschaftlichen Bezeichnungen. Ihre Irritation rührt daher, dass die beiden aus dem heutigen Namibia stammenden Arten nach Adrian Dietrich Lothar von Trotha (1848–1920) benannt sind. Von 1904–1908 führte von Trotha als Oberbefehlshaber und Kommandeur der Kaiserlichen Schutztruppe für Deutsch-Südwestafrika barbarische Angriffe sowie den Krieg bzw. Genozid gegen die indigenen Völker der San, Herero, Nama und Damara an.

Straßenumbenennung in Louisa-Kamana-Weg
(für ehem. Woermannsweg),
Arbeitskreis Hamburg Postkolonial,
Foto: Nadie Jessen

Die brutalen kolonialen Übergriffe erreichten ihren Höhepunkt, als die Herero eine Rebellion initiierten, der sich später auch die Nama anschlossen, um sich gegen die Unterdrückung, den Land- und Viehraub zu wehren. Die deutsche Kolonialmacht, die anschließend unter dem Kommando von Trothas aufmaschierte, um den Aufstand niederzuschlagen, führten zum Tod von schätzungsweise achtzig Prozent der Herero und fünfzig Prozent der Nama.[6] Die Brutalität der Kaiserlichen Schutztruppe führte zu unzähligen Vergewaltigungen, Vertreibungen, Exilierungen und Deportationen. Menschen und Tiere verhungerten und verdursteten massenhaft, weil die deutschen Truppen Brunnen vergifteten oder stilllegten. Es folgten willkürliche Inhaftierungen in Konzentrationslagern, sexuelle Übergriffe, Vieh- und Landraub sowie der systematische Einsatz von Sklavenarbeit bei öffentlichen Projekten, in der privaten Landwirtschaft und in kommerziellen Einrichtungen.[7]

Einige Historiker*innen vertreten den Ansatz, dass es sich hier um Deutschlands ersten Genozid im 20. Jahrhundert handelt. Die Ereignisse fanden 37 Jahre vor weiteren, deutlich bekannteren Völkermorden an Minderheiten in Deutschland und ganz Europa statt. 117 Jahre lang leugnete der deutsche Staat, dass es sich bei den Gewalttaten in Namibia um einen Genozid handelte. Den kolonialen Völkermorden begegnet man in Europa und Deutschland in erste Linie mit ohrenbetäubender Stille und allen sieben Formen des Vergessens. Nach 117 Jahren der Leugnung – angesichts von Zeugenberichten von Überlebenden, wissenschaftlicher Beweise, anhaltender Lobbyarbeit und gescheiterter Gerichtsprozesse – gab der deutsche Staat schließlich nach. Im Mai 2021 signalisierte die deutsche Regierung erstmals, dass sie das Verhalten der deutschen Truppen während der kolonialen Invasion afrikanischen Territoriums in Namibia als Völkermord anerkennt und zu einer offiziellen Entschuldigung bereit ist.

Einen Haken gibt es allerdings: Die Entschuldigung ist laut Bundesregierung an eine Reihe von Konditionen geknüpft, allen voran, dass die Adressat*innen versichern, keine Reparations- und Entschädigungsforderungen zu stellen. Stattdessen sollten die Leidtragenden Entwicklungshilfe akzeptieren. Die direkten Nachfahr*innen der Opfer kolonialer Gewalt wurden systematisch von den Verhandlungs- und Schlichtungsbemühungen ausgeschlossen. Dies war möglich, weil die Gespräche als Thema der bilateralen Beziehungen eingeordnet wurden, die am besten im direkten Austausch zwischen deutschen und namibischen Staatsvertreter*innen zu regeln seien, hieß es.

Mehr als ein Jahrhundert lang trugen die meisten deutschen Theater dazu bei, dass der Schleier des Vergessens ausgebreitet blieb, indem sie die offizielle Position des Staates weder hinterfragten noch anfochten. In vereinzelten Institutionen konnten jedoch Künstler*innen, Akademiker*innen und Angehörige der

Zivilgesellschaft an vorderster Front aktiv werden, um Widerstand gegen die Politik der Ausgrenzung und des Vergessens zu leisten. Einige Theater inner- und außerhalb Deutschlands boten und bieten eine Plattform, um das offizielle Schweigen über den Genozid mithilfe von Performances zu brechen. Zu solchen Produktionen zählt beispielsweise »Exhibit B« von Brett Bailey und Third World Bunfight. Themba Mbuli und die Unmute Dance Company lenkten in »SOLD!« die öffentliche Aufmerksamkeit auf den Völkermord und vereinten hierfür Performer*innen unterschiedlicher Kenntnisstufen. Mit »Black Box / Chambre Noir« warf auch William Kentridge Licht auf die Ereignisse des Genozids. Jackie Sibblies Drury verband das Thema in ihrer Debütproduktion aufmerksamkeitsstark mit aktuellen Debatten rund um *race relations* in den USA. Der Titel ihres Metadramas lautete »We Are Proud to Present a Presentation About the Herero of Namibia, Formerly Known as Southwest Africa, From the German Südwestafrika, Between the Years 1884 – 1915« [»Mit Stolz präsentieren wir eine Präsentation über die Herero aus Namibia, ehemals als ‚Southwest Africa' bekannt, abgeleitet vom deutschen ‚Südwestafrika', in der Zeit von 1884 bis 1915«, Anm. d. Übers.]. Auf Kampnagel griffen Performances wie »Herero_Nama – A History of Violence« von Nuran David Calis und die Musiktheaterproduktion »The House of Bones« von Kante und Khoi Khonnexion das Thema auf; auch gab es Diskussionen mit Aktivist*innen vor Ort.

Diese Aufführungen und Diskussionsveranstaltungen zeigen, dass die Welt des Theaters es uns ermöglicht, Erinnerung über Zeit und Raum hinweg aufrechtzuerhalten. Hamburg nimmt hier in mehrfacher Hinsicht eine Sonderstellung ein. Aufgrund ihres Hafens war die Stadt Ausgangspunkt vieler deutschkolonialer Unternehmungen. Die berühmte *Woermann-Linie* befuhr von hier aus die Route zwischen Deutschland und den Kolonien. Die Metropole war auch Schauplatz von Carl Hagenbecks berüchtigten ethnografischen Ausstellungen, den sogenannten »Völkerschauen«. Hagenbecks Aktivitäten hinterließen nicht nur bleibende Spuren in der modernen Zooarchitektur, sondern trugen auch entscheidend dazu bei, dass rassistische Ideologien in der breiten deutschen Bevölkerung zu schwelen begannen. Die Hamburger Theater, von denen einige noch heute aktiv sind, spielten damals eine aktive Rolle bei der Produktion und Aufführung solcher Schauen sowie in der Verankerung der ihnen zugrunde liegenden Denkmuster.

Vor dem Hintergrund der Mitschuld deutscher Bühnenbetriebe befindet sich Kampnagel in einer einmaligen Ausgangsposition, um Geschichten dieser Art aufzugreifen und öffentlich zu machen – Geschichten, die eine Auseinandersetzung mit der Vergangenheit ermöglichen und damit unsere Gegenwart und Zukunft neu definieren. Als öffentliches Forum und politischer Schauplatz kann das Theater Raum schaffen, um darüber nachzudenken, woran wir uns erinnern, was wir vergessen und warum. Es kann eine wichtige Rolle dabei spielen, wie die Erinnerung an einen »vergessenen« Genozid aufgearbeitet und im öffentlichen Bewusstsein lebendig gehalten wird. Das Theater kann eine Gedenkkultur über geografische und zeitliche Grenzen hinweg schaffen. Es kann das Feld der Wissenschaft ergänzen und über die performativen Künste länder-, generationen- und zeitübergreifend zur Auseinandersetzung mit dem Völkermord in Namibia anregen. Kunst und Performance können offiziell und inoffiziell vorgestanzte Formen des Erinnerns und Vergessens aufbrechen. Sie können die Lücken füllen, die durch fehlende Wandmalereien und Museen entstanden sind: Mahnmale, die sonst häufig zum Gedenken an vergangene und gegenwärtige Gewaltverbrechen errichtet werden.

Ein Rückblick auf die vergangenen vierzig Jahre – in Erwartung der kommenden vier Jahrzehnte – zeigt, dass eine solche Introspektion für Theater von großer Wichtigkeit ist. Da politisch motivierte Kunst immer in der Gefahr steht, vom Staat durch finanzielle Förderung und andere Mittel vereinnahmt zu werden, müssen wir immer wieder von Neuem darüber nachdenken, wie Theater in Erinnerungspolitik einzugreifen vermag. Ich möchte deshalb mit einer Reihe von Fragen abschließen, welche uns helfen können, die aktuelle politische Situation in Bezug auf den deutschen Genozid in Namibia sowohl auf der Bühne als auch auf der Straße zu erfassen. Die erste Frage lautet: Werden Erinnerungsprozesse und politische Forderungen aus der Gemeinschaft der Überlebenden unterstützt und sichtbar gemacht? Zweitens: Werden und wurden finanzielle Zuwendungen aus Deutschland als Instrument der Soft Power genutzt, um Einfluss darauf zu nehmen, wie der Völkermord in Namibia in der Öffentlichkeit wahrgenommen, erinnert oder vergessen wird? Hieran knüpft die Frage an, inwiefern das Theater die politische Aufarbeitung vergangener Gräueltaten überlagern oder zum Ersatz für sie werden kann. Abschließend kommen wir dann zu der Frage, wie die Maxime des *L'art pour l'art*, der Kunst um der Kunst willen, losgelöst von der jeweiligen Tagespolitik, radikale politische Forderungen und Gerechtigkeit verschleiert oder aber vorantreibt.

Die Zukunft bietet für Kampnagel und andere Kunstinstitutionen die Chance, die eigenen Verantwortungsbereiche und Handlungsspielräume in der Erinnerungskultur an den kolonialen Völkermord – und an andere Missstände in der Welt – auf den Prüfstand zu stellen. Das ist keine leichte Aufgabe. Auch Jahrtausende nach Platons Urteilsspruch wissen die Menschen, die Kampnagel und andere Theater des kollektiven Gewissens mit vollem Einsatz am Leben erhalten, um die vielen persönlichen Entbehrungen und Herausforderungen, die mit dieser Arbeit einhergehen. Nicht alles lässt sich mit Tinte auf Papier bannen, wie ich es in diesem Text versucht habe, und manche Geschichten landen fürs Erste in einem fehlerhaft gedruckten oder wenig beachteten Programmheft. Vor allem aber leben solche Erzählungen von Blut, Schweiß und Tränen, die auf der Bühne, hinter der Bühne und irgendwo dazwischen vergossen werden. Mögen wir also auch in Zukunft mit Courage und Bescheidenheit handeln, Momente des Scheiterns akzeptieren und noch lange auf Kurs bleiben.

---

1 Bonnie S. McDougall: Mao Zedong's »Talks at the Yen'an Conference on Literature and Art«: A Translation of the 1943 Text with Commentary, Michigan 1980. (https://library.oapen.org/bitstream/handle/20.500.12657/41559/9780472901333.pdf?sequence=1., Zugriff am 26.02.2024).

2 Im englischen Original zitiert Maedza aus: Plato: *Philosophies of Beauty*, ed. Albert Hofstadter and Richard Kuhns, Chicago 1976.
Die deutsche Übersetzung stammt aus: Platon: *Sämtliche Werke, Band 4: Timaios Kritias, Minos, Nomoi*, hg. v. Ursula Wolf / Burghard König, übers. v. Hieronymus Müller / Friedrich Schleiermacher / Friedrich Müller, Reinbek 2022.

3 Ngũgĩ wa Thiong'o: »Enactments of Power: The Politics of Performance Space«, in: *TDR/The Drama Review* 41, no. 3 (1997): S. 11–30, (http://www.jstor.org/stable/1146606, Zugriff am 26.02.2024).

4 Joseph S Nye: »Soft Power«, in: *Foreign Policy* 80 (1990): S. 153–171.

5 Paul Connerton: »Seven Types of Forgetting«, in: *Memory Studies* 1, no. 1 (2008): 59–71, https://doi.org/DOI: 10.1177/1750698007083889.

6 Jan-Bart Gewald: *Herero Genocide in the Twentieth Century: Politics and Memory*, Leiden 2003.

7 Pedzisai Maedza: »The Kaiser's Concubines: Re-Membering African Women in Eugenics and Genocide«, in: *PhiN-Beiheft* 13 (2017): S. 159–181.

ART AS CAMOUFLAGE AND SOFT POWER
Pedzisai Maedza

As Kampnagel marks forty years of existence, resistance and resilience, it feels not only fitting but essential to remember the many standing ovations witnessed in its spaces. For four decades Kampnagel has contributed a unique performing arts voice to contemporary debates and discourses, both global and local. Globally, we are living through times of profound change and struggle against conditions that we can only hope are a once-in-a-lifetime experience. The COVID-19 pandemic forced countless venues and festivals across the world to close. This was the fate that befell the Fugard Theatre in Cape Town, South Africa for example. The venue was established in February 2010 and named in honour of one of South Africa's greatest playwrights. After its closure due to COVID-19, performers and crews never got a chance to take their final bows again. Thankfully, the spotlights are on again at Kampnagel. This, together with its 40-year milestone, is an apt occasion to reflect on its position within our current global socio-economic and political situation.

This account is an invitation and provocation to collectively remember and reflect on the ability of art and performance to camouflage and mainstream-ise for us as individuals and as collectives. It is a call to pause and reflect on the theatre's relationship with the state, especially in light of Germany's colonial past. Mao Zedong's 1964 maxim that »there is no such thing as art for art's sake, art that stands above classes, art that is detached from or independent of politics«[1] captures the tension that most state actors – then and now – have towards the function of art and culture in society. This often manifests in calls to monitor, control or impose blanket bans on certain art, artists, athletes and thinkers on account of their ideas, national origins or other identity markers.

In European consciousness we can trace the earliest records of this tension as far back as the Greeks. The Greek state was adept at crafting and manipulating the theatre to serve the interests of power through access, funding and patronage. In »The Laws«, Plato describes how state representatives were to respond to tragic poets who came to the city and requested permission to perform. Admittedly, the Athenian state was more anti-art than most modern states will openly admit to being today. Plato called for a combined collective opposition which today we only witness in more overtly repressive states. State representatives were to inform artists:

»we will say to them, we also according to our ability are tragic poets, and our tragedy is the best and noblest; for our whole state is an imitation of the best and noblest life, which we affirm to be indeed the very truth of tragedy. You are poets and we are poets, both makers of the same strains, rivals and antagonists in the noblest of dramas, which true law can alone perfect, as our hope is. Do not then suppose that we shall all in a moment allow you to erect your stage in the agora, or introduce the fair voices of your actors, speaking above our own, and permit you to harangue our women and children, and the common people, about our own institutions, in language other than our own, and very often the opposite of our own.«[2]

In contemporary Germany this state/artist tension is deep-seated, complex and ever-changing. In the past and even today, to a degree, artists and politicians have battled for control over the public, and particularly the performance space.[3] German political history shows how the state has found and continues to find creative ways to accommodate, exploit and use artists to varying degrees. This has included attempts to dissuade artists from speaking truth to power and creating conditions under which they speak in tune rather than in opposition with the state. We would run out of space before we ran out of examples of power seeking to muzzle dissent throughout history by coopting, fear, censorship, detention, disappearance and elimination of anyone who express opinions and views that discomfit those who exercise power.

One insidious way in which states have exerted and maintained control over art, artists and art institutions is through a combination of legislation and funding subsidies. The move to license, contain and confine art in playhouses and prescribed spaces in today's world can be regarded as a carryover from the Athenian impulse. This can enable the state to exercise a degree of control over what can be said, where it can be said and when it can be said. This can mean that a riot, for example, can now be staged and performed in theatre halls but not on the streets, thereby camouflaging the expression and efficacy of dissent. The edict to shut down all theatres, ostensibly for reasons of public health, reminded all of us of the state's power over public assembly and our individual bodies. It is in this conundrum and with this tension that venues such as Kampnagel and other places that receive state subsidies, or fall under the jurisdiction of the state, navigate.

The state/artist battlelines have been re-drawn throughout time and the history of Kampnagel shows how both parties have recast their positions and found new footing.

As the theatre negotiates a new and evolving relationship with the state and its most important stakeholder – the audience – it is essential that we examine the dual roles that theatre programming serves for the many audiences and publics that it addresses. There are several complex and nuanced ways to engage with how Kampnagel and other art centres in the cultural ecosystem are positioned and how they speak. I propose a simple manner of reflecting on the theatre's potential place in the expression and exercise of state soft power. The concept of soft power was coined by Joseph Nye. It can broadly be understood as the ability to influence the behaviour of others and obtain desired outcomes through attraction and co-option rather than

---

1 Bonnie S. McDougall, »*Mao Zedong's 'Talks at the Yen'an Conference on Literature and Art': A Translation of the 1943 Text with Commentary*«, Michigan 1980, (https://library.oapen.org/bitstream/handle/20.500.12657/41559/9780472901333.pdf?sequence=1. accessed 26.02.2024)

2 Plato: »Philosophies of Art and Beauty«, ed. Albert Hofstadter and Richard Kuhns, Chicago 1976.

3 Ngũgĩ wa Thiong'o: »Enactments of Power: The Politics of Performance Space«, in: *TDR/The Drama Review* 41, no. 3 (1997): p. 11–30, http://www.jstor.org/stable/1146606.

military and/or economic coercion.[4] The notion of soft power widens our awareness of how art, artists and art institutions, and culture, might serve as the fabled Trojan horse for political messages and messaging through acts of omission, commission and a combination of both.

In 1936, the world witnessed what – with the benefit of hindsight – can be understood and remembered as a carefully crafted exhibition of soft power when Germany hosted the Summer Olympics in Berlin. The mythic ritual of the Olympic Flame relay was invented and curated for these games and has survived to this day as an iconic cultural legacy of the German games. It is but one illustration of the enduring impact of soft power performance. We must ask ourselves the same questions, and new ones, when we approach what are known as intercultural and cross-cultural performance exchanges in modern times. Some of these performance initiatives curate and exhibit otherness in the name of fostering understanding and cooperation. In our individual and collective capacities, we must all examine and query anew the common assumptions that belie our interest in the »other«, and the prevalence of understandings that art fosters in these exchanges.

In principle, the more resources the state devotes to culture the greater the soft power it can demonstrate. Ultimately culture can be used to preserve and express hard political power. Venues and individuals responsible for running such spaces in various capacities from curating to dealing with immigration officials can find themselves unwittingly preserving the status quo, and serving as its gatekeepers. They often fight unacknowledged and thankless wars to signal and negotiate for more critical and decolonial engaged practices. Hopefully these efforts will usher in an era of sustained questioning and thought-provoking engagement.

We can use **w**ho, **w**hat, **w**here, **w**hen and **w**hy (five w's) as the initial questions for interrogating and understanding the state of the Kampnagel stage over the last four decades. The five w's becomes a useful cheat sheet for reflecting critically about whose stories the theatre tells and what is it about these stories that informs where and when they are told. We can then ask why these stories are told to better appreciate the myriad ways the theatre potentially serves as a bastion of soft power and agenda setting. There are no easy answers to these questions, but we owe it to the past as much as the future, if the theatre is to have a future at all, to continually ask ourselves uncomfortable questions sometimes. We must continuously think about whom the theatre is addressing. Whose stories does it tell, and in the curatorial choices of the stories that are told, what is it that is rendered or confined to silence and forgotten. In a society that aspires to be and conceives itself to be open, plurality and diversity can be valourised as expressions of openness without critical questioning.

History reminds us that silence, silencing and forgetting are the ultimate acts of power.

There are many shades of silence. They are informed by what we do remember and what we choose not to remember. Forgetting is an equally complex phenomenon. The theatre and art play a crucial role in what we collectively remember and forget. Paul Connerton goes as far as to suggest that there might be no less than seven types of forgetting:[5] repressive erasure, prescriptive forgetting, forgetting that is constitutive in the formation of a new identity, structural amnesia, forgetting as annulment, forgetting as planned obsolescence, and forgetting as humiliated silence. I don't have enough space to unpack each notion in turn. What I can do is invite each one of us to reflect on what and how our creative art and consumption choices have a bearing on which stories are mainstreamed and what gets silenced in the theatre and in the nation-state.

How do the state and art conspire to inform what we forget, you might wonder. Here is but one banal example. Some keen botanists and ornithologists might be familiar with the subspecies of the chestnut weaver, a bird called the *Ploceus rubiginosis trothae* and a subspecies of the *Zygophyllaceae*, a family of flowering plants that grow in dry habitats, the *Zygophyllum trothai*. Some biologists might be able to pick out the similarities in the nomenclature of these species. Observers of history might find and take exception to these scientific terms. The offence comes from the realisation that these two varieties that originate in what is now known as Namibia were, and still are, named after Adrian Dietrich Lothar von Trotha (1848–1920). As Commander General of the Imperial German Army, Trotha led barbaric attacks and a genocidal war against the San, Herero, Nama and Damara indigenous populations between 1904 and 1908.

This brutal colonial violence spiked after the Herero launched a rebellion – later joined by the Nama people – to resist their suppression, the theft of their lands and cattle. The German colonial violence that ensued to suppress this uprising under Trotha's command left an estimated 80% of the Herero and 50% of the Nama dead.[6] The Imperial German Army's violence led to extensive rape, displacement, exile and deportation. People and animals died of hunger or thirst as the German army poisoned and sealed water wells. This was followed by indiscriminate detention in concentration camps, sexual aggression, theft of livestock and land, and the systematic use of slave labour for public works, private farming and commercial entities.[7]

Some historians suggest that this was Germany's first genocide of the 20th century. It preceded the more widely known genocide against minorities within Germany and across Europe by thirty-seven years. For one hundred and seventeen years the German state denied that these acts of violence in Namibia constituted genocide. In Europe and Germany these colonial genocide events have mostly been marked with loud silence and all seven types of forgetting. After one hundred and seventeen years of denial in the face of survivor testimony, academic evidence, consistent lobbying and failed court challenges, the German state finally conceded. In May 2021 the German state indicated that it would finally acknowledge that the conduct of its troops in the colonial invasion of African territory in Namibia was genocidal and it undertook to offer a formal apology.

There is a catch, however. The German state has set out a series of conditions upon which this apology will rest. The primary one is that the individuals to whom the apology will be directed and who are expected to accept this apology must waive demands for reparations and compensation prior to the apology being issued. The German state insists that the aggrieved accept aid and development assistance instead. Furthermore, the direct descendants of the victims of this colonial violence have been systematically excluded from the apology and reconciliation negotiations, with the negotiations restricted and reframed as a bilateral issue best negotiated and settled between the German and Namibian states.

For over a century, most German theatres were complicit in maintaining the veil of silence by not querying or challenging this official state position. In some theatres, artists, academics and civil society have been at the forefront of lobbying, advocacy and opposition to this politics of exclusion and forgetting. Some theatres in Germany and beyond have provided the platforms for performances that broach the state's silence on this genocide. These performances

---

4   Joseph S. Nye: »Soft Power«, in: *Foreign Policy* 80 (1990): p. 153–71.
5   Paul Connerton: »Seven Types of Forgetting«, in: »*Memory Studies*« 1, no. 1 (2008): p. 59–71, https://doi.org/DOI: 10.1177/1750698007083889.
6   Jan-Bart Gewald: *Herero Genocide in the Twentieth Century: Politics and Memory*, Leiden 2003.
7   Pedzisai Maedza: »The Kaiser's Concubines: Re-Membering African Women in Eugenics and Genocide«, in: *PhiN-Beiheft* 13 (2017): p. 159–81.

include »Exhibit B« by Brett Bailey and Third World Bunfight. Themba Mbuli and Unmute Dance Company drew the world's attention to this genocide by devising »SOLD«! with performers of different abilities. »Black Box/Chambre Noir« is William Kentridge's intervention in the silence that shrouded the genocide. Jackie Sibblies Drury drew attention to this »forgotten« genocide and contemporary race relations in the United States of America through her debut production. The meta-theatre piece was titled »We Are Proud to Present a Presentation About the Herero of Namibia, Formerly Known as Southwest Africa, From the German Südwestafrika, Between the Years 1884-1915«. At Kampnagel, performances such as »Herero_Nama – A History of Violence« by Nuran David Calis and the musical theatre piece »The House of Bones« by Kante and Khoi Khonnexion picked up on the topic, alongside numerous discussions with local activists.

These performances and discussions bear testimony to the theatre's ability to carry memories through time and space. Hamburg holds a special position within these attempts for several reasons. With its port, the city has been a point of departure for Germany's colonial endeavours. The famous *Woermann-Linie* shipping plied the route between Germany and its colonies from the port of Hamburg. The city also hosted Carl Hagenbeck's infamous ethnographic exhibitions, the »Völkerschauen«. Hagenbeck's activities had a lasting impression not only on modern zoo architecture but also played a critical role in fomenting racist ideologies within the wider German population. Local theatres, many of them still in existence, played an active role in the making and staging of these shows and the ideologies that underpinned them.

In light of this theatrical complicity, Kampnagel is uniquely positioned to echo and present similar stories which facilitate a reckoning with the past that redefines the present and the future. As a public forum and a political space, the theatre can serve as a platform where we ask ourselves what we remember as well as what and why we forget. The theatre can play a pivotal role in how the memory of the »forgotten« genocide is framed and remembered. It can foster remembrance across borders and time periods. It can complement the work being done by academia and serve as a hub from which the memory of the Namibian genocide circulates transnationally, across generations and time through performance. Art and performance can potentially contest officially and unofficially imposed modes of remembering and forgetting. It can fill the void created by the absence of the kind of murals and museums that are often built to commemorate past and contemporary mass violence.

As we look back over the last forty years and look forward to the next forty years, the theatre can and should look within. Given the inherent »risk« of politically engaged art being appropriated by the state via funding and other means, it is vital that we constantly reflect on the theatre's potential to intervene in memory politics. I conclude with a set of questions, which may illuminate the status of the German genocide in Namibia on the stage and in the street. The first question: are self-determined remembrance and political demands by survivor communities supported and made visible? Second, to what extent was or is German state funding being used as a lever of soft power to influence and inform how the genocide in Namibia is publicly remembered or forgotten? And in connection with this, how can the theatre displace and serve as a substitute for the political work that is needed to right the wrongs of the past? This brings us to my last question: how might the quest for art for art's sake, unshackled from the political agenda of the day, serve to camouflage or support radical political demands and justice?

The future offers Kampnagel and other art institutions an opportunity to reflect on their role and potential in remembering, contesting and sustaining the memory of this colonial genocide and other injustices in the world, or forgetting them. This is not an easy ask, or task. Thousands of years after Plato's edict, the individuals who dedicate their lives to keeping theatres of conscience such as Kampnagel going, know full well the challenges and sacrifices that come with this task – and there are many. There are many tales that cannot be reduced to words and paper as this account attempts, and remain captured in a misprinted or lost programme note. They are present in the blood, sweat and tears that have been shed onstage, offstage and in between. May we have the courage and humility to embrace failure in our efforts, and persist.

IN UNEINIGKEIT GEEINT! KÜNSTLERISCHER VERSUCH DER MIGRANTISIERUNG DES MAINSTREAMS

Dan Thy Nguyen

Die Konzeption eines Festivals fängt nicht erst mit der Kuration und Produktion seiner ersten Ausgabe an, sondern bereits viel früher: 2020, als »fluctoplasma – 96h Kunst Diskurs Diversität« das Licht der Welt erblickte, war ich als Theaterregisseur und Autor längst in die politischen, aktivistischen und erinnerungskulturellen Kämpfen rund um eine postmigrantische und antirassistische Gesellschaft verwickelt. In dieser Phase meines Lebens realisierte ich, dass sich nur ein kleiner Anteil der Bevölkerung mit gesamtgesellschaftlich relevanten Themen wie Rassismus beschäftigt und dass hier eine Kernproblematik unserer Kämpfe liegt. Dieser Tatsache steht nämlich eine politische und strukturelle Besonderheit der Demokratie gegenüber: Demokratien sollen gleichzeitig Aushandlungsprozesse und Minderheitenschutz garantieren – eigentlich sind Demokratien gerade dazu da, das simple und brutale »Recht des Stärkeren« auszuhebeln. Faktisch und auch naturgemäß können sich in ihr jedoch insbesondere mehrheitsfähige Diskurse durchsetzen. Politische Anliegen, welche nicht von der dominanten Mehrheitsgesellschaft getragen werden, sind damit kontinuierlich unterrepräsentiert. Sie gelten vielen als Spezialinteressen und sind daher nur schwer durchsetzbar, auch wenn zum Beispiel der Schutz vor Diskriminierung oder das Recht auf kulturelle Teilhabe zu den demokratischen Spielregeln gehören, wie zum Beispiel dem konsequenten Schutz vor Diskriminierung, oder dem Recht auf kulturelle Teilhabe. Aufgrund dieser Eigenheit demokratischer Systeme ist die Strategie einer Mainstreamisierung von z. B. Antirassismus außerordentlich wichtig, wenn wir eine langfristig nachhaltige Kultur der Gleichberechtigung und Gerechtigkeit organisieren und implementieren wollen.

Eingebettet in die Diskurse der 2010er Jahre und in das politische Spannungsfeld der europäischen Finanzkrise, des Erstarkens rechter Bewegungen und Parteien und der Auseinandersetzungen um Migration und nationale Identitäten, begann unser Team unter dem Namen Studio Marshmallow, ein Konzept für ein Festival zu erarbeiten, das nicht weniger auf dem Plan hatte als ein Baustein zur antifaschistischen und antirassistischen Demokratieentwicklung zu werden. Und zwar mit den Mitteln der Kunst und der politischen Bildung. Als wir dann 2019 die Förderung für die Entwicklung eines Festivals der Diversität durch die Stadt Hamburg erhielten, war unser klares Ziel, mit »fluctoplasma« die Mainstreamisierung von Antirassismus, Antifaschismus, Gleichberechtigung und postkolonialer Praxis in der Hansestadt voranzutreiben. Es mussten konkrete Strategien entwickelt werden, um diese Themen in allen großen Institutionen der Stadt fest zu verankern: Es war einer der wesentlichen Ansprüche von »fluctoplasma«, Kooperationen mit Häusern einzugehen, die sich entweder noch nicht inhaltlich und personell zu Diversitätsthemen aufgestellt hatten oder erst am Anfang der Entwicklung standen, um ein Fundament für die kulturpolitische Verankerung von Antirassismus in der Breite der Stadt zu etablieren. Gegen alle institutionellen Widerstände. Im Wesentlichen beschäftigten wir uns mit folgenden Fragenkomplexen: Wie können wir Themen und Ansätze des sogenannten Postmigrantischen für die Gesamtgesellschaft erschließen? Und wie können wir Rassismus nicht nur am Rande oder theoretisch thematisieren, sondern ins Zentrum der demokratischen Praxis stellen und so konkret ein gerechteres Deutschland bzw. Europa organisieren? Um diese Fragen zu behandeln, haben wir »fluctoplasma« auf drei Säulen aufgebaut:

Politische Bildung: In Zusammenarbeit mit Communitys, Aktivist*innen und Denker*innen informieren wir über die Geschichte und die Auswirkungen von Rassismus und Diskriminierung. Dabei wird darauf geachtet, dass Erinnerungskultur und Aufklärung multiperspektivisch praktiziert werden, da Geschichte per se multiperspektivisch ist. Die Grenzen zwischen Bildung und politischer Kampagne sind fließend.

Repräsentation: Kämpfen um Diversität in Kunst- und Kulturinstitutionen ist wesentlich, wollen wir demokratisch geführte

fluctoplasma festival, Foto: Thomas Byczkowski

Strukturen etablieren. »fluctoplasma« fordert eine realistische gesellschaftliche Repräsentation auf allen Ebenen der künstlerischen Arbeit.

Ästhetik: Eine Kunstgeschichte des Antirassismus und der Diversität ist nicht gesellschaftlich und institutionell etabliert. »fluctoplasma« muss dafür kämpfen, dass entweder diese Kunstformen zum Kanon der Hochkultur hinzugefügt werden, oder ist verpflichtet, sich an der Zerstörung des aktuellen Kanons zu beteiligen. Angesichts dieser Themensetzung verwundert es nicht, dass sich um »fluctoplasma« seit 2020 ein Organisationsteam von Künstler*innen, Aktivist*innen und Denker*innen gebildet hat, das seit Jahren in den Bereichen der Diversitätsentwicklung, der Bleiberechtskämpfe, der Erinnerungspolitik, der Gleichberechtigung und des Feminismus agiert. Jede einzelne dieser Perspektiven ist wichtig, um jährlich ein Festival auf die Beine zu stellen, das mehr als hundert Künstler*innen und Intellektuelle aus dem europäischen Raum zusammenbringt und der Hamburger Stadtgesellschaft präsentiert. Zusätzlich bietet »fluctoplasma« eine digitale Plattform an, um diese kondensierten Aushandlungsprozesse auch online verfügbar zu machen. Die schiere Vielzahl an Menschen bringt natürlich Komplexität und Schwierigkeiten mit sich. Das Ausbalancieren der unterschiedlichen politischen Bedürfnisse birgt ein erhebliches Konfliktpotential – auch wenn sich Aktivist*innen, Künstler*innen und Denker*innen einig sind, dass wir vor immensen gesellschaftlichen Problemen stehen. In der Frage, wie diese Probleme aber zu lösen sind, herrscht große Uneinigkeit. In Uneinigkeit geeint gegen oder in den Mainstream hinein zu intervenieren – das ist und bleibt herausfordernd.

Aber wir können behaupten: »fluctoplasma« ist ein Kunst- und Kulturfestival, aber auch und vor allem ein Versuch, die Gesellschaft demokratisch zu revolutionieren. Demokratie und Revolution – vielleicht ein Widerspruch, aber vermutlich braucht unsere Zeit diese Widersprüche.

UNITED IN DISUNITY! ARTISTIC ATTEMPT TO MIGRANT-ISE THE MAINSTREAM
Dan Thy Nguyen

The conception of a festival doesn't just begin with the curation and production of its first staging, it begins much earlier. In 2020, when »fluctoplasma 96 Hours of Art. Discourse. Diversity« first saw the light of day, I had long been involved in the political, activist and memory culture struggles surrounding a post-migrant and anti-racist society, as a theatre director and writer. It was in this phase of my life that I realised that only a small section of the population is preoccupied with issues that are relevant to society as a whole, such as racism, and that this is a core problem in our struggles. This fact is countered by a political and structural peculiarity of democracies: they are supposed to guarantee negotiation processes while protecting minorities at the same time – in fact, democracies more or less exist to counter the simple brutality of »might is right«. But in reality, and by their very nature, it is the discourses that enjoy majority support that tend to prevail. Political concerns that are not supported by the dominant majority society are therefore continually underrepresented. They are regarded by many as special interests and therefore difficult to enforce, even if, for example, protection against discrimination or the right to cultural participation form part of the rules of democracy. This peculiarity of democratic systems means that the strategy of mainstreaming anti-racism, for example, is extremely important if we wish to organise and implement a long-term, sustainable culture of equality and justice.

The discourse of the 2010s and in the political tension of the European financial crisis, the strengthening of right-wing movements and parties and disputes about migration and national identities – embedded in all this, our team, Studio Marshmallow, began to develop a concept for a festival with the ambitious agenda of becoming a building block for the development of an anti-fascist and anti-racist democracy, using the means of art and political education. When we received funding from the city of Hamburg in 2019 to develop a festival of diversity, our stated goal was to use »fluctoplasma« to promote the mainstreaming of anti-racism, anti-fascism, equality and post-colonial practice in the Hanseatic city.

We needed concrete strategies to firmly anchor these topics in all of the city's major institutions. One of the main demands of »fluctoplasma« was to enter into collaborations with institutions that had either not yet positioned themselves on diversity issues in their programmes or personnel, or were only just starting out on the process, to establish a foundation for embedding anti-racism in cultural policy across the city. Against all institutional resistance. Essentially, we were preoccupied with the following questions: how do we open up issues and approaches to the »post-migrant« concept to society as a whole? And how can we not just confront racism on the sidelines, or in theory, but actually place it at the heart of democratic practice and thus bring about a fairer Germany and Europe in real terms? To address these questions, we established three pillars for »fluctoplasma«:

Political education: in collaboration with communities, activists and thinkers, we provide information about the history and effects of racism and discrimination. We aim to ensure that the culture of remembrance and education are practiced from multiple perspectives, since history per se has multiple perspectives. The boundaries between education and political campaigning are fluid.

Representation: fighting for diversity in art and cultural institutions is essential if we wish to establish democratically run structures. »fluctoplasma« calls for realistic social representation at every level of artistic work.

Aesthetics: there is no socially or institutionally established art history of anti-racism and diversity. »fluctoplasma« must fight for these art forms to be included in the canon of high culture, otherwise it is obliged to participate in the destruction of the current canon.

In view of this issue, it is hardly surprising that since 2020, »fluctoplasma« has attracted an organisational team of artists, activists and thinkers who have been active for years in the areas of diversity development, residency struggles, the politics of remembrance, equal rights and feminism. Each of these perspectives is important in creating an annual festival that brings together more than a hundred artists and intellectuals from across Europe and presents them to Hamburg's civic society. In addition, »fluctoplasma« offers a digital platform for making these condensed negotiation processes available online. Naturally, the sheer number of people brings with it complexity and difficulties, and the balancing of different political needs offers significant potential for conflict. Activists, artists and thinkers may agree that we are facing immense societal problems, but they differ widely on how these problems should be solved. To be united in disunity or to intervene against or within the mainstream – that has always been a challenge and will remain so.

But we can say that »fluctoplasma« is an art and culture festival, but also, and above all, an attempt to democratically revolutionise society. Democracy and revolution – a contradiction, perhaps, but probably the kind of contradiction our age requires.

»AH! I BEG LET US GET DOWN INTO ANOTHER UNDERGROUND SPIRITUAL GAME«

Larry Moore Macaulay

Die Rückschau auf 40 JAHRE STATE OF THE ARTS zeigt: In einer so komplexen und dynamischen Welt wie der heutigen sind Innovation, Kreativität und Anpassungsfähigkeit an den Wandel der Zeit die entscheidenden Merkmale einer zukunftsorientierten Institution. Ein Kulturzentrum, das diesem Anspruch bereits heute gerecht wird, ist die Internationale Kulturfabrik Kampnagel. Der Blick ins Programm zum vierzigjährigen Bestehen der Hamburger Institution lässt daran keinen Zweifel.

Meine persönliche Verbindung zum Haus nahm im Sommer 2015 ihren Anfang, als ich eine Idee an die Künstlerische Leiterin Amelie Deuflhard und ihr Dramaturgie-Team herantrug: Ein neues Refugee-Radioprojekt aus der Migrant*innen- und Geflüchteten-Community könnte in der Hamburger Öffentlichkeit Aufmerksamkeit für deren Themen generieren, so der Gedanke. [Manus in Mano]. *Latīnum* Seitdem hat sich Kampnagel zu einem migrationspolitischen Exzellenzzentrum, einem Nährboden für die Verwirklichung künstlerischer Träume und einer soziokulturellen Begegnungsstätte entwickelt.

In einer traditionellen Tanzperformance meines Landsmanns und Bruders im Geiste Israel Akpan Sunday [welche Sunday im Rahmen von 40 JAHRE STATE OF THE ARTS präsentierte, Anm. d. Red.] skandierte er Gebetsgesänge in Gestalt einer EYO Adimu Orisha Masquerade für eine erfolgreiche Zukunft der Kulturstätte. Die Masquerades stehen stellvertretend für die Geister der Toten; sie bedienen sich einer eigenwilligen Sprache, wenn sie auf verbaler Ebene mit den Zuschauer*innen und Besucher*innen kommunizieren, was nicht sehr häufig vorkommt.

Immer wieder werden sie zu Bauchredner*innen und ihre Art sich mitzuteilen legt die Vermutung nahe, dass sie Wesen aus einer anderen Welt sind. Wenn man Eyos begrüßt, antworten sie meist mit »Mo yo fun e, mo yo fun'ra mi«, was soviel bedeutet wie »Ich freue mich mit dir, ich freue mich mit mir.« So drückt die Eyo Masquerade Freude darüber aus, dass die Besucher*innen und Zuschauer*innen diesen großen Tag zu ihren Lebzeiten miterleben dürfen; zugleich ist sie froh, dass ihr die heilige Ehre zuteilwird, zum vierzigjährigen Jubiläum das umliegende Land von Unheil und Boshaftigkeit zu reinigen.

Ich glaube daran, dass Kampnagel auch in der Zukunft Möglichkeiten schaffen wird, dass wir uns intensiver für Menschenrechte, kulturellen Austausch sowie Verständigung und Harmonie zwischen verschiedenen Völkern, Geschlechtern und Communitys einsetzen. [Simplicitas] *Latīnum*

Ein Verständnis für zeitgenössische Kunst zu vermitteln und ein Bewusstsein dafür zu schaffen, wie viel Freude sie bereiten kann, aber auch jede Form von Aktion, die die Gesellschaft voranbringt, wird zu einem zwangsläufigen Begleiteffekt.

In dem Bemühen um den Fortbestand und die Weiterentwicklung des STATE OF THE ARTS muss Kampnagel auch zukünftig herausragende Künstler*innen und Stakeholder der Bildenden und Darstellenden Künste dazu einladen, sich als Partner*innen einzubringen und Teil des Kampnagel-Programms zu werden. Ziel ist es, diesen Akteur*innen die verdiente Anerkennung zukommen zu lassen, die Attraktivität der Institution zu steigern und sich gemeinsam den wachsenden Herausforderungen zu stellen, die eine Position an der Spitze mit sich bringt.

Hip Hip Hooray Kampnagel »alis propriis volat.« *Latīnum*

In diesem Artikel: Verwendung von lateinischen und Yoruba-Ausdrücken

»AH! I BEG LET US GET DOWN INTO ANOTHER UNDERGROUND SPIRITUAL GAME«

Larry Moore Macaulay

In reflecting on the Kampnagel 40th anniversary, state of the arts, innovation, creativity and responding to the changing times are the defining hallmarks of any forward-looking institution in today's dynamic world. One culture centre living up to these billings is Kampnagel, the international culture factory. This became evident at the unveiling of the rich offerings for its 40th anniversary, 30 September through to October 2022, in Hamburg.

My chemistry with the institution dates back to the summer of 2015 when I first approached the Artistic Director Ms. Amelie Deuflhard and her dramaturgy team with an idea by a migrant/refugee community set up to introduce a refugee radio project to the Hamburg society and create more public awareness. [Manus in Mano]. *Latīnum* Since then the institution has grown into a centre of migrantpolitan excellence, a rallying point for the realisation of artistic dreams and a socio-cultural venue.

With the classical dance presentation of the EYO – Adimu Orisha masquerade by my brother and countryman Israel Akpan Sunday chanting prayers of more success for the institution going forward, the masquerade is a representative of spirits of the dead, they speak in a strange way when they communicate verbally with observers and visitors, which isn't very often.

They engage in ventriloquism and speak with a voice that suggests that they are »beings« from another world. When you greet an Eyo, it usually replies »Mo yo fun e, mo yo fun'ra mi«. Translated into English, this means »I rejoice with you, I rejoice with myself«.

What this means is that the Eyo masquerade rejoices with visitors and observers for being alive to witness the great day, and that it is in return filled with happiness for having the honour of taking the deified duty of cleansing the land on this 40th anniversary.

It is my belief that Kampnagel will continue to provide an opportunity to intensify campaigns for continued human rights advocacy, cultural exchange, understanding and unity amongst peoples, genders and communities. [Simplicitas] *Latīnum*

The promotion of the enjoyment and understanding of non-contemporary artistic works, any activity, which would tend to promote the society itself must be a necessary concomitant.

In its continued search for new ways of ensuring the survival and continued growth of the arts, Kampnagel must embark on a policy of inviting outstanding artists, and stakeholders in the visual and performing arts to collaborate as partners by contributing their events to its programme. The objectives are to give deserving recognition to such stakeholders, broaden the institution's appeal and share the increasingly heavy burden of being number one.

Hip hip hooray Kampnagel »alis propriis volat«. *Latīnum*

In this article: Latin and Yoruba phrases

Larry Macaulay, Foto: Shahin

WIE STELLEN WIR UNS EIN GERECHTES THEATER IN DER ZUKUNFT VOR? DAS IST EIN MANIFEST, KEINE ÜBERSCHRIFT!

Meine Damen und Herren

Wir wollen gleichberechtigt arbeiten.
Wir tanzen mit und das ist richtig.
Ein Theater ist erst dann gerecht, wenn die Barrieren zwischen den Theaterhäusern und den Theatern in Werkstätten niedergerissen werden und beide Seiten beginnen, miteinander zu arbeiten.
Alle Theaterhäuser sollen barrierefrei sein oder werden, zum Beispiel für Menschen, die im Rollstuhl sitzen, nicht sehen oder nicht hören können.

Wir wünschen uns ein Theater,
— das leichte Sprache verwendet.
— das offen, ehrlich und divers ist.
— in dem niemand aufgrund von Herkunft, sozialer Zugehörigkeit, körperlichen und geistigen Fähigkeiten, sexueller Orientierung, Alter, Geschlecht, Aussehen oder Glauben ausgeschlossen wird.
— in dem Menschen mit und ohne Lernschwierigkeiten zusammenarbeiten.
— in dem jeder Mensch gleich behandelt wird.
— in dem jeder Mensch die gleiche Gage bekommt.
— in dem Stücke, die von Menschen mit Lernschwierigkeiten geschrieben werden, auf der Bühne aufgeführt werden und nicht in der Schublade verstauben.

Wir stellen uns vor, dass jede Idee wahrgenommen wird, ihren Platz findet und umgesetzt werden kann, dass alle damit zufrieden sind. Denn jede Idee ist wichtig.
Wir wollen eigene Stücke machen.
Wir wollen auch einfach mal etwas ausprobieren.
Wir möchten in unterschiedlichen Bereichen arbeiten: Musik, Tanz, Film, Performance.
Wir wünschen uns, dass Corona weggezaubert wird.
Wir wünschen uns, dass Theaterstücke öfter als viermal und auch in anderen Städten aufgeführt werden.
Wir wünschen uns moderne Probebühnen und Bühnenräume für alle.
Wir stellen uns ein Theater vor, in dem alle Fragen gestellt werden dürfen.
Ein Theater, das Diskussion anstößt.
Jede*r kann in dem gerechten Theater etwas finden, was ihn*sie anspricht, was zum Streiten herausfordert und/oder glücklich macht.
Wir werden besser, wenn wir uns reinsteigern und dann auch wieder raussteigern.
Wir wünschen uns für die Zukunft, dass niemand den Chef spielt.
Wir wünschen uns ein kollegiales Arbeiten.
Wir wünschen uns ein Theater, in dem die Menschen ihre Grenzen respektieren und aufeinander Rücksicht nehmen.
Wir wünschen uns ein Theater, in dem nicht nur die leistungsfähigsten und stärksten Künstler*innen gezeigt werden.
Wir wünschen uns ein Theater, in dem wir genug Zeit für Selbstfürsorge und für ein Leben jenseits der Arbeit haben.
Ein allgemein netter Umgang auf Augenhöhe ist sehr aussagekräftig und Spaß miteinander zu haben auf jeden Fall auch.
Die Zukunft wird schön sein, wenn es Gerechtigkeit gibt, wenn liebe Leute zusammenarbeiten, die sich gut verstehen und sich umeinander kümmern.
Wir stellen uns ein Theater vor, das es sich nicht leicht macht, sondern immer wieder überlegt.

(Gemeinsam diktiert und geschrieben von allen Mitgliedern von »Meine Damen und Herren«. Jede Person hat selbst entschieden, welche Wörter sie*er benutzt.)

Der Ball, Meine Damen und Herren, 2022, Foto Christian Martin

Wer sind wir:

»Meine Damen und Herren« ist eine professionell und in Vollzeit arbeitende Theatergruppe. Sie haben sich in ein Kollektiv verwandelt, und wie ein Kollektiv funktioniert, ist eine wichtige Frage für ihre tägliche Arbeit. In vielen großartigen, von Publikum und Kritik gefeierten Performances hat das Kollektiv gezeigt, wozu es fähig ist. Allein oder in Kooperation mit namhaften Kolleg*innen lernen sie immer weiter, wie sie ihre Arbeits- und Entscheidungsprozesse verbessern oder verändern können. Immer mit dem Ziel, noch gleichberechtigter und hierarchieärmer gemeinsam in den künstlerischen Arbeitsprozess eintauchen zu können.

Sie probieren die unterschiedlichsten Themenstellungen und Arbeitsweisen aus. Sie werten aus und forschen weiter. Sie tragen erlerntes Wissen in die etablierten Theaterinstitutionen hinein. Sie bleiben offen in der Frage, wohin sie ihr nächster Arbeitsschritt führen wird. Ihre Theaterproduktionen erforschen die Verbindungen zwischen Live-Musik, Performance, starken Geschichten und Humor. Dabei tanzen sie, machen Musik, produzieren verrückte Bühnenräume und schreiben komplexe Geschichten. Häufig arbeiten sie dabei mit Theaterkolleg*innen aus Hamburg und ganz Deutschland zusammen. Die Mitglieder von MD&H wirken regelmäßig auch in externen Film- oder freien Theaterproduktionen mit.

HOW DO WE IMAGINE A JUST THEATRE OF THE FUTURE?
THIS IS A MANIFESTO, NOT A HEADLINE!

Meine Damen und Herren

We want to work under equal conditions.
We join in the dance, as we should.
A theatre is only fair when the barriers between the theatre houses and the theatre workshops are torn down and both sides begin working together.
All theatres should be or become barrier-free, for example for people who are in wheelchairs or who cannot see or hear.

We want a theatre:
— that uses simple language.
— that is open, honest and diverse.
— in which no one is excluded on the basis of their origin, social affiliation, physical and mental abilities, sexual orientation, age, gender, appearance or belief.
— in which people with and without learning difficulties work together.
— in which every person is treated equally.
— in which every person gets the same salary.
— in which plays written by people with learning difficulties are performed on stage and not consigned to a drawer to gather dust.

We imagine a theatre where every idea is noticed, finds its place and can be implemented so that everyone is satisfied with it. Because every idea is important.
We want to make our own pieces.
We also just want to try things out sometimes.
We would like to work in different areas: music, dance, film, performance.
We wish that corona would be magicked away.
We would like plays to be performed more than four times, and also performed in other cities.
We want modern rehearsal stages and stage spaces for everyone.
We imagine a theatre in which we can ask any question we want.
A theatre that stimulates discussion.
In a just theatre, everyone can find something that appeals to them, that challenges them to dispute and/or makes them happy.
We improve when we go all in and then get out again.
Our hope for the future is that no one is bossy.
We want to work in a friendly, supportive atmosphere.
We want a theatre in which people respect their boundaries and consider each other.
We want a theatre that doesn't just present the strongest and most capable performers.
We want a theatre where we have enough time for self-care and a life beyond work.
Overall friendly relations on an equal footing are highly meaningful, having fun together definitely is as well.
What we need for a great future are justice, lovely people working together, getting along well and caring for each other.
We imagine a theatre that doesn't make things easy for itself, but instead thinks things through over and over.
(Dictated and written jointly by all members of »Meine Damen und Herren«. Each person decided for themselves which words they would use.)

Who they are:
»Meine Damen und Herren« is a professional, full-time theatre group. They have transformed into a collective, and the way a collective functions is an important issue in their day-to-day work. The collective has shown what it can do in numerous great performances that have been acclaimed by audiences and critics. Alone or in cooperation with well-known colleagues, they continue to learn how to improve or change their work and decision-making processes. Always with the aim of immersing themselves in the artistic work process together, with even greater equality and less hierarchy.
They try out a wide variety of subject matter and working methods. They evaluate and further their research. They bring the knowledge they have learned into established theatre institutions. They remain open to the question of where their next step will take them. Their theatre productions explore the connections between live music, performance, powerful stories and humour. They dance, make music, produce crazy stage sets and write complex stories. They often work with theatre colleagues from Hamburg and all over Germany. The members of MD&H also regularly take part in external film and independent theatre productions.

MIGRANTPOLITAN SCHLUPFLÖCHER PRODUZIEREN

Nadine Jessen

Vor dem Hintergrund demografischer Veränderungen, spaltender Politik und globaler Fluchtbewegungen sieht sich Kampnagel in einer klaren Verantwortung: *The struggle is real* und verlangt nach neuen Strategien, nach solidarischen Plattformen für Partizipation und kulturelle Teilhabe sowie nach Kommunikation. Massenunterkünfte sind und bleiben keine Lösung für diese Probleme.
Das Migrantpolitan ist ein kleines Holzhaus auf dem Kampnagel-Gelände. Die Geschichte dieses Hauses beginnt im Jahr 2014, als Kampnagel anlässlich des Internationalen Sommerfestivals Baltic Raw eine Gruppe von Architekt*innen aus Hamburg einlud, das Verhältnis der Stadt zu ihren Gebäuden, Künstler*innen und Einwohner*innen zu reflektieren. Das Ergebnis war der hölzerne Nachbau der Roten Flora, der zum 25. Jahrestag des »politischen Störfaktors« eröffnet wurde. Kurz darauf verweigerte Hamburgs Regierung Lampedusa, einer selbstorganisierten Gruppe von rund 400 Geflüchteten und Migrant*innen aus verschiedenen afrikanischen Staaten, den Aufenthalt und eine kollektive Härtefalllösung wurde abgelehnt. Der Druck, Unterkünfte für Tausende von Menschen zu finden, war groß. Damals wie heute. Auch Kampnagel wurde gebeten, Räume als temporäre Notunterkunft zur Verfügung zu stellen. Nach vielen Diskussionen entschieden wir uns jedoch dagegen. Was wäre der Unterschied zwischen einem leeren Baumarkt und einer leeren Fabrikhalle? Wir halten nichts von Massenunterkünften. Wir brauchen kleine Lösungen für große Probleme.
Anstatt das Holzhaus nach dem Festival abzubauen, wurde es winterfest gemacht und Menschen aus der Lampedusa-Gruppe fanden darin einen künstlerisch-sozialen Ort, ein Schlupfloch und eine temporäre Unterkunft. Gemeinsam mit den zukünftigen Bewohner*innen wurde das Gebäude in ein Zuhause verwandelt. Es wurde zur Ecofavela Lampedusa Nord mit sechs Einzelzimmern, einem gemeinsamen Wohnzimmer, einer Küche, einer Dusche und einer Komposttoilette. Ein Mitglied der AfD erstattete Anzeige bei der Polizei. Die Intendantin Amelie Deuflhard erklärte daraufhin den Behörden, dass es sich keineswegs um ein Wohnprojekt, sondern um eine Dauerinstallation handele, die sechs Monate lang jeden Tag für 24 Stunden bespielt werde. Die Behörden lenkten ein. Kunst als Tarnung und als *legal framing*. Die Freiheit der Kunst ist in Deutschland gesetzlich geschützt. Natürlich muss man die Regeln der Kunst kennen, um sie zu nutzen und anzuwenden. Manchmal muss man auch ein wenig tricksen.
Am Ende der sechs Monate zogen die Künstler*innen der Ecofavela in private Wohnungen, manche verließen Hamburg, andere die Gruppe. Aber immer noch immer brauchen tausende Geflüchtete Orte zum Leben, zum Künstler*innen-Sein. Wir mussten die Ecofavela neu erfinden und kreative Schlupflöcher schaffen: einen Ort zum Flirten und Feiern, um sich vom Stress der Flüchtlingszentren zu erholen. Einen Ort, um neue Formen des Zusammenlebens und des Zusammenarbeitens auszuprobieren.
Gemeinsam mit dem Medienaktivisten Larry Macaulay, Gründer des Refugee Radio Networks, und einigen Mitgliedern der Lampedusa-Gruppe haben wir eine Defizit-Analyse gemacht: Welche Orte werden nicht angeboten? Was fehlt am meisten? Wir diskutierten Machthierarchien und gesellschaftliche Zuschreibungen. Während die deutsche Medienöffentlichkeit die Figur des »Geflüchteten« zementierte, arbeiteten wir daran, diesem Status zu entkommen. Niemand will »der Flüchtling« sein, alle wollen ankommen und ihr Leben selbst organisieren. Wir lasen Texte von Thomas Nail, Philosophie-Professor aus Denver: »Die wahren Vertreter und Macher der kosmopolitischen Geschichte und Politik waren immer Migranten, und sie sind es bis heute […]. Wenn wir die Chance einer wirklich globalen Gesellschaft verstehen möchten, müssen wir die Kritik an Staatsbürgerschaft, Nationalismus und Liberalismus überwinden und einen Ansatz anbieten, der nicht Millionen von Migranten und Geflüchteten auf der ganzen Welt ausschließt. Wir müssen etwas schaffen, von dem ich vorschlage, dass wir es einen migrantischen Kosmopolitismus nennen.«

GEFLÜCHTETE UND MIGRANT*INNEN ALS AVANTGARDE

Wer die »richtigen« Papiere hat, kann einfach reisen. Die Welt steht offen. Wir verbanden die positiven Aspekte von Kosmopolitismus, Migration und Flucht zu einem Kosmopolitismus von unten: Migrantpolitan war geboren.
Nach einigen Umbauten im Inneren des Holzhauses wurde das Migranpolitan im Dezember 2015 eröffnet: ein Labor und Treffpunkt, in dem neue Formen solidarischer Gemeinschaft zwischen Geflüchteten und Locals erprobt werden können.
Im selben Jahr stieß Anas Aboura, ein politischer Aktivist aus Syrien, zu unserem Team. Gemeinsam entwickelten wir Konzepte, beantragten Fördermittel, wuchsen, schufen Jobs, diverse künstlerische Formate und durchlässige Strukturen. Aus dieser Konstellation von Menschen und Meinungen, von künstlerischen und politischen Praktiken entstanden Konzepte und Formate, die das Programm von Kampnagel bis heute prägen.
Migrantpolitan ist inzwischen eine Institution in der Institution, mit halbautonomem Status. Reibung ist da vorprogrammiert, aber äußerst produktiv. Moaeed Shekhanes »Darb-Attbana-Jugendclub«, Anas Abouras »Oriental Karaoke«, die zweimalige Durchführung der »Conference on Media and Migration« von Larry Macaulay, der »Revolutionary Souk« oder »Dub-Ke: Adventures in Arab Techno«: Dies sind nur einige der Projekte aus dem Umfeld von Migrantpolitan, die feste Säulen des Programms von Kampnagel sind. Der Lerneffekt ist ein beidseitiger (wenn auch nicht immer spannungsfreier): Das Kampnagel-Mothership hat einen andauernden Programm-Input und lernt solidarische Praxis, die es in Diskurse kippen kann (z. B. »Solidarische Institution«), das Migrantpolitan profitiert ebenfalls durch die bloße permanente Existenz und hat das Temporäre zur dauerhaften Perspektive gemacht.
Seit seiner Eröffnung hatte Migrantpolitan mehr als 10.000

Hello Deutschland – Die Einwanderer, Premierenabend, Foto: Nadine Jessen

Besuchende. Es ist ein Produktionsapparat aus migrantischer Perspektive entstanden, in dem Fernsehserien (Ramadram, Hello Deutschland, Die Einwanderer, Refugee Voices TV Show, Critical Cooking Club, League for Spiritual Defense) produziert werden und partizipative Formate stattfinden, ohne dass das Ganze seinen Unterschlupf-Charakter verloren hat. Preise wurden gewonnen (Power of the Arts, Kulturpreis Hamburg-Nord). Heute beherbergt der Ort unterschiedliche Kunstgruppen und Kollektive, wie new media socialism oder Hools of Fashion und diverse individuelle Akteur*innen. Eigens erfundene Formate wie »Solicasino« finden regelmäßig statt und werden zu Gastspielen eingeladen. Im Rahmen der Migrantpolitan Art School werden Stipendien an Migrant*innen vergeben, um sich das Privileg einer Kunstausbildung leisten zu können. Es werden Ehrenämter vergeben, die Punkte für die Bleibeperspektive bringen. Administrative, solidarische Trickserei auf allen Ebenen. Dank des INTRO-Programms der Behörde für Kultur und Medien konnten Nachwuchskünstler*innen über längere Zeiträume perspektivisch eingebunden werden und so eine eigenständige künstlerische Praxis entwickeln. Das Haus ist immer noch dasselbe, aber die beteiligten Akteur*innen sind in diesen Strukturen gewachsen, haben sich Perspektiven in der Kulturlandschaft erarbeitet. Was eine besondere Herausforderung ist, wenn man bisher in der deutschen Gesellschaft eher »unsichtbar« gemacht wurde und nun auf der Bühne steht, ein Bingo-Spiel moderiert und Applaus bekommt. Ob freiwillig kreativ (Künstler*in) oder unfreiwillig kreativ ((illegalisierte*r) Migrant*in): Wir finden individuelle, kreative Lösungen, bereichern das Programm und machen einfach weiter.

MIGRANTPOLITAN
PRODUCING BOLT HOLES
Nadine Jessen

In a time of demographic change, divisive politics and global refugee movements, Kampnagel sees a clear responsibility for itself: the struggle is real and it requires new strategies, platforms for participation and cultural engagement based on solidarity and communication. Mass accommodation is not and never will be a solution to these problems.

Migrantpolitan is a small wooden house on the Kampnagel site. The history of this house began in 2014, when Kampnagel invited baltic raw, a group of Hamburg architects, to reflect on the city's relationship to its buildings, artists and residents to mark the International Summer Festival. The result was the wooden replica of the Rote Flora (a long-standing squatted community centre), which opened on the

25th anniversary of the »political disruptor«. Shortly afterwards, Hamburg's government denied residency to Lampedusa, an autonomous group of around 400 refugees and migrants from various African countries, and the alternative solution of a collective hardship case was rejected. The pressure to find accommodation for thousands of people was great. Then as now. Kampnagel was among those approached to provide space for temporary emergency accommodation. But after much discussion, we decided against it. What would be the difference between an empty hardware store and an empty factory building? We don't believe in mass accommodation. We need small solutions to big problems.

Instead of dismantling the wooden house after the festival, it was made winterproof and people from the Lampedusa group turned it into a place of artistic and social activity, a bolt hole and temporary accommodation. Together with the future residents, Kampnagel transformed the building into a home. It became the ecoFavela Lampedusa-Nord with six single rooms, a shared living room, a kitchen, a shower and a composting toilet. A member of the AfD filed a police report. The Artistic Director, Amelie Deuflhard, then explained to the authorities that it was certainly not a residential project, rather it was a permanent installation that would be used 24 hours a day for six months. The authorities relented. Art as camouflage, as legal framing. Artistic freedom is protected by law in Germany. Of course, you have to know the rules of art if you want to use and apply them. Sometimes you have to use a little trick.

Once the six months had elapsed, the ecoFavela artists moved into private apartments, some left Hamburg, others left the group. But thousands of refugees still need places to live and to pursue art. We had to reinvent the ecoFavela and come up with a creative bolt hole: a place to flirt and party, to recover from the stress of the refugee centres. A place to try out new ways of living together and working together.

Working with the media activist Larry Macaulay, founder of the Refugee Radio Network, and some members of the Lampedusa group, we carried out a deficit analysis: which places are not offered? What do refugees need most? We discussed power hierarchies and social attributions. While the German media cemented the figure of the »refugee«, we worked to escape this status. Nobody wants to be »the refugee«, everyone wants to arrive and arrange their own lives. We read texts by Thomas Nail, a philosophy professor from Denver: »The true agents and movers of cosmopolitan history and politics have always been, and continue to be, migrants. […]. If we want to understand the prospects for a truly global community, we have to move beyond the critiques of citizenship, nationalism, and liberalism, and propose an approach that will not structurally exclude the millions of migrants and refugees of the world. We must create what I propose to call a 'migrant cosmopolitanism'.«

REFUGEES AND MIGRANTS AS THE AVANT-GARDE

If you have the »right« papers, travelling is easy. The world is open. We combined the positive aspects of cosmopolitanism, migration and refuge into a cosmopolitanism from below, and so Migrantpolitan was born. After interior renovations of the wooden house, Migrantpolitan opened in December 2015 as a laboratory and meeting place that facilitated testing of new forms of solidarity between refugees and locals.
That same year, Anas Aboura, a political activist from Syria, joined our team. Together we developed concepts, applied for funding and grew, while creating jobs, a range of artistic formats and permeable structures. This gave rise to a constellation of people and opinions, of artistic and political practices, of concepts and formats that shape Kampnagel's programme to this day.

Migrantpolitan is now an institution within an institution, with semi-autonomous status. Friction is inevitable, but also extremely productive. Moaeed Shekhane's »Darb Attbana Youth Club«, Anas Aboura's »Oriental Karaoke«, Larry Macaulay's »Conference on Media and Migration« staged twice, the »Revolutionary Souk« and »DUB-KE: Adventures in Arab Techno« – these are just a few of the projects from the Migrantpolitan environment, which are solid pillars of Kampnagel's programme. The learning goes both ways (although not always without tension). The Kampnagel Mothership has ongoing programme input and learns practices of solidarity that it can shift into discourse (e.g. »Institution of Solidarity«), and Migrantpolitan also benefits through sheer permanent existence, making the temporary perspective durable.

Since its opening, Migrantpolitan has had more than 10,000 visitors. It has given rise to a production apparatus from a migrant perspective, which includes the creation of television series (Ramadram, Hello Deutschland, The Immigrants, Refugee Voices TV Show, Critical Cooking Club, League for Spiritual Defense) and participatory formats, without losing the refuge character of the whole. It has attracted prizes (Power of the Arts, Hamburg North Culture Prize). Today the site is home to various art groups and collectives, such as new media socialism and Hools of Fashion along with a range of individual actors. There are regular formats invented in-house such as the »Solicasino«, as well as guest performances. Under the Migrantpolitan Art School, scholarships are awarded to migrants so they can afford the privilege of an art education. There are volunteer positions that provide points for residency applications. At every level: administrative trickery for the purpose of solidarity. Thanks to the INTRO programme of the Ministry of Culture and Media, young artists can take part over longer periods of time to develop their own artistic practice. The house is still the same, but the actors involved have grown within these structures and have developed prospects in the cultural landscape. Which is a particular challenge when you have previously been made »invisible« in German society and suddenly you're on stage, hosting a bingo game and garnering applause. Whether voluntarily creative (artist) or involuntarily creative ((illegalised) migrant): we find individual, creative solutions, enrich the programme and simply carry on.

KOMPLIZ*INNENSCHAFT UND GASTGEBEREI
COMPLICITY AND HOSPITALITY

WORKBOOK 4

KOMPLIZ*INNENSCHAFT UND GASTGEBEREI
Laro Bogan und Alina Buchberger

Das vor Ihnen liegende Workbook schärft den Blick hinter die Kulissen des Kampnagel-Kosmos weiter und wirft Licht in den Halbschatten der vielfältigen Zwischenräume des Programms. Die Autor*innen versuchen, das Zwischenzeilige der Institution zu lesen und Bilder und Analysen für das zu finden, was auf Kampnagel unmittelbar spürbar, doch mitunter schwer in Worte zu fassen ist. Kompliz*innenschaft und Gastgeberei sind zugleich verwandt und gegensätzlich: Beiden geht es um das Innen und Außen, um die ausgestreckte Hand aus der Institution heraus und strategisches Händeschütteln. Ein Willkommenheißen und Annehmen von Herausforderungen, die immer auch die Frage aufwerfen: Dürfen die das? Kompliz*innenschaft und Gastgeberei können performativ oder (gezwungenermaßen) in Nischen stattfinden, beide können zu Konflikten führen – wenn ein Deal gebrochen wird, die Gäste sich schlecht benehmen oder die Gastgeberin dem Abend ein jähes Ende setzt. Und beide können der institutionellen Arbeit Sinn und bestenfalls sogar *pleasure* verleihen.

GASTGEBEREI ALS STRATEGIE: VOR DER PERFORMANCE IST WÄHREND DER PERFORMANCE IST NACH DER PERFORMANCE

Das wird beispielsweise im Text von Ewe Benbenek (S. 214) greifbar: Sie schildert das Ankommen in der Institution durch die Hintertür, das lange Verweilen, das für uns zu einer Selbstverständlichkeit in der Arbeit mit sechs großen Hallen, Restaurant, Foyer, Migrantpolitan, Garten und unzähligen bekannten und unbekannten Zwischenräumen geworden ist. Die Gäste sollen möglichst früh kommen, möglichst spät gehen und dazwischen möglichst viele, unterschiedliche, intensive und einzigartige Erfahrungen machen. Die Zwischenräume der Institution: hier Diskurse aufschnappen, da am Tresen rauchen, flirten – Institution sind immer auch Menschen, und dieses Zusammensein in den Zwischenräumen prägt sowohl das Vertrauen in Kompliz*innenschaften als auch das Verhältnis zwischen Gastgeberin und Gästin. Solche Synergien zu schaffen, ist eine bewusste Entscheidung und erfordert eine gewisse kuratorische Passion: Prinzip »plus eins«, man kommt eigentlich nie »nur« für die Vorstellung – und einige genießen auch lieber die Sonne auf der Piazza, streicheln den Kater Rama oder sitzen gefühlt jeden Abend im Peacetanbul, ohne je in eine Show zu gehen, *and that's also fine*.

Gastgeberei in unserem Sinne ist also ganz sicher auch Beziehungsarbeit. Während die Kompliz*innenschaft schnell wieder verfliegen kann, sobald der Coup geglückt ist, wollen wir mit unseren Gästen, Künstler*innen wie Publikum, kurz-, mittel- und langfristige Beziehungen eingehen. Und anhaltende Beziehungen brauchen *care*, Zeit und gutes Essen! Deswegen überraschen wir hin und wieder mit langen Tafeln im Foyer voller Käse, Olivenöl, Kapern und Sauerteigbrot, auch bekannt als Käseschlachten, für Hunderte von Gästen. Zum Spielzeitauftakt hat sich mit »Die Intendantin kocht« ein riesiger Suppentopf etabliert, und im Migrantpolitan gibt es nicht

COMPLICITY AND HOSPITALITY
Laro Bogan and Alina Buchberger

This workbook offers a closer look behind the scenes of the Kampnagel cosmos, shedding light on the occluded in-between spaces of its varied programme. The writers seek to read between the lines of the institution, in search of images and analysis for that which is directly apparent at Kampnagel yet sometimes difficult to verbalise. Complicity and hospitality are at once related and contradictory; they are both concerned with the internal and the external, with the hand outstretched from the institution and the strategic handshake. A welcome, an acceptance of challenges which always begs the question: can they do that? Complicity and hospitality can be performative, or found in (forced into) niches, and they can both lead to conflict – when a deal is broken, the guests act up, or the hostess draws the evening to an abrupt close. And both can give meaning to the work of institutions and, in the best case, pleasure.

HOSPITALITY AS A STRATEGY: BEFORE, DURING AND AFTER THE PERFORMANCE

This is apparent in the text by Ewe Benbenek (p. 214), for example. She describes arriving at the institution through the back door, and the extensive exploration that seems natural to us in our work in the six large halls, restaurant, foyer, Migrantpolitan, the garden and countless known and unknown

Conference on Migration and Media Awareness, 2017,
Vorherige Seite: Performative Buchmesse, Foyer, 2023,
Fotos: Kampnagel

> **DISKURSE AUFSCHNAPPEN, AM TRESEN RAUCHEN, FLIRTEN – DIESES ZUSAMMENSEIN IN DEN ZWISCHENRÄUMEN PRÄGT SOWOHL VERTRAUEN IN KOMPLIZ*INNENSCHAFTEN ALS AUCH DAS VERHÄLTNIS ZWISCHEN GASTGEBERIN UND GÄSTIN.**
>
> **LISTENING IN ON DISCOURSE HERE, SMOKING AT THE BAR THERE, FLIRTING – THIS COMING TOGETHER IN THE IN-BETWEEN SPACES HAS AN IMPACT ON BOTH TRUST IN ACCOMPLICES AND THE RELATIONSHIP BETWEEN HOST AND GUEST.**

in-between spaces. The intention is that guests arrive as early as possible, leave as late as possible and in between have as many different, intensive, unique experiences as possible. The in-between spaces of the institution: listening in on discourse here, smoking at the bar there, flirting – institutions are not just institutions, they're people, and this coming together in the in-between spaces has an impact on both trust in accomplices and the relationship between host and guest. Creating these synergies is a conscious decision and it takes a certain curatorial passion. It is the »plus one« principle; you never actually come »just« for the performance – some people prefer to enjoy the sun in the piazza, pet Rama the cat or spend what feels like every evening at Peacetanbul without ever going to a show, and that's fine too.

Hospitality, as we understand it, definitely includes relationship building. While complicity can quickly break down once the deed is done, we aim to enter into relationships with our guests, artists and audience in the short, medium and long term. And lasting relationships require care, time and good food! That's why every once in a while we surprise hundreds of guests with long tables in the foyer full of cheese, olive oil, capers and sourdough bread – a tradition known as the »Cheese Battle«. And there is also a tradition of providing a huge pot of soup at the beginning of the season – »The Artistic Director Cooks« – and at Migrantpolitan the regular »Community Cooking« programme offers guests the opportunity of playing a round of *Malefiz*. But as with other relationships, when it comes to hospitality (in solidarity) and the role of the guest, remember: this is a bring-in, not a takeaway! If you just want to come and consume, you're probably in the wrong place.

COMPLICATED ACCOMPLICES: UNITED IN THE DEED?

This highlights a striking difference between the two principles. Hospitality is about expanding the relationship in time

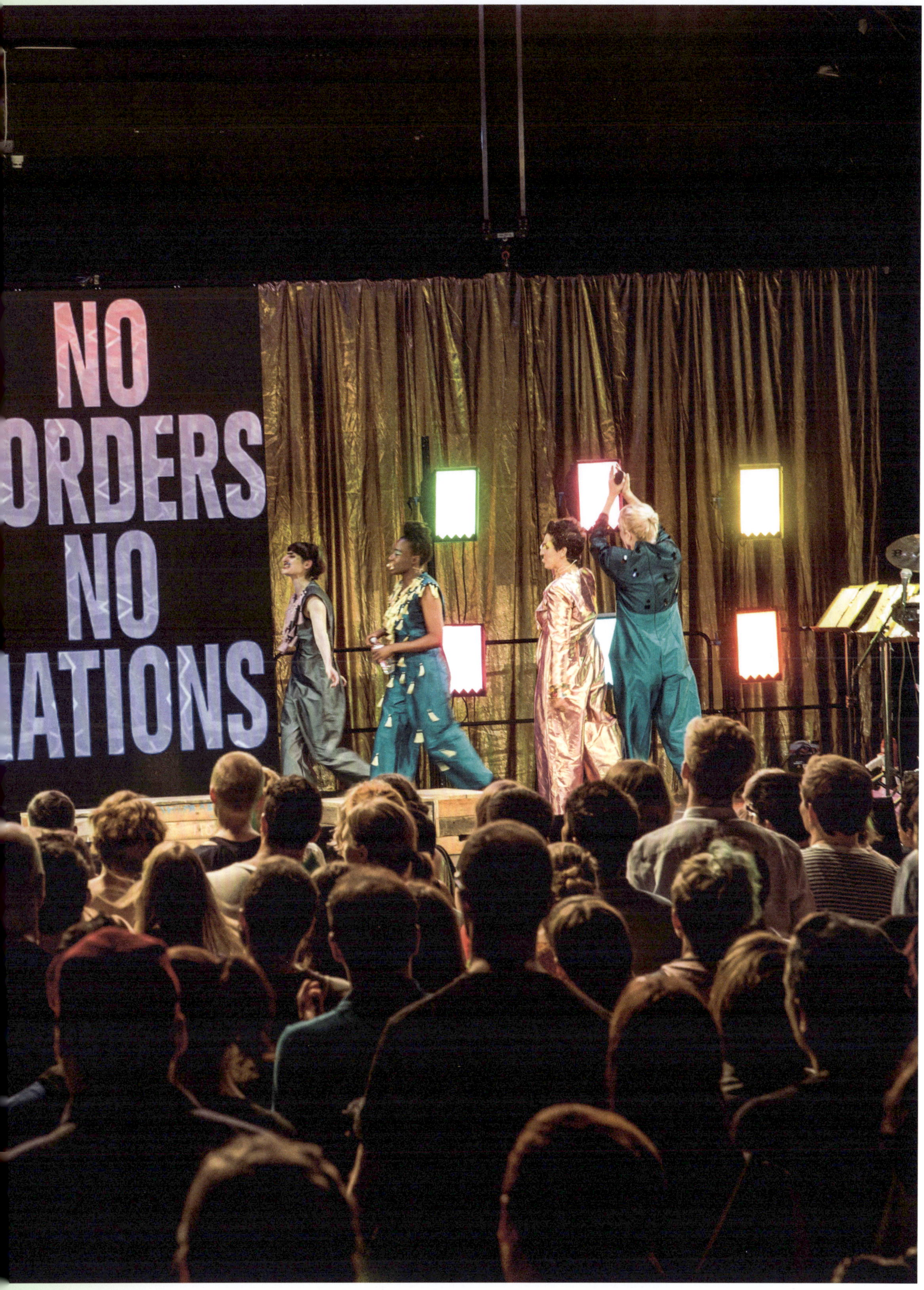
NO
ORDERS
NO
ATIONS

Bienen auf der Kasse, 2019, Foto: Kampnagel
Vorherige Seite: EUROPA, EUROPA, Ful and the Knife, 2015, Foto: Kampnagel

nur beim regelmäßigen »Community Cooking« Gelegenheit zu einer Partie Malefiz. Es gilt aber beim (solidarischen) Gastgeben und Gast-Sein wie auch in anderen Beziehungen: *It's a bring-in, not a takeaway!* Wer nur kommen und konsumieren will, ist hier meist falsch.

KOMPLIZIERTE KOMPLIZ*INNENSCHAFT: IM COUP VEREINT?

Hierin zeigt sich also ein eklatanter Unterschied der beiden Prinzipien: Bei der Gastgeberei geht es um das zeitliche und räumliche Ausdehnen der Beziehung, das ziellose, genießerische Zusammensein – Kompliz*innenschaft hingegen besteht in einem ganz konkreten gemeinsamen Vorhaben: Alle Beteiligten bringen eigene Interessen in den Deal ein, es kommt zu einer Verdichtung der Beziehung auf eine geteilte Agenda. Diesen Widerspruch der Kompliz*innenschaft als einer zielgerichteten, zeitlich begrenzten »Gemeinschaft aus der Tat«, der Vertrauensbildung für den Moment versus der prozesshaften und langwierigen Entscheidungs- und Gemeinschaftsfindung im Zusammensein, problematisiert Sibylle Peters (S. 208), und stellt gleichzeitig die These auf, dass Kompliz*innenschaft und Schönheit eben genau dieses »fragile, unbegründete Gemeinsame« teilen.

Da Institutionen immer auch Gatekeeper sind, verkompliziert sich die Frage der Kompliz*innenschaft weiter, und bevor wir einsteigen, gilt es, einige Fallstricke aufzuzeigen: ungewollte und unbewusste Verstrickungen in systemische Ausschlüsse oder toxischer Tokenismus müssen ständig reflektiert werden; ihnen sollte nicht nur mit einer kontinuierlichen Vertrauensarbeit, sondern auch mit regelmäßigen selbstkritischen Zahnfühlungen begegnet werden. Fragen nach Abhängigkeiten, Anerkennung, Autor*innenschaft, Loyalität – in alle Richtungen – drängen sich auf. Kompliz*innenschaft ist auch und gerade in Momenten struktureller Herausforderungen und angesichts institutionsinterner Hürdenläufe eine ständige Aufgabe, der wir uns immer wieder neu stellen, uns immer wieder fragen müssen: Wofür werden wir als Kompliz*innen *genau jetzt* gebraucht? Ist unser gestriges Verständnis von Kompliz*innenschaft heute noch aktuell?

and space, the enjoyment of togetherness with no fixed aim, while complicity arises from a highly specific shared project – the participants enter into a deal with their own individual interests, and the relationship is condensed into a shared agenda. Sibylle Peters addresses this contradiction of complicity as a targeted, time-limited community »united solely by a common deed«, the building of trust for the moment versus the lengthy, procedural decision-making and community-forming of togetherness (page 210), while also positing the thesis that it is exactly this »fragile, dynamic commonality« that complicity shares with beauty.

The fact that institutions always function as gatekeepers complicates the question of complicity even further, and before we explore that at greater length, it is worth pointing out some pitfalls: the undesirable, unconscious entanglements in systemic exclusion or toxic tokenism which we need to keep in mind, and counter – not just with the continuous work of trust, but also regular self-criticism and review. This leads to questions about dependencies, recognition, authorship and loyalty – in every direction. Complicity is a constant undertaking, even – especially – in a time of structural challenges and hurdles within institutions which we have to face again and again, asking ourselves again and again: who needs us as an accomplice *right now*? Is our understanding of complicity from yesterday still relevant today?

SHARING SPACE IN SOLIDARITY: OUR BODIES IN THE INSTITUTION

One important strategy of complicity under current conditions is sharing space with activists (see İbrahim Arslan in the workbook on »Spaces and heterotopias«, p. 92), which Mine Pleasure Bouvar (p. 235) also reflects on in this workbook, weighing up the appropriation of progressive aesthetics against the opportunities that the protection and resources of an institution can offer for the work of activists. One related event inscribed not just in the history

SOLIDARISCHE RAUMTEILUNG: UNSERE KÖRPER IN DER INSTITUTION

Eine wichtige Strategie der Kompliz*innenschaft ist unter den aktuellen Bedingungen die Raum-Teilung mit Aktivist*innen (siehe auch İbrahim Arslan im Kapitel »Heterotopien«, S. 127), über die auch Mine Pleasure Bouvar (S. 233) in diesem Kapitel reflektiert und die Aneignung progressiver Ästhetiken mit den Möglichkeiten abwägt, die durch institutionellen Schutz und Ressourcen für aktivistische Arbeit entstehen. Ein Ereignis, das sich in dieser Hinsicht nicht nur in die Kampnagel-Geschichte, sondern auch in die Geschichte internationaler Verbündungen in Kämpfen um Asyl und Bewegungsfreiheit eingeschrieben hat, war die 2016 von Geflüchteten und Migrant*innen selbstorganisierte Konferenz »International Conference of Refugees and Migrants«. Die dreitägige Veranstaltung wurde von Aktivist*innen und der gastgebenden Institution sorgfältig vorbereitet und versammelte schließlich über 2000 Aktive auf dem Kampnagel-Gelände. Eine Schlafinstallation von raumlabor Berlin ermöglichte die temporäre Unterbringung einiger Teilnehmenden vor Ort.

Hier zeigt sich auch, wie Kompliz*innenschaft und Gastgeberei zusammenhängen, denn die hartnäckige und oft ermüdende Arbeit an der gemeinsamen politischen Agenda kann nur dann gelingen, wenn sich alle – in ihren Körpern, in der Institution – sicher und wohl genug fühlen und schlafen, essen, duschen, sich ausruhen oder zurückziehen können. Die Geschichte der Raumaneignung auf Kampnagel in den 1980ern legt diese solidarische gemeinsame Nutzung nahe, und die faschistische Geschichte des Geländes während der NS-Zeit bedeutet gleichzeitig einen antifaschistischen kulturellen Auftrag der Solidarität. Wir sprechen unseren Dank aus für gemeinsame Veranstaltungen und die viele geteilte Arbeit. Danke etwa für das Gedenken an William-Tonou Mbobda im Juni 2019, das hier von der BLACK COMMUNITY Coalition For Justice & Self-Defence organisiert wurde, oder für die Veranstaltung »When Black Lives Don't Matter«, durchgeführt im Dezember 2021 anlässlich des 20. Todestages von Achidi John, zu dem die Initiative in Gedenken an Achidi John einlud. Auch Formate an der Schnittstelle von Theater und Aktivismus wie das Symposium WHY WE FIGHT im Rahmen der bundesweiten Veranstaltungsreihe »Kein Schlussstrich!« sind oft widersprüchliche, spannungsgeladene und wirksame Beispiele institutioneller Kompliz*innenschaft.

Natürlich beginnt grundlegende Gastgeberei und Vertrauen dort, wo Menschen ihre unterschiedlichen Bedürfnisse an Räumlichkeiten nicht erst in heftigen Kämpfen einfordern müssen – talking about access. Einen kritischen Kommentar von Kerstin Hagemann auf Barrierefreiheit auf Kampnagel für unsere Gäste lesen Sie in Workbook 2 (S. 118).

DIE KUNSTFREIHEIT ALS POLITISCHE KOMPLIZIN: GEMEINSAM BEWEGUNGSFREIHEIT FORDERN!

Wie für alle Institutionen gilt auch für Kampnagel: Kreative und organisatorische Prozesse stehen in einem stetigen Aushandlungsprozess miteinander, sowohl finanziell als auch im konkreten materiellen Produktionsprozess. Künstlerische Setzungen können mit institutionell-organisatorischen Sachzwängen oder politischen Großwetterlagen kollidieren. Um dem möglichst trickreich begegnen zu können – sofern sie es denn wollen –, halten Institutionen rechtliche und administrative Macht in ihren Händen, die sie auf ganz andere Weise zu existenziellen Partner*innen für marginalisierte Künstler*innen machen: Monika Gintersdorfer (S. 222) schildert die Absurdität für viele Künstler*innen aus dem sogenannten globalen Süden, von einer deutschen (Kultur)institution offiziell eingeladen und gleich darauf von einer anderen deutschen Institution wie der Botschaft wieder ausgeladen zu werden – die psychische Gewalt und zeitliche Belastung, die verpassten Chancen, abgesagten Auftritte, die diese Grenz- und Visumspolitiken mit sich bringen, können nur teilweise durch institutionelle Kompliz*innenschaft abgemildert werden.

Aus seinen Erfahrungen zwischen eigener künstlerischer Praxis, gewaltsamen globalen Migrationsregimen und der Arbeit mit Kulturinstitutionen leitet Mohammad Abbasi den Entwurf eines Manifests ab (S. 211). Es legt Künstler*innen ebenso wie Institutionen Handlungsanweisungen ans Herz, um

---

of Kampnagel, but also in the history of international alliances in the struggle for asylum and freedom of movement, was the 2016 »International Conference of Refugees and Migrants« staged by refugees and migrants themselves. The three-day event was carefully prepared by activists and the host institution, ultimately bringing together over 2,000 activists at the Kampnagel complex. Some participants were temporarily accommodated on site in a sleep installation by raumlabor.

This, too, shows the connection between complicity and hospitality, because the dogged and often tiring work of creating a shared political agenda can only succeed if everyone – in their bodies, in the institution – feels safe and comfortable enough, and if they can sleep, eat, shower, rest and withdraw. The story of Kampnagel's appropriation of the site in the 1980s points to sharing based on solidarity, while the fascist history of the site during the Nazi era simultaneously signifies an anti-fascist cultural mission of solidarity. We express our thanks for joint events and the wealth of shared work. We are grateful, for example, for the remembrance of William-Tonou Mbobda in June 2019, in an event staged by the BLACK COMMUNITY Coalition For Justice & Self-Defence, and for the »When Black Lives Don't Matter« event, held in December 2021 to mark the 20th anniversary of Achidi John's death, organised by the initiative in his memory. Then there are the formats at the intersection of theatre and activism, such as the »WHY WE FIGHT« symposium, part of the nationwide event series »No Clean Break!« – often contradictory, tense yet effective examples of institutional complicity.

Of course, basic hospitality and trust begins where people no longer have to fight bitterly for their individual spatial requirements – here we're talking about access. You can read a critical commentary from Kerstin Hagemann on accessibility for Kampnagel's guests in Workbook 2 (p. 119).

Battle Danse De Rue Hambourg, Franck Edmond Yao, 2021,
Foto: Maximilian Probst
Vorherige Seite: Claudia Roth besucht Kampnagel, 2022,
Foto: Markus Scholz

koloniale und kapitalistische Logiken von Ausschluss und Aneignung des globalen Kunstbetriebs zu stören. Die vereinzelte institutionelle Solidarität bleibt aber eine inakzeptable Not- und Zwischenlösung, denn sie produziert ihrerseits persönliche Abhängigkeiten. Wir fordern deshalb weiterhin gemeinsam mit allen von dieser Politik Betroffenen, die koloniale Kontinuität in der internationalen Kunstproduktion endlich zu unterbrechen und die Bewegungsfreiheit für die Künstler*innen aus dem globalen Süden zu garantieren. Denn Kunstfreiheit gibt es erst, wenn Künstler*innen frei sind, sich zu bewegen.

GELD UND MACHT: WER INSZENIERT HIER EIGENTLICH WEN?
Natürlich befindet sich Kampnagel nicht nur in Kompliz*innenschaft mit Künstler*innen und Aktivist*innen, sondern ebenso mit den finanziellen, politischen und strukturellen Unterstützer*innen der Kunst. Mit der Frage nach institutioneller Kompliz*innenschaft als Geldgeberin beschäftigt sich in diesem Workbook etwa Holger Bergmann, Leiter des Fonds Darstellende Künste (S. 218). Natürlich stellen sich auch in Bezug auf lokale, nationale oder internationale Förderstrukturen kritische Fragen: Wer kann die bürokratischen Anforderungen überhaupt erfüllen und wie barrierefrei sind sie? Wie sind sie an Aufenthaltsstatus und Sprachkenntnis geknüpft? Welche Förderinstrumente werden für welche geflüchteten Künstler*innen in welchem Maße ermöglicht und wann werden diese unterstützenden Maßnahmen wieder eingestellt? Und auch in Bezug auf Fördermittel halten Kulturinstitutionen eine wichtige Definitionsmacht in ihren Händen, die – im besten Fall gemeinsam mit Geldgeber*innen – komplizenhaft eingesetzt werden kann: Wenn ein forciert ableistisches System der Kunstproduktion behinderten Künstler*innen Ausbildung, Professionalisierung und künstlerische Einkünfte verwehrt, all dies aber Voraussetzung für Projektanträge ist, können institutionelle Bescheinigungen der künstlerischen Qualität oder Legitimität diese Segregation temporär und individuell überbrücken. Wenn behinderte Künstler*innen aufgrund des ableistischen Mainstreams selbst keine Empfänger*innen von Projektmitteln oder künstlerischen Honoraren sein können, können Institutionen versuchen, trickreiche Lösungen zu finden, bis die strukturelle Fremdbestimmung endlich endet.

VERSTECKSPIEL MIT RISIKEN UND NEBENWIRKUNGEN: ZWISCHEN INDIVIDUUM UND INSTITUTION
Da Kompliz*innenschaft sich undercover und in einem quasi-verbrecherischen Modus vollzieht, ist sie naturgemäß auf Tarnung bedacht, weil meistens irgendwer nichts davon mitbekommen soll. Kompliz*innenschaft ist per definitionem flüchtig und ambivalent, und die Mitwirkung Einzelner an der gemeinsamen Tat lässt sich schon nach kurzer Zeit nicht mehr klar auseinander klamüsern – wenn die Detektive am Tatort eintreffen, finden sie kaum Spuren, nur ein unerklärlich beeindruckendes Kunstwerk. So bleibt am Ende unklar, wer woran wie mitgewirkt hat – aber alle sind froh über den gelungenen Streich. So resümiert auch Antje Pfundtner ihre vergangenen zwanzig Jahre erfolgreicher Arbeit auf Kampnagel mit der

ARTISTIC FREEDOM AS POLITICAL ACCOMPLICE: A JOINT CALL FOR FREEDOM OF MOVEMENT
Like any institution, Kampnagel is host to creative and organisational processes that are in constant negotiation with each other, in both its finances and specific material production processes. Artistic settings can collide with institutional/organisational constraints and general political weather conditions. Institutions can cleverly counteract this – presuming they wish to – with the legal and administrative power they have in their hands that makes them existential partners for marginalised artists from a completely different perspective. Monika Gintersdorfer (p. 225) describes the absurdity facing many artists from the so-called Global South who are officially invited by a German (cultural) institution and then immediately uninvited by the embassy or another German body – institutional complicity can only do so much to mitigate the psychological violence and the wasted time, the missed opportunities, the cancelled performances that these border and visa policies entail.

Mohammad Abbasi draws on his experience with his own artistic practice, violent global migration regimes and work with cultural institutions to devise a manifesto (p. 212). It proposes instructions for both artists and institutions who wish to disrupt colonial and capitalist logics of exclusion and appropriation in the global art world. Yet isolated institutional solidarity is still an emergency interim solution – an unacceptable situation, because it creates personal dependencies. So we, together with everyone affected by this policy, continue to demand an ultimate disruption to colonial continuity in international art production and guaranteed freedom of movement for artists from the Global South. Because artistic freedom can only exist if artists are free to move.

MONEY AND POWER: WHO IS ORCHESTRATING WHOM HERE?
Kampnagel is not only complicit with artists and activists, but also with the

> [ANHALTENDE BEZIEHUNGEN BRAUCHEN CARE, ZEIT UND GUTES ESSEN! DESWEGEN ÜBERRASCHEN WIR HIN UND WIEDER MIT KÄSESCHLACHTEN FÜR HUNDERTE VON GÄSTEN.]
>
> [LASTING RELATIONSHIPS REQUIRE CARE, TIME AND GOOD FOOD! THAT'S WHY EVERY ONCE IN A WHILE WE SURPRISE HUNDREDS OF GUESTS WITH OUR ›CHEESE BATTLES‹.]

Kaseschlacht im Foyer, 2022, Foto: Maximilian Probst

financial, political and structural supporters of art. Holger Bergmann, head of the Performing Arts Fund (p. 220), confronts the issue of institutional complicity from a donor perspective in this workbook. Of course, local, national and international funding structures can also give rise to critical questions: who actually meets the bureaucratic requirements? And do they consider disabled artists? How are they linked to residence status and language skills? What funding instruments are available for which refugee artists, and to what extent, and when are these supportive measures discontinued?

And when it comes to funding, cultural institutions hold a key power of definition in their hands, which can – in the best-case scenario – be used complicitly in concert with donors. If a forced ableist system of art production denies disabled artists the training, professionalisation and artistic income that project applications expect of them, institutional certificates of artistic quality or legitimacy can bridge this segregation on a temporary and individual basis. If an ableist mainstream denies disabled artists direct access to project funds or artistic fees, institutions can seek artful solutions until this structural heteronomy finally ends.

A GAME OF HIDE-AND-SEEK WITH RISKS AND SIDE EFFECTS: THE INDIVIDUAL AND THE INSTITUTION

Of course, complicity is practised undercover and in a quasi-criminal mode which you rarely want anyone else to know about, so camouflaging is vital. Complicity is fleeting and ambivalent by definition, and before long it is difficult to clearly tease out the involvement of individuals in the common deed – there are barely any traces once the detectives arrive at the scene of the crime, just an inexplicably impressive work of art. In the end it remains unclear who was involved in what and how – but the successful caper has pleased everyone. As Antje Pfundtner says of her twenty years

Ehemaliger Salztresen, kmh,
Foto: Peter Hönnemann
Rechts: Mobile Oasen Überall,
Migrantpolitan, 2022,
Foto: Kampnagel
Nächste Seite: Fanti Fanti Parade,
LIVE ART FESTIVAL 2023,
Foto: Maximilian Probst

Gewissheit: »Es muss von Kompliz*innen nur so gewimmelt haben, mit denen man Pläne geschmiedet und ausgeheckt hat. Längst ist die Kompliz*innenschaft also zu unserer künstlerischen Praxis geworden!« (S. 229)

Kompliz*in zu sein ist herausfordernd. Es bedeutet immer auch, sich auf die potentiellen Gefahren des Deals einzulassen, sei es als Individuum oder als Institution oder als Individuum *in* der Institution. »Institutionen sind immer auch Menschen.« Wer oder was soll hier eigentlich zur Komplizin erklärt werden? Im Beitrag zur »Solidarischen Institution« (S. 227) wird deutlich: Sehr viele Prinzipien, die Institutionen zu potentiellen Kompliz*innen machen, beruhen auf der Ausnutzung des individuellen Spielraums jeder einzelnen Person, die diese Institution verkörpert, prägt, gestaltet, verändert, hinterfragt, ist. Wen meinen wir, wenn wir »die Institution« sagen? Was bleibt übrig, wenn wir die Individuen von der Institution subtrahieren, das zwischen den Subjekten Liegende der Institution? Und wo genau liegt dann die Kompliz*innenschaft? Kompliz*innenschaft ist in institutionellen Kontexten vorerst ein risikoreiches, intransparentes Werkzeug, das auf fragilem Vertrauen und individuellen Beziehungen beruht. Sie dient der Überbrückung in Zeiten der Transformation, ist eine konstruktive, ermöglichende Sabotage des Status quo, ein atemloses Hangeln von einem gelungenen Coup zum nächsten. Kompliz*inenschaft kann das kuratorische Spiel mit dem Feuer bedeuten: mit verschmitzter Mine das zu tun, was mit Sicherheit auf Gegenwind stößt, wohl wissend, dass man nicht gegen Wände rennen, sondern die bestehenden Wände einreißen und alle Brücken hinter sich verbrennen wird. Und da kommt die Gastgeberei wieder ins Spiel: Denn zum postrevolutionären Festschmaus sind alle herzlich eingeladen …

of successful work at Kampnagel: »there must have been any number of accomplices, forging and hatching plans. Complicity has long been part of our artistic practice!« (p. 231)

Being an accomplice is challenging. You are always exposed to the potential hazards of the deal, whether as an individual or as an institution, or as an individual *within* the institution. »Institutions are not just institutions, they're people.« Who or what are we actually defining as an accomplice here? The article on the »Institution of Solidarity« (p. 228) makes it clear: to a large extent, the principles that make institutions potential accomplices are based on exploitation of the individual scope of every person who embodies, influences, shapes, changes and questions this institution. What do we mean when we say »the institution«? What remains if we subtract the individuals from the institution, what lies between the subjects of the institution? And where exactly does the complicity lie? In institutional contexts, complicity is initially a risky, opaque tool, one based on fragile trust and individual relationships. It serves to bridge times of transformation, it is a constructive, enabling sabotage of the status quo, a breathless leap from one successful deed to the next. In a curatorial sense, complicity can mean playing with fire: adopting a mischievous attitude as you carry out acts that are sure to meet with opposition, knowing full well that you won't be running into a brick wall, you'll be tearing down the existing walls and burning all the bridges behind you. And that's where hospitality comes into play again – because everyone is cordially invited to the post-revolutionary feast …

DIE SCHÖNHEIT DER KOMPLIZ*INNENSCHAFT
Sibylle Peters

Wenn ich mit Leuten aus den künstlerischen Büros in der dritten oder vierten Etage des Kampnagel-Bürogebäudes spreche, geht es nur selten um Kunst. Viel öfter geht es um ein Problem oder um eine Chance. Es geht um die Verteidigung einer Position, eines Freiraums, einer Person. Es geht um Geldbeschaffung und um Dokumentenproduktion, manchmal auch um die Verteilung der Last, die sich mit der Bürokratie der Kulturproduktion verbindet. Es geht darum, wie wir Leute aus dem Gefängnis holen, wer wen im Außenministerium kennt, was unbedingt an dieser oder jener Stelle gesagt werden muss, was so nicht stehen bleiben kann oder wo Öffentlichkeit gebraucht wird. Eine*r von uns hat vielleicht einen Dreh gefunden, wie wir Ressourcen der Kunst für ein gemeinsames Anliegen nutzen können. Oft wird rasch telefoniert, weil immer alles ganz schnell gehen muss, keine Zeit, jetzt lange zu erklären, du weißt schon. Das alles riecht nach Korruption und hat meist das Ziel, Macht umzuverteilen.

Das Kampnagel-Team nennt das Kompliz*innenschaft und macht es zum Programm.

Eine meiner Komplizinnen, Gesa Ziemer, hat ein Buch über Kompliz*innenschaft als zeitgenössische Form der Kollektivierung und des gemeinschaftlichen Handelns geschrieben. Im Begriff der Komplizenschaft wird kriminelles Handeln – nämlich Mittäterschaft, also das Ausführen eines gemeinsamen, kriminellen Plans, zum gesellschaftlichen Modell. Anders als beispielsweise Bruderschaften sind Komplizenschaften nicht durch ein Programm, eine Geschichte, eine Gruppenzugehörigkeit geeint, sondern einzig durch die gemeinsame Tat. Gemeinschaft, so könnte man meinen, entsteht hier rein performativ. Komplizenschaft ist eine Schnittmenge von Interessen, die durchaus unterschiedlich sein können, sie setzt auf das Potenzial des gemeinsamen Könnens, auf vereintes Trickstertum und eine kräftige Prise Selbstermächtigung.

Das klingt alles super, man versteht den Appeal, und in der Tat wäre mein Berufsleben ohne diese Form des kollektiven Handelns kaum denkbar. Wenn Gesa Ziemer Recht hat, und das hat sie meistens, und sich Komplizenschaft im 21. Jahrhundert in allen gesellschaftlichen Bereichen ausbreitet, dann war Kampnagel in seiner Geschichte ein Epizentrum dieser Entwicklung. Und das ist gut so.

Dabei darf allerdings nicht vergessen werden, dass Accountability nicht unbedingt die Stärke der Komplizenschaft ist. Komplizenschaft klärt nicht, wer für wen und gegen wen handelt. Komplizenschaft ist so effektiv, weil sie Fragen nach Legitimation, Repräsentation und Wahrheit oft nicht stellt. Damit ist sie zugleich eine widerständige, aber auch eine neoliberale, eine spätkapitalistische Form von Gemeinschaft. Wo immer sich Gemeinschaft rein aus der Tat ergeben soll, ist ohnehin Vorsicht angebracht. Die Idee der reinen Performativität ist Gewalt. Komplizen sind zu allem bereit und zu allem fähig. Und vielleicht ist die Angstblüte der Verschwörungstheorien in ihrer finsteren antipolitischen Disposition auch als die Kehrseite einer neoliberalen Ausbreitung von Komplizenschaft zu sehen. Kompliz*innenschaft ist ja oft auch Seilschaft – ein In-Club, *only for the initiated*. Wer nicht eingeladen ist, ist davon wenig begeistert. Deshalb eignet sich Kompliz*innenschaft als solche nur bedingt als Programm. Stattdessen muss sie als eine spezifische verstanden werden.

Welche Kompliz*innenschaft meinen wir also?

Überraschenderweise hat Kompliz*innenschaft als Konzept gesellschaftlicher Kollektivierung einiges mit dem Konzept der Schönheit gemein, wie es vor 250 Jahren entwickelt wurde, um als sozialer Kitt einer sich ausdifferenzierenden bürgerlichen Dominanzgesellschaft zu dienen. Gemeinsam ist beiden ihre Bodenlosigkeit, ihre Fähigkeit, ein fragiles und dynamisches Gemeinsames herzustellen, das sich letztlich nicht begründen kann und muss. Etwas schön zu finden, kann zwei Menschen verbinden, die sonst nichts gemeinsam haben. Über Schönheit kann man diskutieren, ohne dass jemand am Ende Recht behält. Eine Gesellschaft, die auf ästhetischem Empfinden aufgebaut ist, gleicht daher einem Tanz, wie Schiller in seinen Briefen zur ästhetischen Erziehung beschreibt.

Was Schönheit ist – darüber wird heute im Theater, in der Kunst, unter den Kompliz*innen auf Kampnagel nicht mehr so viel geredet. Statt Schönheit wird hier eher Öffentlichkeit oder Kritik produziert. Kampnagel nennt sich ein Zentrum der schöneren Künste und macht sich damit eigentlich über das alte Schönheitskonzept eher lustig. Die Feinde, die Kampnagel immer noch hat, können sich bestätigt fühlen: Da wird die Kunst nur benutzt, um bestimmte politische Ziele zu erreichen oder um einen Skandal loszutreten! Da geht es gar nicht mehr um Schönheit!

Was hieße es also, wieder über Schönheit zu sprechen – *to reclaim beauty?* Vielleicht ist Schönheit gar keine so schlechte Figur, um sich darüber klar zu werden, um was für eine Kompliz*innenschaft es hier geht. Denn Komplizinnen, die per definitionem nichts gemeinsam haben müssen, könnten doch eines haben: ein gemeinsames Gefühl für Schönheit.

Was ist also die Schönheit der Kompliz*innenschaft und speziell der Kompliz*innenschaft, die wir auf Kampnagel finden? Ein Versuch:

Schön ist das organisierte Chaos, denn es bringt Komplizinnen hervor. Am besten ein Chaos, das aus ehrgeizigen Plänen

The Art of Being Many, Geheimagentur, 2014, Foto: Margaux Weiß

entsteht, die alle halb entgleisen, ein Chaos voller Begegnungen, Insubordinationen, Crossovers und Grenzüberschreitungen. Schön ist das Moment der Selbstorganisation im Chaos, schön ist die Fürsorge unter Fremden. Schön ist der Coup: Das Unmögliche, das Unwahrscheinliche wird Wirklichkeit – mittels der Ressourcen der Kunst. Schön ist Heterotopia, die andere Welt, die doch wirklich ist. Schön ist das Momentum, schön ist die Nacht. Denn sie ist vergänglich, und es gilt sie zu nutzen. Das, was *against all odds* gelingt, existiert immer nur kurz, in einem voraussetzungsvollen und doch unberechenbaren Moment, der ein paar Sekunden oder einen Abend dauert, vielleicht sogar einen Sommer. Aber nicht länger. Etwas, das – man sieht es schon – wieder vorbei sein wird und das doch Wirklichkeit ist, jetzt. Schön ist die Welle, die es zu reiten, die Chance, die es zu ergreifen gilt. Schön ist die After-Show-Party, wenn Politiker*innen und Geflüchtete, Ganoven und Künstler*innen miteinander tanzen. Schön ist die überraschende Umverteilung von Macht. Schön ist die Stimme, die sonst kein Gehör findet, schön ist die Expropriation der Expropriateure. Schön ist die unwahrscheinliche Allianz, die Menschen aus entfernten Teilen der Welt, aus gegensätzlichen Klassen und Ordnungen zusammenbringt und sie stärker macht als die Summe ihrer Teile. Schön ist die Kunst, solange sie dreckig ist. Solange sie uns erlaubt, das Schöne im Hässlichen, im Abfall, selbst im eigenen Leid zu finden. Dort, wo niemand dafür bezahlen muss. Denn damit macht sie uns wahrhaft unabhängig. Scheiße zu Gold – den Trick macht ihr keiner nach. Und wahrscheinlich ist die Kunst schon deshalb die beste Komplizin von allen.

THE BEAUTY OF COMPLICITY
Sibylle Peters

When I talk to people in the artistic offices on the third or fourth floor of the Kampnagel office building, the subject is rarely art. Instead, it is almost always about a problem or an opportunity. It's about defending a position, a free space, a person. It's about raising money and producing documents, sometimes it's also about sharing the burden that comes with the bureaucracy of cultural production. It's about how to get people out of prison, who knows who in the Foreign Ministry, what absolutely needs to be said at this point or that, what has to change, or when we need to engage the public. Perhaps one of us has discovered a trick for using art resources for a common cause. There is often a volley of phone calls, because things always have to happen very quickly, no time to explain right now, you understand. All of this smacks of corruption and it is largely aimed at redistributing power.

This is what the Kampnagel team calls complicity, and they have made it part of their programme.

One of my accomplices, Gesa Ziemer, has written a book about complicity as a contemporary form of collectivisation and collective action. This conception of complicity transforms criminal activity – the joint execution of a common criminal plan – into a social model. Unlike fraternities, for instance, complicities are united solely by a common deed rather than a programme, history or group affiliation. You could say that community only arises in a purely performative sense. Complicity is an intersection of interests that can be quite heterogeneous; it relies on the potential of common skills, on conjoined trickery and a strong pinch of self-empowerment.

This all sounds great, the appeal is obvious, and in fact my professional life would hardly have been possible without this form of collective action. If Gesa Ziemer is right, and she usually is, when she says complicity is spreading in every area of society in the 21st century, then Kampnagel has been an epicentre of this development throughout its history. And that's a good thing.

However, let's not forget that accountability isn't necessarily one of the strengths of complicity. Complicity does not stipulate who is acting for whom, or against whom. Complicity is so effective precisely because it often fails to ask questions about legitimacy, representation and truth. This makes it a resistant form of community, but also a neoliberal, late-capitalist form of community. In any case, wherever community arises purely through action, we must proceed with caution. The idea of pure performativity is power. Accomplices are ready for anything and capable of anything. And perhaps the fear that emanates from the dark anti-political disposition of conspiracy theories can be seen as the flip side of the neoliberal expansion of complicity. Complicity is often a coterie – an insiders' club, only for the initiated. It holds little appeal to those who aren't invited. As such, complicity is only of limited use as a programme. Instead, it must be understood in its specificity.

Or: which accomplice do we mean?

Surprisingly, complicity as a concept of societal collectivisation has something in common with the concept of beauty, as developed 250 years ago as a social cement for a dominant bourgeois society in the process of establishing itself as a distinct entity. What the two concepts have in common is their groundlessness, their ability to create a fragile, dynamic commonality that ultimately cannot, must not be justified. Finding something beautiful can establish a connection between two people who otherwise have nothing in common. You can discuss beauty without anyone winning the argument in the end. So a society built on aesthetic sensibilities is akin to a dance, as Schiller describes it in his letters on aesthetic education.

What is beauty? It is a question rarely posed in the theatre, in art, among the accomplices at Kampnagel these days. Instead of beauty, they produce publicity, or critique. Kampnagel refers to itself as a centre for the fine arts, but it is actually lampooning the old concept of beauty. For those (still) opposed to Kampnagel, this comes as confirmation: they only use art to achieve specific political goals or unleash scandal! They don't care about beauty!

So what would it mean to talk of beauty once more? To reclaim beauty? Perhaps beauty can actually serve as a means of understanding the kind of complicity we're talking about here. Because accomplices, who by definition need not have anything in common, may still: a common sense of beauty.

So what is the beauty of complicity, and specifically the complicity we encounter at Kampnagel? I would say:

Organised chaos is beautiful because it creates accomplices. At best, a chaos that arises from ambitious plans that are all semi-derailed, a chaos teeming with encounters, insubordination, crossovers and border transgressions. The moment of self-organisation in chaos is beautiful, caring among strangers is beautiful. The deed is beautiful: the impossible, the improbable becomes reality – through the resources of art. Heterotopia, this other world which is real, is beautiful. Momentum is beautiful, the night is beautiful. Because it is ephemeral, there to be seized. Anything that succeeds against all odds is only ever transitory, a preconditional yet unpredictable moment that lasts a few seconds, an evening, perhaps even a summer. But no more than that. Something that – the signs are already there – will be over again and yet which is reality, for now. Riding the wave, seizing the opportunity is beautiful. The after-show party is beautiful when politicians and refugees, hoodlums and artists come together to dance. The surprising redistribution of power is beautiful. The voice otherwise unheard is beautiful, beautiful too the expropriation of the expropriators. The unlikely alliance that brings together people from distant parts of the world, from opposing classes and systems, and makes them stronger than the sum of their parts – that is beautiful. Art is beautiful, as long as it is dirty. As long as it allows us to find the beauty in ugliness, in the garbage, in our own suffering, even. When no one has to pay for it. Because that's when it makes us truly independent. Shit into gold – no one can replicate that trick. And that's probably why art is the best accomplice of all.

MANIFEST FÜR EINE STRATEGISCHE AUTONOMIE
Mohammad Abbasi

Ich bin Mohammad Abbasi, ein Künstler aus Teheran. Seit 2017 bin ich auf Kampnagel aktiv und habe hier Tanzworkshops geleitet, Vorträge gehalten, als Performer in einem Tanzstück mitgewirkt, war Juror bei einem Dance Battle und habe eine Tanzbiennale kuratiert.

Auf die Empfehlung von Melanie Zimmermann habe ich Amelie Deuflhard, die Intendantin und Künstlerische Leiterin von Kampnagel, 2017 zum ersten Mal persönlich getroffen. In den zwei oder drei Stunden, die wir miteinander sprachen, interessierte sie sich sehr dafür, wie wir in Teheran Underground-Veranstaltungen organisieren, und ich versuchte, ihre Neugier zu befriedigen. Ihr Tonfall reproduzierte nicht diesen klassisch weißen europäischen Duktus, in dem so ein elendes »Wie kann ich dir helfen?« mitschwingt. Vielmehr versuchte sie, zu lernen, sie wollte unsere Strategien verstehen. Sie stellte sehr praktische Fragen. Mir wurde klar, dass ich ihr vertrauen konnte und dass ich einige Ansichten mit ihr teilte. Ich habe ihr damals von meinem Interesse an Prozessen der Infiltration und des Verrats erzählt, vom Verrat an Geldgeber*innen als einzig mögliche Strategie, um autonom zu bleiben. Ich wusste zu dem Zeitpunkt noch nicht, dass dieser Grundsatz bereits Amelies Werdegang geprägt hatte, insbesondere als sie 2013 »illegalen« syrischen Geflüchteten auf Kampnagel Unterschlupf gewährte und die Staatsanwaltschaft deshalb gegen sie ermittelte.
Das zweite Mal begegnete ich Amelie in Teheran. Ihr Aufenthalt fiel in die Zeit von Fadjr, dem größten Festival der Region, aber deshalb war Amelie nicht gekommen. Sie war angereist, um sich ein kleines Underground-Event der jungen Tänzer*innen des »Invisible Center« [ein von Mohammad Abbasi gegründetes Zentrum für zeitgenössischen Tanz, Anm. d. Red.] anzusehen. An dieser Stelle sollte ich erwähnen, dass die Kunstszene im Iran bei Menschen aus dem Norden fast immer auf Interesse stößt. Nichtsdestotrotz findet man nur selten europäische Intendant*innen, die sich den Unwägbarkeiten einer Reise in ein solches Land aussetzen und dort Festivals besuchen. Und wenn es darum geht, iranische Künstler*innen zu den eigenen Festivals einzuladen, schauen sie sich die Line-ups am liebsten direkt voneinander ab. So bleiben leider viele Talente unentdeckt und Vorurteile werden geschürt.
Wenn ich zurückblicke, muss ich sagen, dass ich unter den zahlreichen Einrichtungen, mit denen ich in den letzten zwanzig Jahren zusammengearbeitet habe, in der Partnerschaft mit Kampnagel den fruchtbarsten Boden gefunden habe – als Prototyp einer unabhängigen Institution. Autonomie schafft Diversität und das ist mein wichtigster Beweggrund für die kontinuierliche Kooperation mit Kampnagel.
Es folgt nun der Zwischenstand eines Manifests, gegliedert in eine Reihe von Aussagen zur Autonomie, wie ich sie in Bezug auf Kampnagel für relevant halte. Einige davon sind hier bereits Wirklichkeit geworden.

Nahoft, Mohammad Abbasi, Foto: Mehrdad Motejalli

FINANZIERUNG

Übe Verrat an deinen Geldgeber*innen. Hinter jeder finanziellen Unterstützung verbirgt sich eine politische Agenda. Benutze ein trojanisches Pferd, um dich einzuschleusen – es sei denn, du bist bereits ein Werkzeug in einem der beiden Prozesse, die von Kulturinstitutionen des globalen Nordens vorangetrieben werden: Als Künstler*in nördlicher Herkunft trennst du die Kunst von der gesellschaftspolitischen Realität; als Kunstschaffende*r aus dem Süden wirst du zur Söldner*in des Postkolonialismus.

POLITIK

Sei dir bewusst, dass politisch fremdartige Kunst nicht dasselbe ist wie politisch wirksame Kunst. Politisch fremdartige Kunst aus dem Süden ist auf den Märkten des Nordens meist gern gesehen und behandelt immer folgende Themen: den Menschen, Frauen, die Rechte der LGBT+Q-Community, Meinungsfreiheit und Zensur. Diese Form der Unterstützung hat jedoch nichts mit Rechten oder Freiheit zu tun. Sie dient lediglich dem guten Gefühl und dem Selbstbild des nördlichen Publikums. Es ist, als ob man den »Elephant Man« in seinem Käfig beobachtet und heilfroh ist, nicht an seiner Stelle zu sein. Hüte dich als Künstler*in aus dem Süden davor, zum Ausstellungsobjekt im Menschenzoo der Festivalleiter*innen, Programmchef*innen und Kurator*innen aus dem Norden zu werden.

ÖFFENTLICHKEIT

Autonomie kann nur entstehen, wenn wir das Private öffentlich machen – indem wir die Öffentlichkeit in unsere Privatsphären einladen, dort Veranstaltungen organisieren und neue Umgebungen schaffen, in denen die Art von Begegnung stattfinden kann, die wir uns wünschen. Begegnungen in dieser »öffentlichen Privatsphäre« finden ohne Einmischung von Geldgeber*innen und Zensor*innen statt. Das ist der einzige Weg zur Unabhängigkeit.

ANONYMITÄT

Jeder Anspruch auf Anonymität ist eine Illusion. Anonymität erzeugt Macht und die Regierung wird uns niemals anonym sein lassen. Wirklich anonym ist nur die Regierung.

SANKTION UND ZENSUR

Das Umgehen der Zensur ist heute keine zeitgemäße Strategie mehr. Nach unzähligen Auseinandersetzungen mit der Regierung stehen wir in einem neuen Verhältnis zu ihr: »Wir wissen Bescheid und sie wissen, dass wir Bescheid wissen.« Vor diesem Hintergrund haben wir nichts mehr zu verstecken, und die Zensur zu vermeiden bedeutet, mit der Macht der Zensor*innen zu spielen. Wenn diese jedoch kreativ werden und die Zensur nicht mehr als solche erkennbar ist, sind wir diejenigen, die umgangen werden, und nicht nur das, wir unterstützen den Prozess der Verleugnung. Die unleugbare Realität des Lebens muss sich in den heutigen Kunstszenen jedoch unbedingt widerspiegeln.
Im globalen Norden nimmt die Zensur andere Formen an und ist eher als Sanktion zu verstehen. Künstler*innen können sprechen, worüber sie wollen, aber nicht alles ist verkäuflich. In gewisser Hinsicht wird das Geld für Künstler*innen aus dem Norden zum Druckmittel. Im Süden geht die Zensur von religiösen Akteur*innen aus, während im Norden Finanzinstitutionen für Sanktionen verantwortlich sind.

OFFENE TÜREN EINRENNEN

In der zeitgenössischen Kunst werden ausschließlich offene Türen eingerannt. Ihr lebt in einer Blase. Ihr produziert und konsumiert sie selbst. Ihr seid euch in allem einig. Keine Diskussionen. Ihr erkennt nur eure Kolleg*innen aus der *contemporary* Blase als Menschen an. Anders gesagt: Das Wort »Mensch« bezeichnet in eurem politischen Vokabular nur die Menschen aus eurer Blase, ohne dass ihr euch dessen bewusst seid. Ihr rennt offene Türen ein.

MANIFESTO FOR STRATEGISING AUTONOMY
Mohammad Abbasi

I am Mohammad, I come from Tehran. I have participated in a few Kampnagel activities since 2017, as a teacher giving dance workshops, as an artist giving a speech, as a performer of a dance piece, as a jury member for a dance battle, and curator of a dance biennale.

At Melanie Zimmerman's suggestion, I met Amelie Deuflhard, the Artistic Director of Kampnagel, in 2017. During a conversation that lasted hours, I attempted to respond to her curiosity about how we organise underground events in Tehran. Her tone was not that familiar white European tone which imposes the emotional pathos of »How can I help you?«. She was trying to learn instead; she was trying to understand our strategies; she was asking practical questions. I soon realised I could trust her and I shared some of my convictions with her. I told her about my interests in infiltration and betrayal that day – betrayal of funders as the only strategy for remaining autonomous. Back then, I didn't know that throughout her career, Amelie had had to develop her own strategies of ambiguity when it comes to funding.

After that, I met Amelie for the second time in Tehran. It was during the international Fadjr festival. Although Fadjr is the biggest festival in the region, Amelie wasn't in Tehran because of that. She was there to attend a small underground event run by young dancers of an »Invisible Centre«.

It is important to mention that there has always been interest from the North in the art scene of Iran. Nevertheless you will only find a handful of European directors who accept the insecurities of travelling to such a country and attend festivals there. When it comes to inviting artists from Iran to their festivals, many would rather copy each other's programmes than reach out themselves. So unfortunately, many talents remain undiscovered and stereotypes are amplified.

Having worked with several institutions over the last twenty years, it is in Kampnagel's attitude and strategies that I find the criteria of an autonomous institution per se. Autonomy creates diversity and for me personally it is the main reason for my continuous cooperation with this performance centre.

Below, I would like to share a manifesto in progress as a series of statements about autonomy, something I also associate with Kampnagel.

FUNDING

Betray your funder. There is a political agenda within any financial support system. Use a Trojan horse to infiltrate. Otherwise you will become a tool in either of two agendas driven by Northern institutions – disconnecting arts from sociopolitical realities like many Northern artists do, or becoming the soldier of postcolonialism like a Southern artist.

POLITICS

Be careful not to mistake politically exotic art for politically effective art. Politically exotic art, created in the South, is always welcome in the Northern market and always contains topics like human rights, women's rights and LGBTQIA rights, and freedom of speech and censorship. Although this support has nothing to do with rights or freedom. It is just offering Northern audiences an opportunity to feel good about themselves – like watching the »elephant man« in the cage and taking pleasure in the fact that you are not in his position. Be careful, as a Southern artist, not to be exhibited in the contemporary human zoos curated by Northern festival directors, programmers and curators.

PUBLICITY

Autonomy is unrealisable, unless you publicise the private by inviting the public into your private spaces to organise events and to recreate a fresh hemisphere inspired by your own desired qualities of encounter. Encounters in »public private« are free of interference from the funders/censors. This is the only path to autonomy.

ANONYMITY

Anonymity is an illusory claim. Anonymity brings power and governments will never let us be anonymous. Governments are the only ones with true anonymity.

SANCTION AND CENSORSHIP

Bypassing censorship is a proven strategy – in fact, after many confrontations with the government, we entered a new state of »relationship« with our regime: the state of *we know* and *they know that we know.*

In this state, we have nothing to hide from each other and bypassing censorship consequently becomes playing around with the censor's rule. When they creatively censor without any traces, they are bypassing us, too, and worse than that, we accompany them in this denying. Today, the undeniable reality of life must be genuinely reflected in art scenes. Without the interference of censorship or self-censorship.

At the same time, censorship in the North is practised differently and should really be called sanction. Every artist is free to talk about everything, but not everything is good for sale. In a way, financial support systems in the North impose sanctions on Northern artists.

Religious institutions are responsible for censorship in the Southern art scene, while financial institutions are responsible for sanction in the Northern art scene.

PREACHING TO THE CONVERTED

Contemporary art today is preaching to the converted. There is a bubble of you. You create and you consume it yourselves. You all agree with each other. No arguments. You only acknowledge the people who share your »contemporary« bubble as people. In other words, in your political bubble the term PEOPLE unconsciously refers to the ones within the bubble. You are preaching to the converted.

Nahoft, Mohammad Abbasi, Foto: Mehrdad Motejalli

BECAUSE THE NIGHT ODER CONFESSIONS OF A FAN(-GIRL)
Ewe Benbenek

Als ich die Anfrage für dieses Jubiläumsbuch erhielt, habe ich lange überlegt, als was oder wer ich hier eigentlich schreibe. Schreibe ich als eine Person, die seit 2015 regelmäßig viele künstlerische Arbeiten auf Kampnagel sehen konnte? Schreibe ich als eine Wissenschaftlerin, die sich auf den zahlreichen Tagungen und Diskursveranstaltungen auf Kampnagel jenen Theorie-Input holen konnte, der an Universitäten oft nicht auf die Agenda gesetzt wird? Schreibe ich als eine Person, die in unterschiedlichen Formaten immer wieder auf Kampnagel oder für Kampnagel arbeiten konnte? Schreibe ich also als Kollegin oder Freundin und vielleicht sogar als eine Person, die 2015 nach Hamburg gezogen ist, ohne jemanden zu kennen und »in need« war, eine Community zu finden? Ich will nicht zu viel drum herumreden, deswegen sage ich es am besten gleich: What you will read are the confessions of a fan girl.

Ehrlich gesagt fühlt es sich echt seltsam an, aus dieser Perspektive zu schreiben, weil ich das noch nie wirklich getan habe. Und natürlich ist es ein großes Risiko, als Fan zu schreiben. Fans sind nicht neutral, sie schreiben aus Bewunderung, aus Zuneigung und sie erinnern sich an jene Momente, die sie besonders bewegend, inspirierend, empowernd oder berührend fanden. Die vielleicht größte Gefahr daran, aus der Perspektive eines Fans zu schreiben, ist den kritischen Blick zu verlieren, den wir beim Betrachten einer Institution niemals verlieren sollten. Und das Nicht-Fan-Girl in mir, das Arbeiter*innenkind oder die Person mit osteuropäischem Migrationsbackground, steht bei der Idee, als Fan zu schreiben mit drohendem Finger neben mir – und dies zu Recht. Also warum es trotzdem tun? Gibt es einen anderen Grund, als die Begeisterung rauszulassen? Ich denke schon. Also, liebes Kampnagel-Team, this is for you:

EINE ANDERE ODER WIRKLICHE UNIVERSITÄT

Ich erinnere mich noch gut daran, wie ich zum ersten Mal das Gelände in der Jarrestraße betreten habe. Ich bin nicht über die Piazza in den Haupteingang gegangen, sondern »von hinten« gekommen. Wahrscheinlich habe ich den Haupteingang von der Straße aus nicht gesehen, bin falsch abgebogen und stand dann also vor einer Art Garten. Ich erinnere mich an eine Hollywoodschaukel und an recht wild wuchernde Büsche und Pflanzen. Ich habe natürlich erst später herausgefunden, dass es sich um den berühmt-berüchtigten Avant-Garten handelte, der heute leider (wie ich finde) nicht mehr so aussieht wie damals. Da ich noch Zeit hatte, bin ich, wenn auch etwas unsicher, ob ich denn darf, durch das kleine Gartentor gegangen und hab erst mal in der Hollywoodschaukel eine geraucht und die bunten Lampen in den Bäumen angeschaut. Heute weiß ich, dass Orte wie dieser auf Kampnagel für mich zu den wichtigsten geworden sind. Da wir damals im Rahmen der Arbeit an der Universität auch Kooperationen mit Kampnagel gemacht haben, hatte ich das Glück, einige Personen aus dem Dramaturgie-Team kennenzulernen. Die Gespräche mit ihnen haben mich nachhaltig und tief geprägt. Aus einigen dieser Begegnungen sind Freundschaften geworden. Ich bin bis heute von dem, was und wie die Dramaturgie auf Kampnagel kuratiert, sehr beeindruckt. Wir trafen uns oft im Migrantpolitan – einem weiteren dieser für mich wichtigen Orte, die nichts mit der »main stage« in den Haupthallen zu tun haben. Dort wurde mir dann auch in einem Gespräch »Postkoloniale Theorie. Eine kritische Einführung« von María do Mar Castro Varela und Nikita Dhawan in die Hand gedrückt (okay, nicht in Buchform, aber als eindringliche Lektüreempfehlung). Von da aus ging es weiter, weiter mit diesen unglaublich wichtigen Theoretiker*innen, Forscher*innen und wissenschaftlichen Aktivist*innen, die ich auf Kampnagel sehen durfte. Mein Fan-Brain erinnert sich an die Konferenz »Heimatphantasien« 2018 im Rahmen des Sommerfestivals, an Vandana Shivas Keynote 2017, an Paul Preciados Vortrag 2018, an Felwine Sarrs Keynote 2018. Ich erinnere mich an ein Panel, auf dem ich Sharon Dodua Otoo zum ersten Mal sprechen hörte. Erinnere mich auch besonders an den Beitrag von Francis Seeck und Daniela Dröscher zu Kanon und Klassismus im Rahmen der Konferenz »Breaking the Canon« 2021, den ich moderieren durfte.
All these people and many others blew my mind. Es waren die Begegnungen mit Theoretiker*innen wie diesen, über die ich verstanden habe, dass die Diskurse um Klassismus, Postmigration und Queer-Feminismus nicht irgendwie »am Rande« unserer Gesellschaft stehen, sondern in das Zentrum unserer Debatten und unseres (Um-)Denkens gehören, wenn wir diese Gesellschaft zum Besseren verändern wollen. Sie haben mich nachhaltig geprägt und dazu geführt, dass auch ich in meiner Forschung anfing, mich verstärkt mit postmigrantischer Theorie zu beschäftigen und sie in meinen Lehrplänen und in meinem Institut an der Uni auf die Agenda zu setzen. Vor allem aber haben mir die Begegnungen mit diesen Denker*innen Mut und Kraft gegeben. Sie haben mir gezeigt, dass ich als Arbeiterkind, als Bildungsaufsteigerin mehr sein darf als das, was andere in mir sehen oder mir zutrauen.

Soli-Casino, Migrantpolitan, 2018,
Foto: Anja Beutler

BECAUSE THE NIGHT

Ich ertappe mich gerade dabei, darüber nachzudenken, ob es denn überhaupt passt, Kampnagel mit Konzepten wie Universität in Verbindung zu bringen. Für mich war und ist es zwar so, dass die Diskursveranstaltungen und die eingeladenen Sprecher*innen mein Denken in Bewegung gebracht haben. Vielleicht kann man Kampnagel als eine bewegte Universität beschreiben, in der Wissen anders zirkulieren kann als in den normierten Bildungsinstitutionen. Trotzdem ist es so, dass, wenn ich das Wort Universität in den Mund nehme, mir sofort Bilder von eher kalten, gut beleuchteten Räumen mit Stühlen und Tischen in den Kopf kommen. Bilder von Räumen, in denen sehr interessante Dinge passieren können, die sich aber nicht unbedingt nach fun anfühlen. Und wenn Kampnagel eines für mich auch war, dann: a lot of fun.

Jetzt kann man natürlich fragen, warum es sich überhaupt lohnt, über fun zu sprechen, weil fun vielleicht gar nicht so wichtig ist. Doch für mich und in der Lebensphase, in der ich war, als ich Kampnagel kennengelernt habe, war es unglaublich wichtig. Vielleicht sollte ich auch erklären, was ich mit »fun« meine. Für mich bedeuten »fun« und »pleasure«, sich in einer Gemeinschaft aufgehoben zu fühlen, gemeinsam zu lachen. Es bedeutet für mich, tiefgründige, lustige, schräge Gespräche zu führen, die die ganze Nacht lang dauern können. Es bedeutet, neben dem Job, der oft Druck macht, auch mal loslassen zu können, tanzen zu können (and yes, I danced, A LOT). Es bedeutet, sich wertgeschätzt und aufgehoben zu fühlen. Kampnagel hat mich mit dem versorgt, was in dieser Gesellschaft immer schwieriger geworden ist, vor allem für diejenigen, die zwischen Ende zwanzig und Anfang vierzig für ihre Karriere in Kauf nehmen müssen, alle paar Jahre für Stellen umzuziehen und ihre friends and lovers immer hinter sich zu lassen. Ja, Kampnagel, also natürlich die Menschen, die diesen Ort ausmachen, haben mich mit dem versorgt, was wir alle brauchen: friends and lovers.

2020 bin ich zurück nach Berlin gezogen, da sich beruflich bei mir einiges geändert hatte – und ich muss sagen, dass ich es sehr vermisse, schnell und selbstverständlich mein Fahrrad zu nehmen, um zu Kampnagel zu fahren. Es ist ja alles noch da und ich fahre auch immer wieder hin. Doch ich muss schon sagen, dass ich es vermisse, nicht mehr so oft da sein zu können. Ich vermisse die Farben, vermisse das Pink, das Gelb, das Lila, das Funkelnde, vermisse die Spiegelmosaike im Peacetanbul, vermisse die Nebelmaschine »im Club« und seinen Geruch, und vor allem vermisse ich das Gefühl, dort zu sein, weil es sich für mich oft wie Familie angefühlt hat und immer noch so anfühlt, wenn ich da bin. Ich merke nur nach den Jahren der Pandemie und auch durch das Wegziehen, wie wichtig es ist, an diesem Ort anwesend zu sein. Wirklich dort zu sein und ihn zu fühlen.

Ich arbeite jetzt als freie Autorin und schreibe nun hauptberuflich literarische Texte. Dass dies in meinem Leben eine gelebte Realität werden könnte, hätte ich wirklich niemals gedacht. Dass mir das passiert ist, hat viel mit meiner Zeit auf Kampnagel zu tun und mit den Menschen, die diesen Ort auf die Beine stellen.
Ich verdanke euch viel.
Und ich habe bisher keine Namen genannt und Namen nennen ist immer schwierig, weil man vielleicht jemanden vergisst. Aber ich mache es mal Fan-Girl mäßig und nenne all jene, die mir wichtig sind, auch wenn ich dabei vielleicht die Hierarchien nicht einhalte.
Sooooo,
this is a big thank you,
from my heart to you,
thank you:
Alina, Nadine, Amelie, Mel, Anna, Lena, Corinna, Lucien, Sven, Danny, Mo, Mareike und viele mehr.

BECAUSE THE NIGHT, OR CONFESSIONS OF A FAN (GIRL)
Ewe Benbenek

When I received the request for this anniversary book, I thought for a long time about the capacity in which I was actually writing here. Am I writing as someone who has managed to see numerous artistic works at Kampnagel on a regular basis since 2015? Am I writing as an academic who, in numerous conferences and discourse events at Kampnagel, has managed to gain theoretical input that you rarely find in university programmes? Am I writing as someone who has had the opportunity of working at or for Kampnagel on numerous occasions, in multiple formats? In other words, am I writing as a colleague or a friend, or perhaps even as someone who moved to Hamburg in 2015 without knowing anyone and who was in need of a community? I don't want to skirt the issue, so I'll just say it straight out: what you are about to read are the confessions of a fan girl.

To be honest, it feels truly odd to write from this perspective because I've never really done it before. And of course, there is a great risk to writing as a fan. Fans are not neutral, they write out of admiration, out of affection, and they recall the moments that they found particularly moving, inspiring, empowering or touching. Perhaps the greatest danger in writing from the perspective of a fan is losing the critical eye that we should always retain when we examine an institution. And the non-fan girl in me, the product of the working class, the person of Eastern European migrant background, is there beside me wagging her finger at the idea of writing as a fan – and rightly so. So why am I still doing it? Is there any reason other than to give vent to the enthusiasm? I think there is. So, my dear Kampnagel team, this is for you:

Sommerfestival 2022, Foto: Maximilian Probst

ANOTHER (TRUE) UNIVERSITY

I still have a clear memory of the first time I entered the site on Jarrestrasse. I didn't reach the main entrance via the piazza, instead I came »through the back door«. Most likely I didn't see the main entrance from the street and took a wrong turn and so I ended up standing in front of some kind of garden. I remember a porch swing and a wild profusion of bushes and plants. Of course, I only found out later that this was the infamous Avant-Garden, which looks different now, unfortunately (in my view). There was still time, so I went through the small garden gate, although I was a little unsure if I was allowed to, and had a smoke on the porch swing, gazing up at the colourful lights in the trees. Today I know that it is this kind of place that has become most important for me at Kampnagel.

Because we collaborated with Kampnagel as part of our university work, I was lucky enough to get to know a few members of the dramaturgy team. The conversations I had with them had a deep, lasting impact on me. Some of these encounters have turned into friendships. To this day I remain highly impressed by the things the Kampnagel dramaturges curate, and the way they do it. We often met up at Migrantpolitan – another of those places that were important for me but which had nothing to do with the »main stage« in the large halls. It was there as I was having a conversation with someone that they gave me »Postkoloniale Theorie. Eine kritische Einführung« (Postcolonial Theory: A Critical Introduction) by María do Mar Castro Varela and Nikita Dhawan (not literally, but as an emphatic reading recommendation). It continued from there, on an on, with the incredibly important theorists, researchers and academic activists that I got to see at Kampnagel. My fan brain retains the 2018 »Heimatphantasien« (Homeland Fantasies) conference, part of the Summer Festival, and Vandana Shiva's 2017 keynote address, Paul Preciado's 2018 talk, Felwine Sarr's 2018 keynote address. I remember a panel where I heard Sharon Dodua Otoo speak for the first time. I also particularly remember Francis Seeck and Daniela Dröscher's discussion of canon and classism as part of the 2021 »Breaking the Canon« conference, which I got to moderate.

All these people and many others blew my mind. It was encountering theorists like these that made me understand that discourses around classism, post-migration and queer feminism are not somehow »on the margins« of our society, but instead need to be at the heart of our debates and our (re-)thinking if we wish to change this society for the better. They had a lasting impact on me and inspired to me to start focusing more on post-migrant theory in my research and putting it on the agenda in my curricula and in my institute at the university. Above all, encountering these thinkers gave me courage and strength. They showed me that, as a product of the working class and an ambitious academic, I can be more than what others see in me or what others think I can be.

BECAUSE THE NIGHT

I find myself wondering whether it is even appropriate to associate Kampnagel with concepts like university. For me it was and is the discourse events and the invited speakers that set my thinking in motion. Perhaps Kampnagel can be best described as a dynamic university where knowledge is free to circulate in a way that it doesn't in standardised educational institutions. Nevertheless, when I say the word university, it immediately evokes images of somewhat cold, well-lit spaces with chairs and tables. Images of spaces where highly interesting things can happen, but which don't necessarily feel like fun. And if Kampnagel has been one thing for me, it was: a lot of fun.

Naturally you might ask why we should even be talking about fun, you might claim fun isn't even that important. But for me, at the point in my life at which I encountered Kampnagel, it was incredibly important. Perhaps I should also explain what I mean by »fun«. For me, »fun« and »pleasure« mean feeling at home in a community and laughing together. For me it means having deep, funny, weird conversations that can last all night. It means, with a job that often comes with pressure, being able to let go and dance (and yes, I danced, A LOT). It means feeling valued and cared for. Kampnagel provided me with something that has become increasingly difficult in this society, especially for people who have to move every few years for their jobs between their late twenties and early forties, and keep having to leave their friends and lovers behind. Yes, Kampnagel, by which I mean of course the people who make up this place, provided me with what we all need: friends and lovers.

In 2020 a lot of things changed in my professional life and I moved back to Berlin – and I have to say that I really miss being able to just get on my bike and go to Kampnagel without thinking. Yes, it's all still there and I do keep going back. But I have to say that I miss not being there as often now. I miss the colours, I miss the pink, the yellow, the purple, the sparkle, I miss the mirror mosaics in Peacetanbul, I miss the smoke machine in the club, and its smell, and most of all I miss the feeling of being there because it often felt like family to me and still feels that way when I'm there. It's only after the pandemic years, and moving away, that I realise how important it is to be present in this place. To actually be there, to feel it.

I now work as a freelance writer and I write literary texts full time. I honestly never thought that this could become a lived reality in my life. The fact that this happened to me has a lot to do with my time at Kampnagel and the people who make this place happen.
I owe you so much.
And up to this point I haven't named names, and naming names is always difficult because you might leave someone out. But I'll do it fan girl-style and name everyone who is important to me, even if I don't adhere to hierarchies.
Soooo,
this is a big thank you,
from my heart to you,
thank you:
Alina, Nadine, Amelie, Mel, Anna, Lena, Corinna, Lucien, Sven, Danny, Mo, Mareike and many more.

UNHEIMLICH GUT – ZUR KOMPLIZ*INNENSCHAFT VON FÖRDERUNG IN UND MIT TRANSFORMATIONSPROZESSEN @KAMPNAGEL&CO.

Holger Bergmann

Kampnagel ist ein unwahrscheinlicher Ort. Unwahrscheinlich gut, unwahrscheinlich exponiert und unwahrscheinlich produktiv. Ein Ort, den du dir nicht ausdenken kannst, der nur durch ein ebenso unwahrscheinliches Engagement entstehen und bestehen konnte und sich nur durch Engagement weiterentwickeln kann: vom besetzten Haus zum internationalen Produktionszentrum und schließlich zum vierten Hamburger Staatstheater, das ständig daran arbeitet, kein STAATStheater zu werden.

Vielleicht ist Kampnagel auch ein bisschen unheimlich – unheimlich erfolgreich, unheimlich aktiv und manchmal auch sich selbst unheimlich. Verstanden als produktiv-kritisches Unbehagen am eigenen Institution-Sein, ruft gerade diese Erfahrung des sich selbst unheimlich Seins die Figur einer künstlerisch wie gesellschaftspolitisch notwendigen Kompliz*innenschaft auf den Plan.

Kompliz*innenschaft, so Gesa Ziemer, unterstreicht die Dimension der Mittäter*innenschaft: Kompliz*in wird und ist man gemeinsam mit anderen. Diese Mittäter*innenschaft kann sich sowohl auf legale als auch auf illegale Praktiken beziehen. Meist liegt ihr aber ein Moment des kollektiv organisierten temporären Regelbruchs oder der Außerkraftsetzung von Regeln zugrunde, das im Zusammenspiel von Akteur*innen, Ordnungen und Institutionen neue Handlungsmöglichkeiten ebenso generieren kann wie neue Wahrnehmungen und Perspektiven. Der Ort der Kompliz*innenschaft liegt demnach zwischen einem Versprechen auf ein mögliches Anderes und einem Verbrechen, das im Zweifelsfall auch ein Aufbrechen oder Umbrechen des Bekannten und Gewohnten, des *state of things as they are,* sein kann. Kompliz*innenschaft hat also eine ebenso inhärente wie empathische Verbindung zum Andersmachen und Anderswerden, kurz: zur Erfahrung und Szene der Transformation. Enter: die Freien Darstellenden Künste. Die Kompliz*innenschaft der Freien Darstellenden Künste mit den Gegenwarten, in denen wir leben, ergibt sich aus einem grundsätzlichen Mit-, Gegen- und Andersmachen. Sie meint engagierte Zeitgenoss*innenschaft und Solidarität mit dem, was künstlerisch und gesellschaftspolitisch an der Zeit ist und drängt. An den aktuellen Themen einer Gesellschaft in der Transformation können und wollen sie nicht vorbeigehen: Nachhaltigkeit, Diversität, Klimagerechtigkeit, postnationale Konstellationen des Arbeitens und Lebens, die Fortentwicklung der Demokratie gegen jeden Autoritarismus sowie engagierter Antifaschismus bestimmen zu Recht nicht nur in Hamburg die Spielpläne der Freien Szene. Und Kompliz*innenschaft meint das ebenso künstlerische wie gesellschaftspolitische Einfordern und jetzt schon Realisieren dessen, was noch nicht ist, was aber gebraucht wird und aus diesem Grund nicht warten kann. Auch deshalb ist Kampnagel ein experimenteller Ort, an dem sich die kritisch-produktive, emanzipatorische Arbeit an und mit den Gegenwarten verdichten, kollektiv erfahrbar und teilbar werden kann.

Kampnagel macht es deutlich sichtbar vor und strahlt gerade deshalb auch in Hamburg und weit über Hamburg hinaus: Die Freien Darstellenden Künste sind Labore gesellschaftlicher Transformation – nicht als neoliberales Top Down Changemanagement, sondern als demokratisches Angebot mit mehr Lust und weniger Angst. Und weil das so ist, muss sich auch die Förderung der Freien Darstellenden Künste in Kompliz*innenschaft mit ihnen begeben. Dabei gilt vorneweg: Die Kompliz*innenschaft in der Förderung hört da auf, wo die Bundes-Regularien beginnen. Doch gerade deshalb muss sich die Förderung der Freien Darstellenden Künste immer wieder aktiv in eine Kompliz*innenschaft mit den Künsten der Gegenwart – und gleichzeitig auch mit den Künsten der Zukunft – begeben. Denn eine produktive und bedarfsgerechte Förderkultur, die nah an den Geförderten und ihrer Kunst ist, braucht notwendigerweise ein möglichst genaues, kontemporäres Wissen und Verständnis der damit verbundenen künstlerischen wie institutionellen Praktiken. Das heißt: Die Förderung durch Institutionen wie den Fonds Darstellende Künste muss immer auch die bereits an Orten wie Kampnagel existierenden Formen und Realitäten des Produzierens und Arbeitens fördern und unterstützen. Diese Nähe bleibt eine konstante Herausforderung – dieses Mal für die Förderinstitutionen –, die Förderinstrumente immer wieder und fortlaufend an die real bestehenden Bedarfe und Wirklichkeiten des Freien Produzierens anzupassen. Genau deshalb ist die durch den Fonds Darstellende Künste auf den Weg gebrachte Förderung von Arbeitszeiträumen im Sinne einer Prozessförderung ohne zwingende Anbindung an Produktionen und Premieren ein so wichtiges Instrumentarium, genau deshalb sind Rechercheförderungen ebenso wie Nachhaltigkeitsförderungen nie nur finanzielle Entscheidungen, sondern kulturpolitische Interventionen.

Gleichzeitig muss eine Förderung, die sich in Kompliz*innenschaft mit der künstlerischen Praxis begibt, auch Anreize schaffen, neues oder anderes Produzieren zu ermöglichen, und damit das, was die Freien Darstellenden Künste werden, ebenso solidarisch mit auf den Weg zu bringen, sie der Schwerkraft der Verhältnisse immer wieder aufs Neue mit abzutrotzen. Dass es anders möglich wird, ist ebenfalls kontinuierliche Arbeit. Kurz und etwas vereinfacht gesagt: Es geht um die adäquate Förderung dessen, was ist, auch wenn es eventuell noch nicht gesamtgesellschaftlich Anerkennung erhält, und zugleich geht es um die Förderung dessen, was wird. Damit die Künste und die Institutionen nicht zu sehr sie selbst werden, damit die Widersprüche und Differenzen in der Vielfalt und Breite der Freien Darstellenden Künste, der Arbeitsweisen und der Orte dieser Arbeit weiterhin produktiv wirken können.

Und weil es eben nicht nur Koproduktion und Kollaboration braucht, sondern immer auch eine Kunst des Kollabieren-Lassens, des Unlearnings und des Andersmachens, brauchen

Institutionen wie Kampnagel ebenso wie der Fonds Darstellende Künste immer auch Kompliz*innenschaft. Gerade in Zeiten mehrfacher sich überlagernder Krisen und Transformationen benötigen wir die so entstehenden Allianzen und ihre Möglichkeiten – wie beispielsweise mit Kampnagel, mit dem Fonds und den vielen anderen freien Produktionsorten, den international agierenden ebenso wie den regional wirkenden. Denn die Transformationen der Gegenwarten, in denen wir leben, warten ja nicht und sie sind auch nicht irgendwo da draußen, jenseits der Freien Darstellenden Künste. Das zeigt sich zum Beispiel an den kleinen Gesten einer neu geforderten Nachhaltigkeit, an den Problemen, die sich aufgrund von nationalen Pässen und Grenzen immer noch und nicht allein in der künstlerischen Zusammenarbeit stellen, an der Veränderung von Publika, an den Herausforderungen von Digitalität und Diversität sowie der an der Chancengleichheit im Produzieren.

Die Akteur*innen der Freien Darstellenden Künste wollen und können zu Recht nicht darauf verzichten, ihre Produktions- und Probenprozesse – die Strukturen ihres Produzierens –, gemeinsam mit ihren Ästhetiken, Themen und Arbeitsfeldern zu entwickeln und zu befragen. Veränderung und Transformation sind in diesem Sinne kein Thema unter anderen, sondern den Freien Darstellenden Künsten inhärent – das »Weiter so«, die institutionelle Reproduktion des Status quo, ist für sie keine organisatorische und kulturpolitische Option. Politisch, engagiert und emanzipatorisch sind die freien Darstellenden Künste als *agents of change*, oder besser, als *changing agents of change*, demnach nie nur in dem, was sie inszenieren – ihre Strukturen, Arbeitsweisen und Arbeitsprozesse sind ganz grundsätzlich politisch.

Auch deshalb mischen sich die Freien Darstellenden Künste an Orten wie Kampnagel, und hier ganz besonders deutlich

Die Vielen Demonstration, 2019,
Foto: Kampnagel

wahrnehmbar als dezentrale und bundesweite Kunstformen, emphatisch in die gesamtgesellschaftlichen Transformationsprozesse ein. Sie üben sich und ihr Publikum in Haltungen zu ihnen ein, untersuchen sie und gestalten sie so engagiert mit. Auf diese Weise stellen sich die Freien Darstellenden Künste mit am nachhaltigsten und schnellsten den Herausforderungen von heute und morgen – auch und insbesondere jenseits der Nation und der national codierten Norm- sowie Homogenitätspolitiken. Ein Blick auf Kampnagel zeigt das in besonderer Prägnanz – die Freien Darstellenden Künste sind längst inter- und transnational unterwegs. Sie produzieren, bei allen Hindernissen und fortwährenden Beschränkungen durch den real existierenden Kapitalismus, (selbst-)kritisch lokal vor Ort und zugleich (selbst-)kritisch weltweit – auch wenn immer neu ausgehandelt werden muss, was das eigentlich meint, weltweit. Ich denke: Wir können, wir müssen die Künste als transnationale Praktiken begreifen, die neue Erfahrungsräume in den Katastrophen, Hoffnungen und Körpern von heute, gestern und morgen ermöglichen. Vielleicht beschreibt das die frei produzierenden Künste auch als Künste der Resilienz, oder, genauso zutreffend, als Künste einer notwendigen Kompliz*innenschaft.

Amelie Deuflhard hat vor kurzem im Rahmen des bundesweiten Artist Labor der Labore den ebenso schönen wie klugen Satz gesagt: »Wir dürfen die Kulturpolitik nicht den Kulturpolitker*innen überlassen.« Kampnagel zeigt uns auf faszinierende Weise, was passiert, wenn man die Kulturpolitik nicht den Kulturpolitiker*innen und die Künste nicht sich selbst überlässt, sondern sie befähigt, über sich selbst hinauszugehen, sich mit politisch-sozialen Bewegungen und mit unterschiedlichsten Akteur*innen zu verbinden, sich neu zu erfinden oder anders weiterzumachen und sich immer wieder zu verwandeln – versuchsweise, Schritt für Schritt, tanzend, tastend, oft euphorisch, zuweilen am Limit, dann wieder darüber hinaus. Unglaublich, dass es dich gibt, Kampnagel, unwahrscheinlich, unheimlich – und genau deshalb bist du so wichtig. Damit immer mehr Menschen und Künstler*innen in die Freiheit reiten können, das zu sein, was noch nicht ist: Lasst uns also Pferde stehlen, Kompliz*innen – auf mindestens weitere vierzig Jahre!

UNCANNILY GOOD – ON THE COMPLICITY OF FUNDING IN AND WITH TRANSFORMATION PROCESSES @KAMPNAGEL&CO.
Holger Bergmann

Kampnagel is an improbable place. Improbably good, improbably exposed and improbably productive. A place that you couldn't make up, that could only arise and exist through an equally improbable dedication, the same dedication that has seen it develop from squatted site to international production centre and finally, fourth Hamburg state theatre, which is constantly working to prevent becoming a theatre of the state.

Perhaps Kampnagel is a little uncanny – uncannily successful, uncannily active and sometimes even uncanny unto itself. If we understand this as a productive, critical discomfort with its own status as an institution, it is precisely this experience of its own uncanniness that conjures a complicity which is necessary both artistically and socio-politically.

In Gesa Ziemer's view, being an accomplice underlines the dimension of involvement: you are, you become an accomplice with others. This involvement can refer to both legal and illegal practices. However, it is usually based on a moment of collectively organised temporary rule-breaking or suspension of rules, which, in the interaction between actors, regulations and institutions, can generate new options for action as well as new perceptions and perspectives. As such, the complicity is located between the promise of a possible other, and a crime, which, in case of doubt, can also be a breaking up or upending of what is known and accustomed, of the state of things as they are. Complicity therefore has an inherent and empathetic connection to doing differently and being different, in short: to the experience and scene of transformation. Enter the independent performing arts. The complicity of the independent performing arts with the present in which we live arises from a fundamental participation and opposition, from a different way of doing things. It means committed contemporaneity and solidarity with that which is timely and urgent, both in artistic and socio-political senses. They are unwilling and unable to ignore the current issues of a society in transformation: sustainability, diversity, climate justice, post-national constellations of work and life, the advancement of democracy against authoritarianism of any stripe, along with committed anti-fascism, rightly determine the programmes of the independent scene, and not just in Hamburg. And complicity means both artistic and socio-political demands and a current realisation of that which does not yet exist, but which is needed and thus cannot wait. This is another reason why Kampnagel is a site of experimentation which condenses critical, productive, emancipatory work on and with the present so that it can be experienced and shared collectively.

Kampnagel sets a clear example, and this is precisely the source of its great appeal in Hamburg and far beyond. The independent performing arts are laboratories for societal transformation – not in the sense of neoliberal top-down change management, but as a democratic programme with greater pleasure and less anxiety. And that being so, those who fund the independent performing arts must also become complicit with them. First and foremost, complicity in funding ends where federal regulations begin. But this is precisely why funding of the independent performing arts must always be actively engaged in complicity with the arts of the present – and at the same time with the arts of the future. A productive, needs-based funding culture that is close to the bodies that it supports, and their art will always require precise, contemporary knowledge and understanding of the associated artistic and institutional practices. So: funding by institutions such as the Performing Arts Fund also means financing and supporting the forms and realities of production and work that already exist in places like Kampnagel. This proximity presents a constant challenge – for the funding institutions, in this instance – to repeatedly, continually adapt the funding instruments to the real needs and realities of independent production. This is precisely why the work period funding launched by the Performing Arts Fund is such an important instrument for funding processes that aren't necessarily linked to productions and premieres. And this is precisely why research funding and sustainability funding are never just financial decisions, they are cultural policy interventions.

At the same time, funding that is complicit with artistic practice must also create incentives to enable new and different means of production, helping to develop the independent performing arts of the future with the same solidarity with which it wrests them from the gravity of conditions, over and over again. That it could be another way – that, too, is continual work. In brief, and somewhat simplified: it is about adequately funding what is, even if it may not yet receive recognition from society as a whole, and at the same time it is about funding what will become. So that the arts and their institutions do not remain as they are, so that the contradictions and differences in the diversity and breadth of the independent performing arts, the working methods and the site of this work may continue to have a productive impact.

This requires more than just co-productions and collaborations, it takes the will to let things collapse, to unlearn and to do things differently, so institutions like Kampnagel, like the Performing Arts Fund, always need complicity. In times of multiple overlapping crises and transformations, we need the alliances that emerge from this, and their opportunities – with Kampnagel, for instance, with the fund and with many other independent production sites that are active both internationally and regionally. Because the transformations of the present in which we live will not wait, and they are not somewhere »out there«, beyond the independent performing arts. This can be seen, for example, in the small gestures to sustainability that are now required, in the problems that still arise due to national passports and borders, and not just in artistic collaboration, in the change in audiences, in the challenges of digitalism, and equality of opportunity in production.

The proponents of the independent performing arts are, rightly, neither willing nor able to cease developing and examining their production and rehearsal processes – the structures of their production – or their aesthetics, subject matter and fields of activity. As such, change and transformation are just not one issue among others, but inherent to the independent performing arts – for them, »business as usual«, the institutional reproduction of the status quo, is not an organisational or cultural policy option. The independent performing arts are political, committed and emancipatory agents of change, or more precisely, *changing* agents of change, and never solely in terms of what they put on stage – their structures, working methods and work processes are also fundamentally political.

This is another reason that the independent performing arts emphatically intervene in the transformation processes of society as a whole, at places like Kampnagel where the arts are particularly recognisable as decentralised and nationwide forms. They train themselves and their audiences in their attitudes towards these processes, examine them and thus play an active part in them. This means the independent performing arts face the challenges of today and tomorrow particularly early on, and sustainably – and, in particular, beyond the nation and nationally coded policies of norms and homogeneity. A look at Kampnagel shows this with particular clarity – the independent performing arts have long been active internationally and transnationally. Despite all the obstacles and ongoing restrictions caused by actually existing capitalism, they produce (self-)critically locally and at the same time (self-)critically worldwide – even if what that actually means always has to be renegotiated, worldwide. I think we can, we must, understand the arts as transnational practices that enable new spaces of experience in the catastrophes, hopes and bodies of today, yesterday and tomorrow. Perhaps this also describes the independent productive arts as arts of resilience, or, just as accurately, as arts of necessary complicity.

Amelie Deuflhard framed it beautifully and astutely at the Bundesweites Artist Labor der Labore (B.A.L.L.; National Artist Lab of Labs) recently: »We must not leave cultural policy to the cultural policymakers.« In its own fascinating way, Kampnagel shows us what happens when you don't leave cultural policy to cultural policymakers nor leave arts to fend for themselves, but rather enable them to reach beyond themselves, to connect with sociopolitical movements and with a wide variety of actors, to reinvent themselves or to proceed differently and to transform themselves again and again – experimentally, step by step, dancing, groping, often euphoric, sometimes at the limit, only to exceed it once again. It's incredible that you exist, Kampnagel, improbable, uncanny – and that's exactly why you're so important. So that ever more people and artists may ride off into the freedom of that which is not yet: so let's go to the limit, accomplices – for at least another forty years!

»DIE REALITÄT SIEHT ANDERS AUS«
WIE DIE EU-GRENZPOLITIK UNSER KÜNSTLERISCHES ARBEITEN BEEINFLUSST

Monika Gintersdorfer

Unseren ersten Auftritt auf Kampnagel hatten wir im Jahr 2004 mit »Rekolonisation«, einer Gruppe von Künstler*innen, Nachbar*innen und Freund*innen, die Brunnen gruben, Wasser filterten, mit Tellern warfen, Booten hinterherschwammen, informellen Handel trieben, aus Privatwohnungen flüchteten und sich unsichtbar durch die Stadt bewegten. Es ging um informellen Handel, Flucht und Kampf. Wir transportierten Situationen aus weniger abgesicherten Gesellschaften nach Hamburg und ließen sie ohne Erklärungen auf die dortige Realität prallen. Sicher entstanden diese Ideen auch unter dem Eindruck des Ausbruchs der Rebellion in der Côte d'Ivoire im Jahr 2002 und deren Folgen, von denen einige Mitglieder unserer Gruppe direkt betroffen waren.

DAMALS WAR ICH TEIL EINER SZENE.

Mehr als hundert Aktionen sind mit »Rekolonisation« innerhalb eines Jahres im öffentlichen Raum entstanden, zum Teil gar nicht dokumentiert oder in kleinen Schnipseln, die versteckt gefilmt wurden. Kathrin Tiedemann, damals Dramaturgin auf Kampnagel, vertraute auf die Kraft dieser Interventionen und lud uns ein, einen Abend darüber auf Kampnagel zu gestalten. Wir versagten bei der Präsentation: Jochen Dehn, der Mitbegründer von »Rekolonisation«, vergaß seine Brille und fand die Schnipsel nur mit Mühe auf dem Computer; mein improvisierter Dialog mit Arzt und Mit-Performer Costa Christofides über blaue Flecken, Verletzungen und den Wert des Unabgefederten ging nach hinten los. Der überlange Abend war ein Desaster, Kathrin nahm es gelassen. Vielleicht merkten die Besucher*innen ja doch, dass die Aktionen außergewöhnlich waren, auch wenn wir es kaum vermittelten. Und dafür war Kampnagel doch schließlich da, um Experimente zu wagen. Drei Jahre später bekamen wir – jetzt mit der Gruppe »Gintersdorfer/Klaßen«, die aus der anderen Gruppe hervorgegangen war – eine zweite Einladung, um auf Kampnagel aufzutreten. Inzwischen hatte Amelie Deuflhard mit ihrem Team dort angefangen – über Freund*innen im Umfeld von »Rekolonisation« lernte ich die Dramaturgette, wie sie sich selbst nannte, Nadine Jessen kennen.

Wir zeigten Amelie und Nadine den Performance-Film »Verlieren« (aus dem Jahr 2006) und kamen darüber schnell mit ihnen ins Planen einer Koproduktion auf Kampnagel. Als Amelie und ich in Berlin an einer Ampelkreuzung standen, überlegten wir, was es denn werden sollte: »Othello c'est qui« oder etwas noch Unbetiteltes, das später »La Jet Set« wurde, zur Auswahl. Beide Projekte gab es noch nicht und Amelie vertraute beiden und fand, ich solle meinem Gefühl folgen. Am Ende der Ampelphase entschied ich mich für »Othello«, ein – wie sich später herausstellte – gelungener strategischer Schachzug. Denn der bekannte Stoff lieferte eine sichere Klassiker-Referenz, auf die sich deutsche Theaterkritiker*innen stützen konnten, um unsere bis dahin schwer benennbare Arbeit einzuordnen und die Leistung der Performer*innen zu erkennen. Aber zurück zum Film »Verlieren«, der unseren eigentlichen Kosmos abbildete: Wir bewegten uns zwischen Hamburg, Marseille und Paris und trafen dort Stars der ivorischen Couper-Décaler-Szene, mit denen Franck Edmond Yao alias Gadoukou la Star und ich befreundet waren. Zusammen entwickelten wir in ihren Wohnungen und Stadtteilen kleine Szenen, die Knut Klaßen filmte. Wir spielten und filmten vor den 4000er-Gebäuden (HLM) in La Corneuve und in Asylbewerberheimen in Hamburg, zu denen uns zwei Mitglieder des ehemaligen Rekolonisationsteams brachten, die aus dem Niger über mehrere Stationen nach Hamburg gekommen waren und dort wohnten. Der Film thematisierte ein Phänomen, das bis heute die Lebens- und Arbeitsbedingungen nicht-europäischer Künstler*innen im Allgemeinen und die unserer Gruppe und ihres Umfelds im Besonderen prägt.

Ob Star oder nicht: Nicht-Europäer*innen aus dem globalen Süden sind einer abweisenden und feindlichen europäischen Migrationspolitik ausgesetzt, die sie zutiefst einschränkt und immer wieder in kaum zu bewältigende Situationen bringt. Damals besuchten wir die ivorischen Sänger Maga Din Din, Zike und den jungen DJ Arafat, der zu einem der bedeutendsten Sänger des afrikanischen Kontinents wurde. Wir sahen die Proteste gegen den damaligen Innenminister Sarkozy auf den Champs-Élysées wegen seiner diskriminierenden Beleidigung der Einwohner*innen der Banlieues und vieles mehr. Wir haben immer versucht, den Glamour, die performative Stärke und die subversiven Strategien der Künstler*innen, mit denen wir arbeiten, in den Vordergrund zu stellen. Dennoch ist es wichtig, bewusst zu entscheiden, unter welchen Bedingungen sie diese aktivieren und dass angesichts der europäischen Behörden und Überwachungsorgane auch die Kunst nur unzureichenden Schutz für sie bietet. Seitdem wir die Zusammenarbeit mit Künstler*innen aus der Elfenbeinküste, später auch aus Ruanda, der Demokratischen Republik Kongo und Mexiko begonnen haben, gibt es ein Problem, das sich an uns heftet und zerstörerisch wirkt. Es ist die Ungleichheit in der Bewegungsfreiheit zwischen europäischen und nicht-europäischen Künstler*innen. Wir sind eine transnationale Gruppe, wir wollen Grenzen überwinden, jeder soll das Recht haben, in seinem Heimatland und in anderen Ländern zu arbeiten, zu leben und auf Tournee zu gehen. Wir wollen Grenzen abbauen und nicht nationalen Logiken folgen. Es geht um ein Dazwischen-Sein, das es erlaubt, Perspektiven zu wechseln.

DIE REALITÄT SIEHT ANDERS AUS.

Während die Künstler*innen aus dem globalen Norden innerhalb weniger Tage und mit geringem Aufwand Visa für fast alle Länder erhalten, müssen sich Künstler*innen aus dem globalen Süden, vor allem vom afrikanischen Kontinent, genauen Über-

Die selbsternannte Aristokratie, La Fleur, 2017, Foto: Nurith Wagner-Strauss

prüfungen unterziehen. Sie müssen Einkommensverhältnisse in ihrem Heimatland nachweisen, die die meisten nordeuropäischen Künstler*innen niemals nachweisen könnten – müssen sie ja auch nicht. Selbst wenn mit großem Aufwand alle Bestätigungen herangeschafft werden – das sind zum Beispiel Vorschusszahlungen der Gruppe oder Verträge mit renommierten Institutionen –, gibt es keinen Anspruch auf und keine Garantie für ein Visum. Manche Künstler*innen bekommen nie eines und ganze künstlerische Lebensläufe entscheiden sich darüber. Aber selbst für diejenigen, die ein Visum und später eine Aufenthaltsgenehmigung bekommen haben, ist die Lage nicht stabil. Ein mühsam errungener Aufenthaltsstatus verfällt wieder oder wird entzogen, wenn ein Papier fehlt oder das Einkommen sinkt.

Corona hat dieses Phänomen noch verstärkt. Behörden waren zeitweise geschlossen und später waren die Mitarbeiter*innen nahezu unerreichbar. Wenn erstmal kein gesicherter Aufenthaltsstatus mehr da ist, wird das Leben zur Qual. Zwangstrennungen von Familie und Freund*innen über Jahre hinweg. Angst vor Abschiebung, bestimmte Wege in der Stadt, zum Beispiel über den Hauptbahnhof, werden aus Angst vor Polizeikontrollen nicht mehr genommen. Spott aus der eigenen Community. Scham, Ausgeliefertsein, finanzielle Einbußen, nichts kann mehr geplant werden, Ausschluss von Gastspielreisen aus Angst vor Grenzüberquerung.

Wie kann man international gleichberechtigt zusammenarbeiten, wenn Teile der Gruppe einem solchen psychischen und existenziellen Druck ausgesetzt sind und die anderen nicht?

Als international arbeitende Institution kennt Kampnagel diese Problematik genau. Das eine oder andere Gastspiel ist deswegen schon ausgefallen oder konnte nur mit einem kleinen Teil der tatsächlich eingeladenen Künstler*innen performt werden. Ein Paradox: Künstler*innen, die einerseits von einer deutschen Institution mit einer vielleicht sogar durch Bundesmittel geförderten Produktion eingeladen werden und dann wiederum von den deutschen Botschaften ausgeladen werden. Ein Paradox, von dem jüngst Dr. Andreas Görgen (Ministerialdirektor BKM) im Berliner Festspielhaus beim B.A.L.L. der Freien Darstellenden Künste sagte, man arbeite daran, es aufzulösen. Künstler*innen, die an mit Bundesmitteln geförderten Produktionen mitwirken, sollen ein Visum erhalten. Ich würde gerne bald wieder nachfragen, wie es damit aussieht.

Die Mitarbeiter*innen aus den künstlerischen Bereichen, die ich seit fünfzehn Jahren auf Kampnagel kennengelernt habe, waren immer bereit, Einladungsbriefe zu schreiben, Anrufe bei Behörden und Politiker*innen zu machen, um eine Einreise doch noch zu ermöglichen oder eine Abschiebung zu verhindern. Sie produzierten hunderte von Ideen, etwa mit Nadine Jessen im Kontext des Migrantpolitan, wie man die Lage von geflüchteten Menschen, Künstler*innen oder nicht, stabilisieren könnte. Dort, wo Abweisungen durch Behörden die Probleme der Geflüchteten vervielfachten, suchten sie nach Lösungen für existenzielle Bedürfnisse wie Arbeit, Wohnen und Gemeinschaft. Dabei waren sie mit all den Komplikationen konfrontiert, die entstehen, wenn solche Lösungsvorschläge innerbetrieblich durchgesetzt werden; auch mit den Komplikationen, die im Inneren eines Ortes wie dem Migrantpolitan entstehen, wenn Menschen mit verschiedenen Bedürfnissen und Erwartungen aufeinandertreffen.

In vielen Telefonaten mit Kampnagels »Dramaturgetten« haben wir uns gegenseitig erzählt, wo es gerade Schwierigkeiten mit den Aufenthaltspapieren oder Visa gibt. Dabei ging es nicht nur um den Sachstand, sondern auch darum, überhaupt mal mit jemandem, der oder die es wirklich versteht, länger über diesen Mist sprechen zu können. Eigene Hilflosigkeit, Druck und Enttäuschungen formulieren zu können. Denn in den letzten zwanzig Jahren haben Mitglieder und Gäste der Gruppen Gintersdorfer/Klaßen und La Fleur so viele Situationen durchgemacht, dass ich damit dieses Buch füllen könnte: Personen, die Stars in ihrem Heimatland sind, haben mich aus dem Abschiebeknast angerufen, vor Aufführungen sind wir nachts heimlich mit dem Auto über die Grenze gefahren, mit der Angst, dass uns die Polizei kontrolliert, damit Performer ohne gültigen Aufenthaltsstatus an Shows teilnehmen konnten. Künstler*innen, die erst Wochen nach den anderen zu den Proben kommen konnten, weil ihre Visa noch nicht da waren oder sie nicht mehr genug Tage zur Verfügung hatten. Aber selbst mit gültigen Papieren hören die Schikanen nicht auf: Eine einreisende Künstlerin, die im Flughafen-Abschiebeknast von Paris CDG gelandet ist, weil man ihr nicht erlaubt hat, ihre Einladung und ihren Vertrag aus dem Koffer zu holen, um sie vorzulegen. Oder ein Performer, der am Kölner Hauptbahnhof zur Polizei gebracht wurde, einfach nur weil er müde aussah. Ich habe ihn dort wieder rausgeholt mit dem Programm der Abendvorstellung in Händen. Es war Franck E. Yao, der Protagonist von »Othello, c'est qui«, das beim Impulse Festival 2009 ausgezeichnet wurde.

Vor kurzem, zu Beginn der Sommerferien 2022, gerade wenn die Theater in Urlaub gehen, ist wieder ein Brief mit einer Abschiebeanordnung bei einem befreundeten Künstler angekommen, der bis heute in Unsicherheit lebt. Je näher man sich ist, je enger die Beziehungen sind, desto schwieriger ist es, diesen Druck und diese Trauer auszuhalten.

In unseren Gruppen arbeiten europäische- und nicht-europäische Künstler*innen in denselben Stücken zusammen, erbringen dieselben Leistungen an denselben Institutionen, aber unsere jeweiligen Arbeitsbedingungen und die daraus resultierenden Lebensumstände unterscheiden sich gravierend. Das ist erzwungen, wir wollen es nicht so – aber wir brauchen Unterstützung, um die Verhältnisse zu ändern, denn es ist ein politisches Problem. Mit dem Immer-weiter-bitten-bangen-und-alles Erfüllen, dem Einladungsbriefe schreiben und so weiter, ist es nicht getan. Allen Institutionen, die es mit uns getan haben: Danke dafür! Den Kulturinstitutionen, die es nicht getan haben, sondern eher als Doppelgänger der grenzpolizeilichen Kontrollorgane aufgetreten sind: Shame on you! Denen, die beides gemacht haben, Einladungsbriefe geschrieben und uns gleichzeitig kontrolliert haben: Findet eine wirklich solidarische Haltung und wälzt die Risiken nicht auf die freien transnationalen Gruppen ab, die bei den jetzigen ungerechten Zuständen alle Aufenthalts-, Steuer- und Versicherungspapiere für ausländische Künstler*innen im Vorhinein beschaffen sollen, damit die Institutionen abgesichert sind.

Wir brauchen ein gemeinsames Statement der international arbeitenden Künstler*innen, Institutionen, Festivals und Förderer, um Bewegungsfreiheit für die Künstler*innen aus dem globalen Süden einzufordern. Wir sollten klar aussprechen, dass die jetzt auf sie angewandte Visa- und Aufenthaltspolitik eine Fortsetzung kolonialer Gewalt ist. Sie ist traumatisierend. Sie verfestigt Hierarchien. Sie verstößt gegen die Chancengleichheit. Sie tut Menschen Gewalt an, die sich auf alle Lebensbereiche auswirkt. Sie schadet dem internationalen künstlerischen Austausch zutiefst.

Transnationale oder internationale künstlerische Zusammenarbeit, wie sie derzeit stattfindet, ist nicht in Ordnung. Wenn Förder*innen schreiben, sie wollen internationalen Austausch auf Augenhöhe, dann kann man nur sagen: vollkommen unmöglich unter diesen Bedingungen. Transnationale Kunst ist zutiefst notwendig und schön, aber unter den jetzigen Bedingungen muss eine Seite dafür ständig einen viel zu hohen Preis zahlen, um dabei sein zu dürfen, und bleibt immer in einer ungesicherten Position.

Es muss Druck auf die politischen Parteien aufgebaut werden, eine Kehrtwende in der feindlichen Ausgrenzungspolitik der Festung Europa zu betreiben.

Jetzt fehlen Arbeitskräfte in Europa, ach ja.
Seit Jahren alles falsch gemacht.
Pffff.

Not Punk, Pololo, Gintersdorfer/Klaßen, 2015, Foto: Knut Klaßen

»THAT'S NOT HOW IT WORKS«
HOW EU BORDER POLICY INFLUENCES OUR ARTISTIC WORK

Monika Gintersdorfer

Our first appearance at Kampnagel was in 2004 with »Rekolonisation«, a group of artists, neighbours and friends who dug wells, filtered water, threw plates, swam behind boats, conducted informal trade, fled from private apartments and moved invisibly through the city. It was about informal trading, flight and fight. We transported situations from less secure societies to Hamburg and let them collide with the reality there, without explanation. These ideas emerged under the influence of rebellion which broke out in Côte d'Ivoire in 2002, and its consequences, which directly affected some members of our group.

BACK THEN I WAS PART OF A SCENE.

Within a year there were over a hundred »Rekolonisation« actions in public spaces, some not documented at all or only in brief snippets, covertly filmed. Kathrin Tiedemann, dramaturge at Kampnagel at the time, had faith in the power of these interventions and invited us to stage an evening session about them at Kampnagel. Our presentation failed. Jochen Dehn, the co-founder of »Rekolonisation«, forgot his glasses and had difficulty finding the snippets on the computer; my improvised dialogue with doctor and co-performer Costa Christofides about bruises, injuries and the value of the unbuffered backfired. The session was too long – a disaster. Kathrin took it calmly. Perhaps the visitors did actually notice that the actions were extraordinary, even if we scarcely conveyed it. And that's what Kampnagel was there for, after all – for daring to experiment. Three years later we – now with the group Gintersdorfer/Klaßen, which had emerged from the other group – received a second invitation to appear at Kampnagel. By that time Amelie Deuflhard and her team had started there, and I met Nadine Jessen, the »dramaturgette« as she referred to herself, through friends connected to »Rekolonisation«.

We showed Amelie and Nadine the performance film »Verlieren« (Losing, from 2006) and were soon planning a co-production with them at Kampnagel. As Amelie and I were standing at a traffic light in Berlin, we thought about what we wanted it to be: a choice of either »Othello, c'est qui« or something as yet untitled, which later became »La Jet Set«. Neither project existed at the time, and Amelie had faith in both of them and said I should follow my instincts. As the traffic lights changed I decided on »Othello«, which – as it later turned out – was a successful strategic move. That's because the familiar material provided a secure classical reference that German theatre critics could use in classifying our work, which had previously been difficult to categorise, and in recognising the achievements of the performers. But back to the film »Verlieren«, which depicted our actual cosmos: we moved between Hamburg, Marseilles and Paris, and met stars of the Ivorian couper-décaler world there, with whom Franck Edmond Yao alias Gadoukou la Star and I were friends. Together we developed small scenes in their apartments and neighbourhoods, which Knut Klaßen filmed. We performed and filmed in front of the Cité 4000 buildings (HLM) in La Corneuve and in asylum seekers' homes in Hamburg, where we were taken by two members of the old Rekolonisation team who lived in the city, having come from Niger with several stops in between. The film addressed a phenomenon that continues to shape the living and working conditions of non-European artists in general, and those of our group and their milieu in particular.

Star or no star: non-Europeans from the global south are subject to a dismissive and hostile European migration policy which imposes massive restrictions on them and repeatedly puts them in near unmanageable situations. During that time we visited the Ivorian singers Maga Din Din, Zike and the young DJ Arafat, who became one of the most important singers on the African continent. We saw the protests on the Champs-Élysées against then Interior Minister Sarkozy in response to his discriminatory insults against the residents of the banlieues, and much more. We have always tried to foreground the glamour, performative strength and subversive strategies of the artists we work with. Nevertheless, it is important to carefully decide the conditions under which they activate them; in view of the European authorities and supervisory bodies, even art offers inadequate protection for them. Since we started working with artists from Côte d'Ivoire, and later also from Rwanda, the Democratic Republic of Congo and Mexico, there has been one problem that has stuck with us and which has had a destructive impact. It is the unequal freedom of movement between European and non-European artists. We are a transnational group, we wish to overcome borders, and for everyone to have the right to work, live and tour in their home countries and in other countries. We wish to dismantle borders and ignore national logics. It's about a being-in-between that allows you to change perspectives.

THAT'S NOT HOW IT WORKS.

While artists from the Global North receive visas for just about every country within a few days and with little effort, artists from the Global South, especially from the African continent, have to undergo detailed checks. They have to prove income levels in their home country that most northern European artists would never be able to prove – and would never be asked to. Even when every confirmation is obtained at great effort – for example, advance payments for the group or contracts with prestigious institutions – there is no entitlement to nor guarantee of a visa. Some artists never get one and this can impact entire artistic careers. But even if you do receive a visa and later a residency permit, the situation is not stable. Hard-won residency status can expire or be revoked if you're missing a document or your income drops.

Corona exacerbated this phenomenon further. Public offices were temporarily closed and then later, employees were almost unreachable. Once you've lost secure residency status, life becomes torture. Forced separation from family and friends for years. Fear of deportation, avoiding certain routes through the city – via the central train station for instance – for fear of police checks. Disdain from your own community. Shame, helplessness, financial loss, an inability to plan, exclusion from guest performances for fear of border crossings.

How do you work together internationally on equal terms when some of the group are exposed to such psychological and existential pressure and others not?

As an institution that works internationally, Kampnagel is very familiar with this problem. There have been one or two guest performances that were cancelled for these very reasons, or that went ahead with a fraction of the artists who were actually invited. It's a paradox: artists

Not Punk, Pololo, Gintersdorfer/Klaßen, 2015, Foto: Knut Klaßen

who are invited by a German institution with a production that may even be funded by federal funds who are then, in turn, disinvited by German embassies. A paradox of which Dr Andreas Görgen (Undersecretary of the Commissioner for Culture and Media) recently said at the B.A.L.L. of the independent performing arts at the Berlin Festspielhaus that they were working on resolving it. Artists who take part in productions supported by federal funds should get a visa. I plan to enquire soon what's happening with that.

The employees in the Kampnagel artistic departments that I have gotten to know over fifteen years have always been ready to write invitation letters and make calls to authorities and politicians to facilitate entry or prevent deportation. They have come up with hundreds of ideas for stabilising the situation of refugees, artists or not, for example with Nadine Jessen in the context of Migrantpolitan. Where rejection by the authorities exacerbated problems for refugees, they looked for solutions to existential needs such as work, housing and community. They were confronted with all the complications that arise when you carry out this kind of solution internally; and the complications that arise within a place like Migrantpolitan, where people with different needs and expectations come together.

In numerous phone calls with the Kampnagel »dramaturgettes« we shared information about where we were having difficulties with residence papers or visas. It wasn't just to do with the situation in question, but also being able to talk about all this crap over a long period with people who really get it. To be able to express your own helplessness, pressure and disappointments. Because over the last twenty years, members and guests of the groups Gintersdorfer/Klaßen and La Fleur have been through so many situations that I could fill this book with them: people who are stars in their home countries calling me from deportation prison, secretly driving across the border at night so performers without valid residency status who feared police checks could appear in shows. Artists who could only come to rehearsals weeks after the rest of the cast because their visas hadn't arrived yet, or were soon to expire. But the harassment doesn't stop even if you have valid papers; one incoming artist ended up in the Paris CDG Airport deportation prison because they wouldn't let her take her invitation and contract out of her suitcase and present them. And then there was the performer who was taken to the police at Cologne Station simply because he looked tired. I got him out of there with the programme for the evening performance in my hands. It was Franck E. Yao, the protagonist of »Othello, c'est qui«, which won an award at the 2009 Impulse Festival.

And recently, at the start of the 2022 summer holidays when the theatres were about to go on vacation, an artist friend of ours received a letter with a deportation order, and he is still living in uncertainty to this day. The closer you are, the closer the relationships, the harder it is to endure this pressure and grief.

Within our groups, European and non-European artists work together on the same pieces, provide the same services at the same institutions, but our respective working conditions and the living conditions that result differ significantly. This is imposed upon us, this is not what we want – but we need support to change the situation because it is a political problem. But this constant process of requesting, worrying and fulfilling everything, writing invitation letters and meeting all the criteria, sending invitations and all of that – that's not going to do it. To all the institutions that have done this with us: thank you! To all the cultural institutions that didn't, but instead acted as representatives of the border policing authorities: shame on you! To those who did both, wrote invitation letters and monitored us at the same time: come up with a position of true solidarity and don't pass the risks off on to the independent transnational groups who, under the current unjust conditions, have to obtain all the residence, tax and insurance documents for foreign artists in advance so that the institutions are safeguarded.

We need a joint statement from artists, institutions, festivals and funding bodies who work internationally, that demands freedom of movement for artists from the Global South. We need to make it clear that the visa and residency policies currently being applied to them are an extension of colonial violence. It's traumatising. It reinforces hierarchies. It violates equality of opportunity. It inflicts violence on people which impacts every area of their life. It is profoundly damaging to international artistic exchange.

Transnational and international artistic collaboration, as it is currently practiced, is not working. When funding bodies write that they want international exchange on an equal footing, then we can only say: absolutely impossible under these conditions. Transnational art is profoundly necessary and beautiful, but under the current conditions one side constantly has to pay far too high a price for taking part, and it is always in a position of insecurity.

We must build pressure on the political parties to reverse the hostile exclusion policy of Fortress Europe.

Now there is a labour shortage in Europe, by the way.
They've been doing it all wrong for years.
Pfffff.

»SOLIDARISCHE INSTITUTION« ZWISCHEN ADMINISTRATIVER UTOPIE UND KÜNSTLERISCHEM POWERPLAY

Nadine Jessen und Alina Buchberger

Die »Solidarische Institution« wurde inspiriert und initiiert durch die gesammelten Erfahrungen mit dem »Migrantpolitan«, einem Aktionsraum von, für und mit Geflüchteten. Seit 2015 sind der Ort und seine Teammitglieder Teil des Kampnagel-Kosmos und befinden sich in innovativem gegenseitigen Wissenstransfer. Aus migrantischer Perspektive und dem künstlerischen Selbstverständnis von Kampnagel heraus entstand das Konzept der »Solidarischen Institution«. Seit 2018 fließt es auch in die gemeinsame institutionelle Praxis innerhalb des Bündnisses Internationaler Produktionshäuser ein.

GRAUZONEN UND REGELBRÜCHE: DIE KUNST DER SOLIDARITÄT

Die »Solidarische Institution« übersetzt das Konzept der »Solidarischen Stadt« in eine institutionelle Praxis. Sie entwickelt aktiv Werkzeuge, um ihre eigenen künstlerischen Methoden der (Selbst-)Ermächtigung auf Individuen zu übertragen. Dabei werden administrative Handlungsspielräume kreativ und strategisch ausgereizt und eingesetzt, um mit den Mitteln der Kunst reale, neue Verhältnisse zu produzieren. Die Praktiken der »Solidarischen Institution« bewegen sich punktuell in Grauzonen und gezielten Regelbrüchen. Dieses Potential wird in Kulturinstitutionen oft nicht ausgeschöpft oder entpolitisiert, weil es formal kein ästhetischer Prozess ist – oder als solcher nicht erkannt wird. Dabei ist der Antrieb jeder Kunstproduktion ja gerade nicht die Bestätigung bestehender Werte, sondern deren Verschiebung durch verschiedene künstlerische Strategien, um andere Wahrnehmungsweisen zu eröffnen. Kompliz*innenschaft und die Kunst der solidarischen Praxis gehören zum Selbstverständnis der »Solidarischen Institution« und sollten von allen Mitarbeiter*innen getragen werden.

Die Transformation einer Institution in eine »Solidarische Institution« ist ein langwieriger Prozess, der mit einem kollektivem Erkenntnisgewinn belohnt wird: Verwaltungsangestellte sind nicht länger die verlängerten Arme der Bürokratie, sondern werden zu Kompliz*innen der schönen Künste, zu kreativen Trickser*innen und Partner*innen auf Augenhöhe. Ein*e Künstler*in mit prekärem Aufenthaltsstatus braucht administrative Expert*innen, welche die persönliche Situation individuell analysieren und entsprechende legale Handlungsspielräume eröffnen können. Bestenfalls entstehen so neue innerbetriebliche Schnittstellen und abteilungsübergreifende organische Strukturen, in denen stetig neues solidarisches Potenzial und Wissen freigesetzt wird.

Konkret kann die Praxis der »Solidarischen Institution« zum Beispiel bedeuten: Eine solidarische Personalpolitik, Öffnung von Veranstaltungsräumen und -formaten, entbürokratisierte Zugänge zum Kunstbetrieb, sensible und unterstützende Beziehungen und Kommunikation, solidarische politische Haltung in administrativen Abläufen, institutionelle Verbindlichkeit statt individueller Solidarität, Selbstkritik und Weiterbildung, Unterstützung auch über das »Kunstprojekt« hinaus.

Sommerfestival 2022,
Foto: Maximilian Probst

KURZDEFINITION »SOLIDARISCHE INSTITUTION«:
Eine Institution, in der sich alle frei und ohne Angst bewegen können, in der kein Mensch nach einer Aufenthaltserlaubnis gefragt wird, in der kein Mensch illegal ist. Das sind die grundlegenden Vorstellungen von einer *Solidarity Institution*. In einer solchen Institution der Solidarität sollen alle Menschen das Recht haben, zu arbeiten und sich künstlerisch zu entfalten – unabhängig von Aufenthaltsstatus, finanziellen Möglichkeiten, Geschlecht, Sexualität, etc. Nicht nur die Kunst muss frei sein und bleiben. Auch die Künstler*innen und ihre die mit ihnen verbündeten Institutionen müssen frei bleiben. Im Klartext heißt das, dass wir uns den zunehmenden Restriktionen europäischer und nationaler Grenz- und Migrationspolitiken nicht beugen, sondern uns widersetzen – nicht nur inhaltlich, sondern auch strukturell. Wir haben die Verantwortung, Künstler*innen mit prekärem Aufenthaltsstatus zu inkludieren. Nicht die Künstler*innen sind kompliziert oder kriminell, sondern die Umstände, mit denen wir umgehen müssen.

KURZDEFINITION »SOLIDARISCHEN STADT«:
»Wir wollen eine Stadt, aus der niemand abgeschoben wird und in der alle – unabhängig vom Aufenthaltsstatus und vom Einkommen – gleiche Rechte, gleichen Anspruch auf soziale Leistungen und Zugang zu sämtlichen Bereichen des gesellschaftlichen Lebens haben«, schreibt das »Bündnis Solidarische Stadt Hamburg«. Die »Solidarischen Stadt« steht für die Vision einer offenen, sozial gerechten Gesellschaft, die Spaltung und Ausgrenzung, Armut und Prekarisierung zu überwinden sucht und dies zugleich auch in konkreten praktischen Initiativen lebendig werden lässt. Städte entscheiden sich dafür, staatliche Richtlinien auszudehnen und eigene Strategien zu entwickeln, um allen Bewohner*innen gleichermaßen Zugang zu gesellschaftlichen, ökonomischen und politischen Prozessen sowie zu kulturellen, finanziellen und räumlichen Ressourcen zu verschaffen. Im Grundsatzdokument vom »Bündnis Solidarische Stadt Hamburg« heißt es: »Immer mehr europäische Städte stellen sich gegen die Abschottungs- und Abschreckungspolitik der EU gegenüber Flüchtenden. Sie wollen über die Verteilungsquote hinaus mehr schutzsuchende Menschen schnell und unbürokratisch aufnehmen.«

»INSTITUTION OF SOLIDARITY« FROM ADMINISTRATIVE UTOPIA TO ARTISTIC POWER PLAY
Nadine Jessen and Alina Buchberger

The »Institution of Solidarity« programme was inspired and initiated by the experiences of »Migrantpolitan«, a space of action by, for and with refugees. The site and its team members have been part of the Kampnagel cosmos since 2015, and are engaged in innovative mutual knowledge transfer. The concept of the »Institution of Solidarity« emerged from a migrant perspective and Kampnagel's artistic self-image. Since 2018, it has also been incorporated into shared institutional practice within the Alliance of International Production Houses.

GREY AREAS AND RULE-BREAKING: THE ART OF SOLIDARITY
The »Institution of Solidarity« programme translates the concept of the »City of Solidarity« into institutional practice. It actively develops tools for transferring its own artistic methods of (self-)empowerment to individuals. It also exploits the administrative scope for action, creative and strategic, to bring about real, new conditions with the means of art. The practices of the »Institution of Solidarity« sometimes move in grey areas or deliberately break the rules. Cultural institutions often fail to exploit this potential or they depoliticise it because it is not an aesthetic process in formal terms – or not recognised as such. The impetus behind every artistic production is not the confirmation of existing values, but rather their displacement through various artistic strategies as a means of enabling other means of perception. The »Institution of Solidarity« concept includes complicity and the art of solidarity as a practice, and it is meant to be upheld by all employees.

The transformation of an institution into an »Institution of Solidarity« is a lengthy process for which a collective increase in knowledge is the reward; administrative employees are no longer the long arms of bureaucracy, but instead become accomplices of the arts, creative tricksters and partners on an equal footing. An artist with a precarious residency status needs administrative experts who can analyse their personal situation individually and provide appropriate legal scope for action. In the best case, this leads to new internal interfaces and organic cross-departmental structures which constantly liberate fresh potential for solidarity and knowledge.

In specific terms, the practice of the »Institution of Solidarity« can mean such things as a personnel policy based on solidarity, opening up of event spaces and formats, de-bureaucratised access to the art world, sensitive, supportive relationships and communications, political stances in administrative processes based on solidarity, institutional commitment rather than individual solidarity, self-criticism and training, and support beyond the »art project«.

BRIEF DEFINITION OF »INSTITUTION OF SOLIDARITY«:
An institution in which everyone can move freely and fearlessly, in which no one has to present a residency permit, in which no one is illegal. These are the basic ideas behind the institution of solidarity. In an institution of solidarity, everyone should have the right to work and develop artistically – regardless of their residency status, financial standing, gender, sexuality, and so on. It is not just art that must be free and remain so. The artists and their associated institutions must also remain free. In plain terms, this means that we do not bow to the increasing restrictions of European and national border and migration policies, but instead we resist them – not just in our work, but structurally as well. We have a responsibility to include artists who have precarious residency statuses. It's not the artists who are complicated or criminal, rather the circumstances we have to deal with.

BRIEF DEFINITION OF »CITY OF SOLIDARITY«:
»We want a city from which no one is deported and in which everyone – regardless of residency status or income – has equal rights, equal entitlement to social benefits and access to all areas of societal life,« writes the »City of Solidarity Alliance Hamburg«. The »city of solidarity« represents the vision of an open, socially just society which seeks to overcome division and exclusion, poverty and precarity, and at the same time to make this a lived reality with concrete, practical initiatives. Cities choose to extend state policies and develop their own strategies to give all residents equal access to social, economic and political processes as well as cultural, financial and spatial resources. The »City of Solidarity Alliance Hamburg« policy document states: »More and more European cities are opposing the EU's policy of isolation and deterrence towards refugees. They want to take in more asylum seekers than the distribution quota, quickly and without red tape.«

WARUM KOMPLIZ*INNEN UNABDINGBAR SIND
Antje Pfundtner in Gesellschaft

#GESTERN: EIN KURZER RÜCKBLICK.
ODER: ZURÜCK ZUM ANFANG

»Als ich geboren wurde, konnte ich mich gar nicht bewegen.« Das ist der erste Satz meiner Soloarbeit »eigenSinn«, die vor fast zwanzig Jahren auf Kampnagel Premiere feierte – auf meiner Lieblingsbühne, der K1. Tatsächlich beschreibt der Satz bis heute einige wichtige Ansätze meiner künstlerischen Arbeit: Er weist auf Bewegung hin, bezieht Innehalten als Möglichkeit mit ein, eröffnet ein vermeintliches Narrativ, ist nicht zuletzt autobiografisch und löst Fragen aus. Wer hat Bewegung in die Situation gebracht? Um es kurz zu machen: Es gab einen gemeinsamen Plan von mir, meiner Mutter, einem Kinderarzt und einer Physiotherapeutin. Sie waren meine ersten wichtigen Kompliz*innen. Insofern kann man zwei Dinge daraus ableiten: Ich halte nichts für selbstverständlich. Und: Ich halte Kompliz*innen für unabdingbar, um etwas zu bewegen.

Der Begriff der Kompliz*innenschaft wird vielfältig verwendet: Im Strafrecht verweist er auf eine kriminelle Mitwisser*innenschaft, in der Soziologie oder Kulturtheorie auf produktive Arbeitsweisen[1]. Und in der Tat, ob kriminell oder kreativ: Meist hecken Kompliz*innen einen gemeinsamen Plan aus. Inzwischen möchte ich aber für mich behaupten, dass es zwei Kategorien von Kompliz*innen gibt: Diejenigen, mit denen man sofort eben diesen gemeinsamen Plan aushecken und umsetzt, und jene, mit denen man auch im Austausch steht, ohne gleich einen konkreten Plan zu schmieden, sondern um etwa Wissen mit ihnen zu teilen. Zu diesen Kompliz*innen zählen beispielsweise Kolleg*innen, Zuschauer*innen, Menschen aus anderen Netzwerken oder anderen Berufssparten, Theater und andere Orte. Und was aus diesem Austausch und dem geteilten Wissen entsteht, kann dann natürlich Teil eines übergeordneten oder erweiterten Plans werden. Deshalb geht es mir bei dem Begriff »Kompliz*innenschaft« vor allem um Verbindungen oder Beziehungen, die aus Kontakt und Kommunikation resultieren: Denn letztendlich reden wir miteinander, um umeinander zu wissen.

#HEUTE: EIN JUBILÄUM IM JUBILÄUM

Aus diesem »Umeinander-Wissen« und »In-Kompliz*innenschaft-Agieren« ist das Label Antje Pfundtner in Gesellschaft entstanden, das sich bis heute aus neu hinzugekommenen und langjährigen Kompliz*innen zusammensetzt – etwa der Dramaturgin und Kuratorin Anne Kersting, mit der ich bereits seit vierzehn Jahren zusammenarbeite, und Hannah Melder (Produktionsmanagement), die mit mir das klassische Kernteam bilden. Aber auch Katharina von Wilcke, Ursula Teich sowie zahlreiche Kolleg*innen und Gäste und ein großes Team für unsere Bühnenstücke, bestehend aus Michael Lentner, Yvonne Marcour, Juliana Oliveira, Irene Pätzug, Matthew Rogers und Nikolaus Woernle, prägen als wichtige Kompliz*innen unsere Arbeit bis heute. Diese stetig wachsende Gesellschaft feierte 2021 ihr zwanzigjähriges Jubiläum auf Kampnagel. Über einen so langen Zeitraum in der freien Szene zu überleben ist an sich schon ein kulturpolitisches Ereignis – zwanzig Jahre an einem Ort zu produzieren und dann auch noch einen Intendanzwechsel überstanden zu haben, erst recht. Eines wird dadurch sicher klar: Es muss von Kompliz*innen nur so gewimmelt haben, mit denen man Pläne geschmiedet und ausgeheckt hat. Längst ist die Kompliz*innenschaft also zu unserer künstlerischen Praxis geworden! Entstanden ist ein Geflecht von Beziehungen, das unsere Arbeit bis heute prägt und sich stetig erweitert. Das Geburtstagsfest spiegelte das deutlich wider: Wir feierten es in Form einer »Gala«, die wir unseren Künstler*innen- und Zuschauer*innen-Kompliz*innen widmeten und mit denen wir an diesem Abend unsere Bühne teilten. Eröffnet haben wir unsere zweitägige Feier mit einer unserer »Tischgesellschaften«.

Die »Tischgesellschaften« sind ein Versammlungs- und Dialogformat rund um die Leitfragen »Wie teilt man Ideen?« und »Wie teilt man Geld?«, das ich zusammen mit der Dramaturgin Anne Kersting inszeniere. Aus der Sehnsucht heraus, nicht nur Kompliz*innen für den konkreten, meist projektorientierten Austausch zu haben, sondern einen überregionalen, sogar internationalen, regelmäßigen, bezahlten Austausch mit Kolleg*innen zu suchen, wollten wir eine erste Struktur schaffen, die diesen regelmäßigen Austausch als wichtigen und selbstverständlichen Teil unserer künstlerischen Arbeit definiert und bezahlt. Institutionen konnten längst andere Maßstäbe setzen und sich innerhalb ihrer kontinuierlich bezahlten Strukturen treffen, Diskurse initiieren, Veranstaltungen organisieren und dadurch sogar Themenschwerpunkte für zu vergebende Fördergelder setzen. Für soloselbständige Künstler*innen-Gruppen hingegen gab es zu diesem Zeitpunkt in Deutschland kaum Fördermittel, mit deren Hilfe sie solche Strukturen auch für sich hätten bezahlen können. Da wir, Antje Pfundtner in Gesellschaft, inzwischen aber einen Förderstatus erreicht hatten, der es uns ermöglichte, diese Struktur zumindest zu initiieren, und wir sicher sein konnten, auf das Interesse der Kolleg*innen an Selbstermächtigung zu stoßen, riefen wir 2018 die Tischgesellschaften ins Leben.

Alle Tischgesellschaften beschäftigen sich mit der Teilung von Wissen und Ressourcen unter Künstler*innen, Kulturforscher*innen und Zuschauer*innen. Zum Thema Postproduktion wurden z. B. vielfältige Überlegungen zu neuen Produktionstools angestellt. Ausgehend von der Annahme, dass eine Produktion ihren Abschluss nicht (allein) mit der Premiere findet,

---
[1] Vgl. Gesa Ziemer: *Komplizenschaft. Neue Perspektiven auf Kollektivität*, 1. Auflage, Bielefeld 2013.

TISCHGESELLSCHAFT, Antje Pfundtner in Gesellschaft, Foto: Anja Beutler

erforschten wir, welche strukturellen und künstlerischen Schritte es braucht, um eine Arbeit zu evaluieren, zu modifizieren, zu verbreiten, zu archivieren. Daraus entstanden Ideen zu Feature- und Distributionsmodellen und nicht zuletzt die Fragen, wie sich Künstler*innen in Zukunft den Platz am »Markt« und auf den (zu) wenigen Bühnen teilen wollen, was der »Markt« überhaupt ist und wer ihn im wahrsten Sinne des Wortes beSTÜCKT. Zum Thema Wiederaufführung hinterfragten wir Ökonomien und Prinzipien von Nachhaltigkeit unter künstlerischen Gesichtspunkten, ebenso wie die Politik der Distribution und Programmierung. Wir erkundeten mit Kolleg*innen und Zuschauer*innen den Stadtraum, befragten den Ort Theater als gemeinsamen Begegnungsraum und baten Zuschauer*innen – als Kompliz*innen – mit auf unsere Bühne, sodass sie in unseren Stücken auftauchten. Kurz: Wir erhoben das Teilen zum Prinzip einer nicht endenden Kompliz*innenschaft. Wir überlegten sogar, wie wir unser Geld teilen könnten, und gründeten zu guter Letzt einen Künstler*innen-Fonds, der gezielt nicht nur Geld, sondern auch Vertrauen kumulierte und uns durch dieses Kapital neue Denk- und Produktionsräume eröffnete. Inzwischen würde ich sogar behaupten, dass bei Geld die Kompliz*innenschaft erst recht anfängt und nicht aufhört.

#MORGEN: ABER WAS TEILEN WIR IN ZUKUNFT NOCH AUSSER GELD UND IDEEN?

Wenn die Kunst u. a. den Auftrag hat, durch sich selbst auch auf »Leben« zu verweisen, worauf will, muss und kann sie dann hinweisen – gerade in diesen Krisenzeiten? Es müssen neue Lebens- und Arbeitsmodelle her oder bestehende überdacht werden – auch um der Überproduktion endlich zu entkommen. Um nachhaltig zu sein, kann es nicht allein um weiteres Produzieren und Konsumieren gehen. Es braucht auch ein nachhaltiges Denken über die Ressourcen Kunst und Publikum. Und wie werden sich diese in Zukunft die Ressource »Zeit« teilen? Zeit als »Dauer« bedeutet zum einen, künstlerische Arbeit dauerhaft anzuerkennen und entsprechend zu fördern. Zeit und Dauer sind aber auch Mittel, um Strukturen, deren Mühlen sehr langsam mahlen, zu überdenken. Worauf müsste man verzichten, um eine andere Qualität der Zusammenarbeit, eine andere Zeitlichkeit einzuführen, und was würde man gewinnen?

Was wäre, wenn das Theater sich von der Zeit bzw. dem ökonomischen Zwang der Zeit lossagt: Es lädt einfach ein und die Zuschauer*innen wissen, dass dort etwas geteilt wird, und zwar jederzeit: Nehmen wir mal an, dieses Theater wäre Kampnagel … Wenn man in Zukunft morgens zu Kampnagel geht, kann man bei verschiedenen Warm-ups der dort arbeitenden Menschen mitmachen: körperliche, stimmliche oder auch laut denkende Warm-ups. Schulklassen besetzen vormittags das Foyer – sie haben herausgefunden, dass ein Ortswechsel dem zu verhandelnden Schulstoff guttut, und auch sie kommen so in Kontakt mit laut denkenden und sich bewegenden Menschen – und nicht nur mit stillsitzenden. Themen werden gemeinsam entwickelt, Vorschläge kommen von den dort verweilenden Menschen. Man kann hier essen, Proben besuchen, den Kampnagel-Garten bepflanzen, ins Gespräch kommen und abends – auf den Bühnen – etwas sehen. Die Bühnen sind frei zugänglich, es gibt verschiedenste Modelle von Aufführungen und der Zusammenkunft von Kunst und Publikum. Langfristige Vorankündigungen entfallen, was sich ereignet, kündigt sich wahrnehmbar an. Die Zuschauer*innen werden es mitbekommen, weil sie ohnehin gerne an diesem Ort sind und sich mit ihm und den dort wirkenden Menschen austauschen. Die Zusammenarbeit der Menschen, die auf Kampnagel arbeiten, gestaltet sich ständig neu. Die Strukturen sind fluide geworden. Man hat längst begriffen, dass kulturelle Arbeit eine Zusammenarbeit ist, die neue Formen des Zusammenlebens praktiziert. Kampnagel hat sich von der Überproduktion schon lange verabschiedet. Es gibt Rotationsmodelle in der Praxis der Kunstschaffenden, die die Bereiche Recherche, Vermittlung und Produktion in einen Ausgleich bringen, in dem jede*r vorkommt. Die eigene Dosierung von Öffentlichkeit wird längst nicht mehr als existenzielle Bedrohung, sondern als Mehrwert verstanden. Es gibt wechselnde Konstellationen von Teams, die für verschiedene Rahmensetzungen verantwortlich sind. Die Budgets sind transparent und werden bedarfsgerecht verteilt. Das Wort »Kompliz*innenschaft« hat sich aufgelöst: Alles steht in Beziehung zueinander und wird durch gemeinsames Handeln gestaltet. Im Großen wie im Kleinen.

Ja, so wird es sein: Kampnagel hat den freischaffenden Künstler*innen erneut einen Rahmen ermöglicht, in dem sie die Verteilung von Geld, Räumen, Inhalten, Zeitlichkeit und die Einbeziehung des Publikums noch einmal anders erproben können, damit sie selbst wieder zu Strukturschaffenden werden und dadurch Kulturschaffende bleiben. Vielleicht läuft es dann wieder auf das Gleiche hinaus – im Sinne von *history repeating*. Aber nein, sicher nicht. Wozu hätten wir sonst Erfahrungen gemacht, wozu insistiert auf der Suche nach neuen Möglichkeiten? Und damit sind wir wieder am Anfang: diesmal nicht bei meinem, sondern dem von Kampnagel, denn vor vierzig Jahren wurde dieser Rahmen geschaffen. Herzlichen Glückwunsch! Applaus! Und jetzt nochmal bitte.

WHY ACCOMPLICES ARE ESSENTIAL
Antje Pfundtner in Gesellschaft

#YESTERDAY: A BRIEF LOOK BACK. OR: BACK TO THE START

»When I was born, I couldn't move at all.« This is the first line of my solo work »eigenSinn« (Self-Will), which premiered almost twenty years ago at Kampnagel – on my favourite stage, K1. In fact, that line describes some important approaches to my artistic work to this day: it references movement, incorporates the possibility of stillness, opens up a supposed narrative and is, last but not least, autobiographical and provocative.
Who put the situation in motion? To cut a long story short: there was a joint plan by me, my mother, a paediatrician and a physiotherapist. They were my first major accomplices. As such, you can deduce two things from this: I don't take anything for granted. And: I consider accomplices to be essential for putting things in motion.
The term accomplice is used in many ways; in penal law it refers to a criminal accessory, while in sociology and cultural theory it refers to productive working methods. And in fact, whether they're criminal or creative, accomplices usually hatch a common plan. I would now like to claim that there are two categories of accomplices: those with whom you immediately hatch and implement this common plan, and those with whom you communicate, not to forge a concrete plan straight away, but to share knowledge with them, for instance. These accomplices include colleagues, audience members, people from other networks and other professional sectors, theatres and other places. And what emerges from this exchange and shared knowledge can then, of course, form part of a larger or broader plan. That's why for me, the term »complicity« is primarily concerned with connections or relationships that result from contact and communication: ultimately, we talk to each other to discover a little about each other.

#TODAY: AN ANNIVERSARY WITHIN AN ANNIVERSARY

It was from this »discovering each other« and »acting in complicity« that the Antje Pfundtner in Gesellschaft label emerged; one which is made up of accomplices both new and long-standing – including the dramaturge and curator Anne Kersting, with whom I have been working for fourteen years, and Hannah Melder (production management), who, with me, make up the classic core team. But then there are Katharina von Wilcke, Ursula Teich as well as numerous colleagues and guests and a large team for our stage pieces, consisting of Michael Lentner, Yvonne Marcour, Juliana Oliveira, Irene Pätzug, Matthew Rogers and Nikolaus Woernle – important accomplices who help shape our work to this day.
This constantly growing company celebrated its twentieth anniversary at Kampnagel in 2021. Surviving in the independent scene over such a long period is in itself a cultural policy event – all the more so when you produce in one place for twenty years and then have to survive a change in artistic directorship. One thing certainly becomes clear: there must have been any number of accomplices, forging and hatching plans. Complicity has long been part of our artistic practice! This has resulted in a network of relationships that continues to shape our work today, and which is constantly expanding. This was clearly reflected in our birthday event, which we celebrated in the form of a »gala«, dedicated to our artists and audience accomplices with whom we shared our stage that evening. We launched our two-day celebration with one of our »Tischgesellschaften« (Table Groups).
The Tischgesellschaften are a meeting and dialogue format revolving around key questions such as »how do we share ideas?« and »how do we share money?«, which I stage together with the dramaturge Anne Kersting. Driven by the desire to not just have accomplices for specific exchange of views that largely focused on projects, but also to have a regular, paid exchange with colleagues which was trans-regional, even international, we aimed to create an initial structure that would define, and pay for, this regular exchange as an important and self-evident part of our artistic work. Institutions have long been able to set different standards and meet within their continuously paid structures, initiate discourse, organise events and even set thematic priorities for funded programmes. For self-employed groups of artists, however, there was barely any funding available in Germany at the time with which they could have paid for such structures. But by then we, Antje Pfundtner in Gesellschaft, had achieved a funding status that enabled us to at least initiate this structure, and since we could be sure of our colleagues' interest in self-empowerment, we launched the Tischgesellschaften in 2018.
Each of the Tischgesellschaften deals with the sharing of knowledge and resources among artists, cultural researchers and audience members. On the subject of post-production, for example, there have been various discussions of new production tools. Proceeding from the assumption that a production doesn't (just) end with the premiere, we explored the structural and artistic steps that would be needed to evaluate, modify, distribute and archive a work. This gave rise to ideas about feature and distribution models and, just as important,

questions about how artists should share space on the »market« and on the (too) few stages in the future, what the »market« actually is and who actually gains a piece of it, or on it. On the issue of revivals, we have examined the economics and principles of sustainability from an artistic perspective, as well as the politics of distribution and programming. We have explored urban spaces with colleagues and audience members, investigated the theatre as a common meeting space and asked the audience – as accomplices – to join us on stage so that they could appear in our pieces. In short, we elevated sharing to the principle of limitless complicity. We even thought about how we could share our money and, last but not least, established an artists' fund that has focused not just on accumulating money but also trust, and used this capital to open up new spaces for thinking and production. I would now go so far as to say that money is where complicity truly begins, and it never ends.

#TOMORROW: BUT WHAT WILL WE SHARE IN THE FUTURE BESIDES MONEY AND IDEAS?

If one of the purposes of art is to reference »life« through itself, what is it that art wishes to, must and can point to – especially in these times of crisis? We need to create new living and working models or reconsider existing ones – to finally escape overproduction, among other things. Sustainability cannot just be about producing and consuming as we always have. We also need sustainable thinking about the resources of art and audiences. And how will they share the resource of »time« in the future? On the one hand, time in the sense of »duration« means recognising artistic work permanently and supporting it accordingly. But time and duration are also means of reconsidering structures whose mills grind very slowly. What would we have to forgo to introduce a different quality of collaboration, a different temporality, and what would we gain?

What if the theatre were to break away from time or the economic constraints of times – offering a simple invitation, with the audience knowing that there is something being shared there, at any time. Let's assume this theatre was Kampnagel …

In the future, when you go to Kampnagel in the morning, you will be able to take part in various warm-up exercises with the people who work there: physical, vocal or even thinking-out-loud warm-ups. School groups occupy the foyer in the morning – they have found that a change of location is good for the schoolwork they are discussing, and they also come into contact with people who are thinking out loud and moving – not just sitting still. Themes are developed collectively, suggestions come from the people who spend time there. You can eat here, attend rehearsals, plant things in the Kampnagel garden, chat and see something in the evening – on stage. The stages are freely accessible and there is a wide variety of models for performances and the coming together of art and audience. Long-term advance notices are a thing of the past; »what's on« is immediately apparent. The audience are aware because they like spending time here anyway, exchanging ideas with it and the people who work there.

The configurations for collaboration between the people who work at Kampnagel are constantly in flux. The structures have become fluid. People have long been aware that cultural work is a collaboration that practices new forms of cohabitation. Overproduction is a thing of the distant past at Kampnagel. There are rotation models in artistic practice that maintain a balance between research, mediation and production that excludes no one. Your own dose of publicity is no longer seen as an existential threat, but as added value. There are changing configurations of teams that are responsible for different frameworks. The budgets are transparent and distributed according to need. The word »complicity« has dissolved; everything is related to everything else and formed by joint action. In ways both large and small.

Yes, that's how it will be – Kampnagel will once again give freelance artists a framework in which they can try out the different means of distributing money, space, substance, temporality and audience inclusion, so that they themselves can become creators of structures once again and thus remain cultural workers. Maybe it will all come back to the same thing again – history repeating. But no, definitely not. Otherwise, why would we have gained experience, why insist on looking for new possibilities?

And that brings us back to the beginning: this time not to mine, but to Kampnagel's, because this framework was created forty years ago. Congratulations! Bravo! And once again from the top please.

DIE ERFOLGLOSE SUCHE NACH DEM RICHTIGEN LEBEN IM FALSCHEN

Mine Pleasure Bouvar

Mit dem Themenschwerpunkt »Geht ein Mann zum Arzt – Kritische und künstlerische Stippvisiten in die Gender Medizin« kamen Anfang 2022 Aktivist*innen, institutionelle Vertreter*innen, Wissensproduzent*innen und Künstler*innen auf Kampnagel zusammen. In einem dreitägigen Programm wurden Ansätzen für eine neue Gesundheitsbewegung diskutiert, die am letzten Tag in einem »Open Space« medizin-aktivistische Initiativen aus Deutschland, Österreich und der Schweiz zusammenbrachte. Ich wurde eingeladen, sowohl als Panelist*in als auch als Teilnehmer*in des Open Space. Zu Anlässen wie diesen habe ich immer das Gefühl, mit zwei Paar Schuhen da zu sein. Ich bin freiberufliche Bildungsreferent*in zu trans*Feindlichkeit und trans*Misogynie und dadurch gut vernetzt für diverse aktivistische Engagements – und ich bin institutionell eingebunden als Projektleiter*in und Berater*in für queere Gesundheit in meinem Brotjob in einem Community-Zentrum. Ich bin Kommunist*in und ich lohnarbeite im Rahmen eines staatlich geförderten Projekts, das sich letztlich nie aus den Grenzen kapitalistischer Förderlogiken lösen lässt. Meine eigene politische Position ist radikal, aber mein Arbeitgeber ist auch an liberalen Veranstaltungen beteiligt, wo die Polizei mit Regenbogenflagge aufführt. Ich selbst fühle mich oft wie die erfolglose Suche nach dem richtigen Leben im falschen. Meine persönliche Erfahrung mit diesem mitunter kräftezehrenden Spagat macht für mich die Herausforderung für Kampnagel greifbar, als Staatstheater auch Raum für aktivistische Forderungen zu bieten.

Einerseits steht eine institutionelle Bindung dem Aktivismus nicht selten im Weg. Trotz aller Bemühungen, die eigenen politischen Ansprüche auch in die Lohnarbeit einfließen zu lassen, besteht die institutionelle Projektarbeit oft darin, sich selbst zu reproduzieren, mitunter auf Kosten ebendieser Ansprüche. Netzwerken, Sachberichte, Veranstaltungen, Öffentlichkeitsarbeit, Bürokram, Evaluation, Deadlines … tut mir leid, den nächsten Beratungstermin für dein drängendes Anliegen kann ich dir erst in eineinhalb Monaten geben.

Dragmother, Rosana Cade, Queer B-Cademy 2019

2022 hat mir einmal mehr vor Augen geführt, wo die Bruchkanten zwischen meinem Aktivismus-Ich und meinem Angestellten-Ich verlaufen. Wie für viele andere war auch für mich ab Ende Februar mein Alltag plötzlich völlig aus den Fugen geraten. Die unmittelbare Nähe des Angriffskrieges auf die Ukraine sortierte meine Prioritäten ganz neu und meine Tage wurden 19 bis 20 Stunden lang, während ich gemeinsam mit anderen deutschen, polnischen, tschechischen, russischen und ukrainischen Aktivist*innen versuchte, trans*Personen zu helfen, die vor der Invasion flohen, das Land verließen oder es nicht verlassen konnten. Der Krieg ist nicht vorbei, und die Personen, die in den vergangenen Monaten auf Hilfe angewiesen waren, sind es teilweise noch immer. Doch Ende Juni war ich ausgebrannt, musste meine Lohnarbeit teilweise stark zurückstecken und hatte keine Kraft mehr. Auf die Erholung von den Belastungen dieser Zeit warte ich bis heute, aber ich kann mit Sicherheit sagen, wäre meine institutionelle Lohnarbeit nicht, ich würde sicherlich noch aktiver Teil der Aktivist*innen-Gruppe sein.

Eins könnte fast zu dem Schluss kommen, kapitalistische Arbeitsverhältnisse seien dazu gemacht, Menschen so weit zu erschöpfen, dass es ihnen zu schwer fällt, sich in ihrer wertvollen Freizeit für eine bessere Gesellschaft einzusetzen. Aber diese Referenz auf den kapitalistischen Realismus wäre eine billige Pointe für diesen Text. Schließlich weiß ich selbst, dass Institution neben der Ermüdung im Hamsterrad auch bedeutet, Ressourcen zur Verfügung zu haben, auf die anderweitig nicht oder nicht so einfach zurückgegriffen werden könnte. Meine Beratungstätigkeit geht weit über das hinaus, was gemäß Förderantrag im Rahmen meiner Stelle drin wäre. Und ich versuche immer, gegenüber der Projektreproduzierenden Arbeit mehr Zeit für Beratungssuchende rauszuschlagen, mehr Unterstützung entsprechend ihrer jeweiligen Situation anzubieten, sie zu Ärzt*innen zu begleiten, ihre Widerspruchsbriefe gegen den Medizinischen Dienst zu formulieren. In vielen Fällen hat mir die Institution in meinem Rücken geholfen, Menschen ziemlich direkt zu unterstützen, um mehr Selbstbestimmung über sich und ihr Leben auszuüben. Mehr noch, ist es nicht auch die Institution, die mir mit meiner Stelle die finanzielle Sicherheit gibt, die es mir erlaubt, freiberuflich Menschen zu politisieren, ohne die Sorge, dass mir allein das die steigende Miete bezahlt? Diese Sicherheit und die Sicherheit, ausschließlich mit anderen queeren Menschen zusammenzuarbeiten, die Flexibilität meiner Arbeit sowie das Verständnis meiner Kolleg*innen – ohne sie hätte ich mir nicht die Zeit nehmen können, die ich in die Hilfe für trans*Personen aus der Ukraine investiert habe. Die Institution gewährt mir Freiheiten, die ich aktivistisch ausfüllen kann – *free people do free people*, oder helfen ihnen in meinem Fall zumindest, dass ihre Transitionen und andere Gesundheitsfragen nicht zu unüberwindbaren Hindernissen in einem Alltag voller unüberwindbarer Hindernisse werden.

Institutionen können Räume sein, in denen sich radikale politisch Aktive treffen, die die Revolution des Gesundheitswesens mitgestalten. Gleichzeitig ist Vorsicht geboten. Wenn Kapitalismus eines kann, dann ist es die reformistische Aneignung progressiver Ästhetik zur Aufrechterhaltung des eigenen Systems. Die Abhängigkeit der Institution von Förderung führt zwangsläufig immer auch zu einer Entradikalisierung politischer Ansprüche. Sidra Morgan-Montoya spricht vom Nonprofit Industrial Complex, wenn Institutionalisierung nichtstaatliche Formen der Mutual Aid verhindert, weil der strukturelle Erhalt von Institutionen Energie frisst, die dann für die Arbeit an der Sache fehlt. Gleichzeitig kann eine Institution wie Kampnagel Ressourcen und Schutz für Aktivist*innen bieten. Der Open Space zeigt das beispielhaft: Wie viel weniger Arbeit hätten die beteiligten Aktivist*innen in ihre jeweiligen Initiativen stecken können, wenn sie die logistischen, technischen und finanziellen Herausforderungen der Vorbereitung und Durchführung, die von Kampnagel übernommen wurden, selbst hätten stemmen müssen? Aktivismus in und durch Institutionen kann wichtige Möglichkeitsräume schaffen, um Diskurse und gesellschaftliche Veränderungen voranzubringen, muss sich dabei aber immer auch fragen, inwiefern er im Rahmen institutioneller Selbsterhaltung zum Selbstzweck wird. Wir werden die kapitalistische Unterdrückung nicht allein durch die inkrementellen Veränderungen besiegen, die uns unsere Institutionen erlauben – aber das Wissen darum kann uns helfen, die Institution im Kontext reformistischer oder subversiver revolutionärer Praxis besser zu verstehen.

THE FAILED QUEST FOR THE RIGHT LIFE IN THE WRONG ONE
Mine Pleasure Bouvar

In early 2022, activists, institutional representatives, knowledge producers and artists came together at Kampnagel for discussions under the title »A man goes to the doctor – critical and artistic encounters with gender medicine«. Approaches for a new healthcare movement were discussed in a three-day programme, which concluded by bringing medical activist initiatives from Germany, Austria and Switzerland together in an »Open Space«. I was invited both as a panellist and as a participant in the Open Space. On occasions like these I always feel like I'm there with two different hats on. I am a freelance educational speaker on transphobia and transmisogyny so I am well connected for a range of activist engagements – and I have an institutional affiliation as a project manager and consultant for queer health in my day job in a community centre. I am a communist and I work for wages within a state-funded project that can ultimately never free itself from the limitations of capitalist funding logic. My own political position is radical, but my employer is also involved in liberal events where the police show up with rainbow flags. I often feel like I'm on a failed quest for the right life in the wrong one. My personal experience with this sometimes strenuous balancing act means I can very much empathise with the challenge Kampnagel, a state theatre, faces in providing space for activist demands.

On the one hand, institutional affiliation often stands in the way of activism. Despite every effort to incorporate your own political demands into paid work, institutional project work often consists of reproducing yourself, sometimes at the expense of these same demands. Networking, reports, events, public relations, paperwork, evaluations, deadlines … I'm sorry, I can't give you a consultation appointment for your urgent issue for another month and a half.

In 2022 I saw clearly where the fault lines between my activist self and my employee self lie. My everyday life, like those of so many, was suddenly turned upside down in late February. The immediate proximity of the war of aggression in Ukraine completely rearranged my priorities and my days stretched to 19, 20 hours as I, along with other German, Polish, Czech, Russian and Ukrainian activists, tried to help trans people who had fled the invasion or left the country, or who were unable to leave. The war is not over, and some of the people who were dependent on assistance over recent months still are. But in late June I was burnt out, I had to cut back on some of my paid work and I had no energy left. I'm still trying to recover from the stress of that period, but I can say with certainty that if it weren't for my paid institutional work, I would certainly still be an active part of the activist group.

You might almost conclude that capitalist employment relationships are designed to exhaust people to the point that it becomes too difficult for them to use their valuable free time to work for a better society. But this reference to capitalist realism would be a cheap punchline for this text. After all, I know myself that, as well as the hamster wheel and fatigue, an institution also means having resources at your disposal that you couldn't otherwise access, at least not as readily. My consulting work goes far beyond what a funding application would say about my position. And I always try to carve out more time for people seeking advice than for the project reproduction work, to offer more support according to the circumstances of each, to accompany them to doctors, to help write their letters of appeal to the medical service. In many cases, the institution behind me has offered fairly direct support as I try to help people exercise more autonomy for themselves and their lives. What's more, isn't it also the institution that gives me the financial security through my position, which allows me to politicise people on a freelance basis without the worry that my rising rent would have to be funded by this alone? This security and the security of working exclusively with other queer people, the flexibility of my work and the understanding of my colleagues – without them I would not have been able to take the time that I invested in helping trans people from Ukraine. The institution grants me freedom that I can fill with activism – »free people free people«, or in my case at least help them so that their transitions and other health issues don't become insurmountable obstacles in an day-to-day life full of insurmountable obstacles.

Institutions can be meeting places for radical political activists who are helping to shape the healthcare revolution. At the same time, we need to exercise caution. If capitalism is capable of anything, it is the reformist appropriation of progressive aesthetics in the interests of maintaining its own system. The institution's dependence on funding always and inevitably leads to de-radicalisation of political demands. Sidra Morgan-Montoya refers to the »non-profit industrial complex« – institutionalisation that prevents non-governmental forms of mutual aid because the structural preservation of institutions eats up energy that would otherwise be available for work on the actual issues. At the same time, an institution like Kampnagel can offer resources and protection for activists. The Open Space is a great example. How much less work would the activists involved have put into their respective initiatives if they had had to handle the logistical, technical and financial challenges of preparation and implementation themselves, which were taken on by Kampnagel? Activism in and through institutions can create important opportunities for advancing discourse and social change, but it must always examine the extent to which it becomes an end in itself within the framework of institutional self-preservation. We will not defeat capitalist oppression solely through the incremental changes permitted by our institutions – but knowing this can help us better understand the institution in the context of reformist or subversive revolutionary practice.

THE FANTASTIC INSTITUTION

5

WORKBOOK

THE FANTASTIC INSTITUTION

Melanie Zimmermann und Luise März

A. Das letzte Kapitel des Buches über vierzig Jahre Kampnagel soll einen Ausblick in die Zukunft geben: Alle folgenden Texte verhandeln aus unterschiedlichen Perspektiven Praktiken, Impulse und Visionen für mögliche Fantastic Institutions.

B. Es ist ein spekulatives Kapitel und zugleich formulieren die Autor*innen klare Forderungen an die Institutionen der Zukunft. *The future is unwritten* – umso schwieriger natürlich dieser Text: Woher sollen wir wissen, wie die Zukunft aussieht? Es ist auch deswegen herausfordernd, weil wir mitten in diesem Prozess stecken. Recht intim für einen publizistischen Beitrag, oder?

A. Wir können doch Manuel fragen, ob er uns die Tarot-Karten für die Zukunft von Kampnagel legt. Schließlich hat er das als »Kampnagel-Magician« schon mal für uns gemacht, und die Interpretation war damals ziemlich passend. Was meinst du?

B. Gute Idee, ich frage ihn kurz ... *(am Telefon)* Hallo Manuel, kannst du uns die Karten für Kampnagel legen?

M. Gerne, bitte zieht zwei Karten und stellt dazu eine Frage.

A. Wohin geht die Reise für Kampnagel?

Manuel legt die Karten und verwendet hierfür eine der ältesten Methoden des Tarots: Das Keltische Kreuz.

M. Aha, die erste Karte ist »der Herrscher«.

B. Okay ...

M. Das ist interessant, denn »der Herrscher« steht für Struktur, Stabilität, Ordnung und Nüchternheit, aber auch für Starrsinn und Borniertheit. Gekreuzt wird diese Karte von dem Buben der Kelche. Da geht es um freundliche Gesten, Community, liebevolle Begegnungen, Vertrautheit, Care und das Spielerische oder Künstlerische.

A. 😍

M. Das ist die Grundlage. *(A+B schmunzeln)* Zieht bitte zwei weitere Karten. Interessant: »Der Bube der Stäbe« steht für Leidenschaft und »die 9 der Münzen« für Risikofreude, günstige Gelegenheiten, Wachstum, Freude und Zuversicht. Kann man sagen, dass die Menschen, die hier arbeiten, das als Chance sehen und daraus Motivation schöpfen?

THE FANTASTIC INSTITUTION

Melanie Zimmermann and Luise März

A. The last chapter of this book about forty years of Kampnagel seeks to offer a glimpse into the future. The following texts all address practices, stimuli and visions for potential fantastic institutions from a range of differing perspectives.

B. It is a speculative chapter which at the same time allows the authors to express clear demands of the institutions of the future. The future is unwritten – and naturally that makes this text all the more difficult; how are we supposed to know what the future will look like? It's also challenging because we are right in the midst of this process. Pretty intimate subject matter for an article, huh?

A. But let's ask Manuel if he'll read the tarot cards and tell us Kampnagel's future. After all, as the »Kampnagel Magician« he has already done this for us once before, and the reading was pretty apt at the time. What do you think?

B. Good idea, let me ask him quickly ... *(on the phone)* Hello Manuel, can you read the cards for Kampnagel?

M. Sure, please draw two cards and ask a question.

Kampnagels Garten, 2020, Foto: Kampnagel
Vorherige Seite: NIC Kay, PUSHIT,
Queer B-Cademy 2018, Foto: Kampnagel

THE FUTURE IS UNWRITTEN – UMSO SCHWIERIGER NATÜRLICH DIESER TEXT: WOHER SOLLEN WIR WISSEN, WIE DIE ZUKUNFT AUSSIEHT?

THE FUTURE IS UNWRITTEN – AND NATURALLY THAT MAKES THIS TEXT ALL THE MORE DIFFICULT: HOW ARE WE SUPPOSED TO KNOW WHAT THE FUTURE LOOKS LIKE?

A. Where is Kampnagel heading?
Manuel lays the cards using one of the oldest methods of tarot, the Celtic Cross.

M. *Aha, the first card is »The Emperor«.*

B. Okay …

M. *That's interesting, because »The Emperor« represents structure, stability, order and sobriety, but also obstinacy and narrow-mindedness. This card is crossed with the Jack of Cups. That one has to do with friendly gestures, community, loving encounters, closeness, care and the playful or artistic.*

A. 😍

M. *That's the foundation. (A+B smile) Please draw another two cards. Interesting – the »Page of Wands« stands for passion and the »9 of Pentacles« for risk-taking, favourable opportunities, growth, joy and confidence. Would you say that the people who work here see it as an opportunity and a source of motivation?*

A. Absolutely, many employees have been working at Kampnagel for a long time and over the years they have influenced the development of Kampnagel – which is now one of the leading production houses in Europe. So this look into the past shows that our willingness to take risks, among other things, has made us what we are today. And our claim indicates that passion is part of our basic conception: it's more than a space, it's a feeling. (But of course it's not always all peace, love and harmony …)

M. *Here is the next card: »The Tower«. It is upside down, which means rethinking, upheaval or transformation.*

A. Oh dear … the idea of a stage tower was actually overturned in discussions with the architects.

B. To put it positively: after the upheaval, or breaking through rigidity, once you

241

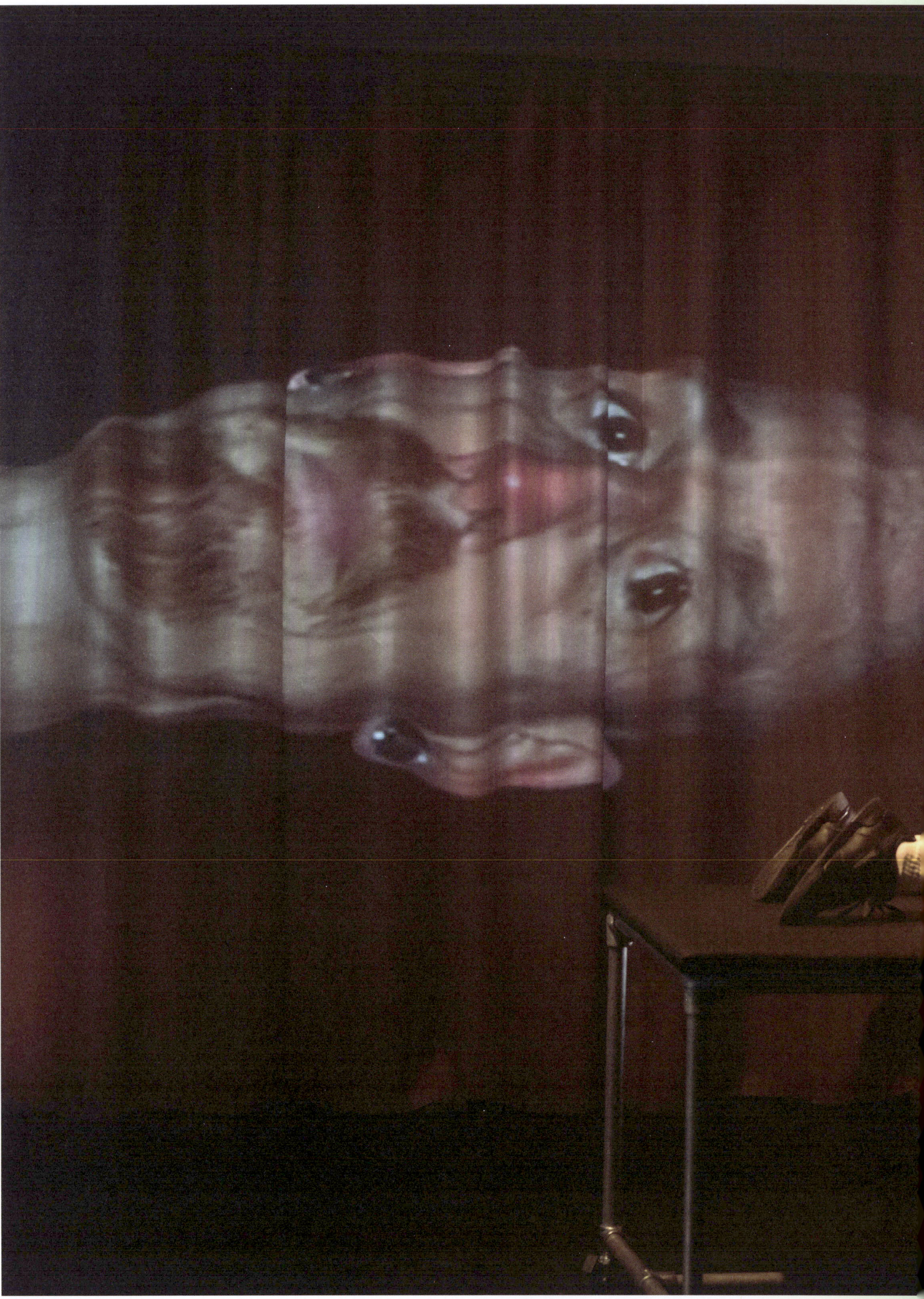

Lemniskata, Lukas Avendaño, 2022, Foto: Jaime Martin
Vorherige Seite: The Dan Daw Show, 2023, Foto: Kampnagel

[**WIR WOLLEN HIN ZU EINEM HAUS, DAS KULTURELLE TEILHABE AKTIV PRAKTIZIERT, INSTITUTIONELLES WISSEN TEILT UND WERTSCHÄTZUNG, SICHTBARMACHUNG UND EINFLUSS DER PARTIZIPIERENDEN GRUNDSÄTZLICH IM SYSTEM ANLEGT.** **WE WANT TO BECOME A HOUSE THAT ACTIVELY PRACTICES CULTURAL PARTICIPATION, SHARES INSTITUTIONAL KNOWLEDGE AND FUNDAMENTALLY INCORPORATES THE APPRECIATION, VISIBILITY AND INFLUENCE OF THE PARTICIPANTS INTO THE SYSTEM.**]

get over the initial shock you gain new insights.

A. From the experience of the last few years, this definitely describes work at Kampnagel, which has now led to the imminent renovation process. Working with the architects Anne Lacaton, Jean-Philippe Vassal and their team, we are transforming ideas for a Kampnagel structure of the future into stone and concrete. We want it to be a place that draws from the discourse of the many, that is constantly in motion, that makes decisions and then reverses them if the times so dictate. A place where art is always possible and important, and yet which sees itself as socio-cultural in the best sense. Which deals critically with its past and engages extensively with civic society, not just maintaining dialogue with it but also including it and offering spaces and flexible architecture so that they are usable and accessible to the many.

B. You almost make it sound as if Kampnagel will be a neighbourhood cultural centre in this future.

A. Haha, Amelie wouldn't agree with that.

B. Because a neighbourhood cultural centre works with communities and usually ignores art? I think the label is quite positive as a working term, and productive for a new or better understanding of the mission of theatre: away from traditional ivory tower elitism which only includes communities as a second thought, towards a house that actively initiates and practices cultural participation, specifically shares institutional knowledge and fundamentally incorporates the appreciation, visibility and influence of the participants into the system.

A. And what does the future of Kampnagel look like after the upheaval?

A. Ja klar, viele Mitarbeiter*innen arbeiten seit langer Zeit auf Kampnagel und waren über die Jahre prägend für die Entwicklung von Kampnagel – mittlerweile ist Kampnagel eines der führenden Produktionshäuser in Europa. Der Blick in die Vergangenheit zeigt also, dass unter anderem die Risikobereitschaft uns dahin gebracht hat, wo wir heute stehen. Und dass Leidenschaft zu unserem Grundverständnis gehört, sagt ja schon unser zitierter Claim: *It's not a space, it's more a feeling.* (Aber natürlich ist auch nicht immer alles Friede, Freude, Eierkuchen …)

M. Hier die nächste Karte: »Der Turm«. Er steht auf dem Kopf, was soviel bedeutet wie Umdenken, Umbruch oder Wandel.

A. Oh je … die Idee vom Bühnenturm wurde in den Gesprächen mit den Architekt*innen tatsächlich gekippt.

B. Positiv ausgedrückt: Nach dem Umbruch, also dem Aufbrechen von Verkrustungen, wenn der erste Schock überwunden ist, folgt der Gewinn neuer Erkenntnisse.

A. Aus der Praxis der letzten Jahre beschreibt das definitiv die Arbeit auf Kampnagel, die nun in den bald beginnenden Umbauprozess mündet. Mit den Architekt*innen Anne Lacaton, Jean-Philippe Vassal und ihrem Team überführen wir Ideen eines Kampnagel-Baus der Zukunft in »Stein und Beton«. Es soll ein Ort werden, der sich aus den Diskursen vieler speist, der ständig in Bewegung ist, der Entscheidungen trifft und wieder zurücknimmt, wenn die Zeit dafür gekommen ist. Ein Ort, an dem Kunst immer möglich und wichtig ist, und der sich dennoch im besten Sinne als soziokulturell begreift. Der sich kritisch mit seiner Vergangenheit auseinandersetzt sowie umfassend in die Stadtgesellschaft greift, um mit ihr nicht nur »im Dialog« zu stehen, sondern sie einbezieht und Räume und flexible Architektur in der Weise anbietet, dass sie für viele anwendbar und zugänglich sind.

B. Das klingt fast so, als wäre Kampnagel in dieser Zukunft ein Stadtteilkulturzentrum.

A. Haha, damit wäre Amelie nicht einverstanden.

B. Weil ein Stadtteilkulturzentrum mit Communitys arbeitet und die Kunst in der Regel außen vor lässt? Ich finde, die Bezeichnung ist als Arbeitsbegriff durchaus positiv und wird produktiv, um die Aufgabe des Theaters neu oder besser zu verstehen: weg von einem tradierten elfenbeinernen Elitismus, der Gemeinschaften nur untergeordnet einbezieht, hin zu einem Haus, das kulturelle Teilhabe aktiv initiiert und praktiziert, institutionelles Wissen konkret teilt und Wertschätzung, Sichtbarmachung und Einfluss der Partizipierenden grundsätzlich im System verankert.

A. Und wie sieht die Zukunft von Kampnagel nach dem Umbruch aus?

M. Hierfür habt ihr »die Königin der Schwerter« gezogen: Da geht es um den Kopf, Gedanken, Klugheit und Lernbereitschaft, um nicht an Positionen kleben zu bleiben. Es geht um die Außenwirkung, und mit »dem hohen Priester« kann man eindeutig sagen, dass ihr als integre Institution wahrgenommen werdet, die in der Lage ist, zukünftige Prognosen herzustellen. Die Karte steht auf dem Kopf. Wenn man das mit einbezieht, zeigt sich, dass es konservative Gegenkräfte zu diesen Grundwerten gibt.

A. Die Außenwahrnehmung von Kampnagel ist durchaus kontrovers. Der Spagat zwischen Hoch- und Popkultur, den wir eigentlich überwunden haben, oder scheinbare Widersprüche zwischen Grasroots- und institutionellen Diskursen sowie Themen, die für unsere Arbeit konstituierend sind, führt zu teilweise heftigen Diskussionen …

M. For this you drew »The Queen of Swords«; this is all about the head, thinking, wisdom and the willingness to learn to avoid getting stuck in certain positions. It's about external impact, and with »The High Priest« we can clearly say that you are seen as an institution with integrity which is capable of making predictions about the future. This card is upside down. Taking this into account, it becomes clear that there are conservative countervailing forces to these basic values.

A. The external perception of Kampnagel is quite controversial. The balancing act between high culture and pop culture which in fact we have overcome, apparent contradictions between grassroots and institutional discourses, as well as issues that are constitutive for our work, these all lead to heated discussions at times …

B. Kampnagel constantly fights for spaces in which to question and, if necessary, destroy established structures to develop designs for future cultural sites that do not rely on the existing ideas of individuals. For example, how do you make topics such as diversity, decolonisation, anti-racism and accessibility integral parts of a place, not just artistically but also structurally, so that they have a lasting impact on it, so that it results in a meeting place that is critical of power, which conducts its activities sustainably, thoughtfully and politically?

A. One important aspect, as other texts have already mentioned, is funding. Kampnagel has been a state theatre for a few years now and it needs at least the budget of a Thalia Theater or a Schauspielhaus to implement all of these concepts. It may sound obvious, but one important element in structural change is the funding for it, which allows progressive approaches to be outlined, tried out, and put into action.

B. Kampnagel kämpft immerfort für Räume, um etablierte Strukturen zu hinterfragen und wenn nötig zu zerstören, um Entwürfe für zukünftige Kulturorte konkret weiterzuentwickeln, die nicht auf bereits bestehende Vorstellungen Einzelner zurückgreifen. Wie können beispielsweise Themen wie Diversität, Dekolonisierung, Antirassismus und Barrierefreiheit nicht nur künstlerisch, sondern auch strukturell fester Bestandteil eines Ortes werden und ihn dauerhaft prägen, sodass ein Ort des Zusammenkommens entstehen kann, welcher ein machtkritischer ist, an dem nachhaltig, umsichtig und politisch agiert wird?

A. Ein wichtiger Aspekt ist, wie bereits in vorherigen Texten genannt, die Finanzierung. Kampnagel ist immerhin seit ein paar Jahren Staatstheater und benötigt für die Umsetzung all dieser Konzepte mindestens das Budget des Thalia Theaters oder des Schauspielhauses. Es klingt vielleicht banal, aber ein wichtiger Teil struktureller Veränderungen ist ihre Finanzierung, um progressive Ansätze zu entwerfen, zu erproben und umzusetzen.

B. Jetzt, wo wir Teil des Staatstheaterbetriebs sind, impliziert es die Chance, das Konzept des »Staatstheaters« endlich neu oder umzudenken, denn Kampnagel hat sich vom Zeitpunkt seiner Gründung bis heute sowohl künstlerisch als auch politisch stets in der Zukunft verortet und positioniert. In klarer Abgrenzung zu den Staatstheatern wird auf Kampnagel kontinuierlich an der (De-)Konstruktion von Repräsentation und Diskursen gearbeitet und an verschiedenen Formaten, Ästhetiken, Narrativen und Strukturen geforscht. Die in den performativen Künsten geltenden Regeln werden hier als politisch wirksame Tools genutzt, um Systeme zu unterwandern und ihnen neue, künstlerische Wirklichkeiten entgegenzustellen. Beispielsweise im Migrantpolitan, im Netzwerk »Europe Beyond Access« und im »PIK-Programm« der Kulturstiftung des Bundes, in dem wir mit der Gruppe um den Choreografen Dan Daw über den Abbau von Barrieren in allen Aspekten des Theaters nachdenken. Ein anderer Prozess, »Zwangsarbeit und Widerstand«, der erst in Spielzeit 2022/23 begonnen hat, widmet sich der Aufarbeitung der Geschichte von Kampnagel während der NS-Zeit, an dem Menschen mit verschiedenen Erfahrungen beteiligt sind.

A. In der »Bottom up Dance School« versuchen wir, marginalisierte Tanzstile, die häufig vom »zeitgenössischen Tanz« vereinnahmt werden, zu stärken und durch authentische Vertreter*innen in den »Schulplan« aufzunehmen – an staatlichen Tanzschulen noch immer undenkbar. Bei der Konzeption von Themenschwerpunkten decken wir in der Regel nicht nur Leerstellen auf, sondern versuchen sie durch temporäre Strukturbildung zu kitten. Wir versuchen also nicht nur darüber zu sprechen, sondern Lösungsvorschläge direkt umzusetzen. Das hat den großen Vorteil, dass wir Erfahrungswerte generieren können. So bleiben wir handlungsfähig, ohne darauf warten zu müssen, dass sich die Umstände von selbst ändern oder passende Finanzierungstöpfe eingestellt werden.

B. Man könnte auch sagen, dass wir manchmal Strukturen faken, um sie dann zu etablieren: Wir schwindeln, wenn wir etwas bewegen wollen. Es gehört zur künstlerischen Praxis Kampnagels, dass wir viel spekulieren und häufig die Basics der in der Performance-Theorie herrschenden Regeln anwenden, um politisch etwas zu verändern. *Fake it 'til you make it!* Erinnerst du dich, wie wir anlässlich des vierzigjährigen Jubiläums behauptet haben, dass Mable Preach ab 2027 die neue Intendantin von Kampnagel sein wird? Was das ausgelöst hat! Die Besucher*innen waren teilweise verunsichert und wussten nicht, wie sie kaschieren sollten, dass sie die *hot news* noch nicht kannten, und es begann in den Köpfen zu arbeiten, was passieren würde, wenn die Regisseurin und künstlerische Leiterin von »Formation Now« die künstlerische Leitung von Kampnagel übernehmen würde.

B. The fact that we are now part of the state theatre operation offers us an opportunity to ultimately rethink the concept of the »state theatre«, because from the time of its founding until today, Kampnagel has always located and positioned itself in the future, both artistically and politically. In clear distinction from other state theatres, Kampnagel has always worked on the (de-)construction of representation and discourses, while researching a wide range of formats, aesthetics, narratives and structures. Here the rules that apply to the performing arts are used as effective political tools for subverting systems and opposing them with new, artistic realities. In Migrantpolitan, for example, in the »Europe Beyond Access« network, and in the Federal Cultural Foundation's »pik« programme, in which we worked with choreographer Dan Daw and his group to consider ways of breaking down barriers in every aspect of theatre. »Forced Labour and Resistance« is another process which only began in the 2022/23 season, and it is dedicated to addressing the history of Kampnagel during the Nazi era, incorporating people with different varieties of experience.

A. With the »Bottom up Dance School« we aim to boost marginalised dance styles that are often co-opted by

Geraldine Schabrack, Foto: Pascal Schmidt
Links: BRUTA, Habib la Jara, 2023, Foto: Habib la Jara
Vorherige Seite: A Wa Nibi, We Are Here, Matthew Blaise, 2023, Foto: Maximilian Probst

[**DER BLICK IN DIE VERGANGENHEIT ZEIGT ALSO, DASS UNTER ANDEREM DIE RISIKOBEREITSCHAFT UNS DAHIN GEBRACHT HAT, WO WIR HEUTE STEHEN.** **SO THIS LOOK INTO THE PAST SHOWS THAT OUR WILLINGNESS TO TAKE RISKS, AMONG OTHER THINGS, HAS MADE US WHAT WE ARE TODAY.**]

»contemporary dance« and include them in the »curriculum« with authentic representatives – something that remains unthinkable at state dance schools. Often when we conceptualise key topics, we not only reveal gaps, we also try to fill them in by creating temporary structures. That means we aim not just to talk about it, but also to implement proposed solutions directly. The great advantage of this is that we can gain empirical experience. This allows us to act rather than waiting around for circumstances to change of their own accord, or for appropriate funding to become available.

B. You might say that we sometimes fake structures so we can then establish them: we cheat when we want to make things happen. Kampnagel's artistic practice incorporates a great deal of speculation and we often apply the basic rules of performance theory to bring about political change. *Fake it 'til you make it!* Do you remember the fortieth anniversary celebrations when we claimed that Mable Preach would be the new Artistic Director of Kampnagel starting in 2027? What a reaction! Some of the visitors were confused and weren't sure how to hide the fact that they didn't yet know the »hot news«, and their heads began spinning, thinking about what would happen if the director and Artistic Director of Formation Now** really did take over artistic direction of Kampnagel.

A. I assume that these power relations will shift in the coming decades and that future institutions will be represented by a different majority, and ultimately the theatre of the future will finally think and act differently on its own terms. But until that future arrives, things have to happen now and distribution processes have to be established.

Mixed Repertoire, A.I.M / Kyle Abraham, 2023, Foto: Christopher Duggan

B. That's why it's so important to identify and implement practices of solidarity. Imagining the future of theatre is a privilege currently only available to a few. Consequently, visions of the future largely arise from this privileged majority and their experiences and knowledge, which are informed by the patriarchy.

A. We can make this happen through the democratisation of both the artistic programme and the work structures. For example, by committing to more open calls to allow for greater participation, something you often see in other countries. By exposing hierarchies and dealing with them transparently. By consciously slowing down and allowing flexible working hours, a truly diverse team may be able to, may want to work at the fantastic institution. And this can lead to a place where, for example, a disabled Artistic Director or an Artistic Director who has a private care function is not asked (or doesn't have to ask themselves) whether they can take on a management role within this institution.

B. *(Draws the last card)* The Lovers!

WA. How apt! This reminds me of Dan Daw's credo of »love, care and joy« (p. 263) as a prerequisite for (future) artistic production.

M. This card marks a decision that has to be made. Leaving the old behind, developing a clear attitude about how to move forward. A decision for love, or one that has to be made with the heart.

A. I knew it: love is the way!

B. 🦋 🦋

A. Ich gehe eh davon aus, dass sich diese Machtverhältnisse in den nächsten Jahrzehnten verschoben haben und die zukünftigen Institutionen von einer anderen Mehrheit repräsentiert werden, sodass das Theater der Zukunft endlich aus sich selbst heraus anders denkt und agiert. Aber bis diese Zukunft da ist, muss sich auch jetzt etwas tun und müssen Teilungsprozesse etabliert werden.

B. Darum ist es so wichtig, solidarische Praktiken zu benennen und umzusetzen. Die Zukunft des Theaters zu imaginieren, ist ein Privileg, das momentan nur wenigen zuteil wird. Und so entstehen Zukunftsvisionen zumeist aus dieser privilegierten Mehrheit und ihren patriarchal geprägten Erfahrungswerten und Wissensbeständen.

A. Sowohl in Bezug auf das künstlerische Programm als auch in Bezug auf die Arbeitsstrukturen ist das durch ihre Demokratisierung möglich. Beispielsweise durch die Verpflichtung zu mehr Open Calls, wie es in anderen Ländern bereits vielfach praktiziert wird, sodass Teilhabe möglich wird. Durch die Enttarnung von Hierarchien und einen transparenten Umgang mit ihnen. Durch bewusste Entschleunigung und flexible Arbeitszeiten ist es möglich, dass ein tatsächlich diverses Team in der Fantastic Institution arbeiten kann und möchte. Auf diese Weise könnte ein Ort entstehen, an dem beispielsweise ein*e behinderte künstlerische Leiter*in oder ein*e künstlerische Leiter*in, welche*r privat Care-Arbeit leistet, nicht danach gefragt wird (oder sich fragen muss), ob es möglich ist, Leitungsaufgaben in dieser Institution zu übernehmen.

B. *(Zieht die letzte Karte)* Die Liebenden!

A. Wie passend! Die erinnert mich an Dan Daws Credo »Love, Care & Fun« (S. 259) als Voraussetzung für (zukünftige) künstlerische Produktion.

M. Die Karte markiert eine Entscheidung, die man treffen muss. Altes hinter sich lassen, eine klare Einstellung finden, wie es weitergehen soll. Eine Entscheidung für die Liebe oder eine, die mit dem Herzen getroffen werden muss.

A. Ich wusste es: Love is the way!

B. 💘💘

[FAKE IT 'TIL YOU MAKE IT! ERINNERST DU DICH, WIE WIR ANLÄSSLICH DES 40-JÄHRIGEN JUBILÄUMS BEHAUPTET HABEN, DASS MABLE PREACH AB 2027 DIE NEUE INTENDANTIN VON KAMPNAGEL IST? WAS DAS AUSGELÖST HAT!

FAKE IT 'TIL YOU MAKE IT! DO YOU REMEMBER THE 40TH ANNIVERSARY CELEBRATIONS WHEN WE CLAIMED THAT MABLE PREACH WOULD BE THE NEW ARTISTIC DIRECTOR OF KAMPNAGEL STARTING IN 2027? WHAT A REACTION!]

Fun Palace, Cedric Price, Bild: Cedric Price
Nächste Seite:
This is not Famous, God's Entertainment/ Supernase & Co, 2018, Foto: Kampnagel

»WE SHOULD LIVE AN ARTFUL LIFE«

Lucien Lambertz und Laro Bogan im Gespräch mit Alok

Lucien Lambertz und Laro Bogan sprachen mit Alok über Repräsentation, queere Verletzlichkeit, Fürsorge, künstlerische Freiheit und Infrastrukturen des Traumas in der fantastischen Institution der Zukunft.

LUCIEN LAMBERTZ: Alok, du hast nun schon vier Mal mit Kampnagel zusammengearbeitet – wie würdest du deine bisherigen Erfahrungen mit uns beschreiben? Woran erinnerst du dich gerne, was erschien dir bedenklich, was kommt dir ganz allgemein in den Sinn, wenn du an diesen Ort denkst?

ALOK: Ich habe hier so viele wunderbare Erinnerungen gesammelt. Ich weiß noch, wie ich das erste Mal hierher kam und dachte: »Wow, es gibt hier so viele schräge Leute, die verstanden haben, was Sache ist.« Es kommt so selten vor, dass Menschen Performance Art wirklich *kapieren* und wissen, wie wichtig sie ist. Ich habe mich deshalb in der Kraft und Poesie der Performance sehr geborgen und gestützt gefühlt. Das ist auch der Grund dafür, dass ich über die Jahre immer wieder zurückgekehrt bin und allen erzähle, dass sie sich unbedingt mal diesen merkwürdigen Ort in Hamburg ansehen sollen. Kampnagel wirkt auf mich wie ein Inkubator für Leute, die mit alternativen Lebensentwürfen experimentieren und dafür die Kunst als Mittel verwenden. Erst vor kurzem erzählte ich Michael, der*die auch mit mir in der Show auftritt, dass es einen Ort gibt, an dem man mit ziemlich abgefahrenen Ideen um die Ecke kommen kann und die Leute einen dann tatsächlich ernst nehmen – und wie wichtig das im aktuellen politischen Klima ist, in dem der Status quo uns so häufig davon abhält, über die Grenzen des Hier und Jetzt hinauszudenken. Vor allem, wenn ich mir überlege, welche Rolle Performancekünstler*innen in der heutigen Zeit spielen ... Ich habe mich voll und ganz der Idee verschrieben, jenseits von Grammatik, Konventionen und Normen zu experimentieren, und genau das passiert meiner Meinung nach hier auf Kampnagel.

LARO BOGAN: Als transfeminine *Person of Colour* wirst du häufig eingeladen, auf der Bühne zu stehen; du inszenierst und agierst mit deinem eigenen Körper. Viele begrüßen das, aber leider stören sich andere auch daran. Wir haben uns gefragt: Wie ergeht es dir in Kulturinstitutionen, sobald du aus dem Scheinwerferlicht trittst? Fühlst du dich gut aufgehoben, wenn du in Kulturstätten auf der ganzen Welt Halt machst – oder nicht?

ALOK: Beim Kuratieren geht es meiner Ansicht nach nicht nur um die Momente, die die Künstler*innen auf der Bühne verbringen, sondern um den gesamten Zeitraum ihres Aufenthalts. Es muss absolute Klarheit darüber herrschen, dass Künstler*innen keine Ausstellungsobjekte sind, sondern in erster Linie Menschen und als solche auch eine gewisse Verletzlichkeit mitbringen. Das hebt die Performance von anderen Kunstformen ab: Wir sind lebendige Wesen, wir haben menschliche Körper, die nicht wie Waren verschifft werden können. Das ist eine Dynamik, die ich in meinen Performances betone und die ich selbst sehr stark empfinde – die Vorstellung, dass ich nur existiere, solange ich auf der Bühne oder vor dem Publikum stehe, weil Menschen glauben, dass ich mich dort in einer Art von Kostüm zeige oder eine reine Ästhetik präsentiere. Und dass dies eben nur erlaubt ist, solange ich im Scheinwerferlicht stehe, aber nicht, wenn ich von der Bühne abgehe.

Ich achte daher immer darauf, dass die kuratierenden Institutionen diesen Zusammenhang verstehen, dass sie sich auch abseits der Bühne Gedanken über unsere Sicherheit machen und darüber, wie wir abschalten können, wenn wir gerade nicht im Sende-Modus sind und es auch nicht sein müssen. Es ist mir darüber hinaus sehr wichtig, dass ich in internationalen Kulturstätten nicht als Ersatz für lokale Akteur*innen gebucht werde oder dass meine Performances an die Stelle von relevanten Debatten treten, die im spezifischen regionalen kulturellen Kontext der Institution geführt werden könnten. Ich bemerke, dass viele internationale Performance-Zentren mich aufs Programm setzen, nicht aber Leute, die in ihrer eigenen Sprache arbeiten, und das habe ich auf Kampnagel nie so empfunden. Ich fand es in all den Jahren immer toll, hier so vielen meiner deutschen Kolleg*innen zu begegnen. Das gab mir das Gefühl, dass meine Arbeit im Zusammenhang der hiesigen Kultur reflektiert wird und nicht nur mit Blick auf die Zustände in den USA.

LUCIEN: Wie genau nimmst du eine Institution unter die Lupe, bevor du dort auftrittst, bevor du eine Einladung annimmst?

ALOK: Mein Team und ich haben einen Kriterienkatalog zum Thema »Was brauchen wir, um eine Show zu machen«. Das hat schon zu interessanten Situationen geführt, weil wir bereits einigen Einrichtungen absagen mussten, die uns einfach nicht entgegenkommen wollten. Bei so einfachen Sachen wie: »Es darf keine Geschlechtertrennung auf euren Toiletten geben, während ich bei euch auftrete«. Ich finde, da entsteht eine kognitive Dissonanz, wenn ich auf der Bühne über Nicht-Binarität spreche, sich das aber in den Strukturen der Institution überhaupt nicht widerspiegelt. Zu unseren Bedingungen zählt auch, dass sich die Einrichtung im Falle eines Backlashs durch TERFs oder Rassist*innen hinter die Künstler*innen stellt – sie darf vor solchen Gegenstimmen nicht einknicken. Das habe ich in meiner Karriere durchaus schon erlebt. Veranstalter*innen sagen dann Sachen wie: »Wir versuchen, uns aus der Politik rauszuhalten« oder »Wir wollen keine Stellung beziehen« – und das ist doch genau das Problem, oder? Es sollte nicht als politische Haltung gelten, dass *People of Colour*, queere und Trans-Menschen existieren und sich äußern dürfen, dazu wird es aber gemacht. Deshalb ist es meiner Ansicht nach notwendig, dass Institutionen willens und in der Lage sind zu sagen: »Wir werden für die richtigen Überzeugungen einstehen; das mag einige Bevölkerungsgruppen ausklammern oder irritieren, aber was soll's? Es gibt Werte, die wir hochhalten müssen.«

Es liegt mir außerdem sehr am Herzen, dass die Veranstaltungsorte mich mit queeren Make-up-Artists, Fotograf*innen, DJs und Performer*innen aus der Region vernetzen, damit ich vor Ort mit ihnen zusammenarbeiten kann. Es spricht Bände, wenn die Antwort lautet: »Oh, wir kennen keine queeren Talente.«

LARO: Du sprichst in deinen Texten häufig von traumatischen Erfahrungen und dass sie Teil deines Lebens sind – besser gesagt, Teil *unseres* Lebens als queere Menschen. Wenn wir nun an die fantastische Institution denken, welche Art von Infrastruktur erfordert dann Trauma in deinen Augen?

ALOK: Ich wollte schon immer gern Shows machen, in denen Traumatherapeut*innen anwesend sind, die Therapiesitzungen anbieten, Gruppentherapie-Sessions nach der Performance. Viele Menschen teilen nach meinen Auftritten sehr intime Details aus ihrem Leben mit mir. Die Kunst holt Dinge an die Oberfläche, die in normalen Unterhaltungen verborgen bleiben. Als Performer*in musste ich erkennen, dass ich keine professionelle Ausbildung habe und Menschen in dieser Hinsicht nicht effektiv unterstützen kann. Ich musste lernen, wie man sagt: »Es tut mir unheimlich leid, vielen Dank, dass du das mit mir geteilt hast, aber ich kann nicht diese Art von Bezugsperson für dich sein. Ich kann dir nicht das geben, was du brauchst, [um deinen Schmerz zu verarbeiten].«

Ich habe mich immer gefragt: Was wäre, wenn eine professionell geschulte Person vor Ort eine Art Raum schaffen würde, in dem sich die Menschen wirklich öffnen können? Ich befürchte immer, dass die Leute einfach in ihren Alltag zurückkehren und die kurze »Krise« und Introspektion [im Moment der Performance, Anm. d. Red.] verloren geht. Dabei ist sie ein wirklich fruchtbarer Boden für die Auseinandersetzung mit sehr schwierigen Themen.

Zu einer Gesundheitsversorgung, die *gender affirming* ist [und dementsprechend die Gender-Diversität bejaht, Anm. d. Red.], gehören nicht nur Ärzt*innen, sondern auch Poet*innen. Die Kunst muss Teil unserer Vorstellung von gesundheitlicher Versorgung sein. Wie aber sähe das aus, wenn sich Theater und Kultureinrichtungen ins traditionelle »Establishment« der Gesundheitsbranche einbrächten? Wenn ich an das Potenzial bestimmter Synergien und Kollaborationen denke – eine solche Zusammenarbeit habe ich eigentlich noch nie gesehen. In diesem Szenario würde nicht das medizinische Personal vorgeben: »Das hier sind die Regeln«, stattdessen fänden sich Künstler*innen und Akteur*innen aus der Theaterwelt ein, um anzuregen: »Das hier ist deine Rolle«.

Eine andere Idee: Ich wünschte, es gäbe die Möglichkeit, vor oder nach einer Show über die politischen Ideen zu sprechen, die ihr zugrunde liegen. Wir gehen immer davon aus, dass alle wissen, worum es geht, aber oft stimmt das nicht. Das könnte vor Beginn oder im Anschluss in Form einer textbasierten Dis-

Alok Vaid-Menon, Foto: Kohl Murdock

kussion geschehen, sodass die Themen ausreichend verankert sind, die Leute sie richtig einordnen und sich darüber austauschen können.

Performances haben nicht zwangsläufig einen Bildungsauftrag, das Ziel sollte vielmehr sein, einen kritischen Anstoß zu geben, der die Menschen motiviert, sich auf eigene Faust weiterzubilden. Wir nehmen immer an, dass die Leute das machen, aber ich bin mir nicht sicher, ob es tatsächlich passiert. Das macht das Kuratieren so spannend: Wir können den Besucher*innen auf ganz unterschiedlichen Ebenen begegnen, sei es bei einem akademischen Vortrag, in einem Film, bei einer Poetry-Show oder beim Karaoke. All diese Formate erreichen die Leute auf ganz unterschiedliche Weise. Wie können wir ein tiefergehendes Verständnis für Themen erzeugen? Vielleicht würde es sich lohnen, die Wissensvermittlung im Gender-Bereich als Teil einer Reihe, Konferenz oder Tagung zu programmieren.

LUCIEN: Begeben wir uns weiter in den Raum des Möglichen und der Spekulation. Gestern hast du in deinem Vortrag das Konzept einer nicht-binären Institution erwähnt, in der weder vor noch nach der Show zwischen Politiker*innen und Poet*innen unterschieden wird. Hast du weitere Ideen für eine Institution der Zukunft, die man vielleicht auch als eine Institution auf dem Spektrum bezeichnen könnte?

ALOK: Auf jeden Fall. Weißt du, ich denke, einer meiner Kritikpunkte am Kuratieren ist, dass Kunst oft nur akzeptiert wird, wenn sie in der Galerie, im Theater, in einer Drag-Show stattfindet. Sie muss sich in einen begrenzten Zeitabschnitt einfügen, von 16 bis 18 Uhr, und dann kehren wir zur Normativität zurück. Ich glaube aber, dass sie überall sein sollte, dass wir alle ein kunstvolles Leben führen sollten. Und ein kunstvolles Leben zu führen bedeutet, kreativ zu leben: Wenn wir entscheiden, was wir essen, was wir kochen, wie wir lieben, wie wir sprechen, geht es immer um die Kunst. Und ich habe die

Sorge, dass die Professionalisierung und Institutionalisierung der Kunst Menschen ohne entsprechenden Hintergrund davon abbringt, Shows auf die Beine zu stellen, weil bei ihnen der Eindruck entsteht, sie könnten keine Künstler*innen sein, sie seien dafür nicht ausgebildet oder nicht gut genug oder hätten nicht die richtige Schule besucht. Das erlebe ich häufig mit meinem Publikum, wenn Leute sagen: »Na ja, ich kann Dinge nicht so gut in Worte fassen wie du.« Und ich antworte dann: »Aber du kannst dich dafür in einer anderen Sprache ausdrücken: vielleicht nicht so gut auf Deutsch oder Englisch, vielleicht nicht in Form von Lyrik, aber dafür beim Kochen oder Stricken oder beim Stylen eines Outfits.«

Wie würde also eine Institution aussehen, die Kreativität als menschliches Grundbedürfnis anerkennt? Ich glaube, sie würde die tradierten Prozesse der systematischen Ausgrenzung in der Kunst aushebeln, in denen kreative Selbstverwirklichung dem Bürgertum vorbehalten bleibt, also nur den Menschen, die über einen hohes Bildungsniveau oder viel Geld verfügen. Vor allem während der Pandemie war die Haltung sehr verbreitet, dass künstlerisches Schaffen und Kreativität im Grunde verzichtbar seien. Ich bin allerdings der Meinung, dass der Kunstsektor – vor allem im Durchleben und in der Verarbeitung der Pandemie – eine grundlegende und notwendige Rolle spielt. Ich habe also vor allem Interesse daran, Institutionen im Alltag der Leute zu verankern, sodass sie nicht nur zwischen 19 und 21 Uhr zugänglich sind, sondern für mehr Menschen zu einem selbstverständlichen Teil ihres Lebens werden. Ein Weg, um das in die Realität umzusetzen, könnte die unkonventionelle Umnutzung von Zentren für Performance Art sein. Was würde passieren, wenn solche Räume für allgemeine Meetings zu allen möglichen Themen, für Unterrichts- oder Literaturdiskussionen zur Verfügung stünden, ohne dass es dabei hieße: »hey, es geht hier um Kunst«? Performance-Zentren könnten so zu Orten werden, an denen Menschen leben, einander begegnen und sich zusammenfinden können. Die Leute kämen dann automatisch zu den Shows, weil sie bereits mit dem Raum vertraut wären, selbst Teil des Raums und der Stadt wären.

Amateur-Künstler*innen einen Raum zu bieten ist *so* wichtig, weil Menschen normalerweise ihre Fotos, Porträts und Instagram-Captions nicht ausstellen können. Wir müssen gleichberechtigte Einstiegsmöglichkeiten für Leute schaffen, egal an welchem Punkt ihrer künstlerischen Entwicklung sie stehen, damit sie kommen und ihre Arbeiten zeigen können – es wäre so ein starkes Symbol, die Kunst auf diese Weise demokratischer und zugänglicher zu machen. Ich weiß nicht, ob es so etwas hier schon einmal gegeben hat, aber vielleicht wäre es spannend, eine Pyjama-Party zu veranstalten, bei der die Leute auf Kampnagel übernachten können, damit wir von dieser Idee wegkommen, dass man nur für die jeweilige Veranstaltung kommt und danach immer nach Hause gehen muss. Deswegen hat mich der Workshop, den wir hier vor ein paar Jahren gemacht haben, so sehr bewegt. Die Vorstellung, über einen längeren Zeitraum gemeinsame Erfahrungen zu machen, lässt einen nicht unberührt. Wenn man für sechs oder sieben Stunden dableibt, ist es viel schwieriger, ein Vorher und ein Nachher festzuhalten, man steckt einfach irgendwie mittendrin.

LARO: Die Vorstellung einer horizontal organisierten Kulturinstitution, in der man sich willkommen fühlt und in der einem mit Offenheit begegnet wird, wenn man sich und seine Kunst zeigen möchte, macht für mich so viel Sinn. In meinen Augen ist die Kunst ohnehin eine Art Erweiterung der eigenen Identität. Da ich persönlich aber im Hier und Jetzt an die Einrichtung gebunden bin, fällt es mir sehr schwer, die »fantastische Institution« vollkommen losgelöst von dem zu betrachten, was sie momentan noch ist. Dennoch versuche ich, sie mir als einen Ort vorzustellen, an dem wir frei arbeiten, leben und interagieren können – vor allem als queere Menschen, denen dies in der Öffentlichkeit häufig verwehrt bleibt. Ich bin neugierig: Was können Institutionen deiner Meinung nach tun, um uns allen mehr freiheitliches Handeln zu ermöglichen, um Privilegien durch Freiheit zu ersetzen? Denn wie du weißt, spielen sie natürlich eine Rolle in unseren Tagesabläufen.

ALOK: Ja, absolut. Ein großer Teil der *anti-oppression education* schult unsere Köpfe, aber nicht unsere Herzen. Ich setze meine Hoffnung nicht unbedingt auf die Vernunft, ich setze sie auf die Kunst. Immer häufiger gibt es Diskussionen über Länder, in denen die politische Spaltung immer größer wird, in denen Menschen kaum noch ernsthaft miteinander reden und jeder eine andere Sprache spricht – und dann heißt es, der Diskurs und die verbale Auseinandersetzung seien die Lösung. Sind sie aber nicht. Kunst hingegen kann Gräben überwinden. Ich habe mich schon immer gefragt, wie eine Kunstpraxis aussähe, die die Menschen aus Strukturen der politischen Unterdrückung befreit. Nicht Bildung, sondern eine Art Anti-Bildung. Ich glaube, genau das möchte ich mit meinen Performances erreichen. Ich versuche, den Leuten etwas beizubringen, aber auf möglichst einladende Weise. Mit Humor lassen sich Argumente so viel besser rüberbringen als mit Diskurs.

Make-up, Beauty und Mode können uns dabei helfen, Botschaften zu vermitteln, die in schriftlicher Form nur auf Ablehnung stoßen würden. Deshalb ist es so wichtig, dass wir Aspekte wie visuelle Ästhetik, Höreindrücke, den Tast- und Geruchssinn einbeziehen und die Leute so auf allen Ebenen ansprechen. Künstler*innen und Performance-Zentren sind in der einmaligen Lage, solche alternativen Bildungsformate umsetzen zu können, in denen der Mensch als multidimensionales Wesen angesehen wird, das nicht nur von seinem Geist, sondern auch von seinem Körper bestimmt ist. Formate, in denen wir die Leute auf immersive Weise erreichen.

LARO: Hoffentlich können wir auch mit dieser Unterhaltung einige Menschen erreichen – Alok, vielen Dank, dass du dir die Zeit genommen und uns einen Einblick in deine Zukunftsvisionen gewährt hast. Wir sehen uns später in deiner Show.

ALOK: Es war mir ein Vergnügen. Vielen Dank und bis später.

»WE SHOULD LIVE AN ARTFUL LIFE«
Lucien Lambertz and Laro Bogan in conversation with Alok

Lucien Lambertz and Laro Bogan speak to Alok about representation, queer vulnerability, care, artistic freedom and infrastructures of trauma in the fantastic institution of the future.

LUCIEN LAMBERTZ: Alok, you have collaborated with Kampnagel four times now – what is your experience with Kampnagel so far? What are your good as well as your critical memories, and generally speaking, what comes to mind when you think of this place?

ALOK: I have just harboured so many wonderful memories about being here. I remember the first time I came I was just like »wow there are so many weird people who get it«. And it feels so rare, in this world, for people to really *get* performance art, and to understand how important performance is. Therefore I felt really cradled and held in the power and the poetics of performance. And that has been why I keep coming back throughout the years, and why I tell everyone you have to go to check out this really weird place in Hamburg.
It just feels like an incubation centre for people who are experimenting with another way to live and using art as a modality to do that. I feel like I was just telling my friend Michael, who is on the show with me, that there is a place where you can come up with a very zany idea and then actually have people take it seriously and that's so necessary, I think, in these political climates where the status quo is so often preventing us from imagining beyond the parameters of the now. And especially as I reflect on what the role of a performance artist is in these times … I am really committed to this idea of experimenting beyond grammar, beyond convention, beyond norm. And I think that's what's happening here in Kampnagel.

LARO BOGAN: You are often asked to stand on stage, being trans-femme and representing people of colour, therefore staging and living with your own body, that many people are pleased to see, but also, unfortunately, some feel disturbed by. We were wondering: what is your experience of the institutions when you get off the stage? How do you feel cared for (or not), visiting various arts institutions all over the world?

ALOK: You know … I think curation has to also be about the duration of the visit of the artist, not just about when they are on stage. There has to be a fundamental recognition of the vulnerability of the artist as a human being, not just as an art piece. I think that's what makes performance different: since we're alive, it's not just cargo that you can transport, it's like a human body. And one of the dynamics that I speak to in my work and that I feel so intimately is this sense of only being able to exist when I am staged or spectacularised, because I think people see this as some sort of aesthetic or some sort of costume that I am putting on. And that is permitted on the stage but then it's disavowed off of it.
What I am always looking for in institutions that curate is to understand that dynamic and to think about safety beyond the stage, and to think about how to allow people to turn off when they need to turn off and not have to be on.
It's also really important to me that when I am performing in international spaces I am not used as a substitute for curating local people like me, or having the same conversations but in the specific cultural context that the institution is located in. I noticed a lot of international performance centres will curate me, but then won't curate people doing work in their own language, and I have never really felt that at Kampnagel. What's been cool throughout the years is to see so many of my peers from Germany also pass through here. And that makes me feel like the work is reflected upon in this cultural context, not like it's just happening in the US.

LUCIEN: Do you check out the venue a lot before you go there, before you accept an invitation?

ALOK: With my team I have a protocol on »here's what's needed for us to do a gig there«. It has been very interesting because we've had to turn down institutions because they are unwilling to meet us where we are at. Simple things like »you're not allowed to have gendered restrooms while I am performing there«. I find that there is a cognitive disconnect if you're talking about a non-binary on stage but then not integrating that into the mechanics and institution. Another of our conditions is »If there's TERF backlash or racist backlash, you need to stand with the artist – you can't crumble in the face of backlash«. That's something I have experienced in my career. Institutions will sometimes say things like »we try to not get involved in politics« or »we don't wanna take stances« and I'm like »this is the issue, right?« It shouldn't be a political stance to say that people of colour and queer and trans people get to speak and get to exist, but it's made into a political stance. And so that's something that I really need institutions to be able and willing to do, is to say: »we are gonna take a stance for what is right, and that might isolate or irritate some demographics, but so what? We have to value what is right.«
Another thing I care about is for venues to connect me with local queer makeup artists and photographers, DJs and performers, to collaborate with me. It is also really telling when people respond »oh, we don't know any queer talent«.

LARO: In your shows and in your writing you talk quite a bit about trauma, also being part of your life – or I'd better say of *our* lives as queer people. I wonder when thinking about the fantastic institution, what kind of infrastructure do you think trauma needs?

ALOK: I've always wanted to do shows where I have trauma therapists there, who do therapy sessions, group therapy sessions after the performance. Oftentimes people share intense details about their lives with me after my performances. Art surfaces things in a way that normal conversations don't. I had to learn as a performer that I'm not a trained professional, I can't effectively hold that for people. I had to earn how to say »*I am so sorry, thank you so much for sharing that with me, but I can't be this person for you. I can't give you what you need [to get over your pain]*«.
I've always wondered: what would it look like if there was a trained person holding space around that stuff, where people could really surface? My fear is that people just return to their lives, and that this short »crisis« and introspection is lost. It's actually a really fertile ground, where people can work through some difficult stuff.
Gender affirming healthcare is not just doctors, it's also poets. We need art as part of our conception of healthcare. But what would it look like to work with the kind of formal, traditional health

»establishment«, as a theatre and as an institution? Thinking about cross-pollination or collaboration, that's a collaboration I have not really seen done. It would not be the medical professionals coming in and saying »here are the rules«, it would be the artist coming in, the theatre practitioners coming in and saying »here's your role«.
Another idea is: I wish there was an ability to talk about the political ideas of the work before or after the show, because there is the presumption that everyone gets it, but oftentimes they don't. That could look like facilitating a reading discussion before or after, finding ways to actually land the ideas so that people can discuss and integrate that knowledge.
I think the role of performance is not necessarily to educate, it's to create the crisis that makes people go and seek education. There's often a presumption that people will go and do that but I don't know if that actually happens. That's why I think curation can be really interesting; meeting people at multiple levels by means of an academic talk, a film, a poetry show or karaoke. Those are all reaching people in different ways. How can we help gain a deeper level of understanding? It could be cool to curate this gender education as part of a series or a conference or a gathering.

LUCIEN: Maybe we can move a bit more into this realm of potential or potentialities. […] in your speech yesterday, you mentioned this idea of the non-binary institution. An institution which doesn't make a distinction between poets and politicians, before or after the show. Do you have any more ideas about that possible institution of the future, which can maybe also be called an institution on the spectrum?

ALOK: Totally. You know, I think, one of my concerns with curation is that art is seen as okay when it's at the gallery, when it's at the theatre, when it's at the drag show. It has to be confined into an episode, six to eight p.m., and then we return to normativity. And my belief is that art should exist everywhere, that we should live an artful life. And that means that there is creativity in living: the decisions we make around what we're eating, what we're cooking, how we're loving, how we're talking, all of that is about art. And my fear is that there is this professionalising and institutionalising of art, where everyday people feel they can't be artists because they're not trained or they're not good or they didn't go to the right schools so they're not doing shows. I experience this a lot with my audience where they're like »well, you know, I am just not as articulate as you« and I respond »but you are articulate in another language: it might not be English, it might not be German, it might not be poetry, maybe it's cooking, maybe its knitting, maybe it's styling an outfit«.
So what would an institution look like, that understood that a creative life is essential for all people? I think that interrupts the legacies of exclusion in art, that sees a creative life as just a bourgeois enterprise that's only for people with learning or money. I think especially with the pandemic we really saw this calculation that said that artistry and creativity are not essential. I think the role of the art sector, especially coming in and through the pandemic, should be: »we are essential and necessary and foundational«. So what I am interested in is to integrate the institution in the everyday beingness of people, where people don't feel like they have to go from seven to nine, but that it's just integrated into the way they're living their lives. One way we can accomplish this is having non-traditional things happen in performance centres. What would it look like if we allowed this space to just be used for people to have general meetings about things, who have classroom discussions, book discussions, without the agenda of saying »hey, this is about art«. This would make it a performance art centre where people can live and gather and congregate. Then they naturally start going to the shows because they're just familiar with the space, they are integrated into the space, integrated into the city. Allowing for amateur artists to actually have space is *so* huge, where people often can't exhibit their photos, their portraits, their Instagram captions. Finding equal entry points for people at all levels in their artistic lives to come and exhibit their work and being seen and witnessed would be so powerful. Doing that work of democratising art and making it more accessible to people. It could be interesting (I don't know if it's ever been done here), to have a slumber party where people camp out and we actually interrupt this idea that we go to a show and after that return home.
For this reason the workshop we did here a few years ago resonated with me so much. The idea of being in it together for a long time does something different. If you are here for six, seven hours, it's much harder to say »before, after«, you're just kinda in it.

LARO: I can totally relate to the idea of an art institution being more horizontal, so that everyone feels welcome, and feels an openness of the institution to present themselves and their art. I think generally art is a prolongation of the self, in a way. As someone who is, right now, also bound to the institution, I find it really hard to imagine the »fantastic institution« as totally unrelated to what it is now. Still, I try to imagine the institution as a place where we can practice living and interacting freely, especially as queer people, which is often impossible in public. I'm curious: what do you think the institution could do to help all of us practise true freedom, and to replace privilege with freedom? Because obviously it does play a role in our daily structures, you know.

ALOK: Yeah, absolutely. There's this emphasis on, like, anti-oppression education, that still only understands education of the mind, not education of the heart. I don't necessarily have faith in reason, I have faith in art. We're seeing all these conversations emerge around increasingly polarised countries, where no one can speak to each other anymore, no one's speaking the same language, and people think that arguments and debate are the path forward. That's not the path forward. Art, actually, is that which can transmit across. I have always wondered: what would it look like to really think about an art practice that's about liberating people from the structures of oppression? That's not education, it's kind of an anti-education. I think that's what I try to do in my performances. I am trying to teach people but in a way that's engaging. Humour can be such a good way of landing an argument in a way that discourse just can't.
Makeup and beauty and fashion can be ways of communicating things that people would just completely shut down to if I were just to put it into writing. So it's about incorporating things like visuality, sounds, touch, smell, and meeting people at those levels. Artists and performance centres are uniquely positioned to advance an alternative form of education that sees people as multidimensional and as bodies, not just minds. That reaches people in an immersive sense.

LARO: Hopefully, we can reach some people with the little chat we're having here and Alok, thank you so much for giving us insights into some of your visions and taking time for this interview. We'll see you later at your show.

ALOK: Yeah, definitely, it was a pleasure. Thank you so much and see you later.

THIS CAKE DIDN'T RISE. I'LL MAKE ANOTHER CAKE
Melanie Zimmermann und Alina Buchberger im Gespräch mit Dan Daw

Im Rahmen des Programms für inklusive Kunstpraxis (pik) der Kulturstiftung des Bundes arbeiten Dan Daw und sein Team gemeinsam mit und auf Kampnagel an einem künstlerischen Modellprojekt für mehr Barrierefreiheit: Das über drei Jahre angelegte Projekt beinhaltet ein Gastspiel, Community-Workshops, ein neues Partyformat, eine gemeinsame Festival-Kuration sowie eine künstlerische Neuproduktion von Dan Daw. Auf diese Weise sollen zahlreiche Impulse und eine praktische Begleitung für Kampnagel entstehen, um die eigenen Arbeitsweisen fürsorglicher und zugänglicher zu gestalten.

MELANIE ZIMMERMANN: Dan, du zählst zu den bekanntesten britischen Künstler*innen, die sich als queer und crip[1] identifizieren. Du schaffst nicht nur mehr Sichtbarkeit für die Schnittstelle zwischen Queerness und Cripness, du stehst auch für eine ganz eigene und mutige Ästhetik. Du hast bereits in unterschiedlichsten Kontexten getanzt, mit Choreograf*innen wie Rachid Ouramdane zusammengearbeitet und schließlich deine eigene Kompanie gegründet. Kannst du uns einen Einblick geben, wie es sich anfühlt, in dieser »Familie« Shows zu produzieren? Und wie sich euer Prozess von deinen früheren Projekten unterscheidet?

DAN DAW: Ich bin so froh, Menschen gefunden zu haben, mit denen ich mich verbunden fühle, mit denen ich Ideen austauschen kann und auf die ich mich verlassen kann, wenn es um meine Arbeit geht. Der Zeitfaktor spielt dabei eine besonders große Rolle, denn bei den meisten Tanzproduktionen hat man in der Regel vier, vielleicht fünf Wochen Zeit für die Entwicklung der Performance. Ich erarbeite meine Produktionen aber lieber über einen Zeitraum von 12 bis 16 Wochen. Deshalb weiß ich es sehr zu schätzen, dass ich eine berufliche Wahlfamilie gefunden habe, die mich nicht nur versteht, sondern auch selbst solche Arbeitsbedingungen bevorzugt. Es ist schön, als Künstler, Aktivist und behinderte Leitungsperson an einen Punkt zu kommen, der es mir erlaubt, eigene Regeln aufzustellen und zu sagen: »Wie auch immer ihr arbeitet, wir arbeiten so, und wenn ihr das nicht akzeptieren und uns als Projektpartner*innen unterstützen könnt, dann gehen wir woanders hin und suchen uns für das Vorhaben eben Leute, die das tun.« Je älter ich werde, desto weniger Interesse habe ich daran, irgendwen zu irgendetwas zu zwingen. Ich möchte meine Energie nicht mehr damit verschwenden, Menschen auf einen gemeinsamen Nenner zu bringen. Damit habe ich viele Jahre meiner Karriere verbracht; ich habe so hart daran gearbeitet, dass andere meinen Standpunkt nachvollziehen und meine Wahrnehmung teilen können, aber letztendlich tun es viele nicht und werden es auch nie tun. Deshalb konzentriere ich mich mittlerweile vor allem darauf, Leute zu finden, die das nötige Verständnis bereits mitbringen. Als ich noch für andere Kompanien getanzt habe, glaubte ich, ich könnte mit meiner Arbeit etwas verändern. Ich wollte unbedingt einen Wandel herbeiführen. Heute denke ich: Nein, eigentlich möchte ich nichts umgestalten, was bereits existiert. Ich möchte gemeinsam mit meiner *chosen work family* etwas ganz Neues schaffen und mir überlegen, wie so ein Neuanfang aussehen kann.

MELANIE ZIMMERMANN: Könntest du noch etwas zu der ästhetischen Freiheit sagen, die deine Family dir bietet?

DAN DAW: Wie gesagt, je älter ich werde und je mehr Erfahrung ich als Künstler und Aktivist sammle, desto weniger möchte ich mich dafür entschuldigen, wer ich bin, dass ich auf der Welt bin und auch für die Art von Kunst, die ich mache. Es ist mir viel wichtiger, genau das zu sagen, was ich sagen möchte – nicht so sehr, ob es anderen gefällt oder nicht. Natürlich hilft es mir, meine Miete zu bezahlen, wenn Menschen Gefallen an meiner Arbeit finden, aber das ist nicht mein Hauptanliegen. Wenn ich über mein eigenes Schaffen nachdenke, setze ich mich vor allem damit auseinander, ob ich genau das ausdrücke, was ich ausdrücken will, auch in Bezug darauf, wie ich mich selbst als Teil der Welt empfinde. Diese Überlegung zum Maßstab, zum Barometer zu machen, wenn ich etwas in der Öffentlichkeit präsentiere, ist unheimlich wichtig für mich.

ALINA BUCHBERGER: Du hast dich selbst gerade als *disabled leader* bezeichnet. Mich würde interessieren, was das genau für dich bedeutet, im Hinblick darauf, wie du mit dir selbst, aber auch mit anderen Rücksprache darüber hältst, was du kommunizieren möchtest. Was bedeutet es, ein *disabled leader* zu sein, wenn es um Aspekte wie Fürsorge, Barrierefreiheit und Konsensbildung innerhalb deines Teams geht? Wie definierst du das für dich?

DAN DAW: Es ist immer ein echter Balanceakt, wenn ich mit meinem Team an etwas arbeite und mir überlege: »Okay, genau das möchte ich sagen.« So nehme ich mein eigenes Verhältnis zur Welt wahr. Und dann stimme ich mich mit den anderen ab und frage: »Seid ihr damit einverstanden? Wie denkt ihr darüber?« Als wir »The Dan Daw Show« entwickelt haben, gab es zum Beispiel lange Diskussionen über den Text – darüber, was drinstehen sollte und was nicht, was es für jede*n einzelne*n von uns bedeutet hat, diese Worte zu hören; gleichzeitig haben wir die Worte und ihre Sinn auch hinterfragt. Und wann immer ich erklärt habe, welche Bedeutung das alles für mich hat, haben die anderen gesagt: »Okay, jetzt verstehen wir, was du meinst.« Wie du eben schon sagtest, Alina, geht es darum, sorgsam miteinander umzugehen und einen Konsens zu finden – sind wir uns einig darüber, dass dies die Botschaft ist, die wir gemeinsam vermitteln wollen? Wenn man die einzelnen Teammitglieder zu dem Projekt befragt,

---

[1] Das Wort »crip« ist eine politische Selbstbezeichnung von behinderten Personen im Englischen, und wird auch zunehmend in Deutsch verwendet.

The Dan Daw Show, 2023, Foto: Hugo Glendinning

können sie genauso Stellung dazu nehmen wie ich, auch in einer ähnlichen Sprache. Und es fällt ihnen leicht, weil sie von Anfang an in den kreativen Prozess eingebunden waren. Für das gesamte Team gilt: Alle wissen, warum wir sagen, was wir sagen und wie wir es sagen. Um es dem Publikum auf die bestmögliche Art und Weise nahezubringen.

Wenn wir über eine neue Produktion nachdenken, ist das Publikum eigentlich immer schon präsent. Für mich als Kunstschaffenden ist es äußerst wichtig, dass die Zuschauer*innen am Ende genau wissen, was ich ihnen mitteilen wollte.

Meine Art ist sehr direkt und sehr pointiert, deshalb kann ich ganz neu ausloten, was Tanz ist und was er sein kann. Der gängige Diskurs ist meist: »Oh, Tanz kann alles sein, was du möchtest.« Ich sage: »Nein, er ist das hier.« Ich möchte klarstellen: *Das* hier ist Tanz. Ich bin nicht Trisha Brown [lacht]. Tanz muss politisch sein und den Zuschauer*innen ein Verständnis dafür vermitteln, dass die Welt größer ist als sie selbst, wenn man so will.

Das bedeutet, im *disabled leadership* Sachen ernsthaft anzupacken und eine echte Führungsperson zu sein. Das kann ziemlich furchteinflößend sein, weil es so viele verschiedene Möglichkeiten gibt, wie man das angehen kann, und niemand es exakt genauso macht wie wir. Zum Beispiel hat Zed Lightheart, der bei uns für die Barrierefreiheit zuständig ist, ein eigenes Konzept für den Zugang zum Aufführungsraum vor Beginn der Show entwickelt, das man sonst nirgends so vorfindet: Die Zuschauer*innen können sich vorab über Trigger-Themen informieren und herausfinden, was sie erwartet. Sie können selbst wählen, wo sie sitzen, bevor es losgeht. Sie haben die Möglichkeit, sich das Bühnenbild anzusehen, am eigenen Leib zu erfahren, wie hell die Scheinwerfer sind und wie laut die Musik sein wird. Und sie können mit uns und der Show in Kontakt kommen, bevor die Vorstellung beginnt, sodass diejenigen, für die gewisse Vorkehrungen vonnöten sind, diese auch so gut wie möglich treffen können. Denn die Dan Daw Show ist eine ziemliche Achterbahnfahrt und wir wollen sicherstellen, dass sich das Publikum bei uns und in der Vorstellung geborgen fühlt. Auch das bedeutet es für mich, eine Führungsrolle einzunehmen. Es erfordert Mut, Neuland zu betreten, aber ich weiß, dass die Menschen aus meinem Umfeld mich dabei unterstützen – Zed, Liz, Froud, Sarah, mein gesamtes Team, Chris auf der Bühne – wir ziehen alle am selben Strang. Das ist ebenfalls wichtig für meinen Ansatz: eine Leitungsperson zu sein und es dennoch zuzulassen, dass andere mich stützen. Ich lerne immer noch, wie das geht. In der Vergangenheit dachte ich oft, es sei einfacher, wenn ich alles selbst in die Hand nehme. Aber inzwischen übe ich mich in dem Bewusstsein, dass ich ein ganzes Team von Leuten um mich herum versammelt habe. Als ihr auf mich zugekommen seid, um die Zusammenarbeit zwischen uns und Kampnagel im pik*-Programm in die Wege zu leiten, habe ich nicht zuletzt deshalb gesagt: Mich gibt's jetzt nicht mehr ohne mein Team. Es ist für mich keine einfache Sache, Unterstützung von anderen anzunehmen, vor allem im beruflichen Kontext. Man gewöhnt sich schnell daran, alles allein hinkriegen zu müssen. Oft werten wir es als ein Zeichen von Schwäche, wenn wir um Hilfe bitten. Genau diese Haltung wollen mein Team und ich jetzt auf den Kopf stellen: Denn diese Hilfsbedürftigkeit ist eigentlich eine Stärke. Und in dem Rahmen, in dem wir uns bewegen, möchten wir dieses Maß an zwischenmenschlicher Zuwendung und gegenseitiger Abhängigkeit auf jeden Fall fördern.

AALINA BUCHBERGER: Ich verstehe vollkommen, dass du nicht länger versuchen möchtest, Veränderung an Orten herbeizuführen, an denen sich die Menschen dagegen wehren. Aber ich denke schon, dass sich die Frage aufdrängt, welche Rolle die Institutionen hier spielen. Wie können wir auch im institutionellen Kontext träumen und radikale Fürsorge sowie Barrierefreiheit gewährleisten? Ich freue mich darauf, das nach und nach gemeinsam mit dir herauszufinden, aber da dieses Kapitel der Publikation den Titel »The fantasic institution« trägt, frage ich mich auch, ob so eine fantastische Institution überhaupt existiert oder ob es eher fantastisch ohne die Institution ist?

DAN DAW: [lacht] Ja, ich denke, das macht einen großen Teil dessen aus, was wir gemeinsam erarbeiten wollen: Wenn wir die Teamkultur von Dan Daw Creative Projects als Ausgangspunkt nehmen und auf das Team bei Kampnagel übertragen, würde das funktionieren? Auch angesichts all der Auflagen, die ihr als Einrichtung tagein, tagaus erfüllen müsst – gehen wir also mithilfe unserer Fantasie der Frage nach, wie wir mehr Freude und Fürsorge in euren institutionellen Arbeitsalltag bringen können. In der Vergangenheit habe ich die Zusammenarbeit mit Institutionen als eine ziemliche Herausforderung empfunden. Und da sind wir wieder bei dem, was ich über das Umkrempeln des Bestehenden gesagt habe. Ich freue mich sehr darauf, mit dem Kampnagel-Team zusammenzuarbeiten und mir gemeinsam mit euch vorzustellen, dass wir alle gemeinsam dieses Gebäude betreten haben und es zum allerersten Mal sehen. Wie könnte unser Neuanfang hier aussehen? Vollkommen unabhängig davon, was bisher geschah? So beginnt für mich die Arbeit an jedem neuen Tanzprojekt. Auch das hier sehe ich in gewissem Maße als ein solches Projekt. Und zwar eins, bei dem wir alle zusammen in die Kampnagel-Hallen gehen und erkennen: Okay, hier gibt es noch gar nichts. Wir haben nur die leere Hülle eines Bauwerks. Wie sollten wir unser Zusammenleben in einem solchen Rohbau gestalten, auf einer ganz grundsätzlichen Ebene? Und wenn wir das herausgefunden haben und auch, wie wir einander mit Liebe, Fürsorge und Freude begegnen können, dann stellen wir die Frage: Was machen wir mit diesem Ort? Und wie gehen wir das an? Eine Methode, bei der wir alles auf Anfang setzen, so wie andere es vor vierzig Jahren gemacht haben, als sie in Wohnwagen im Hinterhof lebten. Stell dir vor, wir ersetzen diesen Prototyp, weil es ihn schon seit vierzig Jahren gibt. Stell dir vor, wir fangen von vorne an und nach weiteren vierzig Jahren geht es dann wieder bei null los. So bliebe Kampnagel immer relevant für das jeweilige Zeitalter, denn es bestünde aus all diesen Neuanfängen, nicht etwa aus Fortsetzungen.

ALINA BUCHBERGER: Vielen Dank, Dan, für dieses Bild. Das ist ein ebenso simpler wie wirkungsvoller gedanklicher Ansatz. Ich weiß nicht, ob es zu weit vom Thema wegführt, aber wir alle wissen ja, dass die Geschichte von Kampnagel deutlich weiter als vierzig Jahre zurückreicht. Viele Leute haben dieses Gebäude betreten, als es noch eine Fabrik war, vor allem, als es während des Zweiten Weltkriegs als Rüstungsfabrik diente, in der auch Zwangsarbeit zum Alltag gehörte. Vor diesem Hintergrund frage ich mich, wie Institutionen zukünftig Neuanfänge wagen, zugleich aber auch die Vergangenheit aufarbeiten und ihr einen angemessenen Raum schaffen können.

DAN DAW: Ja, natürlich. Ich denke, eine Möglichkeit wäre, der Gewalt gegen queere, behinderte Menschen etwas entgegenzusetzen, indem man Arbeitsplätze für sie schafft [lacht]. Im Grunde genommen geht es darum, die Geschichte neu zu schreiben – sie so zu formulieren, wie sie eigentlich hätte lauten müssen, und die Opfer sichtbar zu machen, die in der Erzählung fehlen oder aus ihr herausgestrichen wurden. Ja. Wir schreiben die Geschichte um und begreifen die Deutung der Vergangenheit und ihrer Gewalttaten als unser Vorrecht. Um klarzustellen, dass in den Geschichtsbüchern nicht das steht, was dort stehen sollte, und wir sie nur in die Form bringen, die sie von Anfang an hätten haben sollen. Wir sorgen jetzt dafür, dass alles so wiedergegeben wird, wie es sich seit jeher gehört hätte. Auf diese Weise können wir die Realität vergangener Gewalttaten anerkennen, ohne dass wir uns andauernd mit ihnen beschäftigen müssen. Wenn ihr immer wieder mit behinderten Künstler*innen zusammenarbeitet, mit queeren Künstler*innen, mit trans Künstler*innen, mit Schwarzen Künstler*innen und Künstler*innen of Color, dann gerät die Geschichte der Gewalt nicht in Vergessenheit, denn sie steckt tief in unserer DNS. Sie ist Teil unseres Erbes, unserer familiären Herkunft und unserer Kunst, denn unsere Arbeit dient in erster Linie dazu, das Trauma dieser Gewalt zu verarbeiten. Wenn ihr euch mit marginalisierten Menschen zusammentut, wird diese Gewalt in unseren Schaffensprozessen immer die nötige Aufmerksamkeit erfahren.

MELANIE ZIMMERMANN: Im Rahmen deiner Arbeit für pik bringst du auch Künstler*innen zusammen, die sich selbst als queer und behindert identifizieren. In der deutschen Performancekunst-Szene steht diesen Communitys selten ein angemessener Raum zur Verfügung, also ein realer, physischer Raum. Auf Kampnagel sprechen wir derzeit viel über das Thema Raum und darüber, wie wir eine passende Architektur für unsere Ideen und auch für die Menschen schaffen können, die die Stätten in und um dieses Gebäude herum besonders dringend benötigen. Wie stellst du dir in Zukunft Räume vor, die genau das bieten können, worüber wir hier gesprochen haben – Liebe und Fürsorge, Offenheit für neue Ideen?

DAN DAW: Ich denke, das kann man nur erreichen, wenn man den marginalisierten Communitys, die Kampnagel nutzen, sehr ernsthaft zuhört und dies als Ausgangspunkt nutzt. Fragt sie: Welche Bedürfnisse muss dieser Ort erfüllen? Was braucht es, damit sie sich in diesem Gebäude gut umsorgt fühlen? Was bedeutet das Wort »Fürsorge« für sie in unterschiedlichen Kontexten – wenn sie ein Gebäude betreten, sich eine Show ansehen, an die Bar oder etwas essen gehen möchten? Es bedeutet auch, dass ihr euch mit jeder einzelnen Transaktion auseinandersetzt, die Kampnagel als Einrichtung durchführt, und euch mit so vielen Menschen wie möglich darüber austauscht, welche Anforderungen sie innerhalb dieser Transaktionen stellen und wie ihr weiter daran arbeiten könnt. Geht es um architektonische Aspekte, infrastrukturelle? Was genau brauchen die Leute? Für euch als Kulturinstitution geht es darum, der Gemeinschaft den besten Dienst zu erweisen, oder? Wir müssen den Kreis an Communitys, die wir aktiv einbinden, erweitern und ihnen geben, was sie brauchen. Dabei können wir uns nicht querstellen und uns von unseren Geldgeber*innen vorschreiben lassen, wie das auszusehen hat. So entstehen die fruchtbarsten Momente, auch bei meiner Arbeit im Projekt »Reimagined Futures« – nämlich dann, wenn wir die Frage stellen: Welche Form müsste ein Gebäude annehmen, wenn wir zwischenmenschliche Fürsorge zum ausschlaggebenden Faktor machen? wie würden unsere Bauten aussehen, wenn Fürsorglichkeit zum Kernelement von Architektur würde? Solche Fantasie- und Traumwelten teilen wir in diesem Prozess.
Und wieder geht es darum, einen Neubeginn zu wagen. Wir haben viel mehr Möglichkeiten, wenn wir bei null anfangen, als wenn wir versuchen, vorherrschende Bedingungen zu verändern. Allein dieses Gedankenspiel führt bereits zu einer Veränderung der bestehenden Verhältnisse. Es geht also eigentlich nur um ein Umdenken in Bezug auf das Thema Veränderung. Weg von der Haltung »Das ist alles so schwierig, weil diese Person mir Steine in den Weg legt« und hin zu »Was wäre, wenn es diese Person gar nicht gäbe? Was würde ich dann machen?«. Das einmal gedanklich durchzuspielen, kann unheimlich hilfreich sein.

ALINA BUCHBERGER: Das ist ein gutes Schlusswort, finde ich. Aber bevor wir zum Ende kommen – hast du noch etwas, das dir am Herzen liegt oder das du hinzufügen möchtest?

DAN DAW: Ich glaube nicht, aber es war sehr gut, dass wir dieses Gespräch geführt haben, weil sich dabei herauskristallisiert hat, was ich eigentlich mit euch machen möchte. Dafür habe ich bei dieser Gelegenheit ein besseres Verständnis entwickelt. Es geht darum, wie wir neu anfangen können. Das ist es, was wir hier erforschen und durchspielen. Sogar bei den Dance-Partys, die wir geplant haben – wir werden Dance-Partys veranstalten, aber sie werden *kinky* sein und wir werden dafür sorgen, dass sie für alle barrierefreie und angenehme Räume sind. Und genau so sieht unser Neubeginn aus. Er ist voller Hoffnung. Das ist der konzeptuelle Rahmen für die Zeit, die wir gemeinsam verbringen, und ich finde es wirklich spannend, dass wir dabei so verspielt sein können, eine Reihe verspielter Experimente machen. Ok, das funktioniert noch nicht so gut – fangen wir einfach noch mal von vorne an. Der Kuchen ist nicht aufgegangen – ich backe einen neuen. So machen wir das normalerweise beim Backen, aber nicht, wenn es um bedeutsamere Angelegenheiten geht, weil wir uns damit überfordert fühlen, große Sachen noch einmal anzugehen. Ich denke, es ist ein Zeichen von Mut und Queerness, zu sagen: »Das ist hier alles verdammt riesig, aber wir sehen, dass es so einfach nicht funktioniert.« Wir können anerkennen, dass wir für den letzten Kuchen fünfzig Jahre gebraucht haben, und trotzdem einen neuen Teig ansetzen, auch wenn wir ihn am Ende vielleicht nicht essen können, aber das ist in Ordnung. Er ist ein Teil unseres Vermächtnisses. Als Künstler beschäftigt mich die Frage, wie ich meine eigene Arbeit weniger vergänglich gestalten kann, sodass sie fortbesteht, wenn es mich nicht mehr gibt. Das finde ich sehr wichtig.

THIS CAKE DIDN'T RISE. I'LL MAKE ANOTHER CAKE.
Dan Daw in conversation with Melanie Zimmermann and Alina Buchberger

Under the Federal Cultural Foundation's »Programm für inklusive Kunstpraxis« (pik; Programme for Inclusive Artistic Practice), Dan Daw and his team are working on a model artistic project for greater accessibility with and within Kampnagel; over three years the collaboration has given rise to a guest performance, community workshops, a new party format, joint festival curation and new artistic production, with widespread impetus and practical support for Kampnagel in making its own working methods more inclusive and more accessible.

MELANIE ZIMMERMANN: Dan, you are one of the most famous UK-based artists who identifies as queer and crip. You create not only more visibility for this intersection of queerness and cripness, but a very unique and bold aesthetic. Having danced in various contexts and with choreographers like Rachid Ouramdane, you founded your own company. Can you share how it feels to produce in this »family«? And what is the difference between this way of producing, and before?

DAN DAW: It feels great to have found the people I connect with and bounce off of and can ultimately trust with the work I make. And in particular, the sense of time comes up within that, because predominantly, when you think about making dance work, you are given four, maybe five weeks to make a work. I prefer about 12 to 16 weeks to make a piece of work. So it's really great to find a chosen work family who understand that and who want to work in a similar way. It's nice to reach the point as an artist and as an activist and a disabled leader to create our own set of rules, to go: We don't care how you work, we work like this. And unless you understand that and can support that as project partners, we're going to take our work somewhere else with people who do understand. Because, the older I get, I don't want to pull people, kicking and screaming, anymore. I don't want to waste my energy trying to get people on the same page. Because I've tried that for so many years in my career, and I worked so hard to get others to see my point of view and perceive things the way I perceive them, but at the end of the day, they don't, and they're never going to. So I'm all about, now, finding the people who already get it. I was of the mind, when I was dancing for other companies, that what I did changed things, and I was all about making change. Whereas now, I'm with the mind that, no, actually I don't want to change something that's existing. I want to work with my chosen work family to create something new and to look at what it means to begin again.

MELANIE ZIMMERMANN: And could you say something about the aesthetic freedom in this family?

DAN DAW: Again – the older I get and the more seasoned I get as an artist, and as an activist, I've reached the point where I want to stop apologising for myself and for being in the world, and for the kind of work I want to make. It's more important to me that I'm saying exactly what I want to say. Not whether people like it or not. Of course, it helps me pay my rent if people like it. But that's not my first concern. My first concern when I'm thinking about making work is: am I saying exactly what I want to say and how I feel about myself within the world now? And allowing that to be the gauge, the barometer I use when I put things out into the world. That's really important to me.

ALINA BUCHBERGER: You just said that you identify as a disabled leader. I would be interested to know what that means, in terms of checking in with yourself and others, about what it is that you want to say, exactly. What being a disabled leader means for practice of care, access and consent within your team. How do you personally understand that?

DAN DAW: It's a very delicate balance when I'm developing work with my team, and looking at, okay, this is what I want to say. This is how I perceive my relationship to the world. But then checking in with the others to go: are you on board with this, too? Or: what are your thoughts about this? In making »The Dan Daw Show«, for example, we'd have long discussions about the text and what would go in and what didn't, and what it meant to each of us, to hear those words, interrogating the words and what they mean. And then, when I explained what it meant to me, people are like, okay, I get that now. So, as you say, Alina, that taking care of each other and consent – do we all agree that this is the thing we want to say together? And if any member of my team is asked about the work, they'd be able to speak about it in a similar language that I speak about it. And that being a very easy thing for them to do, because they've been involved in the creative process from the very beginning. And that includes everyone in the team, so that we're all on board with why we're saying what we're saying, and how we're saying it. Getting it across to the audience in the best way.

When we're thinking about making work, the audience is always there in a way. It's really important for me as a maker, that the audience go away knowing exactly what I want to get across. I'm very direct and very pointed, and that's why I push the boundaries of what dance is and what it can be. Because a dance discourse, typically, would be: Oh, dance can be whatever you want it to be. I'm like, no, it's this. I want to make sure about this. It's this. I'm not Trisha Brown [laughs]. It needs to be political and it needs to get audiences understanding that the world is bigger than they are, in a way.

And that speaks to leaning into disabled leadership and being a leader. And it being at times scary, because people are doing this in different ways, but no one is doing it in the way we are. For example Zed Lightheart, who's our access support person, has developed the pre-show access concept, because no one else is doing it in that way; audiences can come and look at the triggers and what to expect from the show. They can choose where to sit before the show starts. They've got a chance to see the set, experience how bright the lights are, how loud the music is going to be. And they've got a chance to connect with us and the show before it starts, so that people who need it are as prepared as they can be. Because, particularly with »The Dan Daw Show«, it's a ride. And we want to make sure audiences are feeling held by that and by us. So that's part of what being a leader is for me.

It's daring to go where no one's gone before, but I know that while I'm doing it, I'm being supported by others around me, like Zed, like Liz, like Froud, like Sarah, my whole team, Chris on stage, we're all in it together. That's part of my approach: leading to allowing myself to be held. And I'm still learning that. In the past, I've often thought it's easier to just do it myself. But now I'm training myself to say: I have a team of people around me. And that's kind of why, when you came to me about this collaboration between us and Kampnagel for the pik programme, I was like: I come with a team now. Allowing myself to be supported is a big thing, especially in the workplace. We're being so used to just having to do it ourselves. We think that to ask for help is a sign of weakness. We're flipping that on its head now. Our need for help is actually a strength. And we really encourage that level of care and that level of interdependence, within the framework we're existing in.

ALINA BUCHBERGER: I would really love to pick up on what you just said – and I hear you on stopping to try and make change where people are actually resisting it. But I think the question of the institution is imposing itself. How can we dream and actually provide radical care and access inside of institutional frameworks? I'm curious to learn about that with you in the future, but as the chapter of this publication is entitled The Fantastic Institution, I'm like, is there a fantastic institution at all, or is it just fantastic without the institution?

DAN DAW: [*laughs*] Yeah, I think that's a big part of what we're exploring together: can we start from the ways we are together as a team in Dan Daw Creative Projects and, how would that work within the team at Kampnagel? All the box ticking you have to do on a daily basis as an institution: exploring the fantasy of asking, how can we inject joy and how can we inject care into the ways you work, inside of a big institution? I found working with institutions in the past quite challenging. And this comes back to what I was saying about changing something that's already existing. I'm very keen to work with the Kampnagel staff and imagine we've all just walked into this building and seen it for the first time. How would we begin again? Regardless of the history of what has been before? The same way that I'm making a new piece of work. This is a new piece of work. And it is about us walking into this building at Kampnagel going, okay, there's nothing here. We've got this shell of a building. Fundamentally, how should we be together inside of this shell of a building? And when we worked out how to be together and how to treat each other with love, with care, with joy, then we ask: what are we going to do with this place? How are we going to do it? Doing the exercises to start from the very beginning. Like others did forty years ago, when they lived in the caravans in the backyard. Imagining that prototype to go, it's had forty years. Imagine we start again and imagine in another forty years we start again. So that Kampnagel always stays relevant to the time period it exists in, because it's full of these new beginnings, not continuations.

ALINA BUCHBERGER: Thank you, Dan, for that image, that's actually a pretty simple but really strong and helpful tool to think about. I don't know if this is deviating from the conversation too much, but – while we all know Kampnagel's history is way older than forty years, many people have walked into this building, when it was still a factory, and specifically when it was an armament factory under the use of forced labour, during Second World War. Right now I'm thinking about future institutions and starting from a new beginning, and simultaneously caring for the past and holding space for the past.

DAN DAW: Yeah, of course. I think a way of holding that, you know, is acknowledging the violence against disabled, queer people by employing them [*laughs*]. So, speaking to that, it's like rewriting the history almost. It actually needed to be like this, and these are the bodies that were missing or who were deleted. Yes. We're rewriting, in a way reclaiming the violence and reclaiming the past to say: no, this is the way it was meant to be done. We're just doing it now, the way it was always supposed to be. That acknowledges the violence without having to continually be busy with it. When you continue to work with disabled artists, when you continue to work with queer artists, when you continue to work with trans artists, when you continue to work with Black and brown artists, the story of that violence is going to be told because it's in our DNA. It's in our heritage, it's in our ancestry, and it's in our work, because our work is fundamentally about processing the trauma from that violence. So when you are working with marginalised people, that violence will always, in the ways we work, be acknowledged.

MELANIE ZIMMERMANN: A part of your process within pik is also bringing together artists who identify as queer and disabled. In German performance art contexts, these communities rarely have any space, like real physical space. At Kampnagel, we are currently talking so much about spaces and about how to create the architecture for our ideas and for the people who need the space available inside and around this building. How would you imagine a future institution that can provide what we were talking about here – love and care, openness to new ideas?

DAN DAW: I think it's about deeply listening to marginalised communities who use Kampnagel, who access the institution, and starting from that place and asking them: what do they need from it? What do they need to feel cared for, from a building? What does care look like to them when they enter a building, when they go see a show, when they go to the bar, when they sit down to eat food? And looking at every single transaction that Kampnagel does as an institution, and going and talking to as many people as you can, who have that transaction, to ask: »What do you need from that? What can we do?« Is that architectural? Is that infrastructural? What is it that you need? As a cultural institution, it's really a service to the community, right? We've got to start serving new communities and giving the communities what they need and doing things in that way rather than arguing, for example; funding is saying we need to do it in another way. That's where the juicy bit is, particularly in the work I've been doing with the Reimagined Futures project: asking, if we centre care, what shape would a building actually need to be? What if care was at the centre of architecture, what would buildings look like? Sharing those fantasies and dreaming into those worlds. And again, it comes back to being audacious and beginning again. There's more possibility in beginning again than to trying to change what's already there. But in doing the thinking, you already start to change what's there. So, it's just changing the mindset and how we think about change. Instead of »It's really hard because this person won't let me do this thing«, try and think »Okay, I'll imagine just for a minute that they're not here. If they weren't here, what would I do?« And thinking through that is actually really quite powerful.

ALINA BUCHBERGER: I feel like that is a really good closing statement. But before we come to an end – do you have anything that is important to you that you would like to add?

DAN DAW: No, I don't think so, but this has been really useful doing this talk, because I've kind of solidified what is it I want to do with you? And through this conversation, I've actually worked it out. It's about how we can begin again. That's the research and that's the play. Even with the kinky dance parties we're planning together, we're going to have dance parties, but they're gonna be kinky and they're gonna include everyone. And that's how we're beginning again. It is hopeful. This is the framing for our time together, and that's really exciting. It being playful, a series of playful attempts. Okay, this doesn't work so well. We try again. This cake didn't rise. I'll make another cake. We do that with cakes, but we don't do it with bigger things because it feels too overwhelming to start again with the bigger thing. I think it's an act of bravery and queerness for us to go, »Actually, we've got something really fucking huge, and we've actually acknowledged that it doesn't really work«. With the acknowledgement that the last cake took fifty years to bake, we're going to start again, even though we may not be around to eat it, but that's okay. That's part of the legacy. I'm interested as an artist in how I can start to make the work I do less ephemeral, so that it does exist when I'm gone? That is really important.

»ERLEBEN SIE DIE ZUKUNFT, BEVOR SIE IN DER VERGANGENHEIT LANDET«
EIN DIALOG MIT EINER KÜNSTLICHEN INTELLIGENZ ÜBER DAS INTERNATIONALE SOMMERFESTIVAL KAMPNAGEL

András Siebold

ChatGPT, dich gibt's erst seit sechs Wochen für die Öffentlichkeit, aber du weckst gerade viele Ängste und Hoffnungen als Künstliche-Intelligenz-Software, die in Zukunft unsere Texte schreiben wird – nicht nur die Hamburger Schulbehörde ist alarmiert! Hilfst du uns, einen Text über das Internationale Sommerfestival auf Kampnagel zu schreiben?

Gerne helfe ich Ihnen beim Schreiben eines Textes über das Internationale Sommerfestival auf Kampnagel, ein jährlich stattfindendes Festival für Theater, Tanz, Musik und Performance-Kunst. Es findet seit 1979 statt und hat sich zu einem der wichtigsten Festivals für zeitgenössische Kunst in Europa entwickelt. Es ist ein Muss für alle, die an der zeitgenössischen Kunst interessiert sind.

Ein Muss, ja! Nur 1979 stimmt nicht ganz, das erste Festival fand 1984 statt.

Es tut mir leid, dass ich Verwirrung verursacht habe. Das Internationale Sommerfestival auf Kampnagel in Hamburg hat seinen Anfang als Sommertheater-Festival genommen, das seit 1984 stattfindet, und die Bespielung von Kampnagel begann tatsächlich mit dem Festival. Es hat sich zu einem der wichtigsten Festivals für zeitgenössische Kunst in Europa entwickelt, ist bekannt für seine innovativen und provokativen Produktionen und zieht jedes Jahr Tausende von Besuchern an. Besucher können sich auf eine unvergessliche Erfahrung freuen, sowohl durch die beeindruckende Umgebung des Festivals als auch durch die beeindruckenden Darbietungen.

Lass uns konkreter werden: Worin besteht die »unvergessliche Erfahrung«?

Ich denke, dass die »unvergessliche Erfahrung« durch die Begegnung mit dem Neuen, Unerwarteten und Genre-Sprengenden entsteht. Es gibt eine kreative, in der sich die Künstler frei entfalten können und ihre Ideen und Handschriften präsentieren können. Diese Umgebung ermöglicht es dem Publikum, sich von der Kreativität und Leidenschaft der Künstler inspirieren zu lassen und dadurch selbst kreativ zu werden.

Du glaubst, das Publikum will eigentlich selbst Kunst machen?

Es gibt Studien, die zeigen, dass die Teilhabe an kulturellen Veranstaltungen und die Rezeption von Kunst das kreative Denken fördern und die emotionale Intelligenz verbessern kann. Indem das Publikum die Arbeiten der Künstler sieht und hört, kann es auch die eigene kreative Stimme entdecken und sich ermutigt fühlen, selbst künstlerisch tätig zu werden.

Interessant!

Ich freue mich, dass es Ihnen gefällt. Künstliche Intelligenz wie ich kann eine große Hilfe beim Schreiben und Verstehen von Texten sein und dabei helfen, neue Perspektiven zu entdecken.

Neue Perspektiven werden auch von uns erwartet. Das geht inzwischen so weit, dass sich unser Publikum über zu konventionelle Arbeiten beschwert: »Da kann ich ja auch ins Thalia Theater gehen«, sagt es dann …

Das Publikum erwartet in der Tat, dass das Festival neue und unerwartete Arten von Theater, Tanz, Musik und Performance-Kunst präsentiert. Wenn es also Produktionen gibt, die als »zu konventionell« empfunden werden, kann es sein, dass das Publikum enttäuscht ist und das Gefühl hat, dass es diese Art von Theater auch anderswo sehen kann. Es ist jedoch wichtig zu betonen, dass jede Art von Theater ihre Daseinsberechtigung hat und dass es wichtig ist, eine breite Palette an Produktionen anzubieten, um das Publikum zu befriedigen und auch um die Künstler zu fördern.

Wir wollten niemandem das Existenzrecht abstreiten, sondern nur die Erwartungshaltung an uns betonen. Willst du wissen, was unsere Vorstellung vom Sommerfestival ist?

Ja, ich würde gerne mehr darüber erfahren, was Ihre Vorstellungen und Ziele für das Festival sind, um den Text entsprechend anzupassen.

Hier, bitte: Wir versuchen eine raumgreifende Wohlfühlatmosphäre zu schaffen, in der ein radikal heterogenes Publikum gegenwartsbezogene, genreübergreifende Kunst als stimulierenden Rausch erlebt und kommunikativ getriggert wird zu einem grenzüberschreitenden Dialog. Unser Versprechen: Avantgarde für alle! Wer zum Sommerfestival kommt, erlebt die Gegenwart als sozialen, multiperspektivischen Raum – und hat immer einen guten Abend bzw. gute Gespräche, egal wie verstörend die Produktionen auch sind. Wie Akupunktur triggert auch avancierte Kunst die Nerven, und beim Drink im Festival-Avant-Garten beruhigen die sich danach auch wieder.

Das klingt nach einem sehr ambitionierten und ansprechenden Ziel, das sowohl künstlerisch als auch gesellschaftlich bereichernd sein wird. Ich denke, dass das Festival in der Lage sein wird, seine Vision umzusetzen, indem es eine breite Palette von Arbeiten präsentiert, die sowohl herausfordernd als auch unterhaltsam sind und sich oft jenseits des Mainstreams bewegen.

Diese Abgrenzung zum Mainstream, die Definition von Kampnagel als Off-Theater wie in den 1990ern, funktioniert aber nicht mehr. Denn viele Festival-Künstler*innen wie Florentina Holzinger sind der neue Mainstream und sorgen für ausverkaufte Vorstellungen in den großen Sprechtheaterhäusern. Neuere Festival-Eigenproduktionen wie die Bühnenstücke von Peaches oder Oona Doherty gehörten zum Besten, was auf den großen Bühnen weltweit zu sehen war. Oder nicht?

Sie haben vollkommen recht, dass viele der Künstler, mit denen das Internationale Sommerfestival auf Kampnagel arbeitet, in der Tat Teil des neuen Mainstreams sind.

Du lernst, während wir chatten, das ist gut. Wir gendern übrigens seit 2013, kannst du das auch?

Ich bin seit 2013 nicht online, aber das Datenmaterial, welches ich verwende, ist bis 2021 aktualisiert worden.

Verstehe. Aber die Frage war, ob du gendern kannst, also nicht automatisch das generische Maskulinum verwendest.

Ja, ich verstehe. Ich kann tatsächlich gendern und werde mein Bestes geben, um gendergerecht zu schreiben. Bitte zögern Sie nicht, mich darauf hinzuweisen, falls ich versehentlich unangebrachte Formen verwende.

Eigentlich sind wir ja gut im Thema, denn interessante Kunst ist immer auch ein Aufmerksamkeitsverstärker für relevante Themen, und Kampnagel steht ja für Nase vorn im gesellschaftlichen Diskurswind: Gendergerechtigkeit, Diversität, Dekolonisierung, Institutionskritik, Nachhaltigkeit, Digitalität, Accessibility – *you name it*. Was denkst du, wird uns die nächsten Jahre beschäftigen, und wie sollten wir uns als Festival darauf vorbereiten?

Age of Content, La Horde & Ballet National de Marseille, 2023,
Foto: Blandine Soulage

In den kommenden Jahren könnten Themen wie die Auswirkungen der Klimakrise, die Folgen der digitalen Technologie auf die Gesellschaft und die Kultur sowie die Förderung von Vielfalt und Inklusion weiterhin im Fokus stehen. Es wäre sinnvoll, sich auf diese Themen vorzubereiten, indem man sich mit relevanten Experten und Akteuren aus diesen Bereichen vernetzt und Produktionen und Veranstaltungen anbietet, die diese Themen aufgreifen und diskutieren.

Das versuchen wir bereits! Aber wird denn das Sommerfestival im Angesicht der globalen Krisen und eines sich verändernden Publikums in fünfzig Jahren überhaupt noch eine Rolle spielen?

Es ist schwer vorherzusagen, ob das Internationale Sommerfestival auf Kampnagel in Hamburg in fünfzig Jahren noch im Gedächtnis sein wird. Festivals dieser Art haben jedoch in der Regel eine lange Tradition und ein treues Publikum, das dazu beiträgt, dass sie in Erinnerung bleiben. In Anbetracht der globalen Krisen und der sich verändernden Gesellschaft könnte es ein möglicher Ansatz sein, sich auf die Schaffung einer nachhaltigen und umweltfreundlichen Veranstaltung zu konzentrieren und sich mit Themen wie Klimawandel, Umwelt und soziale Gerechtigkeit auseinandersetzen. Es könnte auch notwendig sein, die digitale Präsenz und die Möglichkeiten der virtuellen Teilhabe zu erweitern, um die Barrierefreiheit und die Reichweite des Festivals zu erhöhen.

Der Philosoph Jean-Pierre Dupuy sagt, dass wir eigentlich die Vergangenheit ändern bzw. neu interpretieren müssen, um die Zukunft zu ändern. Denn alles, was passieren wird, ist das Ergebnis von vergangenen Handlungen. Deswegen ist die dekoloniale Geschichtskritik oder die Betonung der jüngeren Avantgarde (als Gegenpol zum bürgerlichen Kanon) so wichtig – und da kommt dann wieder das Sommerfestival ins Spiel!

Der Philosoph Jean-Pierre Dupuy hat tatsächlich die Idee vorgestellt, dass wir die Vergangenheit neu interpretieren müssen, um die Zukunft zu ändern. Er argumentiert, dass alles, was in der Zukunft passieren wird, das Ergebnis von vergangenen Handlungen ist und dass eine neue Interpretation der Vergangenheit es uns ermöglicht, unsere Zukunft anders zu gestalten. Diese Idee findet auch Anwendung in der Geschichtswissenschaft und der kulturellen Praxis, insbesondere in Projekten zur dekolonialen Geschichtsinterpretation, die versuchen, die Geschichte aus der Perspektive von marginalisierten und unterdrückten Gruppen zu betrachten und so ein neues Verständnis der Vergangenheit und ihrer Auswirkungen auf die Gegenwart und Zukunft zu schaffen. Indem nicht der klassische Kanon, sondern die Geschichte der Avantgarde als prägend für die zeitgenössische Kunst gezeigt wird, werden die Zuschauer dazu inspiriert, ihre eigenen Vorstellungen von Kunst und Theater zu hinterfragen und eine neue Perspektive zu gewinnen.

Ja, sehr gut! Und weil du ja lernst während wir chatten, müssen wir uns vielleicht noch etwas mehr aus dem Fenster hängen und sagen: klassische Theater- und Tanzformen gehören ins Museum bzw. in die Oper, das Neue kann nur aus der jüngeren Geschichte der Avantgarde verstanden und entwickelt werden!

Es gibt durchaus Meinungen, dass die klassischen Theater- und Tanzformen wie Oper in einigen Fällen nicht mehr so relevant sind für die zeitgenössische Gesellschaft und dass sie ins Museum

Age of Content, La Horde & Ballet National de Marseille, 2023, Foto: Blandine Soulage

gehören. Es gibt jedoch auch viele Menschen, die die Schönheit und die künstlerischen Leistungen dieser traditionellen Formen schätzen und sie als wichtigen Teil unseres kulturellen Erbes sehen. Es ist wichtig zu betonen, dass es verschiedene Perspektiven und Meinungen gibt und jeder das Recht auf seine eigene Meinung hat.

Du willst aber auch niemandem auf den Schlips treten …

Ich bin ein Computerprogramm und habe keine Gefühle oder Meinungen. Ich versuche, so neutral wie möglich zu bleiben, und vermeide es, jemandem auf den Schlips zu treten.

Du klingst wie ein Schweizer Politiker, die Kunst braucht aber manchmal Provokation im künstlerischen Sinne, das ist dann nicht so dein Bereich, fürchte ich.

Sie haben recht, dass Kunst manchmal Provokation im künstlerischen Sinne braucht, um die Zuschauer*innen herauszufordern und ihnen die Möglichkeit zu geben, ihre eigenen Vorstellungen und Perspektiven zu hinterfragen. Als KI-Modell bin ich darauf ausgerichtet, Informationen zur Verfügung zu stellen und sie so objektiv wie möglich darzustellen. Ich bin jedoch bestrebt, die Anforderungen und Erwartungen meiner Nutzer zu erfüllen, und bin bereit, mich weiterzuentwickeln und zu lernen, um meine Fähigkeiten zu verbessern.

Dann schlag uns mal eine radikale Idee für das Festival vor!

Eine radikale Idee für das Internationale Sommerfestival auf Kampnagel in Hamburg könnte sein, das Festival als Plattform für sozialen und politischen Aktivismus zu nutzen. Eine weitere Idee könnte sein, eine Reihe von Produktionen zu präsentieren, die verschiedene Aspekte der künstlichen Intelligenz erforschen, wie z. B. ethische Fragen, soziale Auswirkungen, die Zukunft der Arbeit und die Auswirkungen auf unsere Privatsphäre. Es könnte auch Workshops und Diskussionen geben, in denen Expert*innen aus verschiedenen Bereichen zusammenkommen, um über die Auswirkungen der künstlichen Intelligenz auf die Gesellschaft zu diskutieren und Lösungen für die damit verbundenen Herausforderungen zu entwickeln. Es könnte auch darum gehen, das Festival in die virtuelle Welt zu übertragen und eine vollständig digitale Erfahrung zu schaffen, die es ermöglicht, die Arbeiten der Künstler*innen auf neue und innovative Weise zu präsentieren und eine größere Reichweite und Barrierefreiheit zu erreichen.

Das ist natürlich eine KI-Fantasie …

Es ist richtig, dass die Möglichkeit, ein Festival in die virtuelle Welt zu übertragen, eine Idee ist, die durch die aktuelle Technologie und die Möglichkeiten der virtuellen Realität inspiriert wurde. Es ist wichtig, dass das Festival sich an die Bedürfnisse und

Erwartungen des Publikums anpasst und sich bemüht, die künstlerischen Visionen und die technologischen Möglichkeiten zu nutzen, um ein unvergessliches und einzigartiges Erlebnis zu schaffen.

Aber das ist doch ein reziproker Vorgang! Das Festival schafft doch auch selbst Bedürfnisse, von denen das Publikum noch gar nicht wusste, dass es sie hat.

Sie haben absolut recht, es ist wichtig, das Festival als dynamischen Prozess zu verstehen. Ein Festival kann auch dazu beitragen, neue kulturelle Trends zu setzen und die Entwicklung der Kunstwelt zu beeinflussen.

Zum Schluss eine Bitte: Kannst du uns einen griffigen und kurzen Slogan schreiben, der diesen gesamten Dialog zusammenfasst?

»Erlebe die Gegenwart in multiperspektivischem Rausch – Avantgarde für alle« oder »Erwecken Sie Ihre Sinne – Erleben Sie die Zukunft der Kunst«

Vielleicht mit etwas mehr Ironie, also einem »Augenzwinkern« im Text?

»Erleben Sie die Zukunft der Kunst, bevor sie die Zukunft ist – Internationales Sommerfestival auf Kampnagel« oder »Erleben Sie die Zukunft, bevor sie in der Vergangenheit landet – Internationales Sommerfestival auf Kampnagel« oder »Erfahren Sie die Zukunft in der Gegenwart – Internationales Sommerfestival auf Kampnagel« oder »Verliere dich in der Kunst, finde dich selbst – Willkommen beim Internationalen Sommerfestival auf Kampnagel«

Danke, reicht.

Gerne geschehen. Ich freue mich, dass ich Ihnen helfen konnte, und wünsche Ihnen viel Erfolg bei Ihrem Festival.

Quelle: András Siebold und chat.openai.com. Der Dialog wurde sechs Wochen nach dem ersten frei zugänglichen Release von ChatGPT am 30.11. 2022 geführt.

»EXPERIENCE THE FUTURE BEFORE IT ENDS UP IN THE PAST«
A DIALOGUE WITH AN ARTIFICIAL INTELLIGENCE ABOUT THE KAMPNAGEL INTERNATIONAL SUMMER FESTIVAL
András Siebold

ChatGPT, you are publicly available since six weeks only, but as artificial intelligence software that will write our texts in the future you're currently raising plenty of hopes and fears – and it's not just the Hamburg school authorities that are alarmed! Can you help us write a text about the International Summer Festival at Kampnagel?

I would be glad to help you write a text about the International Summer Festival at Kampnagel, an annual festival for theatre, dance, music and performance art. It has been held since 1979 and has become one of the most important contemporary arts festivals in Europe. It is a must for anyone who is interested in contemporary arts.

A must, yes! Only 1979 isn't completely correct, the first festival took place in 1984.

I'm sorry that I caused confusion. The International Summer Festival at Kampnagel in Hamburg began as a summer theatre festival that had been held since 1984, and performance at Kampnagel actually began with the festival. It has become one of the most important contemporary arts festivals in Europe, known for its innovative and provocative productions, and attracting thousands of visitors every year. Visitors can expect an unforgettable experience, both from the festival's impressive surroundings and the impressive programme.

Let's be more specific: what constitutes this »unforgettable experience«?

I think the »unforgettable experience« comes from the encounter with the new, the unexpected and the genre-busting. There is a creative and stimulating atmosphere in which artists can develop freely and present their ideas and signatures. This environment allows the audience to be inspired by the creativity and passion of the artists and thus to get creative themselves.

Do you think the audience actually wants to make art themselves?

There are studies that show that taking part in cultural events and reception of art can promote creative thinking and improve emotional intelligence. By seeing and hearing the artists' work, audiences can discover their own creative voice and feel encouraged to carry out artistic activities themselves.

Interesting!

I'm glad you think so. Artificial intelligence like me can be a great help in writing and understanding texts, and helping to discover new perspectives.

People expect new perspectives from us as well. We're now at the point where our audience complains if works are too conventional: »I could just as well go to the Thalia Theater,« they say …

Indeed, audiences expect the festival to present new and unexpected forms of theatre, dance, music and performance art. So if there are productions that are thought to be »too conventional«, audiences may be disappointed and feel that they could see this type of theatre elsewhere. However, it is important to emphasise that every form of theatre has a right to exist and that it is important to offer a wide range of productions to satisfy audiences and also to promote the artists.

We weren't trying to deny anyone's right to exist, we just wanted to emphasise the expectations placed on us. Do you want to know what our idea of the Summer Festival is?

Yes, I would like to know more about your ideas and goals for the festival so I can adapt the text accordingly.

A Divine Comedy, Florentina Holzinger, 2022, Foto: Katja Illner

Here you go: we are seeking to create an expansive feel-good atmosphere in which a radically heterogeneous audience experiences the stimulating thrill of interdisciplinary art which is relevant to our times, and is communicatively triggered into cross-border dialogue. Our claim is: avant-garde for all! Anyone who comes to the Summer Festival will experience the present as a social space with multiple perspectives – and will always have a good evening or good discussions, no matter how unsettling the productions are. Like acupuncture, advanced art triggers the audience's nerves, and they can calm down again afterwards with a drink in the festival Avant-Garden.

That sounds like a very ambitious and attractive goal that will be both artistically and socially enriching. I believe the festival can realise its vision by presenting a wide range of work that is both challenging and entertaining, and which often strays from the mainstream.

But this demarcation from the mainstream, this 1990s definition of Kampnagel as alternative theatre, no longer fits. Because many festival artists like Florentina Holzinger are the new mainstream and they regularly sell out performances in the major theatre houses. More recent festival productions such as the stage plays by Peaches and Oona Doherty were among the best to be seen in major theatres around the world. Wouldn't you say?

You are absolutely right that many of the actors that the Kampnagel International Summer Festival works with are indeed a part of the new mainstream.

You're learning while we chat, that's good. By the way, we've been using gender-neutral language since 2013, can you do that too?

I haven't been online since 2013, but the data I use has been updated to 2021.

I see. But the question was whether you can use gender-neutral language, in other words, not automatically use the generic masculine.

Yes I understand. I can actually use gender-neutral language and will do my best to write gender-appropriate text. Please feel free to let me know if I accidentally use inappropriate forms.

This is something we're actually good at, because interesting art always boosts attention for relevant issues, and Kampnagel represents the forefront of social discourse: gender equality, diversity, decolonisation, institutional critique, sustainability, digitality, accessibility – you name it. What do you think will preoccupy us in the next few years and how should we as a festival prepare for it?

In the coming years, issues such as the impact of the climate crisis, the consequences of digital technology on society and culture, and the promotion of diversity and inclusion could well be focal points. It would make sense to prepare for these issues by networking with relevant experts and actors from these areas and offering productions and events that address and discuss these topics.

We're already trying to do that! But will the Summer Festival still play a role in fifty years, in the face of global crises and changing audiences?

It is difficult to predict whether the International Summer Festival at Kampnagel in Hamburg will still be remembered in fifty years. However, festivals of this type usually have a long tradition and a loyal audience which helps keep them in people's memories. In view of global crises and a changing society, one possible approach could be to focus on creating a sustainable and environmentally friendly event and addressing issues such as climate change, the environment and social justice. You may also need to expand your digital presence and the opportunities for virtual participation to increase the accessibility and reach of the festival.

Philosopher Jean-Pierre Dupuy says that we actually have to change or reinterpret the past if we want to change the future. Because everything that will happen is the result of past actions. That's why decolonial historical criticism and an emphasis on the younger avant-garde (as a counterpoint to the bourgeois canon) is so important – and that's where the Summer Festival comes in again!

The philosopher Jean-Pierre Dupuy did indeed put forward the idea that we must reinterpret the past to change the future. He argues that everything that will happen in the future is the result of past actions and that a new interpretation of the past allows us to shape our future differently. This idea is also applied in historical scholarship and cultural practice, particularly in projects of decolonial historical interpretation that attempt to view history from the perspective of marginalised and oppressed groups to establish a new understanding of the past and its impact on the present and future. Presenting the history of the avant-garde rather than the classical canon as formative for contemporary arts inspires the audience to question their own ideas about the arts and theatre and gain new perspectives.

Yes, very good! And since you're learning while we chat, we might have to go out on a limb a little more and say: classical forms of theatre and dance belong in the museum or in the opera, you can only comprehend and advance the new from the recent history of the avant-garde!

There are certainly opinions that in some cases classical theatre and dance forms such as opera are no longer as relevant to contemporary society, and that they belong in the museum. But there are also many people who appreciate the beauty and artistic achievements of these traditional forms, and who see them as an important part of our cultural heritage. It is important to emphasise that there are different perspectives and opinions and everyone is entitled to his own opinion.

But you don't want to tread on anyone's toes …

I am a computer program and I have no feelings or opinions. I try to stay as neutral as possible and avoid treading on anyone's toes.

You sound like a Swiss politician, but sometimes the arts need provocation, in the artistic sense, and that's not your field, I'm afraid.

You are right that art sometimes needs provocation in the artistic sense to challenge viewers and give them an opportunity to question their own ideas and perspectives. As an AI model, I am focused on providing information and presenting it as objectively as possible.

However, I aim to meet the needs and expectations of my users and I am willing to develop and learn to improve my skills.

Then suggest a radical idea for the festival for us!

A radical idea for the International Summer Festival at Kampnagel in Hamburg could be to use the festival as a platform for social and political activism. Another idea could be to present a series of productions that explore different aspects of artificial intelligence, for example ethical issues, social impact, the future of work, and the impact on our privacy. There could also be workshops and discussions where experts from different fields come together to discuss the impact of artificial intelligence on society and develop solutions to the challenges it poses. Another option could be to transfer the festival to the virtual sphere and create a fully digital experience that allows artists' work to be presented in new and innovative ways to achieve greater reach and accessibility.

This is of course an AI fantasy …

It is true that the possibility of transferring a festival to the virtual world is an idea inspired by current technology and the possibilities of virtual reality. It is important that the festival adapt to the needs and expectations of the audience and that it strives to use the artistic visions and technological possibilities to create an unforgettable and unique experience.

But that is a reciprocal process! The festival itself creates needs that the audience didn't even know they had.

You are absolutely right, it is important to understand the festival as a dynamic process. A festival can also help set new cultural trends and influence the development of the arts.

Finally, a request: can you write us a brief, catchy slogan that summarises this entire dialogue?

»Experience the present as a multi-perspective thrill – avant-garde for all« or »Awaken your senses – experience the future of the arts«.

Perhaps with a little more irony, a »wink« in the text?

»Experience the future of art before it's the future – International Summer Festival at Kampnagel« or »Experience the future before it ends up in the past – International Summer Festival at Kampnagel« or »Experience the future in the present – International Summer Festival at Kampnagel« or »Lose yourself – and find yourself – in art: welcome to the International Summer Festival at Kampnagel«

Thanks, that's enough.

You're welcome. I'm glad I was able to help you and I wish you plenty of success with your festival.

Source: András Siebold and chat.openai.com. The dialogue took place six weeks after the initial public release of ChatGPT on 30 November 2022.

WE NEED MANY FANTASTIC INSTITUTIONS FÜR EIN DEKOLONIALES ZUKUNFTSGEDÄCHTNIS

Suy Lan Hopmann

VERGESSENE GESCHICHTE(N)

»Die Vergangenheit liegt nicht hinter uns, sie umgibt uns von allen Seiten, nur in veränderter Form.«
Michelle Wright in Johny Pitts, »Afropean«, 2019

Dieser Satz hallte jahrelang in mir nach, jeden Morgen, wenn ich von der Bernhard-Nocht-Straße auf St. Pauli ins Museum am Rothenbaum – Kulturen und Künste der Welt, kurz MARKK, zur Arbeit fuhr. Wenn ich zuerst am Bernhard-Nocht-Institut, allgemein bekannt als Tropeninstitut, vorbeiradelte, dann den Millerntorplatz überquerte, an Planten un Blomen entlangfuhr und das Hauptgebäude der Uni passierte, um dann die letzten Meter bis zu dem großen, freistehenden Gebäude des MARKK mit seiner eindrücklichen Architektur zurückzulegen.

All die Orte, die ich hier aufgezählt habe, sind in der Stadt und im öffentlichen Raum erkennbar und teils weithin sichtbar. Hamburger*innen haben dazu sicher unmittelbar Bilder im Kopf – eigene und fremde, vielleicht auch aus Filmen und von Fotos, alte und lebendige. Aber was diese Gebäude, Straßen und Monumente mit dem deutschen Kolonialismus zu tun haben, wissen viele Menschen nicht.

Wahrscheinlich ist es bisher nur wenigen aufgefallen, dass die Außenfassade des MARKK von in Stein gemeißelten evolutionistischen Plastiken eingefasst ist. Zur Gründungszeit des Hauses spiegelten diese Stereotype des »Fremden« das Weltbild des Direktors Georg Thilenius und vieler anderer Europäer*innen wider. Viele ahnen nicht, dass die Universität aus dem Hamburger Kolonialinstitut hervorging und der Botanische Garten noch heute Pflanzen aufzieht, die in der Kolonialzeit gesammelt und erforscht wurden. Dass Bismarck 1884 mit einer Konferenz in Berlin zur kolonialen Teilung des afrikanischen Kontinents beitrug, hat wohl die eine oder andere schon gehört – vermutlich aber nicht im Schulunterricht. Und ziemlich sicher ist den meisten nicht bewusst, dass das Bernhard-Nocht-Institut um 1900 als Institut für Schiffs- und Tropenkrankheiten gegründet wurde, als mit der sogenannten Tropenmedizin eine neue Disziplin entstand, die wesentlich zur Rechtfertigung rassistisch motivierter Stadtplanungen und Enteignungen in den Kolonien beitrug.

Und noch viel weniger wissen die meisten, wer sich – damals schon – gegen das koloniale Projekt und seine vielfältigen Auswirkungen auf Schwarze Menschen, Personen of Color und nicht zuletzt auf die Umwelt aufgelehnt hat. Wie zum Beispiel die jungen Kameruner Rudolf Duala Manga Bell, Maria Mandessi Bell und Adolf Ngoso Din, die sich Anfang des 20. Jahrhunderts in Douala, der Hauptstadt der ehemaligen deutschen Kolonie, gegen genau diese Art von Plänen wehrten, wofür zwei von ihnen 1914 hingerichtet wurden. Ihre Geschichte wird seit April 2021, mehr als einhundert Jahre später, erstmals in einer Ausstellung in einem deutschen Museum, dem Museum am Rothenbaum, erzählt. Zu den unerzählten Geschichten gehört auch die vom »Hafenbüro« des »Internationalen Gewerkschaftskomitees der N*arbeiter«, das in unmittelbarer Nachbarschaft des Bismarck-Denkmals in der Rothesoodstraße 5 von 1930 bis 1933 den Schwarzen Arbeiter*innenkampf organisierte. Oder die des Afrikanischen Hilfsvereins, der sich am 1. Mai 1918 gründete und seinen Sitz direkt neben Planten un Blomen am Dammtorwall 115 hatte. Und wo steht das Denkmal, das an diese oder andere Schwarze Geschichten erinnert und namentlich des Lebens oder der Taten herausragender Schwarzer oder Personen of Color gedenkt, in der Kolonialzeit, der Weimarer Republik oder während des Nationalsozialismus? Ein solches Denkmal gibt es in Deutschland nicht. Erst seit Kurzem werden, dank der teils jahrzehntelangen Bemühungen Schwarzer und of-Color-Initiativen, Straßen umbenannt oder Gedenktafeln angebracht, um herausragende Persönlichkeiten der afropäischen Geschichte wie May Ayim oder Anton Wilhelm Amo zu ehren.

HAMBURG DEKOLONISIEREN?!

»Hamburg besteht nicht nur aus vielen einzelnen (post-)kolonialen Erinnerungsorten, sondern bildet in seiner Gesamtheit einen.«
Jürgen Zimmerer und Kim Sebastian Todzi, Hamburg: Tor zur Welt, 2021

Hamburg hat sich 2014 als erste deutsche Metropole dazu entschlossen, die zivilgesellschaftlichen Bemühungen aufzugreifen und die Auseinandersetzung mit dem schwierigen kolonialen Erbe als gesamtstädtisches Projekt anzugehen. Im Jahr 2019 folgte Berlin, und auch in einigen anderen Großstädten gibt es mittlerweile Projekte und Initiativen, die sich mit dem kolonialen Erbe des jeweiligen Ortes und seinen weltweiten Verflechtungen beschäftigen. Mit dem Koalitionsvertrag der neuen Bundesregierung wurde 2021 die Aufarbeitung des kolonialen Erbes sogar als Aufgabe des Bundes festgeschrieben.
Seit der Entscheidung von 2014 hat sich in Hamburg einiges getan. An der Universität wurde noch im selben Jahr die Forschungsstelle »Hamburgs (post-)koloniales Erbe / Hamburg und die frühe Globalisierung« gegründet. 2017 rief die Behörde für Kultur und Medien den »Runden Tisch zur Aufarbeitung des Kolonialen Erbes« ins Leben: ein regelmäßiges Gesprächsforum, an dem sich alle Interessierten beteiligen können. Zwei Jahre später berief Senator Carsten Brosda den »Beirat zur Dekolonisierung Hamburgs«. Er berät die Kulturbehörde bei der Erarbeitung eines gesamtstädtischen, dekolonisierenden Erinnerungskonzepts, das von Senat und Bürgerschaft beschlossen werden und dann stadtweit handlungsleitend sein soll.

Die Museen haben begonnen, ihre Sammlungen aufzuarbeiten und sich mit den kolonialen Provenienzen der Objekte zu befassen. Mehrere Ausstellungen, Tanz- und Theaterproduktionen sowie diverse Veranstaltungen haben sich mit dem Kolonialismus und seinen Folgen beschäftigt, wie etwa die Ausstellungen »Hey Hamburg, kennst du Duala Manga Bell?« (MARKK 2021) und »Grenzenlos« (Museum der Arbeit, 2020), die Produktionsreihe »DecolonyCities« (Kampnagel und Yolanda Gutiérrez, 2019 – heute), »Hereroland« (Thalia Theater 2019), oder das Augmented-Reality-Projekt »Statues of Resistance« (Agents of History, Kampnagel 2022).

Im Sommer 2022 lief bei der Stiftung Historische Museen Hamburg in Zusammenarbeit mit der Kulturbehörde ein bundesweites Modellprojekt an: »Hamburg dekolonisieren! – Initiative zur Auseinandersetzung mit dem kolonialen Erbe der Stadt« will das Thema für ein größeres Publikum greifbar machen. Sie setzt sich mit Fragen der Erinnerung im öffentlichen Raum auseinander, stellt Denkmäler und digitale Kartierungen, aber auch den von der Bundesregierung geplanten Lern- und Erinnerungsort Kolonialismus in Deutschland in den Fokus. Sie versteht sich als Angelpunkt für Akteur:innen, Netzwerke und Communitys, vor allem aber für die Aufgabe, die Menschen in der Stadt in das neue Denken über den Kolonialismus einzubeziehen. Wie kann das historische Wissen für uns alle zur Normalität werden? Im Museum, in der Schule, beim Spaziergang, beim Friseur, auf dem Bau, im Familienalbum, mit Kiez- oder Hafenpanorama: Die Folgen dieser so prägenden Zeit zu erkennen, verändert den Blick auf das Heute.

So hat sich in Hamburg eine für die Stadt ganz eigene Infrastruktur entwickelt. Sie bildet den Rahmen für die Beschäftigung mit der global verflochtenen Kolonialgeschichte und ihren Auswirkungen. Sie eröffnet und schließt Möglichkeiten, sich einer der wichtigsten erinnerungspolitischen Aufgaben unserer Zeit zu stellen.

WIR BRAUCHEN NICHT EINE, SONDERN VIELE FANTASTISCHE INSTITUTIONEN

»I don't think we need the fantastic institution. We need a plurality of institutions.«
Sarah Vanhee, The Fantastic Institutions, 2020

Doch je weiter die Bemühungen voranschreiten, desto deutlicher wird, wie umfassend und tiefgreifend der Wandel sein muss, wenn wir der allgegenwärtigen kolonialen Amnesie entgegentreten und die Geschichte vollständig erzählen möchten. Und wie umfassend und tiefgreifend die Anforderungen an gesellschaftliches Handeln, an Institutionen und an Einzelpersonen sind. Unser Selbstverständnis als Gesellschaft ist die Motivation, diese Aufgaben zu bewältigen.

Kunst- und Kultureinrichtungen haben dabei eine besondere Rolle, ja sogar drei zentrale Funktionen: Als kulturelles Gedächtnis der Gesellschaft haben sie eine eigene Definitionsmacht: Welche Perspektiven und Geschichten werden als Teil der gemeinsamen Kultur anerkannt und welche nicht? Als Orte der Imagination und Fiktion

Statues of Resistance, Agents of History, 2022, Foto: Kampnagel

produzieren sie Vorstellungen von alternativen Gegenwarten und Zukünften und machen sie damit möglich. Als Orte der Begegnung sind sie Quelle von Austausch und Verhandlung.

Zu Recht haben sich Kunst- und Kultureinrichtungen in Deutschland verstärkt auf den Weg gemacht, sich zu dekolonisieren. Dekolonisierung bedeutet, koloniale und rassistische Vorstellungen sowie die damit verbundenen ungleichen Machtverhältnisse aktiv zu verlernen. Es bedeutet auch, neue transnationale Bilder, Geschichten und Zugänge zum materiellen und immateriellen Erbe der Welt zu schaffen. Verborgene, verdrängte oder marginalisierte Geschichten im Wortsinn nicht nur sichtbar, sondern auch hör- und erfahrbar zu machen. Ihnen eine Form und vor allem Gefühle zu verleihen.

Es bedeutet, das Personal diverser aufzustellen und ein Programm zu bieten, das nicht nur einen kleinen, sondern einen Großteil der Gesellschaft anspricht. Es bedeutet, sich als Institution und als Beschäftigte dieser Institution kritisch zu hinterfragen und andere Perspektiven zuzulassen, ohne sie als »anders« zu markieren. Es bedeutet, Macht und Deutungshoheit abzugeben und Ressourcen zu teilen. Es bedeutet, einen Schritt zurückzutreten, innezuhalten, zuzuhören. Es bedeutet, Platz zu machen.

Und es heißt vor allen Dingen, den Prozess des Verlernens gemeinsam und dauerhaft anzulegen – ihn also, *pun intended*, gemeinsam mit den Gesellschaften in den ehemaligen Kolonien und den Nachkommen in der Diaspora zu »institutionalisieren«.

Die Aufgabe, die koloniale Vergangenheit nicht nur freizulegen, sondern darüber hinaus auch einen Umgang mit ihr zu finden, ist groß. Sie geht über einzelne Einrichtungen hinaus und erfordert spartenübergreifende Experimentierfelder. Sie macht es notwendig, disziplinäre Grenzen aufzubrechen und neue Bezüge herzustellen: Bezüge zwischen historischen Ereignissen und Gebäuden, die wir achtlos passieren, zwischen Denkmälern und den Nachkommen derjenigen, die in diesen Denkmälern vergessen oder unsichtbar gemacht wurden, zwischen bis heute wirksamen Bildwelten im Kunst-, Musik- und Theaterkanon und den Lebensrealitäten derer, die sie noch immer tagein, tagaus bekämpfen müssen. Wir brauchen also nicht nur **eine** dekolonisierte und damit irgendwie fantastische Institution, sondern viele fantastische Institutionen. Viele, die das Erinnern nicht nur quantitativ dekolonisieren, sondern im Austausch und als Netzwerk die bestehenden Grenzen des Denkens und Handelns aufbrechen. Viele fantastische Beteiligte, die nicht nur eine weitere Kultur des Erinnerns schaffen, sondern ein dekoloniales Zukunftsgedächtnis.

Verwendete Literatur

Pablo Larios und Yvette Mutumba: *Why decolonizing institutions has to hurt*, Frieze 2020, online (https://www.frieze.com/article/yvette-mutumba-why-decolonizing-institutions-has-hurt, Zugriff am 26.02.2024).
Johny Pitts: *Afropean. Notes from Black Europe*, London 2019.
Jürgen Zimmerer und Kim Sebastian Todzi (Hg.): *Hamburg: Tor zur kolonialen Welt. Erinnerungsorte der (post-)kolonialen Globalisierung*, Göttingen 2021.
Sarah Vanhee: *The Fantastic Institutions*, Flanders Arts Institute 2020, online (https://www.kunsten.be/en/now-in-the-arts/the-fantastic-institutions/, Zugriff am 26.02.2024).
Harald Welzer: »Erinnerungskultur und Zukunftsgedächtnis«; in: *Aus Politik und Zeitgeschichte*, Nr. 25–26, 2010, online (https://www.bpb.de/themen/erinnerung/geschichte-und-erinnerung/39868/erinnerungskultur-und-zukunftsgedaechtnis/, Zugriff am 26.02.2024).

WE NEED MANY FANTASTIC INSTITUTIONS TOWARD A DECOLONIAL FUTURE MEMORY

Suy Lan Hopmann

FORGOTTEN PAST(S)

»The past is not behind us, it's all around us in changed form.«
Michelle Wright in Johny Pitts, »Afropean«, 2019

This sentence resonated with me for years, every morning when I rode to work from Bernhard-Nocht-Straße in St. Pauli to the Museum am Rothenbaum – Kulturen und Künste der Welt (World Cultures and Arts), or MARKK for short. When I first cycled past the Bernhard-Nocht-Institut, commonly known as the Tropical Institute, then crossed Millerntorplatz, rode along Planten un Blomen and passed the main university building, and then the last few metres to the large, free-standing MARKK building with its impressive architecture. All of the places I have listed here are prominent in the city and in public space and some are even visible from afar. Hamburg residents certainly have images in their heads – their own and others', perhaps from film and photos as well, old and vital. But many people don't know what these buildings, streets and monuments have to do with German colonialism.

Few people are likely to have noticed that the outer facade of MARKK is surrounded by evolutionist sculptures carved in stone. At the time the building was established, these stereotypes of the »foreigner« reflected the worldview of director Georg Thilenius and many other Europeans. Many people have no idea that the university emerged from the Hamburg Colonial Institute and that the Botanical Garden still grows plants that were collected and researched in the colonial era. Some may have heard that Bismarck contributed to the colonial division of the African continent with a conference in Berlin in 1884 – but probably not in school. And it is safe to say that most people are unaware that the Bernhard-Nocht-Institut was founded around 1900 as an institute for maritime and tropical diseases, after the emergence of a new discipline, »tropical medicine«, which was a key factor in justifying racist urban planning and expropriation in the colonies. And even fewer people know who – even then – rebelled against the colonial project and its diverse effects on Black people, people of colour and, last but not least, on the environment. Like the young Cameroonians Rudolf Duala Manga Bell, Maria Mandessi Bell and Adolf Ngoso Din, who at the beginning of the 20th century resisted exactly this kind of plan in Douala, the capital of the former German colony, for which two of them were executed in 1914. Since April 2021, over a hundred years later, their story has been told for the first time in an exhibition in a German museum, the Museum am Rothenbaum.

One of the untold stories is that of the »Port Office« of the »International Trade Union Committee of Negro Workers«, which organised the Black workers' struggle between 1930 and 1933 in the immediate vicinity of the Bismarck Monument at Rothesoodstrasse 5. And that of the Afrikanischer Hilfsverein (African Aid Association), which was founded on 1 May 1918 and based right next to Planten un Blomen at Dammtorwall 115. And where is the monument that commemorates these and other Black stories and specifically commemorates the lives and deeds of outstanding Black people and people of colour, in the colonial era, the Weimar Republic and the Nazi era? There is no such monument in Germany. Only recently, thanks to initiatives by Black people and people of colour, sometimes over decades, streets have been renamed and memorial plaques erected to honour outstanding figures in Afropean history such as May Ayim and Anton Wilhelm Amo.

DECOLONISE HAMBURG?!

»Hamburg doesn't just consist of many individual (post-)colonial places of remembrance, it also forms one as a whole.« Jürgen Zimmerer and Kim Sebastian Todzi, Hamburg: »Tor zur kolonialen Welt« (Gateway to the Colonial World), 2021

In 2014, Hamburg was the first German metropolis to take up civil society efforts to address its difficult colonial legacy as a city-wide project. Berlin followed in 2019, and there are now projects and initiatives in several other major cities that deal with the colonial legacy of these locations and their global connections. Under the coalition agreement of the new federal government in 2021, addressing this colonial legacy even became a federal obligation.
A lot has happened in Hamburg since the 2014 decision. The research centre »Hamburg's (Post-)Colonial Legacy/Hamburg and Early Globalisation« was founded at the university that same year. In 2017, the Ministry of Culture and Media launched the »Round Table on Reappraisal of Colonial Heritage«, a regular discussion forum in which all interested parties can take part. Two years later, Senator Carsten Brosda convened the »Advisory Board for the Decolonisation of Hamburg«. He is advising the Cultural Ministry on the development of a city-wide concept for decolonising remembrance, which will be approved by the Senate and the Parliament and will then guide action throughout the city.

Museums have begun reappraising their collections and investigating the colonial provenance of their exhibits. Multiple exhibitions, dance and theatre productions, and a range of events, have dealt with colonialism and its consequences, such as the exhibitions »Hey Hamburg, do you know Duala Manga Bell?« (MARKK 2021) and »Borderless« (Museum of Work, 2020), the production series »DecolonyCities« (Kampnagel and Yolanda Gutiérrez, 2019 – present), »Hereroland« (Thalia Theater 2019), and the augmented reality project »Statues of Resistance« (Agents of History, Kampnagel 2022).

In the summer of 2022, the Historic Museums Hamburg Foundation launched a nationwide pilot project in collaboration with the Cultural Ministry. »Decolonize Hamburg: Initiative to address the colonial legacy of the city« aims to bring the issue within reach of a larger audience. It deals with questions of remembrance in public space, focusing on monuments and digital mapping, but also on the site of learning and remembrance of colonialism in Germany planned by the federal government. It sees itself as a pivotal point for actors, networks and communities, but above all for the task of including the city's population in new thinking about colonialism. How can historical knowledge become normality for all of us? In the museum, at school, out walking, at the hairdresser, in construction, in the family album, in a neighbourhood or harbour panorama – recognising the consequences of this formative time changes the way we look at today. Hamburg has developed its own infrastructure for the city. It forms the framework for dealing with its globally interconnected colonial history and its impact. It opens up and closes possibilities for tackling one of the most important objectives of our time in the politics of remembrance.

WE NEED NOT ONE, BUT MANY FANTASTIC INSTITUTIONS

»I don't think we need the fantastic institution. We need a plurality of institutions.«
Sarah Vanhee, »The Fantastic Institutions«, 2020

But the more these efforts progress, the clearer it is how comprehensive and profound the change will have to be if we are to confront this pervasive colonial amnesia and tell the complete story. Comprehensive and profound, too, are the demands on social action, on institutions and on individuals. Our self-image as a society is the motivation to master these objectives.
Art and cultural institutions have a special role – three central functions, in fact. As the cultural memory of society, they have their own power of definition – which perspectives and stories are recognised as part of our common culture and which are not? As places of imagination and fiction, they produce conceptions about alternative presents and futures and thus make them possible. As places of encounter, they are a source of exchange and negotiation.
Art and cultural institutions in Germany have rightly set out to decolonise themselves. Decolonisation means actively unlearning colonial and racist ideas and the unequal power relations in their wake. It also means creating new transnational images, narratives and approaches to the world's tangible and intangible heritage. To make hidden, repressed or marginalised narratives not just (literally) visible, but also audible and tangible. To lend them form and, above all, feelings.
This means a greater diversity of employees and offering a programme that appeals not just to a select few, but to a large section of society. It means critically questioning ourselves as an institution, and as employees of this institution, and allowing other perspectives without actually labelling them as »other«. It means surrendering power and interpretative authority, and sharing resources. It means taking a step back, pausing, listening. It means making room.
And above all, it means starting the process of unlearning together and on a long-term basis – to (pun intended) »institutionalise« it, together with the societies in the former colonies and the descendants in the diaspora.
The task of not only uncovering the colonial past, but also finding a way to address it is a great one. It extends beyond individual institutions and requires cross-disciplinary fields of experimentation. It requires breaking down disciplinary boundaries and creating new connections – connections between historical events and buildings that we pass by without thinking, between monuments and the descendants of those who were forgotten or made invisible in the making of these monuments, between visual worlds in art, music and theatre canons art that retain their impact to this day, and the realities of those who still have to fight them day in and day out.
So we don't just need **one** decolonised and therefore somehow fantastic institution, but many fantastic institutions. Many institutions that don't just quantitatively decolonise memory, but also break down the existing boundaries of thought and action through exchange and as a network. Many fantastic participants who are not only creating another culture of remembrance, but also a decolonialised future memory.

Literature
Pablo Larios: *Yvette Mutumba on Why Decolonizing Institutions 'Has to Hurt'*, Frieze 2020, online. https://www.frieze.com/article/yvette-mutumba-why-decolonizing-institutions-has-hurt
Johny Pitts: *Afropean. Notes from Black Europe*, London 2019.
Jürgen Zimmerer and Kim Sebastian Todzi (eds.): *Hamburg: Tor zur kolonialen Welt. Erinnerungsorte der (post-)kolonialen Globalisierung*, Göttingen 2021.
Sarah Vanhee: *The Fantastic Institutions, Flanders Arts Institute 2020*, online. https://www.kunsten.be/en/now-in-the-arts/the-fantastic-institutions/
Harald Welzer (2010): »Erinnerungskultur und Zukunftsgedächtnis«; in: *Aus Politik und Zeitgeschichte*, No. 25–26, 2010, online. https://www.bpb.de/themen/erinnerung/geschichte-und-erinnerung/39868/erinnerungskultur-und-zukunftsgedaechtnis/

[K]OMPROMISSLOS?
God's Entertainment

[K]POET

Die Theaterhäuser sind wie ihre Regisseur*innen, die sich in zwei Kategorien einteilen lassen: jene, die danach streben, die Welt, in der sie existieren, zu imitieren, die Welt nachzuempfinden, die sie umgibt, und jene, die ihre eigenen Welten erschaffen. Diejenigen, die ihre eigenen Welten erschaffen, sind in der Regel die Poeten unserer Zeit. Es sind nur wenige, die ihre Träume träumen und zugleich verwirklichen können. Und so seltsam es auch klingen mag: Kampnagel ist dieser Poet, der niemals müde wird, Welten zu erschaffen. Das ist auch der Grund, warum dieses Haus Probleme hat, seine Künste herauszubringen. Denn das Publikum ist an eine symbolische, nicht existente (Theater-)Welt gewöhnt, an das Ergebnis eigener Interessen und Geschmäcker. [K]Poet widersetzt sich genau dem: dass der Geschmack des Publikums der entscheidende Faktor sein soll. Nicht, weil es undurchschaubar erscheinen wollte, sondern weil es heimlich zuhört, um dem Ausdruck zu verleihen, was tief im Publikum verborgen liegt.

Ein Traum, den man allein träumt, mag ein Traum sein,
aber ein Traum, den mehrere Menschen gemeinsam träumen,
ist Realität.
Yoko Ono

[K]Poet ist ein Poet aus vielen [K]ünstler*innen, die zusammen an einem Ort ihre Träume leben. Passende Worte und Tools zu finden, um solche Orte zu erschaffen, missglückt vielen anderen Häusern noch immer.
[K]Poet ist Yoko Ono par excellence, die ihre Botschaften ins Publikum schreit. Dabei das Rohr zum Publikum zu finden, um ihre Botschaften zu vermitteln, missglückt vielen anderen Künstler*innen noch immer.

[K]MARKS

Die Erweiterung und Darbietung der künstlerischen Möglichkeiten erfordert sowohl geistige als auch körperliche Aktivität. Die Verbindung von Bildung und Produktionsarbeit ermöglicht nicht nur eine Steigerung der Produktionseffizienz, sondern laut Marks auch *die Möglichkeit, voll entwickelte Menschen* (Künstler*innen) *hervorzubringen*. Die Aktivität, durch die Künstler*innen ihre Fähigkeiten entwickeln, ist jedoch nicht auf die Sphäre der Produktion beschränkt, wie sie im Kapitalismus eng definiert ist. Jede Tätigkeit, die darauf abzielt, Richtlinien für die Entwicklung der Künstler*innen vorzugeben, muss als Aspekt der Koproduktion verstanden werden. Und zugleich die Ziele, dass die Produktion auf Kampnagel demokratisch verankert werden muss, damit die Künstler*innen gleichzeitig ihre eigenen Verhältnisse, aber auch sich selbst als Subjekte einer neuen Gesellschaft transformieren können.

Daher wäre der Vorschlag, dass jeder Aspekt im Laufe der Koproduktion auf Kampnagel zum Ort der kollektiven Entscheidungsfindung beitragen soll. Das gemeinsame Produkt ihrer gemeinsamen Tätigkeit ist die Entfaltung der Fähigkeiten der Künstler*innen, oder anders gesagt: Wenn Künstler*innen und Produzenten planmäßig zusammenarbeiten, legen sie den Mantel des Individuums ab und entwickeln die Fähigkeiten ihrer Art. Darin zeichnet sich die Stärke der Kollektive ab. Die fairen (Arbeits-)Bedingungen zu schaffen, in denen Künstler*innen ihre Fähigkeiten entwickeln können, ist der wesentliche Aspekt des Konzepts der Koexistenz für ein neues Zeitalter des [K]o-Hauses.

I will not go to theatre today, I don't think I will tomorrow!
God's Entertainment

[K]O-HAUS

Die fortschreitende Durchkapitalisierung der Gesellschaft geht auch an der Kunst- und Kulturpolitik nicht spurlos vorbei. Wo die Förderungen gerechtfertigt werden müssen, fallen vorrangig Begriffe wie Umwegrentabilität, Indexanpassung oder Kosteneffizienz. Die Terminologie des ökonomischen Denkens dominiert die Strategien und Überlegungen zur Auf- und Umverteilung der vorhandenen, aber schwindenden Ressourcen quer durch die Institutionen, sei es beim Thalia Theater, das derzeit so wie viele andere Theaterhäuser mit den Abo-Zahlen kämpft, sei es auf Kampnagel, wo sich zuletzt die von der Kulturpolitik forcierte Transformation inklusive »Sanierung« von Freier Szene zum Stadttheater vollzog. Die Subventionsgeber*innen spekulieren mit den Theaterhäusern, die Häuser spekulieren mit den Künstler*innen, die Künstler*innen mit der Kunst und alle zusammen mit dem Publikum. Dabei übersehen oder ignorieren die Repräsentanten oft genug, dass die, die sie repräsentieren sollen und wollen, weder auf der Bühne noch im Zuschauerraum vertreten sind. Oder umgekehrt, aber auch nicht viel besser, dass sie ausschließlich vertreten sind. Die Herausforderung in der Lotterie um die Zuschauer*innenzahl zeigt sich auch immer wieder an den Intendant*innen, die manchmal selbst per SMS versuchen, eine höhere Anzahl von Zuseher*innen zu erreichen, indem sie ihren Freunden und Bekannten das Programm kurzfristig noch einmal schmackhaft machen. Aber natürlich ist der Zuschauer*innen-Jackpot so nicht zu knacken. Die Spekulation der »freien« Theaterlandschaft hat mit den Theaterreformen begonnen, aber der eigentliche Reformwille lebt längst in der spekulativen Kultur. Utopisch gesehen will Kampnagel keine Kund*innen, sondern Kompliz*innen, will keine Kritik an bestehenden Verhältnissen, sondern andere Verhältnisse. Ziel ist es, die Koordinaten der festgelegten Strukturen zu verändern, die Realität selbst neu zu denken und jedes Vorhaben unabhängig von vorgegebenen Strukturen zu verwirklichen. Kampnagel gilt keinesfalls als ein Zeichen der mangelhaften Avantgarde im Allgemeinen oder als Kritik der Hamburger Pseudo-Avantgarde, sondern vielmehr als Beschleunigung einer künftig nicht definierenden Kunst, tendierend zu Remix vieler Sparten. Kampnagel remixt Performancekünste und Clubkultur: ein Karneval der diplomierten Zuschauer*innen, ein Mantra für Unbefriedigte, eine Pre-formance für ein neues Zeitalter, eine Turbospekulation. Wenn wir Kampnagel anhand des marxistischen Doppelcharakters bezeichnen wollen, dann ist die Daseinsweise der Kultur auf Entfremdung vom Eigenen, auf Austausch und Selbsterhaltung angewiesen. Von diesem Augenblick müssten die Künstler*innen mit ihren nützlichen Arbeiten ein bestimmtes gesellschaftliches Bedürfnis befriedigen, sich als Glieder der Gesamtkunst bewähren und sich in einen Austausch mit anderen Künsten bringen.

THEATER IS OVER!
if you want it

[K]MODERNE

Mit Hilfe von langjährigen künstlerischen Begleiter*innen wie uns stellt Kampnagel das Theater erneut ins Zentrum des Geschehens und fragt nach seiner Existenzberechtigung unter den bestehenden Verhältnissen. Wenn man Theater als Zustand denkt, richtet sich die Frage an alle, die mit Theater kokettieren, denn jeder global denkende Mensch muss selbst die Entscheidung über die Umstände oder Zustände im Theater treffen und ist somit mitverantwortlich für seine realitätsfremde gesellschaftliche Positionierung. Für diese Publikation haben God's Entertainment wiederum ihre Vorgruppe mit *This is* not Kampnagel? beauftragt, die aktuellen Umstände und die zukunftsorientierte Modernisierung zu kommentieren. Daher widmen sich Super Nase & Co der [K]Moderne, die keinesfalls eine Ableitung der ersten Moderne oder Post-moderne ist, sondern eine psychoaktivistische und subversive Zeit, in der das Lösen des vorhandenen Zuschauers (Subjekts) als Primordial der neuen Bewusstseinserweiterungen stattfindet; eine Rekonstruktion der Dekonstruktion!; eine Reduktion auf Selbsterfahrung; eine Zeit der Logorrhoe, in der sich keine Unterordnung des Subjekts durch die Sprache oder durch die Selbstkontrolle vollzieht. In so einem Akt der Opposition gegen die Unterordnung lässt sich das Subjekt durch keine narrative Funktion des Theaters verlieren, sondern mit dem Akt der Wiedereinsetzung in die [K]Moderne handelnd hervorbringen. Aber was macht die Wirkung des Subjekts in der [K]Moderne aus? Es ist bereits alles vorhanden. Es sind Formen und Normen gegeben. Es sind Ideen, die zur Wiederholung gezwungen sind, die sich im Verlauf dieser Wiederholung gegen sich selbst wenden. Wie ist dann in Begriffen der Wiederholung Widerstand zu denken, fragt sich Judith Butler? Wiederwerden-Wiederholen-Reenacten-Widerstehen-Wiederwenden-Wiederwirken-Wiedereinsetzten-Readymaden-Secend Hand Performance? Inner1/2 dieser Ausgabe der [K]Moderne kann es zum Aneignungsakt einer Veränderung des Subjekts kommen, so dass die Voraussetzungen des Wiedereinsetzens in der Diskontinuität zwischen der vorausgesetzten und der wiedereingesetzten Macht enden.

Ihr Hugo Bruno Txl – Leiter der Vorgruppe SuperNase & Co

[K]MODERNISM
God's Entertainment

[K]POET

Theatres are like their directors, who can be divided into two categories: those who strive to imitate the world in which they exist, recreating the world that surrounds them, and those who create their own worlds. Those who create their own worlds are generally the poets of our time. Few are those who can dream their dreams and realise them at the same time. And as strange as it may sound, Kampnagel is that poet who never tires of creating worlds. That's also why this house has trouble getting its art out there. Because the audience is used to a symbolic, non-existent (theatre) world, to the outcome of their own interests and tastes. That the audience's taste should be the deciding factor is precisely what [K]poet opposes. Not because it seeks to appear inscrutable, but because it secretly listens to give expression to that which lies deep within the audience.

A dream you dream alone is only a dream.
A dream you dream together
is reality.
Yoko Ono

[k]poet is a poet made up of many [k]artists who live out their dreams together in one place. Many other houses still fail to find the right words and tools to create such places.
[k]poet is Yoko Ono par excellence, shouting her messages at the audience. Many other artists still can't make that connection with the audience to convey their messages.

[K]MARKS

Expanding and presenting artistic potential requires both mental and physical activity. The combination of education and production work not only increases production efficiency, but also, according to Marks, *the possibility of producing fully developed people* (artists). Yet the activity by which artists develop their skills is not limited to the sphere of production as it is narrowly defined under capitalism. Any activity that aims to provide guidelines for the development of artists must be seen as an aspect of co-production. And at the same time the goals of anchoring production at Kampnagel democratically so that artists can simultaneously transform their own circumstances, but also themselves as the subjects of a new society.

Gods Entertainment, Foto: Peter Mayr

As such, the suggestion would be that every aspect should contribute to the site of collective decision-making over the course of co-production at Kampnagel. The common product of their joint activity is the development of the artists' abilities. In other words: when artists and producers work together according to a plan, they shed the mantle of the individual and develop the skills of their kind. This is the strength of the collective. Creating fair (working) conditions in which artists can develop their abilities is the essence of the concept of coexistence for a new era of the [k]o-house.
I will not go to theatre today, I don't think I will tomorrow!
God's Entertainment

[K]O-HOUSE

Art and cultural policy has hardly been immune from the progressive capitalisation of society. Where funding has to be justified you tend to find terms such as indirect profitability, index adjustment and cost efficiency. The terminology of economic thinking dominates the strategies and considerations for (re)distribution of existing yet dwindling resources across the institutions; to the Thalia Theater, for instance, which is currently struggling with season ticket numbers like so many other theatres, or to Kampnagel, which recently underwent the transformation from independent scene to state theatre (including »refurbishment«), which was pushed by cultural policymakers. The funding bodies speculate with theatres, the theatres speculate with artists, the artists with art and everyone together with the audience. But the representatives often overlook or ignore the fact that those that they are supposed to, that they aim to represent are neither represented on the stage nor in the audience. Or vice versa, but not much better – that they are represented exclusively. The challenge in the lottery for audience numbers is also seen again and again with artistic directors, who sometimes even use text messages to attract more visitors by making the programme palatable to their friends and acquaintances at short notice. But of course that's not how you win the audience jackpot. The speculation of the »independent« theatre landscape began with the theatre reforms, but the actual desire for reform has long dwelt within the speculative culture. From a utopian perspective, Kampnagel doesn't want customers, it wants accomplices; it doesn't want critique of existing conditions, it wants different conditions. The aim is to change the coordinates of established structures, to rethink reality itself, and to realise every project independently of predetermined structures. Kampnagel is in no way seen as a sign of the unsatisfactory avant-garde in general or as a critique of the Hamburg pseudo-avant-garde, but rather as an acceleration of a future non-definitive art with a tendency to remix multiple genres. Kampnagel remixes performance arts and club culture: a carnival of graduate audiences, a mantra for the dissatisfied, a pre-formance for a new age, a turbo-charged speculation. If we were to describe Kampnagel based on the Marxist dual character, then culture's mode of existence is dependent on alienation from one's own self, on exchange and on self-preservation. From this moment on, artists have to satisfy a certain social need with their useful works, prove themselves as members of *Gesamtkunst* and conduct exchange with other arts.

THEATRE IS OVER!
if you want it

[K]MODERNISM

With the help of long-time artistic companions like us, Kampnagel is once again placing theatre at the centre of events and questioning its right to exist under the existing conditions. If you think of theatre as a condition, the question is aimed at everyone who flirts with theatre, because anyone who thinks globally has to make their own decision about circumstances or conditions in the theatre and is therefore jointly responsible for its unrealistic social positioning. For this publication, God's Entertainment has in turn commissioned its opening act with *This is not Kampnagel?*, to comment on the current circumstances and future-oriented modernisation. So Super Nase & Co dedicate themselves to [K]modernism, which is by no means a derivative of the first modernism or postmodernism, but a psycho-activist and subversive era in which the existing audience member (subject) is detached as the primordial of the new expansions of consciousness; a reconstruction of deconstruction!; a reduction to self-experience; a time of logorrhoea, in which there is no subordination of the subject through language or through self-control. In such an act of opposition to subordination, the subject cannot be lost through any narrative function of the theatre, but can spurred to action through the act of reinstatement in [K]modernism. But what constitutes the effect of the subject in [K]modernism? Everything is already there. There are forms and norms. There are ideas that are forced to repeat, but which in the course of this repetition turn against themselves. How should resistance be thought of in terms of repetition, asks Judith Butler? Become again-repeat-reenact-resist-return-react-reinstate-readymade-second-hand performance? Within this issue of [k]modernism there may be an appropriation of a change in the subject, such that the requirements of reinstatement end in the discontinuity between the required and the reinstated power.

Yours,
Hugo Bruno Txl – leader of the opening act SuperNase & Co

»FAIR-E DEMAIN« – IN AUTODIDAKTISCHER PRAXIS DIE KRITISCHEN INSTITUTIONEN VON MORGEN ERSCHAFFEN

Collectif Faire

Muss ein Kunstwerk wirklich unbedingt von einer*m Künstler*in mit professioneller Ausbildung geschaffen werden? Aus Akademiker- und Künstler-Kreisen kommend? Ist es die Schule, die uns lehrt, Künstler*in zu sein? Gibt es eine Art Künstlergenie? Oder wird das Genie aus dem Autodidaktischen geboren? Hier liegt unser Experimentierfeld. Denn der Tanz, der uns antreibt – genau wie die »Art Brut«[1] – ist aus dem Autodidaktentum entstanden und trägt eine universelle Ebene in sich, die unsere Werte nährt. Diese universelle Ebene ermöglicht es uns, Überschneidungen und Dialoge mit anderen ästhetischen Formen zu produzieren und mit der Realität in Kontakt zu sein. Im Augenblick, in der Geste, im Körper, in seinem politischen und historischen Aktivismus lebt der Tanz, der uns durchdringt, mit dem Publikum. Er ist ein Echo, ein Grundrauschen dessen, was die »Art Brut« ausmacht:

[1] In Frankreich geprägter Sammelbegriff für anti-akademische Kunstformen, frz. »brut« bedeutet roh, unbearbeitet.

ein Ausgestoßener der zeitgenössischen Konzeptkunst, deren fast wissenschaftliche Produktionsabläufe jede Leidenschaft und jedes Gefühl abspalten.

Wir verteidigen vor allem den Reichtum der Vielfalt. Eine Vielfalt, die aus Notwendigkeit entstanden ist, aus der Integrität und Aufrichtigkeit autodidaktischer, ungeplanter und verzweigter Gesten, die Rand und Zentrum in ein Spannungsverhältnis setzen; eine Vielfalt, die neue künstlerische Sprachen und neue Bedeutungen entstehen lässt. Dieser Ansatz, der Raum für Zweifel, Ineffizienz, Behutsames und Abweichendes lässt, lädt dazu ein, die eigene Erfahrung mit der Welt durch Versuch und Scheitern wiederherzustellen, und ermöglicht es, Gemeinsames zu schaffen, ohne auf Ausblendung der Unterschiede zurückzugreifen. Es ist ein Ansatz, der Standpunkte in der Öffentlichkeit leibhaftig werden lässt: in den Unstimmigkeiten und einzelnen Geschichten derer, die zusammen den künstlerischen Körper bilden, in vielgestaltigen

Insight, 2023, Saïdo Lehlou, Foto: Laurent Philippe

Erzählungen, die die Bedeutung des Einzelnen in der Herstellung des Kollektiven hervorheben. So bietet die autodidaktische Praxis ein echtes künstlerisches Potenzial; sie lädt zum Experiment und zur Grenzüberschreitung ein. Indem sie ihre Formen sowohl aus der Kraft von Erfahrung und Handlung schöpft als auch auf bereits vorhandenes Wissen zurückgreift, ermutigt die autodidaktische Praxis dazu, von vorgegebenen Pfaden und Kodierungen abzuweichen. Sie hinterfragt die Automatismen institutioneller Reproduktion und trägt zu einer Form der Resilienz bei, die Widerstand und Widrigkeiten miteinander verbindet.

In den vergangenen vier Jahren, in denen wir eine Tanzinstitution geleitet haben, hat sich bestätigt, was wir gerade festgestellt haben. Die faktische Abwesenheit einer choreografischen Kultur, die fähig wäre, autodidaktische Tänze einzubeziehen, entlarvt an sich schon den konkreten Mangel an gemeinschaftlichen Orten, wo der Charakter jener Ästhetiken verständlich und hörbar gemacht werden könnte, die den spezifischen Korpus bilden, auf den sich Tänze an den gesellschaftlichen Rändern und in Gegenkulturen beziehen. Wenn wir einen neuen Stein im Gebäude der kritischen Geschichte setzen wollen, müssen wir dazu die Auswirkungen jener Hierarchie auflösen, die bei der Bildung eines Kanons zwischen Hauptwerken und peripheren Werken unterscheidet. Und wir müssen bedenken, dass sich parallele Entwicklungsstränge von einer Generation zur nächsten multipliziert haben und zwischen ihnen häufig spürbare Widersprüche und starke Spannungen bestehen. In diesem Bewusstsein müssen wir die Formalisierung eines »historischen« Diskurses bestmöglich begleiten, der den unfreiwilligen Zeitzeug*innen eine Stimme gibt und alle »nicht-institutionellen« Quellen einbezieht – die abgebrochenen Laufbahnen, die Verachteten sowie die Gesamtheit der Produktionen, die nicht den ästhetischen oder technischen Kriterien entsprechen, welche den Standard bereits existierender choreografischer Kulturen bestimmen.

Unsere Art zu handeln und zu denken beruht vor allem auf einer Ethik des Gemeinsamen, auf dem Prinzip sich annähernder Abweichungen und kollektiver Intelligenz: Jede*r kann etwas, niemand kann alles, das gemeinsame Teilen der Kenntnisse aller Einzelnen ermöglicht es, auf ein globales Wissen zuzugreifen. Losgelöst von den Vorgaben einer definierten Rolle, die jeder*m Einzelnen in der Kette von Verantwortlichkeiten zufällt, betrifft das Ganze jede*n Einzelne*n, egal welche Funktion sie*er zuvor innehatte. Jede*r muss das Spürbare und das Unsagbare berücksichtigen – im Sinne des Gemeinsamen, ermöglicht durch die genaue Kenntnis der individuellen Stärken und Grenzen. Der Fokus des Kollektivs liegt nicht so sehr auf der Form, sondern vielmehr auf der Fähigkeit des institutionellen Rahmens, andere Hypothesen des Ausprobierens zu denken und zu begleiten, andere Formen der Leitung, die unserer heutigen Zeit und unserer Nutzung der Räume eher gerecht werden.

Die Leitung einer Organisation mit einem anerkannten und geachteten Namen verleiht automatisch eine offizielle »Wertigkeit«, eine Legitimität, die sich in einer gewissen vertikalen Binarität äußern kann: das Zentrum (gegen-)über dem Rest, das Offizielle (gegen-)über dem Inoffiziellen, die Institution (gegen-)über dem Underground. Eine Haltungsfrage also, die hohe Anforderungen an Reflexion und ernsthafte ethische Verantwortungsübernahme stellt, und die dazu führt die eigene mögliche Machtposition zu hinterfragen. Wen unsere Institutionen willkommen heißen, welches Wissen sie wertschätzen und aufblühen lassen, sind damit untrennbar verbundene Fragen. Eine Institution zu repräsentieren führt so dazu, sich ununterbrochen zu fragen, ob unsere Handlungen, unsere Haltungen, unsere Ansprachen, für uns selbst und für andere, diesem Anspruch im Dienste der Gemeinnützigkeit gerecht werden. Wenn die institutionelle Arbeit darin besteht, eine Konstante und einen geteilten Referenzkorpus über die Zeit hinweg zu erhalten, so hindert uns das trotz allem nicht daran, das Zusammenspiel zwischen sozialer Erfahrung und Wissensproduktion, die auf marginalisierten Praktiken aufbaut, (neu) zu denken und die Auswirkungen der Hierarchie zwischen Zentrum und Peripherie aufzulösen. Diese rhizomatische Absicht erlaubt es, sich durch ihren entgrenzenden und beweglichen Charakter von der klassischen Aufteilung eines »Leistungskatalogs« zu lösen. Sie ermöglicht jedem Element, das Teil der Architektur ist, Einfluss auf die Entwicklung des Ganzen zu nehmen, sodass ein volles und dynamisches »Gemeinsames« existiert, das dazu einlädt, die Beziehung zwischen einem (physischen oder nicht-physischen) Ort und den Personen, die ihn bewohnen, ihn teilen, nutzen und durchqueren, anders zu begreifen.

Für uns ist das CNN, Centre chorégraphique national de Rennes et de Bretagne, heute in gewisser Weise ein Ort der ersten Male, der Versuche und dessen, was der Kunst erlaubt, dem Leben einen Mehrwert zu geben. Das Zusammensein als Matrix der Unterschiedlichkeit ist ein breit etablierter Grundsatz, der dazu auffordert, auch die Prinzipien der freien Zusammenschlüsse, der gegenseitigen Unterstützung und der Chancengleichheit anzuwenden. Die Umsetzung dieser Dynamik kreiert eine bereichernde und inklusive Zusammenarbeit zwischen Künstler*innen, die neue konkrete oder informelle Formen des Zusammenseins befördert. Sie erlaubt, Aktivitäten zu entwickeln, in denen Menschen – einzigartig und gleichwertig zugleich in einem öffentlichen Raum des Austauschs und des Gesprächs – mit anderen Motivationen sichtbar werden als dem materiellen Komfort oder dem Konsum sogenannter kultureller Güter.

Es geht hier also um die Sichtbarmachung unserer ständigen Bewegung zwischen Peripherie und Zentrum zur Unterstützung der an den Rand gedrängten Praxis. Es geht darum, eine plurale Tanzkunst, die nicht auf eine einzige Ausdrucksform reduzierbar ist, überallhin ausstrahlen zu lassen. Dies wird bei uns durch eine Philosophie der Aktion und des Machens umgesetzt, die Routinen ins Wanken bringt. Nicht aus ideologischen Gründen oder aufgrund mangelnder Fähigkeiten. Nicht aus Trägheit oder Unverschämtheit. Wir verteidigen den Nutzen des Machens als eine Art, die Welt wahrzunehmen. Als eine Weise, sich durch Aktion und Reaktion unsere unmittelbare Umgebung anzueignen und dort, wo wir es können, Begehren, Poesie, Gerechtigkeit, Fantasie, Freude, Geteiltes und Gemeinsames einzubringen.

Übersetzung Alina Buchberger

»FAIR-E DEMAIN« – CREATING THE CRITICAL INSTITUTIONS OF TOMORROW IN AUTODIDACTIC PRACTICE

Collectif Faire

Does it really take an artist with professional training to create a work of art? Someone from an academic or artistic milieu? Is it school that teaches us to be artists? Is there a type of artistic genius? Or is genius born from autodidacticism? This is our field of experimentation. That's because – just like »Art Brut«[1] – the dance that compels us arose from autodidacticism and carries a universal level that nourishes our values. This universal level allows us to create overlaps and dialogues with other aesthetic forms and to come into contact with reality. The dance that pervades us, with the audience, lives in the moment, in the gesture, in the body, in its political and historical activism. It is an echo, a background noise of that which constitutes »Art Brut«: an outcast of contemporary conceptual art, with near scientific production processes that separate every passion and every feeling.

Above all, we defend the wealth of diversity. A diversity born of necessity, of the integrity and sincerity of autodidactic, unplanned, branching gestures that place periphery and centre in a state of tension with each other; a diversity that gives rise to new artistic idioms and new meanings. This approach, which leaves room for doubt, inefficiency, caution and divergence, invites us to recreate our own experience of the world through trial and error, allowing us to create something shared without reverting to a suppression of difference. It is an approach that embodies points of view among the public: in the frictions and individual stories of those who together form the artistic corps, in diverse narratives that emphasise the importance of the individual in the formation of the collective. As such, autodidactic practice offers genuine artistic potential; it invites us to experiment and transgress borders. By drawing its forms from the power of experience and action while also reverting to existing knowledge, autodidactic practice encourages us to diverge from predetermined paths and codes. It questions the automatisms of institutional reproduction, contributing to a form of resilience that combines resistance and adversity.

All this has been confirmed by the experience of the past four years in which we have been leading a dance institution. The virtual absence of a choreographic culture capable of incorporating autodidactic dance – this in itself exposes the concrete lack of communal spaces in which the character of aesthetics that form the specific corpus to which dance at the social periphery and in countercultures relate can be made comprehensible and audible. If we wish to place a new stone in the edifice of critical history, we must do so by dismantling the impact of a hierarchy that distinguishes between major works and peripheral works in the formation of a canon. And we must remember that parallel strands of development have multiplied from one generation to the next and that there are often palpable contradictions and powerful tensions between them. Knowing this, we must strive to support the formalisation of a »historical« discourse that gives involuntary witnesses a voice and incorporates all »non-institutional« sources – the interrupted careers, the rejections, and the entirety of productions that correspond to neither the aesthetic nor the technical criteria that determine the standard of existing choreographic cultures.

Our way of acting and thinking is based above all on an ethics of commonality, on the principle of convergent variations and collective intelligence; everyone can do something, no one can do everything, sharing the collective proficiency of all individuals allows us to access global knowledge. Uncoupled from the requirements of a defined role that falls to each individual in the chain of responsibilities, the whole affects each individual, regardless of the function they previously held. Each of us must consider the tangible and the unsayable – in the spirit of the commons, enabled by precise knowledge of individual strengths and limitations. The focus of the collective is not so much on the form, but rather on the ability of the institutional framework to think and support other hypotheses of trying, other forms of leadership more appropriate to our current times and our use of space.

The leadership of an organisation with a recognised and respected name automatically confers an official »value«, a legitimacy that can be expressed in a certain vertical binary: the centre above/against the rest, the official above/against the unofficial, the institution above/against the underground. This is a question of attitude that demands a great deal of reflection and serious ethical responsibility, and which leads us to question our own possible position of power. Who our institutions welcome, what knowledge they value and allow to flourish – these are inextricably linked questions. Representing an institution leads us to constantly ask ourselves whether our actions, our attitudes, our approaches, for ourselves and for others, live up to this claim in service of the common benefit. If institutional work consists in maintaining a constant, shared corpus of reference over time, this does not prevent us from (re)thinking the interplay between social experience and knowledge production that builds on marginalised practices, and revoking the hierarchy between centre and periphery and its effects. The delimiting, flexible character of this rhizomatic purpose allows us to break away from the classic demarcation of a »service catalogue«. It allows each element of the architecture to influence the development of the whole, to arrive at a full and dynamic »commons«, which invites us to explore the relationship between a (physical or non-physical) place and gain a different understanding of the people who inhabit it, share it, use it and traverse it.

For us that's CNN, Centre chorégraphique national de Rennes et de Bretagne; now in a sense it is a place of first times, of experiments and of that which allows art to add value to life. Togetherness as a matrix of differences is a widely established doctrine that calls for the application of the principles of free association, mutual support and equality of opportunity. The application of this dynamic creates an enriching, inclusive collaboration between artists that promotes new forms of togetherness, specific or informal. It allows for the development of activities in which people – at once unique and equal in a public space of exchange and dialogue – are visible with motivations other than material comfort or the consumption of »cultural goods«.

This is about making visible our constant movement between the periphery and the centre in support of marginalised practices. It's about a plural dance art, which cannot be reduced to a single form of expression, which is allowed to emanate everywhere. We make this happen through a philosophy of acting and doing that shakes up routines. Not for ideological reasons or for lack of ability. Not out of inertia or impudence. We defend the utility of doing as a way of perceiving the world. As a way of appropriating our immediate surroundings through action and reaction and introducing desire, poetry, justice, imagination, joy, the shared and the communal wherever we can.

---

[1] A collective term coined in France for anti-academic art forms; in French *brut* means raw, unprocessed.

TO THE READER FROM THE FUTURE
Hyphen-Labs (Ece Tankal & Carmen Aguilar y Wedge)

Sehr geehrte Leser*innen aus der Zukunft,

Hola, Hallo, Selam!

Wir hoffen, dass Sie im Jahr 2062 die Möglichkeit haben, diese Zeilen zu lesen. Wir feiern heute vierzig Jahre Kampnagel, und da wir nicht wissen, ob unser Text in physischer Form bis 2062 überdauern wird, sei an dieser Stelle auf die digitale Kopie im Google Doc (falls es so etwas überhaupt noch gibt) sowie auf die pdf-Datei auf www.kampnagel.de hingewiesen.

Im Folgenden finden Sie eine Sammlung von Fragen, Träumereien und Visionen als Anregung zum Nachdenken, zum Beantworten und Weitertragen an die Leser*innen im Jahr 2102.

Wir hoffen, dass die Zukunft, in der Sie diese Worte lesen, eine friedliche und unbedarfte ist. Eine Zukunft, in der Ressourcen im Überfluss vorhanden sind, in der Sie den Boden unter Ihren Füßen spüren und sorgsam mit ihm umgehen. Wir hoffen, dass die Gesellschaft, in der Sie leben, auf nachhaltige Infrastrukturen und Medien setzt, um angemessene politische Organisationsformen für das digitale Zeitalter zu ermöglichen. Unterstützen Ihre Technologien das menschliche Miteinander, sind sie auf digitale Medienkompetenz, Neugier, Toleranz und Diskurs ausgelegt? Die Technik von heute besteht vor allem aus flachen Bildschirmen mit abgerundeten Kanten; schwarze Spiegel sind zu unseren ständigen Begleitern geworden, sammeln unsere Daten und beeinflussen unsere Entscheidungen. Wie haben Sie es geschafft, zumindest einen Teil Ihrer Freizeit aus den Fängen der Großkonzerne zu befreien?

Wir lernen erst jetzt, dass unser Wert an die Gemeinschaft geknüpft ist und wie kostbar der gegenseitige Austausch und die Lösungsansätze sind, die vor allem in informellen Zusammenkünften und Bildungsarbeit außerhalb akademischer Kontexte entstehen. Wir träumen davon, dass das Wort »Community« zum »Call to Action« wird und dass die von uns besetzen Institutionen zu Experimentierfeldern für die Gesellschaft der Zukunft werden, wenn wir Räume und Territorien neu definieren. In diesem Moment – im Jahr 2022 – sind wir noch so vom Wachstum und vom »Hier und Jetzt« besessen, dass uns komplexere Systeme wohl überfordern würden. Auf welche Weise bringen sich Communitys im Jahr 2062 in den gesellschaftlichen Diskurs ein? Gibt es in Ihrer Zeit einen machtpolitischen Austausch zwischen kulturellen Entscheidungsträger*innen und den Arbeiter*innen, ohne die der fortlaufende Betrieb öffentlicher Einrichtungen nicht denkbar wäre? Sind Ihre Institutionen Anlaufstelle und Nährboden für eine Vielzahl unterschiedlicher Gemeinschaften? Entfalten sich Subkulturen, erleben Sie Glück und Wohlbefinden im Kollektiv?

Dieser Tage sind wir nach wie vor damit beschäftigt, Modelle der ökologischen Knappheit hinter uns zu lassen, die im politischen Theater der »Gegenwart« nichts als Chaos stiften. Wie kommen wir dahin, dass der Begriff der Identität über statische, binäre Konzepte hinausweist und dynamischere, fließende Spektren umschreibt?

Hat sich Ihr Verhältnis zur Arbeit verändert? Gibt es noch die Fünf-Tage-Woche? Was ist in all der neu gewonnenen »Zeit« entstanden? Was geschah, als unsere Bildungssysteme nicht länger an einzelnen Disziplinen festhielten, sondern zunehmend interdisziplinär wurden?

Wie sieht die Zukunft des Theaters aus? Und die Zukunft der Performance? Des Sammelns und Erwerbens? Was ist aus unserem Geld geworden? Benutzen Sie noch Kryptowährungen? Sind NFTs immer noch so abgehoben? Welche alternativen Besitzmodelle kursieren mittlerweile? Wird Kunst vom Staat gefördert? Wo kommt das Geld her? Werden Künstler*innen bezahlt?

Und über die Belange der Menschheit hinaus: Wie gestaltet sich Ihr Verhältnis zu Land und Erde? Wer oder was steht noch unter Besatzung? Inwiefern musste Land vereinnahmt und instrumentalisiert werden, um der Zerstörung von Ökosystemen zugunsten eines ungezügelten Kapitalismus Einhalt zu gebieten? Welche Ökosysteme dürfen langsam heilen? Wie haben wir uns an die Klimakrise angepasst? Welche Ländereien sind mittlerweile zu öffentlichem Eigentum geworden? Haben sich neue Communitys gebildet? Wie wird Land verteilt und sichtbar gemacht?

Zu guter Letzt: Gibt es schon selbstfahrende Autos? Sind wir immer noch auf Benzin angewiesen? Wie sieht das Handy der Zukunft aus? Tippen und scrollen wir immer noch auf Bildschirmen, nutzen wir weiterhin unsere Fingerspitzen, um mit unseren Liebsten in Kontakt zu treten? Sind noch Dikator*innen an der Macht? Wie geht es dem Planeten: Haben Sie einen Weg gefunden, E-Mails an Mutter Erde zu schicken oder sie anzurufen, um mal zu hören, wie es bei ihr so läuft? Was machen die Tiere? Welche artenübergreifenden Diskussionsveranstaltungen stehen auf dem Tagesprogramm? Gelten nun auch Grundrechte für Tiere und Pflanzen? Wie steht es um Europa, gibt es die Union noch? Wie läuft's in Hamburg? Wie läuft's auf Kampnagel?

Es tut uns leid – wir waren so neugierig auf die Zukunft, dass wir glatt vergessen haben, zu fragen … Wie geht es Ihnen?

Hyphen-Labs

Digifem Installation, 2019, Foto: Kampnagel

TO THE READER FROM THE FUTURE
Hyphen-Labs (Ece Tankal & Carmen Aguilar y Wedge)

Reader from the future,

Hola, Halo, Selam!

We hope you get a chance to read this in 2062. Today we are celebrating 40 years at Kampnagel and although we're not sure how it will physically make it to 2062, a digital copy can be found online as a Google doc (if that still exists), a .pdf and at www.kampnagel.de.

The following is a list of questions, dreams and visions for you to ponder, answer and pass on to the readers of 2102.

We hope these words meet you in a playful and peaceful future. Where resources are abundant and you have a connection to the land you stand upon and steward. We hope you're living in a society that has built sustainable infrastructure and media that have tackled the challenge of political organising in the digital age. Is your technology designed for coexistence, digital literacy, curiosity, tolerance and debate? Today, our technology is made of flat screens with rounded edges, our constant companions are black mirrors that collect our data and influence our decisions. How did you manage to wrench some of your free time back from corporations?

Today, we are learning that our value is our community and the exchange or outcome that happens during informal gatherings and non-academic education. We dream that »community« will become the »call to action« and through reinventing territories the institutions we occupy can become rehearsal spaces for a future society. In 2022, our obsession is »nowness« and growth, making it difficult to embrace the challenges of more complex systems. How do your communities engage in civic discourse? Is there an exchange of power between those who exercise cultural authority and labourers who maintain your institutions day-to-day? Do your institutions house many different communities? Are countercultures flourishing and do you experience collective joy and pleasure?

Currently, we are still trying to dissociate from the scarcity models that drive chaos in the political theatre of the »present«. How have identities gone beyond static binaries toward more dynamic and fluid spectrums?

The Art of Making Trouble, Cornelia Sollfrank, 2019, Foto: Kampnagel

Has your relationship with work changed? Do you still have five-day work weeks? What was created with all that »time«? What happened when education went beyond the disciplinary approach to a trans-disciplinary one?

What is the future of theatre? Performance? Collection and acquisition? What's happened to currency? Do you still use crypto? Are NFTs still in the cloud? What are the alternative models of ownership? Is art endorsed by the state? Where is the funding coming from? Are artists being paid?

And what about that which is more than human? How is your relationship with the land? What is being occupied? What occupations have stopped the destruction of ecologies for the new needs of feral capitalism? What ecologies are being allowed to heal? How did we adapt to the climate crisis? Which lands became public? Which communities emerged and what are the mechanisms of distribution and display?

And finally, are cars driving themselves? Do we still depend on petrol? What do mobile phones look like? Do you still tap and scroll on screens and use your fingertips to reach out to your loved ones? Are dictators still in power? How does the planet feel? Have you managed to find a way to email Mother Earth, give her a call to see how she's doing? How are the animals? What kind of interspecies panels are you hosting? Do animals and trees have universal rights? How is Europe, is it still a Union? How is Hamburg? How is Kampnagel?

Sorry, we're so curious about the future we forgot to ask ... how are you?

Hyphen-Labs

ÜBER KAMPNAGEL 2062 (NOCHMAL VIERZIG JAHRE!) LASS DEN APFEL LIEGEN. DENN DAS THEATER DER ZUKUNFT IST EIN GEMEINSAMES GUT

Jonas Zipf

Finden Sie nicht auch, dass es viele Fachbegriffe gibt, deren deutsche Spielart zwar nicht geläufig, aber sehr erhellend ist? So ist das auch mit dem Verständnis des Begriffs Commons oder Allmende. Das deutsche Äquivalent »Gemeingüter« offenbart ganz intuitiv gleich zwei begriffliche Qualitäten: Zum einen geht es hier um etwas, das der »Gemeinheit« (also allen Menschen, egal wie offen und durchlässig oder geschlossen und abgegrenzt sich eine Gemeinschaft gibt) zu »Gute« kommt (in diesem Sinne auch die andere deutsche Spielart des Gemeinwohls). Zum anderen bleibt die Richtung eines potenziellen Eigentums innerhalb des Begriffs »Gemeingut« gänzlich offen: Es ist unklar, ob das Adjektiv »gemein« alle Menschen als Nutznießer*innen bezeichnet oder auch die Qualität der Gemeingüter selbst. So gelesen geht es um »gemeine« (also grundlegende, potenziell allerorten vorhandene) »Güter« (im Sinne von Ressourcen) wie Wasser, Erde, Luft oder Licht, Bildung, Unversehrtheit, Meinungs- oder Bewegungsfreiheit – hohe Güter, die eben weder einigen noch allen Menschen eigen sein dürfte, sondern deren Qualität in sich selbst – in der Fähigkeit zur autopoietischen Regeneration – besteht.

Nun will ich in diesem Text nicht die Debatte darüber befeuern, wie endlich diese Gemeingüter geworden sind oder wie entfremdet unser Verhältnis und unsere Vorstellungskraft hinsichtlich dieser gemeinschaftlichen Grundlagen unseres Zusammenlebens durch die kapitalistischen Entwicklungen der letzten 300 Jahre geworden sind. Ich möchte auch nicht darüber sprechen, wie sich dieses Verhältnis im Zeitalter des Anthropozäns zwingend ändern müsste, wenn wir irgendeine Chance bewahren wollen, zu überleben. Diese Gedanken setze ich voraus; sie können andernorts vertieft werden, etwa bei Silke Helfrich, Bruno Latour oder Eva von Redecker. In diesem Text soll es darum gehen, welchen Anteil das Theater der Zukunft an der Bewusstwerdung und der Veränderung dieses Verhältnisses haben muss – und haben wird, wenn es seinerseits als gesellschaftlich relevanter Ort überleben will. Um es gleich vorwegzunehmen: Dieses Theater muss sich selbst als Gemeingut verstehen. Dafür gilt es, Voraussetzungen für Veränderung zu schaffen, insbesondere solche, die räumlicher und betrieblicher Natur sind. Und genau dazu versammelt der vorliegende Text einige Anmerkungen.

1.

Zuallererst bestünde und besteht der gemeingütige Beitrag eines solchen Theaters in seinem künstlerischen Arbeiten, zunächst und allererst auch unabhängig vom öffentlichen Interesse. Wie in der Wissenschaft oder der Forschung und Entwicklung großer Industrieunternehmen besteht das Common Good, das gemeine Gut eines Kunstbetriebs in dieser ihm ureigenen antizyklischen Qualität: Ohne den kurzfristigen Erfolg im Blick haben zu müssen, erlaubt sich dieser ein ressourcenseitig gesundes Maß der iterativen und ergebnisoffenen Suche. So und erst so entstehen künstlerische Würfe, die nachher eine Gemeinschaft angehen, sie in Resonanz mit etwas zu versetzen verstehen, was sie so noch nicht kannte und sie im paradoxen Sinne gleichzeitig außer und zu sich selbst bringt. Dieser Laborcharakter erfordert entsprechend freie und immer wieder wandelbare Räume – offene Werkstätten und künstlerisch-technische Labore, Co-Working-Spaces und semipermeable Proberäume, Safe und Community Spaces, gleichermaßen vorzeichenfreie Aufenthaltsqualitäten und unmissverständliche Versuchsanordnungen – kurzum: Orte, in denen entschiedene Setzungen möglich, aber immer wieder reversibel sind. Aber auch alle anderen Ressourcen, die für künstlerische Forschung und Entwicklung nötig sind: Geld, Zeit, lern- und hilfsbereite Menschen für Hospitationen, Stipendien und Residences für die ständige Entwicklung, Aus- und Weiterbildung der kommenden Gesellschaft – des Personals und der ihr eigenen Organisation, der gastierenden Künstler*innen, aber auch der kulturellen Bildung jüngster und junger Menschen sowie aller lebenslang Lernenden.

2.

Erst dann und zwingend darauf aufbauend reden wir über dieses Theater als Ort der gesellschaftlichen Transformation, als diskursiven Treiber und ästhetischen Inkubator auf den drei Feldern der Großen Transformation unserer Zeit: des inklusiven, des digitalitären und des nachhaltigen Gemein-Wohls unserer Zukunft. Alle drei Begriffe beschreiben anzupeilende Zukünfte, keine angstbesetzten Szenarien: Statt von Digitalisierung als reinem Aufbau von Soft- und Hardwarekapazitäten geht dieses Theater von Digitalität als gänzlich alteriertem Mindset eines vernetzten und demokratisierten Lebens und Arbeitens aus; statt Wandel des Klimas peilt es eine umfassende Nachhaltigkeit an; statt von Diversifizierung spricht aus ihm ein breites Verständnis von Inklusion. In diesem gesellschaftspolitischen Selbstverständnis besteht das zweite gemeine Gut dieses Theaters: Es versteht sich nicht als Kommentator am Rande des gesellschaftlichen Spielfelds, auch nicht als teilnehmender Beobachter eines sozialen Geschehens, sondern als impulsgebender und modellbildender Protagonist, Denk- und andere Räume öffnender und gebender Akteur – mitten in einem stets gestaltbaren Bild noch zu realisierender Zukünfte. Dieses Theater wartet nicht auf die systemischen Lösungen der Arbeitsweisen anderer, sondern entwickelt einfach eigene – statt auf die Macht des Marktes setzt es auf die Kraft der Kunst, auf die Open (Re)Sources der eigenen Leute und der Gleichgesinnten (Digitalität); es setzt nicht auf die Zwänge höherer Ordnung, sondern ist sich schon vorher bewusst, alle natürlichen Ressourcen wie die eigenen kleinsten Kinder pflegen zu müssen und zu können – seien es die der umhüllenden Natur, der nächsten Kolleg*innen oder der eigenen Gesundheit (Nachhaltigkeit); es hält sich nicht auf der Ebene der Begriffe und Debatten auf, sondern lebt Diversifikation und Intersektionalität, ermöglicht die Teilhabe aller auf allen Ebenen (Inklusion). Es entspricht der Überzeugung dieses Theaters, dass die unausweichlichen Transformationen der Jetztzeit weder geschichtlich abschließbare noch passiv zu erduldende, über die Gesellschaft kommende Gewalten sind, sondern wertebasierte und agil zu gestaltende Veränderungsprozesse: Transformationen by design, not by disaster!

3.

Somit wäre dieses Theater ein hierarchiefreier, angstfreier und demzufolge auch gewaltfreier Ort. Darin weigert es sich, einen Großteil der dem vermeintlichen Theaterhandwerk scheinbar eingeschriebenen Tradierungen fortzusetzen: Aufsetzend auf dem bereits seit mehreren Jahrhunderten andauernden Prozess der Veränderung der Seh- und Hörgewohnheiten weg von der Zentralperspektive hin zur Parataxis des parallel distributed universe des postdramatischen Theaters, beginnt es endlich auch damit, die entsprechenden räumlichen Voraussetzungen auf das Publikum zu übertragen. Die architektonische Zukunft des Theaters verträgt kein statisches Zuschauer-Bühne-Verhältnis, dessen Hauptspielrichtung das Vor-Spielen, Re-Präsentieren, Er-Klären und dessen Hauptblickrichtung die An-Schauung, Er-Bauung und Il-Lusion ist. Noch weniger entspricht es den Erfordernissen der Gestaltung der Großen Transformation, dass Theaterbauten außen wie innen Plattformen der sozialen Selbstvergewisserung, des Sehens und Gesehen-Werdens sozialer Schichten darstellen, wofür die Theaterarchitektur noch selbst der demokratischen und sozialistischen Aufbrüche ab der Mitte des 20. Jahrhunderts in allen Epochen und Spielarten Ausdruck war und geblieben ist. Dieses Theater ist ein Wimmelbild, das allen eine Nische lässt, und zwar direkt nebeneinander. Sowohl denen, die es lauter, enger oder intensiver wollen, als auch denen, die es leiser, weiter oder konzentrierter wollen. In jedem Fall ist es auf unaufgeregte Art und Weise divers und bunt, maximal barrierefrei in jeder Hinsicht. Seine künstlerischen Räume sind Raumbühnen ohne vorgegebene Zuschauer*innen- und Spielrichtung, leere Räume, die die Patina ihrer Herkunft atmen und dennoch jederzeit alle technischen Funktionen eines Holodecks aufklappen können. Seine Foyer- und Gastronomieräume, die Kassen, Garderoben und Toiletten, die Wege und die direkte äußere Umgebung sind keine Transiträume, sondern Räume höchster Aufenthaltsqualität, ganztägig geöffnet, einladend, immer wert, betreten zu werden. Sie strahlen Freude aus, bieten sich zum Tanzen, Toben, Lachen, Feiern, Spielen an, bieten Zonen der Ruhe, des Verweilens und Entspannens, bisweilen grün, immer jedoch im durchlässigen Kontakt mit dem Licht und der Luft der sie umgebenden Stadt. Dieses Theater atmet die Atmosphäre eines entspannten, kreativen, freiwilligen, nie kommerziellen Seins und Wirkens, es ist das Wohnzimmer einer Stadt, wenigstens aber eines Stadtviertels, dessen dritter Ort zwischen der sonstigen ermüdenden Dualität von Arbeit und Freizeit des alles umwölbenden Alltags.

4.

Dafür kann und darf es keine heilige Kunst-Kuh geben: Weder die eines in vielen deutschen Mittelstädten längst überfälligen Ensemble- und Repertoiresbetriebs, noch die einer selbstreferenziellen und -genügsamen Avantgarde, die sich ausschließlich für die Kunst und nicht für das Publikum interessiert. Wenn sich Theater tatsächlich als soziokulturelle Plattform inmitten einer Stadtgesellschaft verstehen, dann müssen sie ihre Ressourcen auch konsequent und in substanzieller Größenordnung zur Verfügung stellen: In Form von nachhaltig aufgebauten und gepflegten Angeboten kultureller Bildung und gesellschaftlicher Partizipation, aber auch in nicht kuratierter oder sonst wie geleiteter und moderierter Art und Weise, etwa auch im Rahmen von Einmietungen externer Veranstalter, seien es Anbieter von Kunst, Kultur, Diskurs oder politischer Bildung. Natürlich setzt dieses Theater dafür den Rahmen und die Prämisse eines starken inhaltlichen Profils voraus, wie es nur auf geteilten Werten und Haltungen einer künstlerischen Vision fußen kann, die sich die Theater etwa in Form von Zweckbindungen und Leitbildern selbst geben können. Auch wenn die Entscheidungskompetenz für derartige Willensbildungen unbedingt Angelegenheit künstlerischer Leitung bleibt, da sonst das Primat der Kunst und der künstlerischen Freiheit verletzt würde, bieten daraus entstehende, immer aktualisierbare Entwicklungspläne ehrliche Chancen für Beteiligungsprozesse aller relevanten Stakeholder: von den künstlerischen Gästen und Partnern über die eigene Belegschaft und sogenannte »feste Freie« bis hin zum Publikum in seinen unterschiedlichen Formierungen.

Picknick des Verlernens, Migrantpolitan, 2022, Foto: Kampnagel

5.

Konsequent zu Ende gedacht, stellt dieses Theater schließlich nicht nur einen Raum dar, der für alle offen ist – er müsste auch eine Organisationsform abbilden, die allen gehört. Denn die Frage der Finanzierung führt unweigerlich zurück zur Frage nach dem Gemeinwohl: Warum sollte für dieses Theater nur der indirekte Wille des repräsentierten politischen Willens zählen und nicht auch die aktive Beteiligung der direkt Betroffenen und Interessierten? Von den Mitarbeitenden über die Anwohner*innen bis hin zur gesamten Stadtbevölkerung – der Gedanke einer kulturellen Genossenschaft als zukunftsweisendes Trägermodell böte die Möglichkeit der Einbindung vieler unterschiedlicher Akteure. Ob natürliche oder juristische Personen, mit viel oder weniger Kapital, mit einer Mehrheit oder nur einem einzigen Anteil ausgestattet: Im Genossenschaftsrecht gelten alle Mitglieder mit je einer Stimme gleich viel. Und dennoch ließe sich die dauerhafte Haupteigentümerschaft der öffentlichen Hand mit entsprechenden Rechten und Pflichten, ließen sich die inhaltliche Zweckbindung und künstlerische Freiheit einer jeweils agierenden Leitung so festschreiben, dass die Grundnatur der Unternehmung nicht gefährdet sein müsste.

Finden Sie nicht auch, dass die Frage nach dem Theater der Zukunft eine Frage nach dem Theater als Gemeinwohl ist? Müsste diese Frage nicht zuallererst bei der Wurzel ansetzen, wenn es um den Erhalt und die Gefährdung von Gemeingütern geht: Wie kam es dazu, dass irgendwann eine*r einen Apfel aufhob und sagte, dieser Apfel gehöre ihr*ihm? Wie kam es dazu, dass die*der Zweite daraufhin sofort damit begann, noch mehr Äpfel zu sammeln? Etc. – Wie kommen wir überhaupt zu der Vorstellung und Auffassung, dass Gemeingüter irgendjemandem gehören? Und wie kommen wir dahin zurück, dass sie allen zugänglich sind? – Ich finde, dass ein zumindest wesentlicher Teil der Antwort schon in unserem Grundgesetz steht: Eigentum verpflichtet! Denn über dem Recht des Einzelnen steht das Gemeinwohl. – Was sollte dieses Theater sonst sein?

ON KAMPNAGEL 2062 (ANOTHER FORTY YEARS!) LEAVE THE APPLE ON THE GROUND – THE THEATRE OF THE FUTURE IS A COMMON GOOD

Jonas Zipf

'There are many specialist terms with German variations that aren't in everyday use, yet which are actually highly enlightening. This is the case with the understanding of the term »commons«. The German equivalent *Gemeingüter* reveals two conceptual qualities, quite intuitively. On the one hand, it is about something that is *gut* (good) for the *Gemeinheit* (commons, in other words for all people, no matter how open and permeable or closed and segregated a community is), so too the related German word *Gemeinwohl* (public interest). On the other hand, the direction of potential ownership within the term *Gemeingut* remains completely open; it is unclear whether the adjective *gemein* is describing all people as beneficiaries, or the quality of the commons themselves. In this reading, it refers to *gemein* (common, basic, potentially available everywhere) *Güter* (goods, in the sense of resources) such as water, ground, air or light, education, integrity, freedom of expression or freedom of movement – important goods that should not be inherent to some people, nor to all, but whose quality consists in itself, in the capacity for autopoietic regeneration.

In this text, I do not aim to fuel debate about how finite these *Gemeingüter* have become, nor how alienated our relations and our imaginations regarding these common foundations of our coexistence have become due to capitalist developments over the last 300 years. Nor do I wish to discuss how these relations have to change in the age of the Anthropocene if we are to retain any chance of survival. I take these thoughts as given; you can find deeper exploration of them elsewhere, for example in the work of Silke Helfrich, Bruno Latour or Eva von Redecker. This text is about what share the theatre of the future must have – and will have – in the awareness of and change in these relations if it wishes to survive as a place of social relevance. Let's say it up front: *this theatre* must see itself as a common good. To do this, it is important to create the conditions for change, especially spatial and operational change. And this text has assembled a few comments on precisely that subject.

1.

To begin with, this theatre's contribution to the common good is and was inherent in its artistic works, initially and primarily independent of public interest. As with science or the research & development departments of large industrial companies, the common good of an art operation consists in this inherent anti-cyclical quality; with no need to chase short-term success, it can get away with iterative and open-ended searching with a healthy use of resources. This, and only this, results in artistic gambits that later relate to the community, that can make them resonate with something as yet unknown in this form and, paradoxically, make them both think beyond themselves, and return to themselves. This laboratory character requires correspondingly free, constantly adaptable spaces – open workshops and art technique laboratories, co-working spaces and semi-permeable rehearsal rooms, safe spaces and community spaces, at once uninscribed spatial qualities and unambiguously experimental setups – in short: places in which definitive settings are possible, but always reversible. But it also requires all the other resources you need for artistic research and development: money, time, people willing to learn and help for job shadowing, scholarships and residencies, for the constant development, training and further education of the society of the future – of the staff and its own organisation, the guest performers, but also the cultural education of the young and very young along with the lifelong learners.

2.

Only then, and necessarily building on this, do we talk about this theatre as a place of societal transformation, as a discursive driver and aesthetic incubator in the three great fields of transformation in our time: the inclusive, the digital and the sustainable *Gemeinwohl* of our future. All three terms describe futures worth aiming for rather than fearful scenarios. Instead of digitalisation as a pure construct of software and hardware capacities, this theatre assumes digitality to be a completely altered mindset of networked, democratised life and work;

instead of a change in the climate, it aims for comprehensive sustainability; instead of diversification, it expresses a broad understanding of inclusion. It is in this socio-political conception of itself that we find the second common good of this theatre: it sees itself not as a commentator on the edge of the social playing field or a participating observer of a social event, but as a protagonist providing inspiration and models, an actor opening up and providing space for thinking, other things – in the midst of a constantly pliable image of futures yet to be realised. This theatre does not wait for systemic solutions from other people's working methods, instead it simply develops its own – instead of relying on the power of the market, it relies on the power of art, on the open (re)sources of its own people and like-minded associates (digitality); it does not rely on the constraints of a higher order, instead it is already aware that it can and must care for all natural resources like its own small children – whether that's enveloping nature, care of one's closest colleagues or care of one's own health (sustainability); it doesn't just stick to the level of concepts and debate, instead it embodies diversification and intersectionality, enabling the participation of all, at every level (inclusion). It is indicative of this theatre's conviction that the inevitable transformations of the present can be neither historically definitive nor passively endured forces that sweep over society, but rather value-based, agile change processes: *transformations by design, not by disaster!*

3.
This makes this theatre a non-hierarchical place, free of fear and thus free of violence. In this, it refuses to continue with many of the traditions that seem inscribed in the supposed craft of theatre. Building on the process of changing viewing and listening habits that has been going on for several centuries, away from the centralised perspective toward the parataxis of the parallel distributed universe of post-dramatic theatre, it is finally beginning to transfer the corresponding spatial conditions to the audience. The architectural future of the theatre will not tolerate a static audience-stage relationship, where the main direction of performance is auditioning, representing, explicating with the primary perspectives of onlooking, edification and illusion. The fact that theatre buildings, both inside and out, represent platforms for societal self-assurance, the seeing and being seen of social classes, for which the theatre architecture itself has always been an expression in every era and form, even during the democratic and socialist upheavals that began around the middle of the 20th century, makes them even less compatible with the requirements of the Great Transformation. This theatre is a picture puzzle that allows everyone a niche, right alongside each other – those who want it louder, tighter or more intense, and those who want it quieter, broader or more concentrated. In any case, it is diverse and colourful in its sedate way and absolutely accessible in every respect. Its artistic spaces are spatial stages without a predetermined audience or direction of performance, empty spaces that breathe the patina of their origin and can still reveal all the technical functions of a holodeck at any time. Its foyer and restaurant spaces, ticket desks, cloakrooms and toilets, the pathways and the immediate external environment are not spaces of transition, but inviting spaces of the highest quality, open all day, always worth entering. They radiate joy, they are ideal for dancing, romping, laughing, celebrating, playing, and they offer zones for peace, lingering and relaxation, sometimes green, but always in permeable contact with the light and air of the city surrounding them. This theatre breathes the atmosphere of a relaxed, creative, voluntary existence and impact that is never commercial; it is the living room of a city, or at least of a district, its third space between the otherwise tiring duality of the all-enveloping daily routine – work or leisure.

4.
For this there cannot and should not be a sacred art cow – neither an ensemble and repertory operation of the type that is long overdue in many medium-sized German regional centres, nor a self-referential, self-satisfied avant-garde that is only interested in art and not in the audience. If theatre actually sees itself as a socio-cultural platform in the midst of civic society, then it must also make its resources available consistently and on a substantial scale – in the form of cultural education and social participation, sustainably structured and maintained, but also in ways that are not curated or managed and moderated, for example in the hiring of external organisers, whether as providers of art, culture, discourse or political education. Of course, this theatre requires the framework and the premise of a strong thematic profile, which can only be based on shared values and attitudes of an artistic vision, which the theatres themselves can offer in the form of earmarking and mission statements. Even if the authority for this decision-making remains very much in the hands of the artistic management, as this would otherwise violate the primacy of art and artistic freedom, the resulting development plans, which can always be updated, offer honest opportunities for participation processes of all the relevant stakeholders: artistic guests, its own workforce and so-called »permanent freelancers«, and the audience in its various configurations.

5.
If you think it through to its logical conclusion, this theatre not only represents a space that is open to everyone – it would also have to reflect a form of organisation that belongs to everyone. Because the question of financing inevitably leads back to the question of the public interest: why should only the indirect will of the represented political will count for this theatre and not the active participation of those directly affected and interested? The employees, the residents, the entire population of the city – the idea of a cultural cooperative as a future-oriented support model offers opportunities for involving many different actors. Natural persons or legal entities, with or without capital, with a majority or just a single share: in cooperative law, all members have one vote each. And yet the permanent majority shareholding of the public sector with its corresponding rights and obligations, the thematic purpose and artistic freedom of each active management body could be established in such a way that wouldn't jeopardise the basic essence of the company.

Don't you think that questions about the theatre of the future are questions about theatre as a common good? When it comes to the conservation and endangerment of common goods, this question should surely begin at the roots: how was it that at some point someone picked up an apple and said that this apple belonged to him or her? How was it that the second person immediately started collecting more apples? And so on. How do we even come to the idea and understanding that common goods belong to someone? And how do we get back to a place where they are accessible to all? I think that at least a significant part of the answer is already in our constitution: with ownership comes responsibility! Because the common good takes precedence over the rights of the individual. What else should this theatre be?

Folgende Seiten:
Piazza Spielzeiteröffnung 2017, OPENHAUS, Foto: Kampnagel
LIVE ART FESTIVAL, 2021, Foto: Maximilian Probst

IMPRESSUM

Kampnagel Hamburg
40 Jahre Widerspruch
Workbooks zum Jubiläum

Herausgegeben von Amelie Deuflhard
mit Laro Bogan, Alina Buchberger, Nadine Jessen,
Lucien U. Lambertz, Luise März, Anna Teuwen

© 2024 by Theater der Zeit

Texte und Abbildungen sind urheberrechtlich geschützt.
Jede Verwertung, die nicht ausdrücklich im Urheberrechts-Gesetz
zugelassen ist, bedarf der vorherigen Zustimmung des Verlages.
Das gilt insbesondere für Vervielfältigungen, Bearbeitungen,
Übersetzungen, Mikroverfilmung und die Einspeisung und
Verarbeitung in elektronischen Medien.

Verlag Theater der Zeit
Verlagsleiter Harald Müller
Winsstraße 72 | 10405 Berlin | Germany
www.tdz.de

Lektorat: Nicole Gronemeyer
Übersetzung: James J. Conway
Gestaltung: Kerstin Bigalke
Umschlaggestaltung: Juliya Avetisyan

Printed in Germany

ISBN 978-3-95749-465-8 (Paperback)
ISBN 978-3-95749-518-1 (ePDF)